잠수네
초등 5,6학년
공부법

잠수네 초등 5,6학년 공부법

이신애 〈잠수네 커가는 아이들〉 대표 지음

입시 정책에 흔들리지 않는
과목별 절대 원칙

RHK
알에이치코리아

　초등 5, 6학년 자녀를 둔 부모들의 마음은 중학교 입학을 앞두고 조급함과 불안감이 최고조에 달합니다. 수학, 영어, 교과목 공부, 한글책 읽기는 물론 진로까지 생각하느라 가슴은 답답하고 머리는 빠개질 듯합니다. 중3, 고3 부모가 무색할 정도입니다.

　한편 TV, 신문, 책, 인터넷 등 각종 매체에서 '앞으로의 시대에는 공부가 다가 아니다', '학벌로 먹고사는 시대는 갔다', '미래를 대비해야 한다'는 말을 접하다 보면 중고등, 대입을 염두에 두고 아이를 키우는 것이 과연 옳은 길인가 근본적인 회의가 듭니다. 부모 세대만 해도 공부 잘해서 좋은 대학에 입학하면 대기업이나 공기업에 취직하는 길이 비교적 수월했습니다. 이제는 그마저도 확실히 보장이 안돼 있는 데다, 원하는 곳에 취직한들 100세 시대에 얼마나 대비가 될지 아득합니다. 평생직장의 시대는 가고 평생 공부하며 자신의 능력을 계발해야 하는 시대에 어떻게 아이를 키워야 하는지 혼란스럽기만 합니다.

　지금은 과도기입니다. 현 교육의 틀도 무시할 수 없고, 그렇다고 무작정 학교만 믿고 따라가기에도 불안합니다. 어쩔 수 없이 현 교육체제에 맞춰 아이를 키우면서 동시에 장차 다가올 시대의 준비도 같이 해야 하는 이중의 부담을 갖고 있는 것이 현실입니다.

〈잠수네 초등 5, 6학년 공부법〉은 자녀의 학습과 미래를 고민하는 초등 고학년 부모들을 위한 가이드입니다. 전체 틀은 영·수·국사과 공부방법이지만, 내면에는 잠수네 선배 부모들의 교육 철학과 아이들의 장래를 내다보는 마음이 담겨 있습니다. 잠수네에서 지향하는 길은 아이의 학습능력과 진로에 맞춘 1:1 맞춤형 교육입니다. 공교육 시스템을 따라가면서 동시에 각자의 능력과 개성을 찾아가는 것이지요. 나아가 미래를 대비하는 초석으로 세계어로 자리 잡은 영어, 인문학적 소양을 기르는 수단인 책읽기, 스스로 문제 해결 방법을 고민하는 수학을 공부합니다.

이 책은 세 부분으로 돼 있습니다.

1장, 영어편에서는 잠수네영어에 관심을 갖고 처음 시작하는 아이부터 영어실력이 꽤 되거나 중고등 영어실력을 뛰어넘는 경우까지 도움이 될 만한 내용을 담았습니다. 특히 초등 5, 6학년 아이들이 관심을 가질 만한 주제의 영어책과 DVD를 선별해서 실었습니다.

2장, 수학편은 초등 5, 6학년 부모들의 고민인 초등 심화는 물론 중등 선행과 진행 방법을 최대한 반영하고자 했습니다. 특히 중등 수학에서 아이들이 어려워하는 방정식의 활용 중 핵심적인 문제를 담아 혼자 공부하는 아이에게 도움이 되도록 했습니다.

3장은 국어, 사회, 과학을 다루고 있습니다. 국어편에서는 초등 뿐만 아니라 중고등까지 국어실력을 높일 수 있는 노하우를 담았습니다. 사회, 과학편에서는 교과서의 지식을 확장할 수 있는 학년별 추천도서를 고르는 데 심혈을 기울였습니다.

이 책은 처음부터 읽어나가도 좋지만 관심이 가는 부분부터 읽어도 무방합니다. 잠수네에서 초등 5, 6학년을 위한 맞춤 정보를 찾기 어려웠던 잠수네 회원뿐만 아니라, 교육 정보의 홍수에서 길을 찾고자 하는 많은 부모들에게 이 책에 실린 내용이 도움이 되기 바랍니다. 아울러 잠수네 안에서만 공유됐던 글을 이 책의 사례로 싣는 데에 동의해주신 잠수네 회원들께 깊은 감사의 말을 전합니다.

함께 가면 길이 보입니다.

〈잠수네 커가는 아이들〉 대표 이신애

1

초등 5, 6학년을 위한
잠수네 영어공부법

초등 5, 6학년을 위한 잠수네영어 오리엔테이션

초등 5, 6학년을 위한 잠수네영어 실천편

2

초등 5, 6학년을 위한
잠수네 영어공부법

3
초등 5, 6학년을 위한
잠수네 국어/사회/과학공부법

초등 5, 6학년을 위한 잠수네 국어공부법

초등 5, 6학년을 위한 잠수네 사회공부법

초등 5, 6학년을 위한 잠수네 과학공부법

1. 용어 정리

● **오디오북** 책의 내용을 녹음한 교재(🎧: 오디오북이 있는 교재)

● **DVD** 영어방송, VOD, DVD 등 영상물 전체(▶: 유튜브에서 찾을 수 있는 영상물)

● **잠수네 단계** (잠수네 단계는 조금씩 변동될 수 있습니다)

  – 잠수네 영어책 단계 : J1~J10

  – 잠수네 DVD 단계 : JD1~JD9

  – 잠수네 한글책 단계 : JK1~JK10

    JK1(1~4세), JK2(5~7세), JK3~JK8(초1~초6), JK9(중1~중3), JK10(중3~고등)

● **페어북** 영어 원서와 한글번역본 한 쌍을 묶은 것

2. 사례

이 책에는 〈잠수네 커가는 아이들〉 회원들의 글이 실려 있습니다.

| 사례 | **5, 6학년은 여러모로 중요한 시기이지요**

작성자 소중한맘 | 글 쓸 당시 학년 중2

5, 6학년은 영어 진행과 수학 진행에 있어서 굉장히 중요한 시기에요. 길게 보고 진행해야 하는 잠수네에서 계속 가지고 가야 할 엄마의 마음가짐을 학부모이자 초등교사 입장에서 말씀을 드릴게요.

친구 관계
5, 6학년은 친구관계가 점점 더 중요해지는 시기랍니다. 특히 여자아이들은 단짝 친구를 찾기도 하고, 무리에 소속되지 못하면 소외감을 크게 느끼기도 하지요. 그래서 무리에 속하기 위해 하기 싫은데도 거절을 잘

- **자녀의 학년 표시** 글을 쓴 시점의 학년입니다.

- 리얼리티를 살리기 위해 맞춤법에 어긋나더라도 그대로 둔 부분이 있습니다.

- **사례글에 나오는 약어**
  - 포폴 : 잠수네 포트폴리오
  - 집듣, 흘듣 : 집중듣기, 흘려듣기
  - 팀방 : 잠수네 함께하는 팀
  - 잠친 : 잠수네(온라인)에서 알게 된 친구

3. 참고사항

- 이 책에 실린 책 중 구입이 어려운 책은 도서관을 이용해주세요.
- 음원이 있다고 표시된 책(🎧)이라도 음원을 구하기 어려울 수 있습니다.
- **〈잠수네 커가는 아이들〉 프로그램**

잠수네 프로그램 10가지		
1	잠수네 포트폴리오	전체학습 기록 관리
2	잠수네 영어교실	영어 테스트, 영어학습 코칭페이퍼
3	잠수네 수학교실	수학 테스트, 수학학습 코칭페이퍼
4	잠수네 책벌레	한글책/영어책 읽기 동기 부여
5	잠수네 책나무	한글책/영어책/DVD 교재정보
6	잠수네 연산	초등 연산 문제은행
7	잠수네 받아쓰기, 잠수네 Dictation	한글/영어 받아쓰기
8	잠수네 프린트센터	과목별 교육자료와 양식
9	잠수네 파피루스	한글/영어 글쓰기 지원
10	잠수네 상장	칭찬, 격려, 동기부여용

초등 5, 6학년 2년이
중고등 6년을 좌우한다

1. 아직 6년 넘게 남아 있다
– 삽질 스톱! 무조건 다 하는 것은 무의미하다

예비중등.

초등 5, 6학년 자녀를 둔 부모들의 마음입니다. 얼마 안 있으면 중학생이라는 생각에 마음이 급해집니다. 주변에서 공부 잘하는 아이들이 무엇을 하는지 자꾸 기웃거리게 되고, 내 아이가 조금 뒤쳐지는 것이 있으면 걱정이 한가득입니다. 다른 아이들이 하는데 아직 안 하고 있으면 죄다 해야 할 듯합니다.

다른 아이들보다 뛰어나야 한다는 욕심에 아이에게 과도한 요구를 하면 부작용이 커집니다. 초등 고학년은 사춘기에 본격적으로 진입하는 때입니다. 몸과 마음이 급속하게 성장합니다. 그동안 부모가 하라는 대로 잘 따라주던 아이라도 일방적으로 계속 강요하면 반발이 커집니다. 아이의 반발이 커지면 부모의 에너지도 빠르게 고갈됩니다. 얼마 동안은 살살 구슬리거나 집요하게 설득해서, 야단쳐서라도 끌고 갈 수도 있겠지만 오래가지 못합니다. 앞으로 중고등 6년을 잘 보내야 하는데 아이와 관계가 틀어지면 회복하기 쉽지 않습니다. 부모가 지레 지쳐버리면 아이도 같이 무기력해지기 마련입니다.

아이마다 개성이 다릅니다. 목표 지점과 학습 능력도 다릅니다. 그동안 공부했던 양과 질도 다릅니다. 이런 차이를 무시하고 다른 아이와 비교하기 시작하면 아무리 뛰어난 아이라도 영원히 '루저'입니다. 무작정 남따라 다 하는 것은 아무 생각 없이 땅만 파는 '삽질'일 뿐입니다. 헛된 삽질을 하지 않으려면 어떤 아이로 키우고 싶은가, 아이가 좋아하고 행복해하는 일이 무엇인가, 아이의 미래에 필요한 것이 무엇인가 깊이 고민하는 시간이 필요합니다.

초등 5, 6학년이면 대입까지 앞으로 7~8년의 시간이 있습니다. 초등 졸업 전까지는 1~2년, 이 시간을 어떻게 보내느냐에 따라 중고등 6년이 달라집니다. 급한 마음에 초반부터 전력질주하면 과부하가 걸려 퍼지기 쉽고, 반대로 너무 여유를 부리면 중학교 가서 발등의 불 끄느라 급급해집니다. 긴 여정을 가려면 소신을 갖고 내 아이만의 페이스 조절을 할 수 있어야 합니다. 그러려면 아이의 진로와 성향에 맞는 방향과 방법을 심사숙고해서 결정하는 것이 중요합니다.

2. 방향을 갖고 뛰자 – 몰입과 특화

아이가 가고자 하는 진로가 확실하면 학습 방향을 잡고 차근차근 준비할 수 있습니다. 그러나 십대 초반의 어린 나이에 미래의 모습을 구체적으로 그리는 아이는 많지 않습니다. 진로가 확고한 아이라도 앞으로 계속 같은 방향으로 갈지는 미지수입니다. 깊이 생각하지 않고 불쑥 말한 꿈이라면 널뛰기하듯 수시로 바뀌게 됩니다. 사실 대부분의 아이들이 자기가 뭐가 되고 싶은지 아직 잘 모를 때입니다.

진로는 아이가 행복해하는 분야를 찾는 데서 시작합니다. 행복하게 산다는 것은 자신이 원하는 일을 하면서 경제적 자립까지 가능한 것을 뜻합니다. 아이가 평소 관심을 가지는 분야, 좋아하는 영역이 무엇인지 살펴보세요. 아이의 생각을 읽으려면 계속 대화를 나누어야 합니다. 아이의 속마음을 조금씩 이해하게 되면 어떤 분야에서 일하면 행복해할지 실마리를 찾을 수 있습니다. 정 막막하면 진로 관련 책을 읽어보거나 진로적성검사를 해보는 것도 좋습니다(학교에서 진로적성검사를 하기도 합니다).

요즘 같이 복잡한 입시 환경에서는 내 아이에게 맞는 로드맵을 어느 정도 잡고 가야 중간에 낭패를 겪지 않습니다. 아이가 잘하는 것(강점)을 더 잘하게 할 것인지 아이가 못하는 것(약점)을 끌어올릴 것인지 결정할 때도 아이의 진로와 성향, 받아들일 수 있는 그릇이 판단 기준입니다. 공부량과 깊이도 진로에 따라 조절이 필요합니다. 나중에 아이의 진로가 바뀌거나 꿈이 구체화되면 궤도 수정을 해야겠지만, 이렇게 끈기 있게 성실하게 나가면 좀 느린 아이들이라도 꿈을 향해 가는 길이 점점 넓어집니다.

어떤 진로로 나가더라도 공통으로 중요한 것은 국어, 영어, 수학 실력입니다. 여기에 더해 아이의 진로와 특성에 맞춰 심화, 보완할 영역을 감안해야겠고요. 아이의 진로를 잘 모르겠다면 기본을 탄탄하게 다지는 것이 1차 목표입니다. 나중에 자신의 길을 찾았을 때 기본이 잘 닦여 있으면 힘차게 발을 내딛고 나갈 수 있습니다.

3. 더 이상 물러날 곳이 없다 – 집중과 선택, 확실한 가지치기

다양한 경험을 해보는 것은 아이의 성장에 많은 도움이 됩니다. 그러나 왜 하는지 이유가 불분명하다면 시간만 허비할 뿐입니다. 학교 공부 외에 거미줄처럼 사방팔방 하는 것이 많다면 하나씩 점검을 해보세요.

1차 정리 대상은 현재 하고 있는 운동, 악기, 취미생활 중 아이가 싫어하는 것들입니다. 그동안 했던 것이 아까워서 하는 것이라면 미련 없이 가지를 쳐내세요. 스스로 원하지 않는데 무슨 소용이 있을까요?

두 번째는 나중에 막연히 도움이 되지 않을까 해서 시키는 것들입니다. 특히 중고등 때 비교과를 대비하려는 의도로 하는 과외활동이라면 초등 때는 굳이 안 해도 됩니다. 비교과 수상실적은 중고등 내신이 받쳐줄 때 의미가 있습니다. 많은 아이들이 사교육 기관에서 배우는 한국사 수업도 과잉 학습입니다. 고3 부모들 대부분이 초등학생의 한국사 수업 열풍을 보고 혀를 찹니다. 수능

한국사는 중고등학교 공부만 성실하게 해도 좋은 점수가 나올 정도로 쉽기 때문입니다. 한국사 사교육 할 시간에 한글책을 읽는 것이 100배는 남는 장사입니다.

마지막으로 아이가 원해서 하고 있더라도 가짓수가 너무 많다면 잘 살펴봐야 합니다. 말로는 재미있어서 한다고 해도 공부 안 하는 시간이 좋아서, 엄마를 피하려고, 친구 만나 노는 재미에 학원에 가는 경우도 종종 있으니까요.

예체능은 최대 1~2가지 정도로 줄이는 것이 바람직합니다. 운동을 꾸준히 하는 것은 체력관리 차원에서 중요하지만 꼭 기관을 이용하지 않더라도 줄넘기, 자전거, 농구 등 생활 속에서 즐기는 방법도 있습니다. 악기를 여러 개 한다면 얼마 안 가 중간에 그만두게 됩니다. 즐기는 차원에서 하나만 남기고 정리하세요.

4. 공부습관 – 확인 & 장착

첫 아이를 키우다 보면 시행착오를 많이 합니다. '이제 다 컸으니 알아서 다 하겠지' 착각하는 것도 그중 하나입니다. 어릴 때부터 생활습관, 공부습관을 잘 들였다고 여기는 부모라면 이제는 손을 놓고 싶은 마음이 굴뚝같습니다. 그러나 아이들은 부모가 기대하는 만큼 알아서 착착 움직이지 않습니다. 해야 하는 것을 위해 하고 싶은 것을 꾹 참기에는 아직 나이가 어리기 때문입니다.

한편 초등 때는 실컷 놀아야 나중에 공부한다는 생각을 가진 부모도 있습니다. 그동안 공부습관을 챙기는 데 신경을 안 썼다면

10분 이상 책상에 앉아 집중해서 공부하기가 힘들 수 있습니다. 노는 것이 습관이 돼버렸기 때문입니다. 공부습관이 안 돼 있으면 점점 어려워지는 학교 수업, 교과서를 소화하기 힘듭니다. 학교 수업과 교과서가 어려우면 자연스레 공부와 멀어집니다. 공부가 싫으면 다른 진로를 찾으면 되지 싶지만 기회의 폭은 상대적으로 줄어들기 마련입니다.

습관은 경험의 누적입니다. 반복해서 무언가를 하다 보면 뇌가 중요하다고 인식하게 되고 자연스럽게 몸에 뱁니다. 이제까지 아이가 공부를 어떤 방법으로 했는지 점검해보세요. 과목별 공부습관이 아직 자리 잡지 않았다면 부모의 도움이 필요합니다. 그러나 과도한 계획을 세우고 해내지 못한다고 닦달하는 것은 금물입니다. 목표는 작게 시작해야 합니다. 아이와 의논해서 해낼 수 있는 만큼 분량을 정하고 실천할 수 있게 도와주세요. 스스로의 힘으로 해냈다는 성취감, 자신감이 들어야 스스로 공부하고 싶은 마음이 생깁니다.

공부습관 이전에 생활습관도 중요합니다. 놀 때와 공부할 때의 구분이 분명하지 않으면 책상 앞에 한 번 앉는데 실랑이가 벌어집니다. 아이와 상의해서 하루에 할 일을 정하고 아침에 일어나서, 하교 후, 저녁 먹고 나서 시간 계획을 세워보세요. 할 일을 마무리하면 나머지는 자유시간이라는 것을 약속하고요.

단, 부모가 아무리 좋은 방향으로 이끌어주고 싶어도 아이의 마음이 닫혀 있으면 잔소리와 반항의 악순환이 되풀이될 뿐입니다. 마음이 열려야 부모의 의견이 받아들여집니다. 기대만큼 안 따라

준다고 잔소리가 잦았다면 안 좋은 감정이 쌓여 있기 마련입니다. 아이와 마음을 터놓고 이야기를 해보세요. 필요하다면 그동안 힘들게 해서 미안하다고 사과도 하고요. 공부하는 것을 당연하다고 여기고 무감각하게 넘어갔다면 '수고했어, 잘했어, 꾸준히 노력하는구나' 하고 호응하는 말을 자주 해주세요.

| 사례 | **5, 6학년은 여러모로 중요한 시기이지요**

작성자 소중한맘 글 쓸 당시 학년 중2

5, 6학년은 영어 진행과 수학 진행에 있어서 굉장히 중요한 시기에요. 길게 보고 진행해야 하는 잠수네에서 계속 가지고 가야 할 엄마의 마음가짐을 학부모이자 초등교사 입장에서 말씀을 드릴게요.

친구 관계

5, 6학년은 친구관계가 점점 더 중요해지는 시기랍니다. 특히 여자아이들은 단짝 친구를 찾기도 하고, 무리에 소속되지 못하면 소외감을 크게 느끼기도 하지요. 그래서 무리에 속하기 위해 하기 싫은데도 거절을 잘 못하기도 하고 이리 붙었다 저리 붙었다 하는 아이들도 생겨요. 물론 다 그렇지는 않고요. 혼자서도 잘 놀고, 친구랑도 잘 어울리는 멋진 아이들도 있지요. 이렇게 자존감이 강한 멋진 아이들은 대부분 가정에서 부모와의 관계(사랑)에 대한 확신이 있는 아이들이에요. 그래서 매사 당당하지요. 친구들에게 배려할 건 배려하지만, 무례한 친구들까지 억지로 맞

취주지는 않아요.

이런 아이로 키우려면 첫째, 아이가 학교에서의 일이나 무언가를 이야기할 때 일단은 아이가 말하는 중간에 끊지 마시고 끝까지 경청하신 다음, 먼저 공감해주고 편들어줄 부분은 확실하게 아이 편을 들어주세요. 그러면 아이가 위로를 받고 오히려 자신이 잘못했던 부분에 대해 객관적으로 판단한답니다.

둘째, 아이가 친구관계에서 '남의 말 옮기기'만 안 해도 친구 관계 문제는 거의 일어나지 않아요. 문제는 항상 알지도 못하고 남의 말을 옮기는 행동 때문에 일어나요. 특히 말보다는 카톡으로 큰 뜻 없이 뱉어낸 몇 마디가 상처를 주기도 하고 상처를 받기도 하고 그래요.

셋째, 집에서 엄마의 사랑을 확실하게 보여주세요. 아이는 엄마, 아빠와의 관계가 든든하면 아무리 친구관계가 중요한 사춘기라 하더라도 거기에 100%를 걸지는 않는답니다. 다른 친구들보다 좀 덜 연연한다고나 할까요. 친구관계에 덜 매달리고 주체성 있는 아이로 성장할 수 있습니다. 특히 첫째 아이의 경우 다른 아이들보다 더 모범적이고 배려하고 양보하는 게 습관이 되어 있는 경우가 많은데, 마음속으로는 자기 마음대로 하고 싶고 배려 받고 싶은 똑같은 어린아이랍니다. 엄마가 첫째 아이의 이런 욕구를 먼저 알아봐주시고 배려해주시면 좋을 것 같아요. 첫째 아이가 엄마를 독차지할 수 있는 시간을 일부러라도 마련해주세요. 첫째 아이가 좋아하는 간식(케이크, 예쁘게 생기고 맛도 좋은 음료수 또는 아이스크림 등)을 엄마랑 단둘이 먹고, 또 손잡고 수다 떨면서 예쁜 머리끈이나 장갑 같은 걸 첫째 아이에게만 깜짝 선물로 줘보세요. 그리고 첫째 아이에게 '엄마, 아빠에게는 네가 첫사랑이야. 동생들도 귀하지만 네가 제일 소중해'라고 닭살 고백도 해보시고요. 겉으로는 어색해하거나 쑥스러워할지도 모르지만, 마음속으로는 천군만마를 얻은 듯 든든할 거예요.

그리고 학급회장 같은 것은 아이가 정말 원하면 하게 하는 것도 좋지만, 혹시 그런 책임감을 무거워한다면 안 하는 것도 좋아요. 회장하면서 리더십을 배우는 것도 중요하다고 볼 수 있지만, 홀가분하게 학급의 평범한 구성원으로 자유롭게 지내보는 것도 가치 있거든요. 철저하게 아이가 원하는 대로, 편안한 상태로 지내는 것이 좋습니다.

영어, 수학 공부

아무래도 중등에 올라가면 수학을 더 달려야 하는 게 현실이에요. 이과 지망생이든 문과지망생이든 중등 이후부터는 수학이 매우 중요해서요. 5, 6학년은 아이들이 친구관계에만 민감한 것이 아니라 객관적인 성적이 주는 자신감도 어느 정도 중요하기 때문에 영어, 수학을 본격적으로 탄탄하게 공부해야 하는 시기이기도 합니다. 5학년 수학은 정말 중요하므로 진도만 생각하지 마시고, 응용, 심화까지 탄탄하게 해주는 게 중요해요. 칭찬받으면서 해도 어렵고 힘든 게 수학공부입니다. 그러니까 엄마 마음속에 '칭찬과 격려'를 장착해두셨다가 필요할 때 날려주세요.

아, 그리고 연산 탄탄히 해두시는 건 정말 중요해요. 선배님들 글을 읽어보면 '중학교 공부량으로 대학 간다' 이런 말씀이 있는데요. 참 무서운 이야기이고 마음을 조급해지게 만드는 말이지만 어느 정도 맞는 것 같아요. 초등 고학년부터 중등까지 공부하면서 자기만의 공부 방법을 찾아가고 또 그동안 공부하면서 쌓인 내공과 실력으로 공부 효율이 생기거든요. 그러니 5, 6학년부터 중학교 3학년까지 영어, 수학, 책읽기는 잠수네 콘텐츠 참고해서 꾸준히 하시고 공부 효율을 높이는 것이 중요한 것 같습니다.

마지막으로 엄마가 아이에게 어떻게 해주면 좋느냐… 학교에서 담임샘이 우리 아이에게 이렇게 해줬으면 좋겠다고 바라시는 그대로 엄마가 해주시면 돼요. 저도 담임샘이기도 하고 엄마이기도 하지만, 정말 담임샘의 역할은 엄마의 역할에 비하면 너무나 미미합니다(부모님 95%, 담임샘 5% 정도). 담임샘으로 좋은 분을 만날 수도 있고 나랑 안 맞는 샘을 만날 수도 있는데 별거 아닙니다. 부모님 영향력의 10분의 1도 못 미치는 영향력이거든요. 아이는 부모님을 닮지, 담임샘을 닮지는 않아요. 그리고 담임샘이 정말 이상해도 1년 후면 바뀌고요. 부모님은 아이가 성인이 될 때까지 쭈욱 아이와 함께 하니까요.

첫아이 초등 처음 보낼 때, 첫아이 고학년(5학년) 시작할 때, 첫아이 중학교 보낼 때 등등 부모는 계속 긴장하게 되는데요. 까짓것 보내보면 별것도 아니에요. 둘째 초등 처음 보낼 때는 첫째 보낼 때보다 긴장 덜 하잖아요. 첫째도 둘째다 생각하고 보내시면 긴장도 덜 되고 좋으실 듯합니다. 길고 긴 여정 지치지 마시고, 건강 챙겨가면서 롱런하세요.^^

초등 5, 6학년을 위한

잠수네
영어공부법

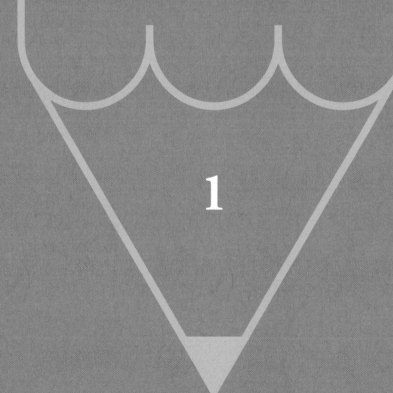

1

초등 **5, 6** 학년을 위한

잠수네영어
오리엔테이션

지금 잠수네영어를
해야 하는 이유

현재와 미래, 두 마리 토끼 잡기

수능영어가 절대평가로 바뀌면서 이제 영어는 좀 쉽게 가도 되지 않나 생각하는 부모들이 있습니다. 얼핏 보면 타당한 듯합니다. 그러나 속내를 알고 나면 속단하기는 이른 부분이 있습니다. 절대평가로 바뀌어도 수능영어 자체의 난이도가 확 쉬워지는 것은 아닙니다. 상대평가에서는 상위 4%만 1등급이지만, 절대평가에서는 90점 이상이 모두 1등급인 것이 차이일 뿐입니다.

이런 상황에서 '영어는 쉬워졌으니 대충하고 수학에 올인해야 겠다!'라고 생각하는 것은 판단착오입니다. 대학입시에서 고등내신의 비중은 매우 큽니다. 당연히 수업시수가 많은 영어가 중요할 수밖에 없습니다. 수능영어 역시 변별력이 줄어들었다고 만만하게 보면 안 됩니다. 조금만 공부해도 90점을 넘을 수 있는 쉬운 시험이 아니니까요. 따라서 초등 때 영어를 최대한 올려두고, 영어가 만만해지면 수학으로 무게중심을 옮긴다는 전략은 예나 지금이나 여전히 유효합니다.

'초등 때 영어 실력 최대한 올리기' 전략은 발등의 불끄기(입시)와 함께 미래를 대비하는 길이기도 합니다. 중고등 6년은 영어보다 수학, 국어 등 다른 과목에 힘을 쏟는 시기라 영어가 얼마나 중요한지 잘 모르고 넘어갑니다. 영어의 필요성을 절감하게 되는 때는 대학 그리고 그 이후입니다. 많은 대학생, 취업준비생들이 토익, 토플, 텝스, 토셀 등 공인시험 준비에 매달리느라 영어학원에 계속 다닙니다. 직장을 다니면서도 마찬가지고요. 언제까지 내 아이를 영어학원의 볼모로 놔둘 건가요?

미래가 불확실한 시대입니다. 인공지능 번역기술이 점점 더 좋아지고 있습니다. 단순히 번역하는 정도의 영어능력은 더 이상 설 자리가 없습니다. 이런 시대에 시험을 잘 보기 위한 영어공부에만 매달리는 것은 시대착오적인 생각입니다. 좀 더 멀리 내다봅시다. 잠수네영어는 책으로 영상으로 오디오로 읽고 보면서 입체적으로 영어를 익히는 방법입니다. 꾸준히 진행하다 보면 세계 여러 지역의 다양한 문화, 사회, 사람에 대한 이해의 폭이 자연스럽게 넓어집니다. 기계가 해결하지 못하는 감성적, 창의적인 영역까지 아우르게 됩니다.

지금 잠수네영어를 해야 하는 5가지 이유

1. 학습영어(문법과 독해, 단어암기)는 죽은 영어다

부모라면 누구나 내 아이가 영어로 자유롭게 의사소통할 수 있기를 바랄 것입니다. 영어를 잘하면 기회의 폭이 넓어진다는 것을 잘 알기 때문입니다. 나처럼 영어 못하는 어른으로 키우고 싶지 않아서인 분도 상당수입니다. 그러나 처음 생각했던 원대한 꿈은 학년이 올라갈수록 점점 작아집니다. 중고등학교 가서 영어 내신 잘 받고 수능시험에서 좋은 점수를 받는 것이 현실적인 목표가 됩니다.

1) 학교수업은 예나 지금이나

시대가 바뀌고 정부나 사회에서 영어 의사소통능력을 강조해도 중고등학교 영어수업은 여전히 문법, 독해(해석, 문제풀이) 중심입니다. 부모세대가 배운 방식에서 그리 변하지 않은 것은 구조적인 문제가 있기 때문입니다. 입시에서 내신의 비중이 커지면서 영어 과목 역시 누구나 신뢰할 만한 평가 결과를 내야 합니다. 교사 입장에서는 영어수업에 변화를 꾀하기보다 평가하기 용이한 문법, 독해 중심으로 가르치고 시험문제를 낼 수밖에 없습니다. 영어를 열심히 공부해도 영어로 소통을 못하는 부모세대의 모순이 되풀이되는 교육현실이 안타까울 따름입니다.

2) 문법 '중심'으로 공부하면…

문법을 잘 알아야 독해와 글쓰기를 정확하게 할 수 있다는 것은 맞습니다. 그러나 문법만 공부해서는 말이 안 나옵니다. 글쓰기 실력도 늘지 않습니다. 영어책 읽기는 엄두도 못 냅니다. 영어도 언어입니다. 모국어처럼 영어소리를 많이 듣고 영어책을 푹 빠질 만큼 읽고 나면 문법규칙이 자연스레 몸에 배게 됩니다. 조리 있게 말하고 글을 쓰는 것이 능숙해집니다. 듣기까지 해결됩니다. 중고등 6년 내내 시험을 위한 문법공부를 하는데 미리 진 빼지 마세요. 초등 6학년까지는 문법 공부할 시간에 영어책 1권 더 읽는 것이 훨씬 효율적인 방법입니다.

3) 단어암기 '위주'로 공부하면…

그래도 단어는 외워야 하지 않을까 걱정스러운 분도 계실 겁니다. 암기는 망각을 전제로 합니다. 잊지 않으려면 계속 반복해서 외워야 합니다. 시험을 앞두거나 외국에 살아 당장 영어를 써야 하는 상황이 아닌 한 엄청난 소모전입니다. 단어와 한글 뜻을 1:1로 외우는 것도 문제입니다. 문장 안에서 외운 뜻이 아니라 다른 의미로 사용되면 힘들게 외웠어도 엉뚱하게 해석할 수 있습니다. 한술 더 떠 단어를 알아야만 해석하는 습관이 몸에 배면 모르는 단어 하나 때문에 해석이 막힙니다. 수능영어같이 처음 보는 낯선 글은 머리가 하얗게 돼버립니다. 단어실력을 기르는 최고의 방법 역시 영어책 읽기입니다. 책을 읽다 보면 처음 보는 단어가 나와도 그림으로, 문맥으로 유추해 의미를 짐작할 수 있습니다. 외우지 않아도 자주 마주치는 단어는 저절로 아는 단어가 됩니다. 듣기, 읽기, 말하기, 쓰기를 할 때도 적재적소에서 이용할 수 있습니다.

2. 지금 시작해도 충분하다

초등 5, 6학년이면 중학교 입학이 코앞입니다. 잠수네영어를 시작하기에 너무 늦지 않았는지 망설여지기도 할 겁니다. 생각을 바꿔보세요. 5, 6학년이면 중학생 때 시작하는 집에 비해서는 충분히 여유가 있습니다. 잠수네를 너무 늦게 알아 중고등학생인 위의 아이에게 미안해하면서 둘째 또는 셋째와 잠수네 영어를 하는 부모들에 비하면 행운입니다. 중고등학생이 되면 동생들 영어실력이 쑥쑥 늘어나는 것을 보고 큰 아이가 부러워해도 웬만한 용기가 아니고서는 선뜻 시작하기 힘들기 때문이지요.

사실 고등학교 가면 시간이 없어서 잠수네영어를 제대로 하기가 힘듭니다. 그러나 중3까지는 잠수네영어를 죽 진행하는 분들이 많습니다. 고등 부모들이 중등 자녀를 둔 분들을 부러워하는 것을 생각하면 중학생이라도 절망할 것은 아니에요. 6학년 하반기라 잠수네영어는 물 건너갔다고 지레 포기하지 마세요. 중등 3년이 남아 있는 걸요.

이제 시작해도 아이와 부모가 합심해서 달리면 빠르게 성장할 수 있습니다. 그동안 아이한테 공부하라는 압박을 안 했다면 성공률이 높아집니다. 만약 공부하라고 스트레스를 많이 준 집이라면 아이와 관계 회복이 먼저입니다.

3. 초등 때 고등영어 수준을 뛰어넘을 수 있다

잠수네 영어책 단계를 기준으로 보았을 때 중등 영어교과서 수준은 J3~J5단계 정도입니다. 고등 영어교과서라고 해도 J6~J7단계 수준입니다. 이 말은 J7단계인 해리포터 시리즈 수준의 영어소설을 편안하게 읽는다면 초등학생이라도 고등 영어 수준의 글을 이해한다는 의미입니다(물론 고등학교 영어시험이나 수능 영어시험을 잘 보려면 독해력을 키우는 등 별도의 공부가 필요합니다).

잠수네영어를 성실하게 죽 해왔다면 이 정도 실력을 갖추는 것이 그리 어려운 일이 아닙니다. 그러나 영어가 어느 정도 됐다는 판단하에 수학 공부시간을 늘리다 보면 영어는 관심 밖이 되고 맙니다. 수학공부량에 치여 영어책을 거의 못 읽으면 그동안 쌓아둔 공든 탑이 슬금슬금 무너지는 경우가 대부분입니다.

수학공부량을 늘려도 영어실력이 계속 올라가는 아이들도 있습니다. 집중듣기나 책읽기 중 하나라도 잠수네영어의 끈을 놓지 않고 가기 때문입니다. 아무리 수학이 중요해도 수학에만 올인하지 마세요. 초등 5, 6학년은 영어책의 재미에 흠뻑 빠질 수 있는 절호의 시기입니다. 한글책을 다양하게 읽어야 영어책 수준이 올라갑니다. 초6까지 한글책, 영어책 읽기 습관을 잘 잡으면 중고등 가서도 쉬는 시간에 영어책, 한글책을 읽는 아이가 됩니다.

4. 아이와 끈이 계속 연결된다

고학년이 되면 아이와 단절되는 집이 많습니다. 문 닫고 들어가면 끝입니다. 그러나 잠수네영어를 하다 보면 아이와 소통하는 시간이 저절로 만들어집니다. 아이가 재미있어할 만한 DVD와 영어책을 구해주고, 아이의 반응을 귀 기울여 듣고, 다시 교재를 구해주는 일상이 반복되다 보면 아이의 마음도 열립니다. 학교에서 일어난 이야기도 미주알고주알 늘어놓고요(듣다 보면 학교에서 어떻게 생활하는지 눈에 훤하게 그려집니다). 친구 문제, 장래 문제 등 부모와 가슴을 터놓고 이야기하는 분위기에서 자라게 됩니다. 서로의 마음을 이해하고 배려하면 관계가 좋아지는 것은 당연지사입니다. 사춘기 열병도 슬그머니 지나가지요. 영어를 하면서 맺어진 튼튼한 동아줄이 부모와 아이의 관계를 더 돈독하게 만들어줍니다.

5. 아이가 행복하다

"잠수네영어를 시켜줘서 고마워요!"
"나중에 아이를 낳으면 저도 잠수네영어로 키울 거예요!"

잠수네 아이들이 부모에게 보내는 감사의 마음입니다. 아이들 대부분이 밤늦게까지 학원에 다니고 학원숙제를 하느라 하루가 어떻게 지나가는지 모르는 시대입니다. 집에서 편안하게 보고 싶은 DVD 보고, 읽고 싶은 책 읽으며 학창시절을 보내는 것이 얼마나 행복한지 아이가 먼저 압니다. 학원 안 가고 혼자 영어를 익혔다는 자부심은 다른 과목도 스스로 공부하려는 자세를 갖게 합니다. 학교에서도 영어 잘하는 아이로 인정받습니다. 영어에 대한 자신감이 학교생활을 즐겁게 만듭니다.

고등학교 영어는 잠수네 영어가 '갑'이야

중등영어는 교과서 달달 외우고 문법공부 깨알같이 하면 비교적 좋은 점수를 받을 수 있습니다. 그러나 고등영어는 이 방법이 더 이상 통하지 않습니다. 특히 모의고사와 수능영어에서는 교과서 밖의 지문이 출제되는 경우가 많기 때문에 학원에서 문법, 암기, 독해문제 풀이 위주로 영어공부를 했다면 한계에 부딪히게 됩니다. 그러나 잠수네영어를 한 아이들은 시험에 처음 보는 지문이 나와도, 지문의 길이가 한없이 길어져도, 시험 유형이 어떻게 바뀌어도 의연합니다. 영어책을 많이 읽은 터라 지문의 분량이 많다는 느낌을 받지 않습니다. 어려운 어휘가 툭 튀어 나와도 문장 안에서 의미를 유추하는 습관이 돼 있어 편하게 읽어나갑니다. 다른 아이들이 어법문제로 씨름할 때 쓱 보면 어떻게 쓰이는지 금방 이해합니다. 단어를 암기하는 데에도 시간이 훨씬 덜 듭니다. 중학생 시절 사춘기로 힘들게 했던 아이라도 고등학생이 돼 제정신이 들면 어릴 때 했던 잠수네영어의 힘을 새삼 느끼게 됩니다.

잠수네영어 3종 세트,
잠수네 단계 & 과정 알아보기

잠수네영어 3종 세트

잠수네영어 3종 세트는 '흘려듣기, 집중듣기, 책읽기'를 말합니다.

1. 흘려듣기란?

자막 없이 애니메이션이나 영화를 보는 것을 말합니다. 흘려듣기의 중심은 DVD 보기(DVD흘려듣기)입니다. 영어책의 오디오 소리, DVD의 영어 소리를 듣는 오디오 흘려듣기를 부가적으로 해볼 수 있습니다.

2. 집중듣기란?

영어책을 펴고 손가락이나 연필 등 도구를 이용해서 오디오에서 읽어주는 곳을 맞춰가며 듣는 것입니다.

3. 영어책 읽기란?

단어암기, 문법학습, 문장해석 없이 영어책을 한글책처럼 죽죽 읽는 것을 말합니다.

잠수네 DVD/영어책 단계,
잠수네영어 과정 구분

1. 잠수네 DVD 단계

단계	기준
JD1단계	그림책을 간단한 동영상으로 만든 것
JD2단계	천천히 말하는 TV애니메이션 시리즈
JD3단계	약간 빠르게 말하는 TV애니메이션 시리즈
JD4단계	빠르게 말하는 TV애니메이션 시리즈 & 잔잔한 극장 개봉 애니메이션
JD5단계	말과 화면 전환이 빠른 초등용 TV애니 시리즈 & 극장 개봉 애니메이션
JD6단계	정서수준이 높은 애니메이션, 초등 전학년이 봐도 좋을 TV드라마 & 영화
JD7단계	초등 고학년 이상이 보았으면 하는 애니메이션, TV드라마 & 영화
JD8~9단계	중학생 이상이 보았으면 하는 청소년, 어른대상 TV드라마 & 영화

2. 잠수네 영어책 단계 & 종류

1) 잠수네 영어책 단계

단계	기준
J1단계	쉬운 단어만 있는 책(1줄 정도의 아주 간단한 문장으로 된 책 포함)
J2단계	쉬운 단어로 쓰인 1~2줄의 간단한 문장
J3~J8단계	미국 초1~초6 수준
J9단계	미국 중1~중3 수준
J10단계	미국 고1~고3 수준

2) 잠수네에서 구분한 영어책 종류

그림책	그림 위주로 이야기가 전개되는 책으로 작가가 심혈을 기울여 쓴 문학작품. 초등 고학년, 중학생도 재미와 감동을 느낄 만한 수준 높은 그림책이 많음.
리더스북	읽기를 배우기 위한 책. 연령별, 학년별로 레벨 표시가 돼 있어 자기 수준에 맞는 책을 선택하기 편하지만 그림책에 비해 재미가 떨어지는 편임.
그림책같은 리더스북	잠수네만의 독특한 분류로, 그림책처럼 재미있으면서 리더스북처럼 쉽게 읽히는 장점이 함께 있는 책. 아이들이 좋아하는 캐릭터가 나오는 시리즈가 많음.
챕터북	그림책에서 소설로 바로 넘어가기 어려울 때 징검다리 역할을 해주는 책. 감동적이거나 작품성 있는 책보다는 흥미 위주로 나온 책들이 대부분으로, 아이들에게 읽히고 싶지 않은 질이 떨어지는 책도 일부 있음.
소설	감동과 재미, 생각할 거리를 주는 문학작품. 글씨가 작은 데다 글밥이 많고 두꺼운 책이 대부분이라 가벼운 흥미 위주의 챕터북만 접한 경우 소설을 읽기 힘들어하는 경향이 있음.
지식책	수학, 과학, 역사, 예술 등의 내용을 담은 책. 문장은 어렵지 않지만 전문어휘가 많아 배경지식, 어휘실력이 없으면 읽고 이해하기 쉽지 않음.

3. 잠수네영어 과정 구분

| 적응과정 | 영어책을 거의 읽지 못한다 ➡ 적응1 |
| | J1단계 영어책을 거의 읽고 이해한다 ➡ 적응2 |

| 발전과정 | J2단계 영어책을 거의 읽고 이해한다 ➡ 발전1 |
| | J3단계 영어책을 거의 읽고 이해한다 ➡ 발전2 |

심화과정	J4단계 영어책을 거의 읽고 이해한다 ➡ 심화1
	J5단계 영어책을 거의 읽고 이해한다 ➡ 심화2
	J6단계 영어책을 거의 읽고 이해한다 ➡ 심화3

고수과정	J7단계 영어책을 거의 읽고 이해한다 ➡ 고수1
	J8단계 영어책을 거의 읽고 이해한다 ➡ 고수2
	J9단계 영어책을 거의 읽고 이해한다 ➡ 고수3

※ 아이의 영어실력을 알려면?

아이의 영어실력을 알려면 도서관이나 서점에 가서 한 번도 읽어
보지 않은 영어책을 보여주세요. 편안하게 읽을 수 있는 단계가
아이의 수준입니다. J2단계를 편안하게 읽는다면 〈발전1〉, J3단
계를 잘 읽으면 〈발전2〉입니다. J1단계도 못 읽으면 시작 시점인
〈적응1〉이라고 판단하는 거죠. 이때 학원을 몇 년씩 다녔어도 영
어책을 제대로 못 읽는 아이들이 많습니다. 잘 모르겠으면 처음부
터 시작하면 됩니다.

잠수네영어에
성공하려면?

성공하는 집과 포기하는 집의 차이

잠수네영어는 부모가 포기하지 않으면 누구나 성공할 수 있습니다. 그러나 중도에 포기하는 분도 있습니다. 성공하는 집과 포기하는 집의 차이는 무엇일까요? 다음 3가지가 핵심입니다.

1. 확신

잠수네영어를 포기하는 집은 이 방법이 진짜 될까 끊임없이 의심합니다. 주변에서 잠수네영어로 성공한 집을 봐도 '아이가 다르다',

'아무나 못한다'고 생각합니다. 끈기 없는 내 성격에 작심삼일로 끝나지 않을까 시작도 하기 전에 겁부터 집어먹습니다. 어렵게 결심하고 잘 진행하다가도 주변 엄마들이 수군거리고 손가락질하면 또 흔들립니다. '이 길이 맞는 것일까?', '잘못된 길로 아이를 이끄는 것이 아닐까?' 고민하며 자신을 괴롭힙니다. 잠수네영어를 하는 것이 불안하면 확신이 설 때까지 좀 더 생각하고 알아보세요.

또한 5, 6학년이면 부모가 하라는 대로 무조건 따라하지 않습니다. 아이를 설득하지 못한 채 억지로 밀어붙이면 오래 못 갑니다. 잠수네영어를 왜 해야 하는지 조곤조곤 설명해 주세요. '한국에 사는데 영어를 왜 해야 하느냐'고 묻는 아이라면 영어실력이 없으면 어떤 일이 생길지 알아듣게 알려주세요. 아이와 충분히 이야기를 나눠서 스스로 해보고 싶다는 말이 나온 다음에 잠수네영어를 시작해야 효과가 있습니다.

잠수네영어로 성공하는 집은 이 방법이 옳다는 믿음이 확고합니다. 잘 모르겠다, 의심스럽다, 헷갈린다면 잠수네영어는 하지 마세요.

확신은 시작하는 힘입니다.

확신은 지속하는 힘입니다.

2. 실천

잠수네영어는 아이와 부모가 함께 하는 2인 3각 경주입니다. 아이에 대한 배려 없이 부모 혼자 뛸 수 없습니다. DVD, 영어책을 고를 때는 아이의 취향을 최대한 존중해주세요. 관심 분야를 살펴보면 재미있어하는 DVD, 영어책을 발견할 수 있습니다. 고민해서 빌리거나 산 것이라도 아이의 반응을 살펴서 재미없다고 하면 억지로 보라고 강요하지 말고 잠시 치워두세요. 아이인지라 하기 싫다고 하거나 짜증을 낼 수도 있습니다. 잠수네영어 습관이 자리 잡을 때까지는 옆에서 같이 하면서 아이의 기분을 맞춰주세요. 맛있는 간식거리도 준비하고 필요하면 당근도 일시적으로 도움이 됩니다. 중간중간 폭풍 칭찬은 필수입니다.

언어는 노출 시간에 비례합니다. 영어도 잠수네학습법으로 매일 3시간씩 3년 정도 꾸준히 하면 월등한 실력을 갖출 수 있습니다. 단, 하루 이틀 하고 말 것이 아닌 장기간의 마라톤이므로 페이스 조절이 중요합니다. 처음에 불붙어서 확 몰아치면 지쳐 나가떨어지기 쉽고, 하다 말다 하면 나아지는 것 없이 세월만 보내게 됩니다. 매일 꾸준히 하려면 일정시간에 잠수네영어를 하는 습관을 들여야 합니다.

1박 2일 여행을 떠나도 계획을 세울 때와 아닌 때는 차이가 납니다. 무작정 시작하지 말고 찬찬히 계획을 세워보세요. 계획의 첫 번째는 시간 확보입니다. 하루 3시간을 마련하려면 학교수업 외에 하는 것들을 대부분 정리해야 합니다. 두 번째는 교재준비입니다. 처음에는 최소 한 달간 진행할 수 있는 교재를 준비합니다(도서관이나 대여점에서 빌리거나 서점에서 구입하세요). 어떤 교재가 좋을지 잘 모르겠다면 이 책에 실린 DVD, 영어책부터 보여주세요.

고학년이라 시간이 없으니 아침시간을 최대한 활용하세요. 아침에 일어날 때 아이가 좋아하는 DVD를 트는 것부터 시작하면 시간에 여유가 납니다. DVD보기 습관이 자리 잡으면 집중듣기, 책읽기를 하나씩 추가하고요. 처음에는 아이 옆에서 꼭 같이 해주세요. 집중듣기는 물론이고, 영어책의 재미를 알기 전까지는 책읽기를 할 때도 옆에 있어야 합니다. 다 컸는데 이렇게까지 해야 하나 푸념하지 마세요. 시간이 없다고, 직장에 다닌다고 혼자 하게 놔두면 안 하는 것이나 마찬가지입니다. 몇 년씩 잠수네영어를 했는데 진전이 없고 실패했다는 집의 공통점은 '아이 혼자 했다'는 점입니다.

3. 피드백

어떤 일을 할 때 좋은 결과를 얻으려면 피드백이 필요합니다. 피드백은 일정 기간을 정해 잘한 점, 고칠 점, 부족한 점을 찾아보고 개선점을 찾는 것입니다. 가장 좋은 것은 매일 점검하는 것입니다. 일주일간, 한 달간 했던 것을 반추하는 시간도 중요하고요. 하루하루 진행은 발전이 안 보입니다. 그러나 정기적으로 체크하면 이전보다 나아진 모습이 눈에 보이게 됩니다.

　피드백을 하려면 기록이 있어야 합니다. 매일매일 DVD 본 것, 집중듣기한 것, 읽은 책의 목록과 진행 시간을 기록하세요. 덧붙여 DVD와 영어책에 대한 아이의 반응을 간단하게 메모하면 다음 교재를 찾는 데 실마리가 됩니다. 단, 기록은 부모가 해야 합니다. 습관도 안 잡힌 아이한테 맡기면 안돼요.

영어책을 즐기는 아이로
이끄는 노하우

영어책 읽는 아이로 키우는 방법

영어를 익힐 때 가장 효율적인 방법은 영어책을 읽는 것이라는 데 이견이 없을 것입니다. 그러나 어떻게 영어책을 읽을 것인지, 어떤 책을 읽으면 좋을지 막막하다는 것이 문제입니다. 단어, 문법을 몰라도 영어글을 읽을 수 있나 끊임없이 의구심이 들기도 하고요.

다음 내용을 실천해보세요. 알파벳도 몰라 버벅거리는 수준에서 〈해리포터〉를 뛰어넘어 두꺼운 클래식 소설을 읽는 수준이 되는 것은 시간문제입니다.

1. 순서대로 가라

아이가 태어나면 생활에서 우리말을 계속 듣습니다. 한 해, 두 해 시간이 지날수록 알아듣는 말이 늘어나지요. 아이들이 한글을 익히는 과정은 아는 말을 글자로 확인하는 것입니다. 영어책 읽기의 벽이 높게 느껴지는 것은 이 과정을 생략하고 바로 책읽기로 들어가서입니다. 말을 많이 듣지 않고 책을 읽으려면 단어 뜻과 글자를 한 번에 암기해야 합니다. 문법을 알아야 읽을 수 있다는 오해도 생깁니다.

다음은 글자를 익히고 한글책을 읽게 되는 과정입니다.

> **1** 생활에서 우리말 많이 듣기 → **2** 한글 그림책, 동화책 읽어주기
> → **3** 쉬운 한글책 읽기

잠수네 영어도 이 순서대로 갑니다.

> **1** 흘려듣기 → **2** 집중듣기 → **3** 책읽기

1) 흘려듣기(DVD보기) → 아는 말이 늘어난다

영어책을 재미있게 읽게 하고 싶다면 재미있는 DVD부터 보여주세요. 처음에는 무슨 말인지 잘 모를 거예요. 그러나 아이들은 재미있는 DVD라면 좀 못 알아들어도 반복해서 봅니다(반복할 만큼 재미있는 DVD를 열심히 찾아야겠죠?). 자꾸 보다 보면 영어소리에 익

숙해집니다. 아는 말(단어, 문장)이 늘어나고 내용도 대강 이해됩니다. 발음이 좋아지고 영어말이 툭툭 튀어나오는 것은 덤. DVD보기가 휴식이 되면 영어말이 유창해지는 것은 시간문제입니다.

> **주의** 영어학습 측면에서는 쉬운 DVD가 좋습니다. 그러나 초등 5, 6학년이 보기에는 유치하고 느껴질 수 있어요. 쉬운 DVD를 정 보지 않겠다고 하면 흘려듣기 효과는 좀 떨어져도 당분간은 아이가 좋아하는 것으로 밀어주세요. 알아듣는 말이 많아지고 영어책 읽기 수준이 올라가면 쉬운 DVD도 재미있게 볼 수 있습니다.

2) 집중듣기 → 아는 글자가 늘어난다

DVD보기가 자리 잡으면 그 다음은 집중듣기입니다. 처음에는 소리와 글자를 맞추기도 바쁩니다. 글자의 뜻, 글의 내용을 모르는 것은 당연하고요. 그러나 열심히 집중듣기를 하다 보면 소리가 쏙 귀에 들어옵니다(이때도 내용은 잘 몰라요). 영어소리가 익숙해지면 흘려듣기하며 들었던 단어가 들리기 시작합니다. "어? 내가 아는 단어가 나오네?" 하는 거죠. 좀 더 시간이 지나면 이해되는 문장이 하나씩 생깁니다. 좋아하는 책이나 내용이 익숙한 책을 반복해서 듣다 보면 내용을 더 빨리 이해하게 됩니다. 빠르게 들렸던 오디오 소리가 느려지고요.

오디오 소리가 느리게 들리는 것은 내용 이해도가 올라가고 책

읽는 속도가 빨라졌기 때문입니다. 이제 집중듣기 하는 책을 한 단계 올릴 때가 됐습니다. 처음에는 한두 번 집중듣기하면 바로 읽을 만한 쉬운 책과 살짝 버거운 수준의 책 집중듣기를 병행해야 해요(쉬운 책 집중듣기+어려운 책 집중듣기). 책읽기에 자신감을 주면서 자기 수준보다 어려운 책을 읽을 힘을 주니까요. J2~J3단계 이상 책읽기에 자신이 생기면 쉬운 책 집중듣기는 중단해도 됩니다.

아이들은 좋아하는 분야(작가)면 내용을 30%만 이해해도 집중듣기를 할 수 있습니다. 한글책이나 영화를 재미있게 본 아이들이 턱없이 어려운 영어책으로 집중듣기 하겠다고 고집을 피우는 일도 종종 나타납니다(대표적인 것이 〈해리포터〉). 집중듣기 하는 책이 재미있어 몇 시간이고 하겠다는 아이도 있어요. 나중에는 오디오 소리가 느려 답답하다고 그냥 책을 읽겠다는 깜찍한 말도 합니다. 일명 집중듣기 졸업!!

> **주의** 집중듣기를 처음부터 좋아하는 아이는 없습니다. 집중듣기를 즐길 때까지 부모가 꼭 옆에 있어주세요(아이와 부모가 같이 집중듣기를 하면 금상첨화입니다. 아이뿐만 아니라 부모의 영어실력도 같이 올라갑니다).

3) 책읽기(한글책처럼 죽죽 읽기) → 영어책이 재미있어진다

처음에는 '집중듣기를 한 쉬운 책'부터 읽습니다. J1단계 영어책으로 집중듣기를 하고 있다면 읽을 수 있겠다 감이 잡히는 책이 나

타나요. 아이가 먼저 이 책은 쉬워서(또는 느려서) "그만 듣고 싶다", "내용을 다 알겠다"는 말을 하니까요. 집중듣기를 중단하고 읽기로 넘겨야 하는 책이지요.

단, 과욕은 금물입니다. 집중듣기가 책읽기로 이끄는 역할을 해준다고 책 1권을 하루에 10번 반복해서 듣거나, 아이의 의사를 무시하고 읽을 수 있을 때까지 무한 반복해서 집중듣기 하라고 강요하면 재미는 사라지고 영어가 싫다는 감정만 남게 됩니다. 영어책을 구해주는 것은 부모지만 선택은 아이 몫입니다. 집중듣기 반복 횟수, 집중듣기를 한 책 중 읽기책으로 넘길 것을 고르는 것 모두 아이가 결정하게 해주세요.

영어책을 한글책처럼 읽으려면 아이 실력보다 어려운 책은 안 돼요. 알파벳도 모르는 수준이라면 그림 많고 단어 한두 개 정도가 있는 얇은 책이 최고입니다. 처음에는 그림을 보며 단어의 뜻, 글의 내용을 짐작하지만 이 책, 저 책에서 같은 단어를 자꾸 만나다보면 의미가 점점 확실해집니다. 이렇게 스스로 뜻을 유추한 단어, 자주 마주친 단어는 기억에 오래 남습니다. 아는 단어가 많아지면 그림 없이 글만 있는 책도 읽을 수 있습니다. 모르는 단어가 나오면 문맥상 어떤 뜻으로 쓰였을까 '생각'하며 읽습니다. 한글책처럼 죽죽 읽어나가다 보면 영어책이 재미있어집니다.

아이가 영어책을 술술 읽어나가면 꼼꼼하게 읽지 않는다고 고민하는 부모들이 나타납니다. 걱정하지 마세요. 한글책 읽을 때 한 글자씩, 한 문장씩 꼼꼼하게 읽나요? 이해하기 어렵거나 읽기 싫은 부분이 나오면 건너뛰고 읽잖아요. 영어책도 마찬가지입니다.

100여 쪽짜리 책을 30분 만에 다 읽었다면 아는 단어만 연결해서 읽은 거예요. 그래도 내용이 충분히 이해가 되니까요. 건성으로 읽는 습관을 해결하는 방법은 '정말 재미있는 책 찾아주기'입니다. 재미있으면 보고 또 보고 합니다. 처음에는 30%밖에 이해 못하던 책이라도 자꾸 보다 보면 50%, 70%… 아는 단어가 늘어나고 이해도가 올라갑니다.

주의 단어를 모른다고, 정독을 안 한다고 암기시키거나 해석시키면 책을 읽는 것이 아니라 '공부'가 됩니다. 사전은 아이가 스스로 정확한 뜻을 알고 싶어 할 때 찾아보세요.

한 가지 더, 어려운 책보다 쉬운 책 읽기가 진정한 실력향상의 지름길이라고 수없이 강조하는데도 많은 분들이 쉬운 책 읽기를 간과합니다. 학원에서 수업한 두껍고 어려운 책이 아이 수준이라고 착각하고 어려운 책만 읽히는 분도 적지 않습니다. 도서관에 얇은 책을 계속 빌리러 가기는 귀찮고, 구입은 아까워서 못하니 몇 권 안 되는 재미없는 책으로 연명하며 세월만 보내는 집도 종종 보입니다. 제일 귀중한 것은 아이의 시간입니다. 부모가 발품 파는 만큼 아이 실력이 올라갑니다. 빌리러 다니고 책 찾기 귀찮다면 이 책의 추천도서라도 꼭 구입해서 보여주세요(나중에 중고로 팔면 되니까요).

2. DVD와 연결하라

처음에 보는 DVD는 천천히 또박또박 말해주는 것, 쓸데없는 효과음이 적은 것이 효과적입니다. 등장인물이 늘 일정하고 줄거리만 살짝 바뀌는 시리즈물은 매번 다른 에피소드를 보더라도 반복의 효과가 큽니다. DVD를 고를 때는 JD2단계 → JD3단계 → JD4단계 → JD5단계순으로 낮은 단계부터 아이가 재미있어할 만한 것을 찾는 것이 DVD 활용도를 높이는 방법입니다.

특히 영어책과 연계해서 볼 수 있는 DVD라면 더 좋습니다. 잘 아는 것, 친숙한 것은 쉽게 다가갈 수 있으니까요. DVD를 고를 때 이왕이면 책과 연결된 것으로 찾아보세요. 집중듣기, 책읽기와 연결할 수 있습니다. 같은 캐릭터의 DVD를 보고 집중듣기한 후 책읽기로 연결할 수 있다면 최고입니다. 단, 아이가 좋아한다는 전제가 깔려야겠죠?

실사영화를 즐겨 보는 수준으로 영어실력이 올라가면 선택의 폭이 넓어집니다. 실사영화 중 원작이 있는 영화들이 많습니다. 영화를 먼저 보고 영어책을 볼 것이냐, 영어책을 집중듣기하거나 읽고 영화를 볼 것이냐는 아이의 성향과 수준에 맞춰주세요. 영화를 먼저 본 경우 다 아는 내용이라고 영어책을 거부하는 아이가 있는 반면, 아는 내용이라 영어책을 편하게 볼 수 있다고 좋아하는 아이도 있으니까요. 영어소설을 좋아한다면 '책 → 영화'순으로 가는 것이 낫습니다. 그러나 두꺼운 영어소설에 살짝 두려움이 있는 아이라면 영화를 먼저 보고 영어소설을 집중듣기하거나 읽는 것도 하나의 방법입니다.

단, 영화를 먼저 보고 나서 바로 영어책을 보여주면 내용이 기억이 나서 영어책을 읽는 게 아니라 영화를 떠올리며 볼 수도 있습니다. 책을 읽으며 느낄 수 있는 상상의 세계가 축소되는 경향도 있습니다.

3. 집중듣기와 연결하라

잠수네 회원들은 '마법의 집중듣기'란 말을 합니다. 집중듣기를 꾸준히 하면, 단어암기나 문법공부를 안 해도 영어책을 줄줄 읽게 된다는 것을 직접 경험하고 있으니까요. 집중듣기의 마력은 '재미'와 '반복'입니다. 재미있게 반복해서 듣다 보면 영어실력이 나도 모르게 술술 올라갑니다. 잠수네영어 진행도 수월하고요.

1) J1~J3단계 집중듣기와 읽기 연결(적응과정)

알파벳도 모르거나(적응1과정), J1 단계 영어책을 간신히 읽는 수준(적응2과정)이라면 재미는 잠시 접고 빠른 시간 안에 영어실력을 올리는 것에 목표를 두어야 합니다. 이 시기에 집중듣기를 읽기로 연결하는 데 제일 좋은 방법은 '쉬운 책 반복 듣기'입니다. 문제는 적응과정에서 듣는 J1~J3단계 영어책(주로 리더스북)이 초등 5, 6학년이 보기에 재미가 별로 없다는 것. 너무 유치한 것들을 빼면 들을 만한 책도 많지 않습니다. 그래서 재미없고 유치해도 꾹 참고 이 시기를 빨리 넘어가자고 설득해야 해요. 읽을 수 있는 책이 1권씩 나올 때마다 환한 미소를 지으며 '와~ 대단하다!' 물개박수

처주면서 격려해주고요.

STEP 1 영어책을 전혀 못 읽는다면 J1단계 집중듣기만 하세요.

STEP 2 집중듣기한 J1단계 영어책을 좀 읽게 되면 그때 J2단계 집중듣기를 합니다.

STEP 3 J2단계 영어책을 떠듬떠듬 읽어나갈 때 J3단계 집중듣기를 시작합니다.

집중듣기하는 책, 읽는 책의 반응도 잘 살펴보세요. 당장은 아이 취향에 맞는 책을 보여줄 수 없지만, 어떤 것을 좋아하고 싫어하는지 잘 관찰하면 다음 단계 책을 고를 때 중요한 단서가 됩니다.

J1~J3단계 집중듣기와 읽기 연결을 도표로 간단하게 그려보았습니다.

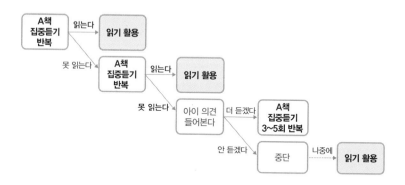

A책으로 집중듣기한다면 하루 1번씩 3~5일은 반복해서 들어야 합니다(하루에 같은 책 여러 번 반복은 금물. 잠수네영어 안 한다고 거

부할 수 있습니다). 이 중에서 읽을 수 있는 책이 나오면 읽기용으로 넘기고 집중듣기에서 빼세요. 읽지 못하는 책은 3~5일 더 집중듣기합니다. 다시 읽을 수 있는 책이 나오면 읽기용으로 넘기고요. 10회 이상 반복해서 들었는데도 못 읽는 책은 아이의 의견을 들어보세요. 더 듣겠다면 읽을 수 있는 책이 나올 때까지 반복해서 집중듣기하고, 더 이상 안 듣겠다면 중단합니다. 구입한 책이라도 못 읽는다고 속상해하지 말고 잘 보관해두세요. 나중에 영어실력이 좀 올라가면 술술 읽을 날이 옵니다.

참, 시리즈 책은 구입하기 전 첫 권을 먼저 들어보고 판단하세요. 재미있다면 계속 듣고, 재미없다면 다른 책을 찾는 것이 바람직합니다. 첫 권을 듣고 나서 2권부터는 바로 읽겠다고 하는 경우도 있습니다. 오디오CD가 붙은 20권짜리 시리즈를 덜컥 구입하고는 구한 게 아까워서 듣기 싫다는 것을 들으라고 강요하거나, 읽을 수 있는데 억지로 듣게 하는 것이 제일 어리석은 일입니다. 아이 의견을 최대한 존중해야 즐거운 책읽기가 됩니다.

2) J4단계 이상 집중듣기와 읽기 연결(발전과정, 심화과정)

J4단계 이상 집중듣기는 선택의 폭이 넓기 때문에 '재미있냐, 재미없냐'가 책을 고르는 기준입니다. 푹 빠질 만큼 재미있는 책은 여러 번 반복해서 듣게 되고, 반복하는 만큼 읽을 수 있는 책도 늘어납니다. 좀 더 지나면 집중듣기하다 중단하고 뒷부분은 그냥 읽겠다고 하기도 합니다. 이 때문에 집중듣기 책은 아이의 취향을 최대한 고려해서 선택해야 합니다. 아예 처음부터 아이와 같이 집

중듣기 책을 고르는 것도 좋은 방법입니다.

J4단계 이상은 아래 도표처럼 집중듣기와 읽기를 연결시킵니다.

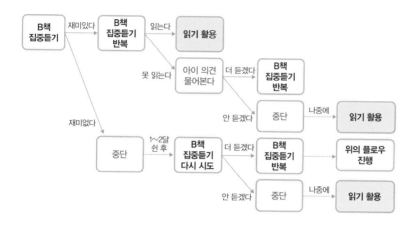

B책으로 집중듣기해서 재미있다면 언제 반복할 것인지 물어보세요. 바로 하거나 시간을 두고 반복해도 좋습니다. 듣다가 읽을 수 있다고 생각되는 책은 읽기로 넘기고 집중듣기는 그만하세요. 잘 읽는데 집중듣기할 필요가 없으니까요. 집중듣기를 반복해도 못 읽는다면 아이의 의견을 들어보세요. 더 듣겠다면 계속 집중듣기하고, 안 듣겠다면 중단합니다. 중단한 책은 나중에 읽기로 활용하고요.

B책을 한 번 집중듣기했는데 재미없다면 중단하는 것이 좋습니다. 재미없다는 것은 흥미가 없거나 자기에게 안 맞는 어려운 수준이라는 의미입니다. 그러나 시간이 흐르면 취향이 바뀔 수도 있고, 예전에 어렵게 느꼈던 책이라도 쉽게 들을 수 있습니다. 한두 달 지난 후 다시 들어보면 어떻겠냐고 물어보세요. 다시 듣겠다면 반복하고, 싫다면 그만둡니다.

4. 쉬운 책 폭설

1) 차근차근

비행기가 날아오를 때 제일 속도를 올리는 시점이 이륙 직전입니다. 영어책도 확 퍼붓는 시기를 거쳐야 즐기는 수준으로 넘어갑니다. 그러나 쉬운 단어로 된 책도 못 읽는 아이라면 읽기 양을 늘리기 전에 한 층 한 층 단계를 밟고 가야 합니다.

> **STEP 1** 집중듣기한 J1~J2단계 영어책 읽기
>
> **STEP 2** 집중듣기한 J1~J2단계 영어책 읽기＋집중듣기 안 한 J1단계 영어책 읽기
>
> **STEP 3** 집중듣기한 J1~J3단계 영어책 읽기＋집중듣기 안 한 J1~J2단계 영어책 읽기

2) 쉬운 책＋만만한 책＋살짝 어려운 책

집중듣기 안 한 J2단계 영어책을 읽는 단계까지 오면 1000권 읽기를 할 때가 됐습니다. 구할 수 있는 J1~J3단계 책을 다 끌어 모으세요. 100권이면 10번씩, 200권이면 5번씩 읽으면 됩니다. 1000권 읽기하는 책의 단계는 아이가 제일 편하게 읽는 수준을 중심으로 아주 쉬운 책, 살짝 어려운 책 세 종류를 섞으면 좋습니다. 몇 %씩 섞어야 한다는 규칙은 없지만 술술 읽을 수 있다는 자신감도 주면서 조금 버거운 책도 도전하는 기회로 삼는 거죠.

3) 반복횟수는 아이가 결정

책을 몇 번 반복해서 읽을지는 아이에게 맡기세요. 처음에는 얇고 쉬운 책만 읽으려고 할 거예요. 그래도 괜찮습니다. 다만 '어떤 책을 읽어도 되지만 10회가 최대치!' 하고 일정한 규칙은 정해야겠죠? 너무 쉬운 책 읽기만으로는 발전이 별로 없을 테니까요. 아이가 계속 반복해서 보는 책을 잘 관찰해보세요. 그림이나 줄거리가 재미있는 책의 반복횟수가 많습니다.

4) 쉬운 책 배합

쉬운 책의 종류도 중요해요. 재미없고 시시한 리더스북만으로 구성하면 영혼이 빠진 읽기가 될 가능성이 높습니다. 1000권 읽기 할 때 J1~J3단계 그림책도 10% 정도는 넣어주세요. 그림책이 리더스북보다 훨씬 재미있는 데다 그림책을 자꾸 읽다 보면 어휘력, 독해력이 늘어나는 부수효과도 얻을 수 있으니까요. 그야말로 '꿩 먹고 알 먹고'입니다. 단, 같은 단계라도 그림책이 리더스북보다 어휘와 문장이 어렵습니다. 많이 들어서 술술 읽을 수 있는 그림책이면 몰라도, 어렵다고 하면 조금 나중에 넣어주세요.

5) 꿈과 희망을 주자

또 하나 아주 중요한 점. J1~J3단계 영어책은 초등 5, 6학년 아이가 재미를 느끼기엔 좀 유치한 책들이 대부분입니다. 영미권의 유아, 초등 저학년 아이들을 대상으로 하는 책이니까요. 한글책을 좋아하는 아이라면 한숨을 푹푹 쉴지도 몰라요. '내가 이런 책을 지금 읽어야겠느냐'고요. 그래서 충분히 설명을 해주고 1000권 읽기에 돌입해야 해요. '꾹 참고 읽자. 요 고비만 넘어가면 재미있는 영어책들이 수두룩하다' 하고요. 아이에게 꿈과 희망을 불어넣어 주려면 J4, J5, J6, J7단계의 표지가 재미있는 영어책을 보여주는 것도 좋습니다.

6) 최대 3달 이내

1000권 읽기를 할 때는 가늘고 길게 가면 안돼요. 재미도 없는 책을 길게 잡고 가면 성취감도 떨어지고 하다 말다 지지부진해지고 맙니다. 이유 불문하고 3개월 내에 끝마치도록 일정을 짜세요. 시간 여유가 있는 방학 때가 아무래도 좋겠죠? 8~40쪽 내외의 얇은 책이라도 처음 시작할 때는 하루 10권을 읽는다는 것이 만만치 않습니다. 그러나 1000권 읽기의 필요성을 아이가 납득하면 하루 20~30권씩 읽기도 가능합니다. 이러면 한 달 반에 1000권 읽기를 마칠 수도 있어요.

7) 이벤트로 동기부여

1000권 읽기를 마치면 영어책 읽기에 자신이 붙습니다. 1000권 읽기가 불도저로 밀고가면서 길을 내는 과정이었다면 이젠 하나하나 꽃을 심는 단계입니다. 아이가 좋아할 만한 영어책을 열심히 찾아보세요. 그러나 심혈을 기울여 영어책을 구해놨어도 읽을 마음이 없다면 무슨 소용이 있겠어요. 말을 물가에 끌고 갔어도 역지로 먹일 수 없는 것처럼 아이 스스로 읽고 싶다는 동기가 없으면 영어책을 손에 잡게 되지 않습니다. 이벤트를 해보세요. 휴일이나 방학을 이용해서 '영어책 읽기 데이'를 해보는 거예요. 키 높이 쌓기, 책장 비우기 등 목표를 세우고요. 어차피 시켜먹을 치킨, 피자, 떡볶이를 이벤트 상품으로 걸어보세요. 아이가 이벤트를 성공한 덕분에 가족이 맛있는 음식을 먹게 됐다고 감사하는 것은 필수입니다.

5. 확장하라

추리소설을 보면 미궁에 빠진 사건이라도 해결의 실마리가 나타나면 주루룩 풀리죠? 아이들이 좋아하는 책을 찾는 것도 사건을 해결하는 것이나 똑같습니다.

1) 아이가 좋아했던 한글책(페어북)에서 확장

아이가 재미있게 읽은 한글책 중 원서가 있는 책 — 오래전에 한글책으로 읽었던 그림책, 동화책, 소설의 원서를 찾아 집중듣기, 읽기용으로 활용해보세요. 영어로 된 글의 의미를 정확하게 몰라도 대략 어떤 내용인지 아니까 낯설게 느껴지지 않습니다. 다음에 어떤 내용이 나올지 아니 집중듣기하거나 책을 읽을 때 단어나 문장의 뜻을 유추하는 데 도움도 됩니다.

좋아하는 작가의 번역 안 된 책 — 한글로 읽은 책은 영어책으로 보지 않으려는 아이에게 좋은 방법입니다. 재클린 윌슨의 번역본 책들을 재미있어했다면 번역 안 된 다른 책들을 찾아 보는 거죠.

챕터북 번역본은 첫 권만 한글책으로 – 챕터북 번역본인 〈마법의 시간 여행〉 시리즈는 3, 4학년이 주로 읽는 책이지만 원서는 5, 6학년도 재미있게 볼 수 있습니다. 글밥이 많아서, 책이 두꺼워서 영어책을 선뜻 손에 들지 못한다면 시리즈의 첫 번째 책만 한글책으로 보여주세요. 등장인물과 배경을 이해하면 영어책 읽기가 편해집니다.

인기 있는 소설은 원서로 – 소설 중에는 양서(Good Books)와 재미있는 책(Best Books)이 있습니다. 생각할 거리가 많고 오랫동안 검증받은 책이 양서, 친구가 읽으면 따라 읽는 책이 재미있는 책입니다(시리즈로 된 코믹, 판타지, 로맨스 등 장르소설이 아이들에게 인기가 많습니다). 〈샬롯의 거미줄〉, 〈클로디아의 비밀〉 같은 양서는 한글책이든 영어책이든 가리지 않고 보여주세요. 영어로 보여주겠다고 책장에 꽂아두고 있다가 아차 하는 사이 읽기 딱 좋은 시기를 놓치는 집들이 종종 있거든요. 그러나 영어책에 좀 더 친숙하게 해주고 싶다면 〈윔피키드〉, 〈해리포터〉 시리즈같이 아이들에게 인기 있는 소설은 번역본보다 원서로 보여주는 것이 낫습니다.

번역본으로 읽은 지식책도 아이가 원하면 원서로 – 지식책은 군이 원서를 찾아 읽을 필요는 없습니다. 지식을 전달하는 책이라 문장이 단순해서 창작책에 비해 읽기능력을 올려주는 효과가 덜하거든요. 그러나 재미있게 본 지식책을 원서로 읽고 싶어 하면 적극적

으로 찾아주세요. 지식책 원서를 읽으면 사회, 과학 분야 어휘를
습득하는 데 큰 도움이 되니까요.

아이는 원서, 부모는 번역본 읽고 대화를 — 잠수네영어로 성공한 분 일
화입니다. 어릴 때부터 아이가 읽는 한글책을 같이 읽고 이야기를
나누는 시간이 참 좋아서 아이가 두꺼운 영어책을 죽죽 읽게 되자
엄마는 번역본을 읽고(영어가 안 되니까) 계속 이야기를 나누셨대요.
이 아이 초중고 다니면서 한글, 영어 모두 글쓰기 상은 다 휩쓸었
습니다. 고등학생 때는 관심 있는 분야를 연구해서 영어논문으로
도 쓰고요. 다들 선망하는 대학에 진학하고 나서는 엄마한테 거꾸
로 조른다고 하네요. 읽은 책에 대해 계속 토론하고 싶으니까 엄
마도 그 책을 얼른 읽으라고요.

2) 재미있게 읽은 영어책에서 확장

아이가 책을 읽는 모습을 잘 관찰해보세요. 계속 반복해서 읽거나,
읽으면서 계속 내용에 대해 이러쿵저러쿵 이야기하는 책은 재미
있다는 증거입니다. 같은 작가의 책, 같은 시리즈, 비슷한 시리즈,
같은 주제의 책, 같은 캐릭터의 책 등 반응이 온 책을 힌트 삼아 주
욱 확장해보세요. 도서관에서 빌려도 좋고, 근처 도서관에 없는 책
은 상호대차를 이용해도 좋습니다. 아이가 꼭 원하는 책은 구입해
주고요. 그림책이라서, 하드커버(Hardcover)라 가격이 비싸 망설
여진다면 곰곰이 생각해보세요. 해외 유학하는 것에 비하면 비교
가 안 될 정도의 적은 비용입니다. 한두 번 비싸다고 거절당하면

아이가 입을 닫습니다. 뜨거울 때 내리치라는 말이 있죠? 실마리가 보일 때 확장해주세요. 영어책의 재미를 알아가는 엘리베이터에 올라탄 것이나 마찬가지입니다.

6. 조합하라

잠수네에서 생각하는 이상적인 영어책 읽기 모델은 처음에는 얇고 쉬운 영어그림책과 리더스북으로 시작해서(1단계), 챕터북으로 글밥과 두께에 익숙해진 후(2단계), 영어소설을 보는(3단계) 흐름입니다.

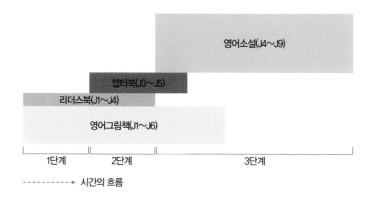

5, 6학년에 잠수네영어를 시작한다면 한글책 읽기가 최대변수가 됩니다. 한글책 읽기습관이 안돼 있는 아이들은 영어책 읽기가 금세 한계에 부딪힙니다. 처음에는 리더스북으로 시작할 수 있어요. 수준이 올라가면 챕터북을 읽을 수 있고요. 그러나 한글책 수준이 올라가지 못하면 영어소설은 읽기 어렵습니다. 영어책을 읽고 싶

다면 한글책을 재미있게 읽을 수 있도록 따로 신경 써야 해요.

한글책을 좋아하고 한글책 수준이 높은 아이들은 영어그림책은 유아용이라고 거부하기 쉽습니다. 재미없는 리더스북, 단순한 줄거리와 흥미 위주의 챕터북을 좋아할 리 만무하고요. 그래도 꾹 참고 리더스북, 챕터북으로 집중듣기하고 읽으면서 영어실력을 올려야 해요. 영어실력이 올라가면 정말 재미있고 감동적인 영어 소설을 읽을 수 있으니까요.

어릴 때 한글그림책을 많이 본 아이라면 영어그림책 중 익숙한 책이 많을 거예요. 그러나 영어그림책은 어휘나 표현이 어려워 바로 읽기 어려운 책이 많습니다. 그렇다고 집중듣기하기도 적당치 않습니다. 영어그림책 오디오CD에는 노래와 챈트가 같이 나오는 경우가 많아 고학년 정서에 별로 안 맞거든요. 나중에 영어실력이 올라가고 아이가 거부하지 않는다면 주말이나 방학 때 영어그림책을 많이 보도록 해주세요. 영어소설 진입이 한결 수월해집니다.

| 사례 | **초5에 적응1로 시작해도 괜찮아요**

작성자 머루네맘 글 쓴 당시 학년 초6

잠수 시작할 때 아이 상태 초등5학년 남아

영어 잠수네 적응-1 (입으로 단어를 알아도 글씨로 쓰인 단어 못 찾아냄)

한글 한글책 학습만화만 봐서 줄글 읽기 거부하는 상황, 한글그림책 JK3단계부터 시작

현재(18개월 지남) 초등 6학년 사춘기 조금 생기려고 함

영어 발전2(집듣- 5단계 소설, 챕터북, 읽기-4단계 쉬운 챕터북, 베렌 / 평일 집
듣+영어 3시간, 주말 집듣+영어 4시간 이상)

한글 〈네버랜드 클래식〉 시리즈 거의 읽음, 잠수네에서 추천하는 8단계
책들 읽어냄, 제일 좋아하는 것은 6단계 역사관련 책(용선생) 엄마
가 신경 쓰면 1시간

지난 18개월간 아이가 눈에 띄게 성장을 많이 했습니다. 가장 큰 이유
라고 하면 역시나 잠수네 방법은 시간을 채우는 방법인지라 정말 미련
하게 시간을 채웠습니다. 지금까지 꿈만 높은 아이를 공부 전혀 안 시키
고 활동만 시켰던 것에 대한 미안함으로 그냥 당연히 해야 하는 것으로
이끌었습니다.

아이 잠수 진행하며 지켰던 몇 가지!

1 적응 때도 주구장창 ORT만 읽더라도 하루 30분 읽히려고 노력했고
집듣도 고학년이기 때문에 빼먹지 않고 유지하려고 노력했습니다.

2 잠수네 가입한 다음 달부터 바로 팀방에 가입하여 지금까지 17회 동
안 팀방 활동을 쉬지 않고 하고 있습니다.

3 매달 목표를 세우고 (미션) 스스로 해낼 수 있게 동기 부여했던 것이
가장 큰 힘인 것 같네요.^o^ 한 달은 20시간 읽기, 다음 달은 30시간
읽기, 그 다음 달은 40시간 읽기 등으로요. 계획을 잡아도 실제로는
진행을 다 채우기 힘든 것을 안 후에는 주말에 목표를 조금 더 높게
세우기도 했습니다.

4 처음 잠수네 시작할 때도 아이의 동의하에 서로 상의하며 잠수네 하기로 결정하였습니다.

5 매 순간 칭찬하는 것을 멈추지 않았습니다. 또한 '다른 친구들은 머루보다 일찍 시작해서 할 수 있다, 학교 애들이랑 잠수네 애들은 하늘과 땅 차이다' 하고 격려와 채찍도 하면서요.

6 그동안 머루의 꿈은 단지 어린 시절의 호기였다면 지금은 정말 근처로 가고 싶어 하도록 계속 동기 부여를 해주고 있습니다.

7 남자 아이들은 권위에 약해 '잠수님 말씀이다', '영어교실 코칭페이퍼에 나왔다', '팀방 이모가 그러셨다' 등의 표현 많이 사용했습니다.

8 방학 때 유독 진행 시간이 살인적으로 늘어났어요(제가 애를 좀 잡았습니다^^). 일주일 동안 영책 30시간 읽기 같이 스스로 목표 세워서 하기도 했고 팀방 아이들과 경쟁하면서도 시간을 많이 채울 수 있었어요.

한글책 수준을 높였던 노하우

잠수하기 전에는 〈WHY〉 시리즈를 그렇게 좋아했습니다. 엄마는 속으로 뿌듯했고요. 학습만화도 좋다고 생각했거든요. 그런데 잠수네 와서 보니 만화책은 책벌레에 입력이 안 되는 겁니다. 그리고 줄글 있는 책들을 들이미는데 아이가 다 거부… 읽을 수 있는 책이 없었어요.

그래서 선택한 방법! JK3 단계 책부터 읽혔습니다. 그다음은 4단계, 그다음은 5단계…. 그러다 어느 순간 6단계로 넘어서고, 중간중간 아이가 좋아할 만한 〈CSI과학형사대〉, 〈용선생 한국사〉 이런 시리즈가 나와서 아이가 줄글을 읽을 수 있게 됩니다. 중간중간 자극적인 〈해리포터〉로 글밥 많은 것에 두려움을 없애는 노력도 해줬어요.

지난겨울 〈네버랜드 클래식〉을 집에 들이고 50권 다 읽기를 도전하고 있는데… 켁, 이건 아직 클리어하지 못했습니다. 그리고 책 읽고 잠수 네파피루스 쓰기, 이것 역시 생각하는 힘이 키워지기 좋은 듯합니다. 요즘에는 6학년 추천 책들 JK8단계 책들도 잘 읽어냅니다.

제가 보기에는 〈네버랜드 클래식〉을 읽고 나니 이제 못 읽을 책은 없을 것 같은 느낌 아닌 느낌이 듭니다. 갑자기 생각하는 힘이며 말 표현이 높아진 게 저는 이 〈네버랜드 클래식〉 때문인 것 같습니다. 역시 양서를 읽어야 하는 듯합니다! 클래식 책들 강추입니다.^^ 단계적으로요!

직장맘 잠수하기 노하우

1 아침잠수, 저녁잠수 사수한다. 요즘은 좀 덜한데요. 집듣이랑 수학은 가능하면 따로 놨어요. 집듣은 아침에 수학은 밤에 이런 식으로요.^^

2 운동을 시킨다. 처음 잠수시키고 수학은 그냥 학원 보내고 태권도도 가지치기 하고 잠수만 했는데 어느 순간 아이가 멘붕 오는 것을 느꼈습니다. 그래서 다시 뛰어놀라는 의미에서 태권도를 다시 보냈는데요. 아이 눈빛이 순해지고 스트레스 해소가 잘되는 것 같습니다. 중학교 때도 운동은 꼭! 시키려고요.

3 수학학원 다녀와서 엄마 오기까지 할 일을 준다. 수학은 아무래도 엄마가 설명해줘야 하는 게 있어서 저는 그냥 DVD 보거나 한글책 읽어달라고 요청했습니다. 한글책 읽기 싫어서(?), 미션을 해야 해서 아이가 영어책 읽겠다고 사정할 때는 영어책도 허락했습니다.

직장맘 방학 때 진행시간 많이 채웠던 요령

1 엄마 회사 간 오전에 도서관 가기 등 공부 환경을 만들어준다.

2 목표를 세워서 일주일 동안의 목표를 수행하면 당근 받는 미션을 꾸 준히 만들어준다.

3 혼자 진행한 것 중 거짓말하는 것을 들키면 '거짓말하면 양심에 금이 가서 스스로가 나빠진다'는 이야기를 통해 양심에 가책이 가게 많이 이야기한다(처음에는 많이 걸렸습니다ㅜㅜ). 스스로 거짓말하기 귀찮아 서 그냥 진행하게(포기하게) 만든다(너무 웃기지만 현실이에요ㅜㅜ).

4 컴퓨터 켜면 엄마 핸드폰에 알람 뜨게 하는 등의 장치를 통해 미디어 는 통제한다(카카오톡 PC 알림).

5 TV 리모컨 숨긴다.

6 힘들어서 쉬고 싶으면 그냥 어느 때라도 쉬고 싶다고 엄마에게 말할 수 있는 분위기를 만든다.

초5남아를 적응-1 받아 놓고 너무 절박해서 앞뒤 보지 않고 정말 잡아 돌렸습니다. 따라온 아이가 용할 정도로요. 단계가 오를 수밖에 없을 정 도로 진행을 많이 뺐습니다. '이렇게까지 했는데도 실력이 안 늘어?' 이 런 맘으로요.

고학년에 시작하다 보니 조금 강압적으로 진행 시간도 빼야 했고, 지금 도 갈 길이 멀고 바쁘기만 합니다. 아이들에 따라 적용하는 방법도 다르 고 완급도 조정해야 하지만, 고학년이고 스스로 하겠다는 생각이 들면 조금 강하게 당겨도 아이들은 할 수 있습니다.

작성자 쭈니와미니　**글 쓸 당시 학년** 고3, 중3

잠수 10년 차 만 9년이 지났고 고3 아들, 중3 딸을 두었어요. 잠수방법에 대한 노하우는 너무나 잘 알고들 계신 거 같아 성향이 다른 두 아이의 잠수를 진행하면서 느낀 점을 위주로 써볼까 해요.

잠수로 빠른 시간에 성공하려면 아이가 영어를 좋아하고 아이의 욕심이 많아야 된다고 생각하는 분이 많지요. 하지만 제 경험은 영어를 좋아하지 않거나, 좋아해도 욕심이 없는 친구들한테 도움이 될 것 같아요.

2, 3년 안에 성공적으로 잠수식 영어에 안착하는 잠수 모범생이 많아요. 저는 모범생을 보며 많이 의기소침하고 아주 많이 부러웠었어요. 욕심도 없고 영어를 싫어했던 큰애는 아주 천천히 잠수네영어를 받아들였고요. 영어를 좋아하지만 욕심이 없는 둘째는 구멍이 많은 거품레벨을 받으며 시간이 걸려서 고수가 됐어요. 좋아하게 되면 시간이 걸려도 실력이 쌓이는 것 같아요(둘째가 푹 빠져서 7시간을 연달아 집듣하면서도 더 하고 싶다고 했던 시기도 있었어요).

잠수하면서 잘한 점

첫째, 영어진행하면서 아이에게 한 번도 화를 내지 않았어요. 영어에 대한 좋은 기억만 심어주려고 했기 때문에 억지로 듣거나 읽게 하지 않았어요. 지금은 두 아이 모두 영어책이 재미있다고 해요. 고3인 큰애가 지난 방학에도 영어책을 읽는 모습이 흐뭇했어요.

둘째, 저만의 원칙을 세웠어요. 가늘고 길게라도 꾸준히 진행하겠다는 원칙을 세우고 주 6일 진행했어요. 일요일은 아무런 잔소리를 하지 않고 엄마는 쉬고 아이는 마음껏 놀았어요. 여름휴가를 가서도, 설날도 일요일이 아니면 30분이라도 진행을 했어요. 잠수영어가 습관으로 잡힌, 2~3년이 지난 다음에는 일요일도 아이 스스로 좋아하는 걸로 진행했어요.

셋째, 성향이 다른 두 아이를 있는 그대로 인정해주었어요. 두 아이가 같은 책을 읽어주면 좋지만 늘 새로운 책을 원하는 둘째는 계속 새로운 책을 사주었고 익숙한 책을 원하는 큰애는 같은 작가의 다른 작품을 모두 구해주었어요.

한글이 느리고 소극적이었던 큰애는 잠수영어법 그대로 아주 천천히 진행했어요. 알파벳만 알고 런투리드부터 시작해서 거의 1년이 다 돼 30분 집듣을 할 수 있었고 발전, 심화에 오래 머물다가 중3 영어교실을 졸업하며 고수1이 됐어요.

넷째, 늘 책을 읽도록 분위기를 만들어주었어요. 어렸을 때부터 한글책을 많이 읽어 주었고 큰애는 6학년 때까지 읽어주었던 거 같아요. 중2가 된 큰애가 영어책도 재미있다고 했는데 많이 읽는 건 힘들다고 했어요. 수학하기 싫으면 한글책이라도 보라 했더니 중학교 때 500권 정도 읽었어요. 지식책이나 권장도서보다 소설류가 많았고 좋아하는 작가가 생기면 모든 작품을 읽었어요. 고등에 가서는 한글책을 많이 읽은 게 공부에 도움이 된다고 해요. 영어책을 더 많이 볼 걸 후회도 하고요.

다섯째, 2008년 가입한 후, 영어교실 진행글을 매달 올리고 읽은 영어책, 한글책을 모두 책벌레에 기록해 놓은 거예요. 가늘고 길게 진행하자는 목표였기에 간단하게 기록한 영어교실글이지만 아이의 재산이 되지 않을까 해요. 큰애가 중등에서도 계속 심화과정에 머물 땐 아이마다 한계가 있으니 영어책 읽기를 멈추어야 하는지 참 많이 고민했어요. 고민할 때마다 잠수네에 들어와 선배님들의 글을 읽으며 다시 잠수영어를 계속 할 수 있었어요. 이과아이지만 안정된 심화2가 될 때 문법도 시작했고요.

잠수하면서 후회되는 일

첫째, 시행착오의 시간이 길었던 점이에요. 잠수네 소문난 영어교육법 책만 읽고 그대로 실천하면서도 100프로 믿음을 가지지 못했어요. 책에 소개되지 않은 잠수네 사이트의 방대한 정보를 제대로 공부하지 않고 내 아이를 일반화시켰어요. 남의 아이가 좋아하는 책이니 분명히 좋아할 거라는 이상한 믿음으로 책을 사고 권했어요. 욕심 많은 다른 집 아이의 진행을 보며 부러워하고 그 집 진행을 따라해보려고 노력도 했고요(거의 2년 이상은 헤매고 실수가 많았어요).

둘째, 아이를 관찰하며 잠수하면서 엄마도 꾸준히 공부하지 못했던 점이에요. 영어책에 대한 공부가 미흡해서 책에 대한 아이의 불만을 뒤늦게 깨달았어요(제로니모 시리즈의 단계가 중간에 높아지는 것도 모르고 왜 갑자기 어렵다고 집들을 안 하는지 이해를 못했거든요).

셋째, 뒤늦게 팀방에 합류하기는 했지만 잠친을 만들지 못하고 외롭게 힘들게 진행했던 점이에요. 내 아이가 다르다는 인식을 한 다음에는 다른 친구와 비교하며 조급해질까봐 마음의 문을 닫고 있던 시기가 길었어요. 다른 집 진행을 알게 되면서 우리 집 진행을 반성하고 부족한 점을 보완할 수 있었는데 팀방을 적절히 이용하지 못했던 점이 아쉬워요.

넷째, 수학도 영어처럼 자연스럽게 익숙해지게 기다려주지 못했던 점이에요. 큰애는 영어 하느라 중학교 입학하면서 수학을 시작해서 아주 힘들게 진행했어요. 2장씩 풀던 수학을 갑자기 2시간씩 하느라 큰애가 많이 고생했어요. 둘째는 좀 더 재미있게 접근해야 하는데 꼭 해야 하는 과제로 부담감을 주었더니 늘 오답이 많았어요. 고수방에서는 무조건 수학을 해야 한다는 분위기라고 아이에게 부담을 많이 주었었어요. 억지로 수학문제를 푸는 시간에 짧게 풀고 한글책을 읽었으면 더 좋았을 것같아요. 지금은 아이가 마음의 준비가 되니 수학도 잘 굴러가고 있어요.

열잠하시는 후배님들께 드리고 싶은 말

(제가 시행착오를 거쳐서 깨닫게 된 점은) 첫째, 내 아이의 자라는 속도를 남과 비교하지 마세요. 속도 차이가 있을 뿐이지 모든 아이의 잠수영어는 성공한다고 생각해요. 저는 큰애가 다른 아이보다 많이 느리게 자랐어요. 한글도 사회성도 영어도 수학도 모두 느리게 자랐지만 어느 순간 속도가 붙으니 지금은 친구들보다 나아요.

둘째, 내 아이를 객관적으로 자세히 관찰하고 인정해주세요. 아이마다 좋아하는 책도, 관심도 모두 다른 것 같아요. 모든 아이들이 좋아한다는 아서 챕터북이나 잭파일을 둘째는 싫어했어요. 너무 빤히 보인다고 3권 집든하고 읽기도 안했어요. 큰애는 참 좋아했고요. 아이가 좋아하는 책이 실제로는 엄마가 좋아하는 책일 때가 있어요. 새로운 시도는 아이가 받아들일 마음의 준비가 됐을 때 시작해야 효과가 좋은 것 같아요.

셋째, 내 아이를 믿어주세요. 전 두 아이 모두 처음 집든할 때 옆에 있어주지 못했어요. 동시에 집든을 한다고 하니 한 아이에게 가서 책을 펴주고 CD를 틀어주면 다른 아이한테 가야 했거든요. 아이가 금세 읽었다는 두꺼운 책도 그대로 믿었어요. 아이 스스로 속독하다가 정독하며 책 레벨을 오르락내리락했어요. 믿어주는 방법이 조금 느릴 수도 있지만 아이가 좀 더 즐겁게, 길게 영어를 진행하는 것 같아요. 둘째는 5~7시간 이상 신나게 진행한 시간이 2년 이상 되는 것 같아요. 엄마와의 사이가 좋을 수밖에 없어서 사춘기도 수월하게 지나가는 것 같아요. 이제는 둘째가 그토록 싫어하던 학습서를 영어니까 할 수 있다고 해요. 구멍 숭숭 거품 레벨이 영어사랑으로 메꾸어지고 있어요.

넷째, 잠수식 영어공부법을 내 아이에게 맞춤으로 조금 바꿔도 괜찮아요. 남의 집 진행 방법이 넘 좋아 보인다고 무작정 따라하다가 아이에게 상처를 줄 수 있어요. 큰애는 집듣을 참 힘들어했어요. 집듣할 때만 과자를 주기도 하고 시간을 나누어 진행했어요. 나중에도 좋아하는 책이 아니면 30분 이상 집듣하기 힘들다고 해서 나누어 할 때가 많았어요. 이왕이면 아이가 즐겁게 진행할 수 있도록 엄마가 고민하고 관찰하면 더 수월하게 습관이 잡히는 거 같아요.

| 사례 | 잠수네영어에 대한 오해

작성자 결민사랑 **글 쓸 당시 학년** 초5, 초2

잠수네로 아이들을 키우는데, 주변에서 하는 얘기들을 듣고, 개인적인 생각들을 적어보고 싶어졌어요. 두 아이와 잠수하는 몇 년 동안 제일 많이 들은 얘기들이었거든요.

엄마와의 관계가 나빠진다?

잠수네를 하면서 엄마와의 관계가 나빠진 건지, 엄마와의 관계가 좋지 않아서 잠수네 진행이 안 되는 건지, 앞뒤를 명확히 해서 객관적으로 살펴볼 필요가 있는 것 같아요. 숙제도 시켜야 하고, 가기 싫다고 해도 보내야 하는 등 학원에 보낸다고 해서 엄마와의 관계가 좋아지는 건 아니잖아요? 단지 사교육의 힘을 빌릴 때, 나와 떨어져 누군가가 도와주고 있다는 생각, 아이가 무언가를 하고 있다는 생각으로 엄마의 마음은 조금 편해질 수 있을지 모르겠어요.

엄마의 욕심을 조금만 접어두고 아이를 향한 불안감을 살짝만 내려놓을 수 있다면 아이와의 관계는 좋아질 수 있을 거라 생각해봅니다. 잠수네영어를 하다 보니 엄마와의 관계가 나빠지는 건 아니라는 것이죠. 잠수네에서 흘듣이라 말하는 DVD보기는 아이와 같은 걸 보면서 공감대를 형성하고 옆에 앉아 스킨십할 수 있는 가장 좋은 시간이 될 수 있어요. 집듣도 처음엔 하루 1권으로 시작해도 돼요. 작게 느껴지는 이런 시간들이 아이의 영어실력으로 차근차근 쌓여가고 있을 테니까요.

물론 처음엔 모든 것을 같이 해야 하고, 하나하나 챙겨줘야 하고 엄마의 노력이 동반돼야 하는 결코 쉽지 않은 것이 잠수의 길이에요. 하지만 영어가 학습이 아닌 즐거운 습관으로 자리 잡힌다면 자기주도학습의 기초가 될 수 있을 거라 생각합니다.

영어책 구하기가 어렵다?

저는 영어책을 도서관이나 인터넷 대여점에서 빌린 뒤 재미있어하는 책들만 사줍니다(두 아이 다 책에 있어 많이 까다롭지는 않은 편이었는데 커나가면서는 선호하는 책들이 생기더라고요). 도서관 갈 때 잠수네 베스트 목록을 챙겨 그 안에서 빌려오면 거의 성공합니다. 조금만 부지런하고 〈잠수네 책나무〉만 있다면 영어책 구하기 어렵지 않아요.

하지만 도서관에서 제가 원하는 책을 전부 빌려 읽히기에는 무리가 있어요. 대출 가능 책이라고 하는데 서가엔 없거나, 너무 많이 봐서 지저분하거나… 이럴 때 전 인터넷 대여점을 이용하는데요. 물론 다 사주면 좋을 수 있지만, 그 많은 책들을 다 살 수도 없거니와 꽂아둘 곳도 없는지라 선작업을 거쳐 아이가 정말 원하는 책들만 구입해서 아이만의 완소 책장을 꾸며준답니다. 이 방법은 영어책을 좋아하게 만들 수 있는 방법이기도 하더라고요. 책꽂이의 모든 책들이 자신이 정말 좋아하는 책들이니까요.^^

그래도 잠수를 한다면 어느 정도의 책은 구비하고 있어야, 아이도 자기만의 책이 있기에 좀 더 흥이 나서 즐길 수 있는 것 같아요. 대여할 때마다 한두 권씩은 갖고 싶다고 이야기하기도 하고요. 전 학원비 대신 일정 금액을 영어책 값으로 책정해두기 때문에 아이가 원한다면 제가 정한 금액 내에선 구입을 해주는 편입니다. 이럴 때 이용하는 사이트는 '웬디북'이에요. 잠수네 회원이면 다들 아시죠? 이곳에서 구입해서 책장을 채워줍니다. 10년 전이라면 모를까 영어책 구하기 어렵지 않아요.^^;;

영어책, 구입할까? 빌릴까?

— 잠수네영어를 하려면 DVD와 영어책이 꼭 있어야 합니다. 구입이냐 대여냐, 선택은 각자의 몫이지만 좀 더 효과적인 방법을 알면 시행착오를 줄일 수 있겠죠?

DVD

1. 유튜브, 인터넷을 검색해보세요

유튜브에서 검색하면 2~3분 정도 짧은 샘플 영상은 서의 찾을 수 있습니다. 유명한 TV애니 시리즈는 시즌별로 수십 편의 에피소드를 거의 다 볼 수 있기도 합니다. 유튜브에 없으면 구글에서 제목을 검색하고 동영상 카테고리를 클릭해 보세요. 유튜브 외의 동영상 서비스인 Vimeo, Dailymotion 등에도 DVD 샘플이나 전체 영상이 있습니다. 모바일 앱에서 유튜브에 올라온 애니메이션을 모아서 보여주기도 합니다. 그러나 인터넷이나 모바일은 재미있을 만한 DVD를 찾는 용도로 활용해야지 바로 보여주는 것은 조심해야 합니다. 18금 화면이 수시로 튀어나오고 화질이 안 좋은 경우 시력에 영향을 줄 수도 있습니다. 아이 혼자 보면 십중팔구 딴 곳으로 샙니다. 혼자 보는 것은 최대한 피해주세요.

2. IPTV, 넷플릭스의 스트리밍 서비스도 있습니다

KT의 〈올레TV〉, SK브로드밴드의 〈B TV〉, LG유플러스의 〈U+TV〉 등 IPTV 서비스에 가입하면 아이들이 볼 만한 애니메이션이나 영화를 쉽게 볼 수 있습니다. 넷플릭스도 마찬가지입니다. 매월 일정비용을 지출해야 하고 원하는 모든 DVD가 있는 것은 아니지만 인터넷에서 검색해서 보는 것보다는 안정적으로 볼 수 있다는 것이 장점입니다.

3. 도서관, 대여점을 활용하세요

DVD를 보유하고 있는 도서관이 꽤 있습니다. 대여가 안 되는 도서관이면 가서 보고, 대여가 되면 빌려서 보면 됩니다. 영어책 대여점에는 아이들이 많이 보는 DVD도 대여가 됩니다. 어떤 DVD를 좋아하는지 잘 모를 때 이용해보세요. 기껏 구입했는데 재미없다고 구석에 치워두는 DVD를 줄일 수 있습니다.

4. 반복하는 DVD는 구입하세요

DVD를 재미있게 반복해 보면 바로 구입한다는 원칙을 세우는 것이 좋습니다. 보고 싶을 때 언제든지 볼 수 있도록요. 매번 빌려 보다 때를 놓칠 수 있습니다.

영어책

1. 유튜브에 영어책을 읽어주는 동영상이 매우 많습니다

영어책 읽어주는 동영상의 대부분이 그림책, 리더스북이지만 저작권 시효가 만료된 클래식 소설 오디오북도 종종 보입니다. 그림책을 음원과 같이 구입하는 것이 부담스럽거나 아예 음원이 없어 구입이 망설여지면 고민하지 말고 유튜브부터 찾아보세요.

2. 좋은 책을 고르는 눈을 기르세요

어릴 때 사둔 영어책이 있으면 '집에 있는 것(주로 전집류)부터 보면 되겠지…' 싶은 심리가 있습니다. 잠수네 추천책이고 단계가 맞으면 봐도 됩니다. 잠수네 추천책이라도 단계가 높으면 나중에 보여주세요. 잠수네 추천책이 아니면 처분하는 것이 좋겠습니다. 아이의 시간은 한정돼 있는데 재미도 없고 수준도 안 맞는 책을 보느라 허송세월을 보낼 수 있으니까요. 잠수네에서 추천하는 책은 십수 년간 수많은 잠수네 아이들이 검증한 목록입니다. 이 책에 실린 책의 표지를 눈에 익을 때까지 자주 들여다보세요. 도서관이나 서점에서 책을 고를 때 수월하고, 중고서점에서도 매력적인 가격에 좋은 책을 단번에 골라낼 수 있습니다.

3. 구입하기 전 오프라인 서점, 도서관에서 꼭 확인해보세요

영어책은 한글책보다 비싼 편입니다. 중고책이나 얇은 리더스북은 2000~3000원에 나오기도 하지만 오디오CD가 붙은 그림책은 30여 쪽짜리가 1만 원이 훌쩍 넘습니다. 시리즈나 세트로 판매하는 책이면 한두 권이라도 실물로 보고 구입해야 실패가 줄어듭니다. 잠수네 회원이라면 〈잠수네 책나무〉의 리뷰를 꼭 참조하세요. 성별, 학년, 성향 등을 알 수 있어 책 선택에 많은 도움이 됩니다.

4. 쉬운 책은 되도록이면 구입하세요

많은 분들이 얇고 쉬운 책 구입을 아까워하고, 두꺼운 책 위주로 구입합니다. 하지만 생각해보세요. 가장 활용도가 높은 것이 얇고 쉬운 책입니다. 읽을 수 있을 때까지 반복해서 듣고 읽어야 하니까요. 그에 비해 두꺼운 책은 반복을 거의 하지 않게 됩니다. 1시간을 읽어도 쉬운 책을 여러 권 읽는 것과 두꺼운 어려운 책을 꾸역꾸역 읽는 것은 자신감에서도 차이가 납니다. 쉬운 책을 많이 읽으면 말하기, 쓰기로도 쉽게 연결되고 더 읽지 않는 경우 중고판매도 쉽습니다. 쉬운 책이 남는 장사란 게 괜한 말이 아니랍니다.

5. 집에 어느 정도 영어책을 보유하고 있어야 합니다

도서관이 집과 아주 가까워서 매일 드나들 수 있다면 몰라도 아니라면 영어책이 어느 정도 집에 있어야 반복해서 보게 됩니다. 매번 빌려보면 정작 아이가 보고 싶을 때 못 보는 일이 생깁니다. 원하는 때에 책을 빌리지 못할 수도 있습니다. '영어학원 비용만큼 영어책을 구입한다, 월 10만 원은 구입한다' 등 각자의 상황에 맞는 원칙을 세우고 영어책을 구입하면 좋겠습니다.

도서관 활용, 고수가 되는 지름길

1 영어책 많은 도서관 세 곳을 정해 정기적으로 다니세요. 다양한 영어책을 구할 수 있습니다.

2 식구 수대로 도서관 카드를 만드세요. 더 많이 대여할 수 있습니다(도서관 우수이용자는 더 많이 대여됩니다).

3 대여할 책 목록을 만들고 도서관 홈에서 검색한 청구기호를 써두세요. 시간이 절약됩니다.

4 대여한 영어책을 다 보라고 강요하지 마세요. 10권 중 1권이라도 아이가 재미있어하면 성공입니다.

5 주말, 방학 때는 아이와 같이 아침에 도서관으로 출근하세요.

6 영어책 반응을 기록하세요. 좋아하는 분야가 보입니다.

7 '상호대차' 서비스를 이용하세요. 다른 도서관의 책을 집 앞 도서관에서 받을 수 있습니다.

8 도서관에 없는 책은 '희망도서' 신청을 하세요. 신청자가 최초 대여자가 됩니다.

9   세트, 시리즈 책은 '정기구입' 신청을 하세요. 도서관에서 다량
    구입 시 참조하게 됩니다.

10 반응이 좋은 책은 구입하세요.

DVD & 영어책 대여점

1 민키즈 http://www.minkids.co.kr

2 리틀코리아 http://www.littlekorea.kr

3 리딩플래닛 http://www.goreading.co.kr

4 리브피아 http://www.libpia.com

5 북빌 http://www.bookvill.co.kr

영어 전문 서점

1 웬디북 www.wendybook.co.kr

2 하프프라이스북 www.halfpricebook.co.kr

3 하프잉글리쉬 www.halfenglish.co.kr

4 키즈북세종 www.kidsbooksejong.com

5 동방북스 www.tongbangbooks.com

6 쑥쑥몰 eshopmall.suksuk.co.kr

※ 예스24, 알라딘 등 대형서점에서도 영어책을 구입할 수 있습니다.

중고서점

1 하프프라이스북 www.halfpricebook.co.kr

2 북웨어하우스 www.bookwarehouse.kr

3 알라딘 중고서점 used.aladin.co.kr

4 네이버 중고나라 cafe.naver.com/joonggonara

해외 직구

1 북디포지토리 www.bookdepository.com

2 왓더북 ko.whatthebook.com

3 아마존 www.amazon.com

※ 모두 영문 홈페이지입니다.

TIP 2

문법 시작 시점과 방법은?

문법, 언제 시작해야 할까?

외국어를 익힐 때 문법을 공부하는 것은 '정확하게 이해하고 표현하기' 위해서입니다. 그러나 우리나라 현실에서 영어 문법은 '중고등학교 영어 내신 시험'을 위해서가 더 솔직한 이유겠습니다.

정확하게 읽고 쓰기 위한 문법을 생각하면 3가지 길이 있습니다.

첫째, 문법부터 배우고 책을 읽는 길입니다. 그러나 이 방법은 문법을 배우는 데 너무 많은 시간이 듭니다. 예문에 나오는 모르는 단어를 외우고 문장 해석까지 해야 하니까요. 문법공부와 단어 암기, 해석에 진이 빠지다 보면 책읽기로 넘어가는 것은 거의 불가능합니다.

둘째, 문법과 책읽기를 병행하는 방법도 있습니다. 이 경우 영어를 모르니 한글문법책으로 배워야 할 것이고, 자연히 한글로 해석하는 습관이 몸에 익게 됩니다. 책 읽을 때 한술 더 떠 문법 규칙까지 따지다 보면 책읽기가 아니라 공부가 됩니다. 책 읽는 속도도 나지 않으니 재미를 느끼기도 어렵습니다. 이렇게 해서는 중고등 6년을 문법공부해도 영어소설 1권 제대로 못 읽습니다. 영어 글쓰기라면 겁먹고 엄두도 못 냅니다. 열심히 영어공부한들 영어로 말 한마디 못 하고, 영어책 읽고 영어로 글 쓰는 데 두려움을 느낍니다. 이렇게 우리가 실패한 두 방법을 아이들도 똑같이 답습하고 있습니다.

셋째, 책읽기를 먼저 하고 문법을 공부하는 방법입니다. 상식의 틀의 얽매여 있으면 이 방법이 믿기지 않습니다. '어떻게 문법을 모르는데 영어글을 읽을 수 있지?' 의심을 떨치지 못합니다. 그러나 잠수네영어를 실천한 집들은 이 방법으로 영어책 읽기와 글쓰기, 문법 지식까지 다 챙겼습니다.

책읽기가 충분히 된 후 가장 이상적인 문법 공부는 어떤 방법일까요? 영영문법서와 한글문법서의 차이를 알면 가닥이 잡힙니다. 영영문법서는 어떤 경우에 이런 문법이 쓰이는지 생활 예문을 들어 아주 자세하게 설명합니다. 문장 만들기, 적절한 단어 배열하기 등 기본에 충실합니다. 연습문제도 말하기와 쓰기를 정확하게 하는 데 초점이 맞춰져 있습니다. 영영문법서의 한국어판은 현재 신행 시제, 완료, 분사 등 어려운 한자어로 된 한글 문법 용어를 같이 써놔서 중학교에서 문법을 배울 때도 낯설지 않습니다. 그에 비해 우리나라에서 출간된 한글문법서는 대부분 문법 사항을 간단하게 설명해준 후 바로 문제풀기로 들어갑니다. 아무리 봐도 내신 시험 대비용으로 보일 뿐입니다. 영영문법서가 교과서 같다면 한글문법서는 유형문제집이나 시험 대비 문제집 같습니다. 따라서 영영문법서(한국어판)로 기초를 닦은 후 중고등 내신 대비용으로 한글문법서를 공부하는 것이 이상적이라고 볼 수 있겠습니다.

만약 '영영문법서(한국어판) → 한글문법서'순으로 가고자 한다면, J5~J6단계 영어책을 편하게 읽는 수준(심화2~3과정)일 때 고려해보세요. 한국의 학교를 안 다니고 외국의 국제학교나 영미권 진학을 고려한다면 영영문법서로만 공부해도 됩니다.

중고등 내신영어를 위한 문법은 6학년 겨울방학에 시작해도 됩니다. 그러나 수학하고 한글책 읽을 시간도 바쁜데 영영문법서, 한글문법서를 다 하려면 문법에 시간을 너무 들이게 됩니다. 자칫하면 둘 다 제대로 못 한 채 중학교 입학을 할 가능성이 높습니다. 그래서 초6 겨울방학 문법공부의 방향은 얇은 한글문법서를 한두 번 보는 정도가 현실적인 대안입니다. 이때도 낯선 한글 문법용어에 익숙해지면 충분하다는 생각으로 접근해야 합니다. 한글문법서 한두 번 본 것으로는 문법 내용이 숙지도 안 되고, 중학교 내신 영어는 암기와 문제풀이가 필수이기 때문입니다.

중고등까지 길게 보는 문법 공부의 방향

중고등학교 영어 내신을 위한 문법은 별도의 교과목이라고 생각해야 합니다. 수학이라고 생각하면 딱 좋습니다. 수학은 개념을 이해하고 나면 문제를 풀면서 개념이 어떻게 적용되는지 끝없이 연습해야 합니다. 중요한 개념은 암기도 해야 합니다. 영어문법도 마찬가지입니다. 중등 내신 영어 시험을 잘 보려면 문법 개념을 이해한 후 암기는 필수입니다. 중학교 내신 시험은 변별력을 키우기 위해 문법 문제를 꼬아서 내는 경우가 많기 때문에 문법 문제를 틀리지 않으려면 다양하고 많은 문제를 풀어야 합니다. 해외에서 어릴 때부터 살아 원어민처럼 영어를 구사해도, 잠수네 영어 J7~J9단계의 영어책을 술술 읽는 고수과정 아이라도 한글문법을 제대로 공부 안하면 시험에서 우수수 틀립니다.

고등 내신영어는 중등과 좀 다릅니다. 중등에서는 영어 내신이 문법에 많이 좌우됩니다. 문법과 함께 교과서를 완벽하게 외우면 좋은 점수를 받을 수 있습니다. 그러나 고등에서는 독해의 비중이 확 올라가고 문법은 상대적으로 줄어듭니다. 그마저도 어법이 대부분입니다. 고등학교 문법은 중학교 문법의 반복이라 중학교 때 문법을 제대로 했다면 고등 문법은 그리 어렵지 않습니다. 문제는 어법입니다. 어법이란 말 그대로 말의 사용법입니다. 책을 많이 읽으면 쉽게 터득할 수 있지만 그렇지 않다면 다 공부하고 외워야 합니다. 그러나 어법공부를 많이 해도 독해가 안되면 말짱 도루묵입니다. 독해에서 막히면 장문을 하나씩 해석하고 모르는 단어를 외우느라 시간과 에너지를 쏟아붓게 됩니다.

그에 비해 영어글을 많이 접한 아이들은 구체적인 문법을 몰라도 '그냥 이 말이 맞아'로 여깁니다. 시험에서 지문이 아무리 길어져도 영어책보다 짧으니 쓱 읽고 이해합니다. 영어 공부에 많은 시간을 들이지 않아도 됩니다.

따라서 고등까지 바라본다면 초등 때 최대한 읽기 능력을 키우고, 중등 3년간 학교 진도에 맞춰 문법공부를 열심히 해서 고등으로 올라간다는 전략이 중요합니다.

추천 문법교재

중등영어문법서

[기본서] 1316 팬클럽 문법 (능률교육)
[드릴서] 문제로 마스터하는 중학영문법 (능률교육)

영영문법서(한국어판)

초급   중급   고급

Azar 시리즈 (Oxford 출판사)
– Basic English Grammar (초급)
– Fundamentals of English Grammar (중급)
– Understanding and Using English Grammar (고급)

직업이 직업인지라(영어 과외) 초등 마지막 방학을 맞는 예비 중1에게 도움이 되는 게 어떤 것이 있을까 하는 생각이 들었어요. 부모들이 가장 많이 고민하는 문법에 대해 풀어볼게요.

중학 문법은 하나의 암기 과목이다

어무이들께서 먼저 아셔야 하는 것은요, '중학 문법은 하나의 암기 과목이다. 따라서 시작하는 즉시 반복해야 한다'입니다. 초6 겨울방학 지금이 적기입니다. 잊어버리는 것은 당연하니 화내거나 노여워하지 않기입니다.

문법보다 선행돼야 하는 것은 다독이다

책을 좀 읽은 친구들은 문법 가르치기도 훨씬 수월합니다. 우리 잠수 친구들과 함께라면 날아갈 것 같습니다. 불행히도 제 주변에는 잠수하는 친구들이 아무도 없네요. 저희 집 남매 조금 더 크면 데리고 해야지요.

문법 교재는 자기 레벨보다 훨씬 쉬운 것으로 해야 한다

문법 설명을 해주는 문장의 단어들이 쉬워야 오롯이 문법 내용이 들어옵니다. 쉬워야 재미있습니다. 예문의 단어들이 어려우면 일단 단어에서 막히기 때문에 문법 내용과 단어암기도 함께 들어가야 해서 아이들이 너무 힘들어요.

문법 교재로는 '문법 용어'를 익힌다

잠수 친구들은 문법의 쓰임과 활용을 '다독'을 통해서 이미 얻었습니다. 중고등학교 영어 시간에 많은 선생님들께서 문법 용어를 사용하세요. 그렇지만 한 번 설명으로 모두 이해하는 학생은 드물지요. 낯선 용어를 처음 접한 친구들은 그 하나의 단어에 꽂혀서 다음 설명이 귀에 들어오지 않기도 하지요. 그러면서 영어시간 끝나고 하는 말, "영어 문법이 너무 어려워. 난 문법이 약해." 그래서 문법 용어를 친숙하게 만들어놓는 훈련은 필요합니다. 제가 보기엔 문법이 어려운 게 아니라 문법 용어인 한국어(한자어)가 어렵기 때문이지요. 사회, 과학 용어도 첨엔 낯설지만 자꾸 보면 친숙해지고 암기가 되듯이, 문법 용어도 사회, 과학 용어라고 인정하시고 시작하면 영어 문법은 아주 재미있답니다.

일단 시작한 문법 교재는 10~20번은 본다

6학년 겨울방학 때 말고요, 앞으로 중학 3년 동안이요. 한 시리즈로 쭈~욱 파십시오.

문법 교재는 어떤 것이든 다루는 내용은 똑같다

명사부터 가정법, 관계사를 건너 화법과 속담까지~^^ 다만 설명하는 방법과 예를 들어주는 문장의 어휘수준이 다를 뿐입니다. 그래서 내 아이의 어휘 수준보다 쉬운 교재로 반복하시는 게 문법에 대한 스트레스를 덜어줍니다.

P.S. 아무리 초6 겨울방학에 문법을 한다고 해도 1일 30분 넘게 문법에 투자하는 것은 낭비일 것 같아요. 우린 다독해야죠. ^^ 모든 문제를 다 풀게 하려고 하시지 말고요. 문법 용어 이해와 정리를 통해서 문법 용어와 친해지기에 초점을 맞추시면 좋을 것 같아요.

TIP 3

중등 내신 영어 준비는?

영어 시험 준비, 어떻게 할까?

중학교 영어 내신 시험은 영어실력과 그리 관련이 없습니다. 제아무리 두꺼운 영어소설을 줄줄 읽더라도 철저하게 대비를 안했다면 좋은 점수를 받기 어렵습니다. 이 말은 늦게 잠수네영어를 시작했어도 중학교 영어내신은 잘 받을 수 있고, 반대로 잠수네 심화, 고수과정인 아이라도 자만하면 안 된다는 의미이기도 합니다.

1. 교과서 내용을 모두 외우고 영작까지 해보기

시험공부의 기본은 교과서입니다. 교과서 본문, 대화 등 영어로 된 내용은 모두 암기하고, 암기한 내용을 백지에 쓸 수 있어야 합니다. 한글번역을 보고 영어로 쓰는 연습도 하세요.

중등 영어듣기는 잠수네영어를 한 아이들에게 매우 쉽습니다. 죽한 번 들어보는 정도면 충분합니다. 영어책을 많이 읽었으면 문장 암기도 그리 어렵지 않습니다. 그러나 영어를 잘한다고 교과서를 우습게 보고 외우지 않으면 시험에서 여지없이 틀립니다. 답답한 마음이 들더라도 많은 아이들을 객관적으로 평가해야 하는 선생님의 입장에서는 어쩔 수 없는 부분도 있다고 잘 설명해주세요.

J2단계 이상 영어책을 잘 못 읽는다면 시험공부를 더 세밀하게 해야 합니다. 교과서에서 모르는 단어나 구문은 따로 표시해서 뜻을 외우고, 본문은 MP3로 반복해서 들은 후 받아쓰기까지 완벽하게 하도록 해주세요.

2. 수업에 집중하기, 학교 프린트물 완전하게 외우기

수업시간에 선생님 말씀은 놓치지 않고 적어야 합니다. 선생님이 나눠주는 프린트물은 순서대로 정리해서 해설과 답을 정확하게 적어둡니다. 학교에서 Reading 학습지를 나눠 준다면 교과서처럼 완벽하게 이해하고 모르는 단어, 지문을 빠짐없이 외워야 합니다. 덜렁거리는 성격의 아이들은 프린트물을 잘 챙기지 않습니다. 스스로 챙기는 습관이 될 때까지는 프린트물을 정리했는지 확인해야 합니다.

3. 진도에 맞춰 문법 공부, 문법 문제 최대한 많이 풀어보기

문법을 몰라도 영어책을 읽는 데 어려움을 못 느꼈던 아이들은 문법을 대충 공부하는 경향이 있습니다. 시험에서 문법문제가 나오면 감으로 맞추기도 하다 보니 문법의 중요성을 간과하는 거죠. 이러면 시험성적이 널뛰기할 수밖에 없습니다.

그렇다고 학기 중에 학교에서 배우지 않은 전체 문법을 다 훑는 것은 시간낭비입니다. 한 번에 마스터하기도 어렵고 미리 공부해도 다 잊어버리고 또 공부해야 하므로 학교진도에 맞춰 공부하는 것이 가장 효율적입니다. 문법공부는 교과서의 문법 부분을 꼼꼼히 읽고 외우는 것이 중요합니다. 이해되지 않는 부분은 한글문법 기본서에서 각 과의 문법에 해당되는 부분을 찾아 읽도록 해주세요. 한자어로 된 문법 용어가 생소하면 학교수업이 이해되지 않으므로 문법용어가 익숙해지고 내용을 숙지할 때까지 반복해서 공부해야 합니다. 문법서만으로 이해가 안 되면 주말에 인터넷 강의를 들어보는 것도 좋습니다.

처음에는 시험을 위한 문법공부라는 회의가 들 수 있습니다. 그러나 중등 3년간 문법을 배우고 나면 영어글을 정확하게 읽게 되고, 영어글을 쓸 때 문법적인 오류가 눈에 보입니다. 학교 시험은 물론 읽기와 쓰기를 위해서도 중등 문법 공부는 중요하다는 것을 꼭 강조해주세요.

하나 더, 자유학기제 기간에는 학교에서 시험을 안 봅니다. 시험이 없으면 공부도 자연스럽게 안 하게 되고, 나중에 한꺼번에 몰아서 공부하느라 벅찹니다. 집에서 날짜를 정해서 시험 보는 것처럼 문법테스트를 해보세요. 평소 공부도 중요하지만 시험 준비를 하면서 집중해서 외워야 기억에 오래 남습니다.

학교에 따라, 선생님에 따라 문법문제의 난이도에서 차이가 많이 납니다. 문법문제가 어렵게 나오는 학교라면 그동안 공부했던 문법서는 물론 따로 문법유형문제집을 구입해서 관련된 문법문제를 모두 모아 풀어봐야 합니다. 문법서는 여러 번 반복해서 풀어야 하므로 처음부터 공책에 답을 쓰는 습관을 들여주세요.

4. 자습서 단원 평가와 기출문제 풀어보기

마지막으로 시험 전 자습서나 평가문제집, 기출문제를 풀면서 아는 것을 확인합니다. 시험 문제가 어렵게 나오는 학교라면 문제집의 문제 같이 단순한 유형으로는 부족합니다. 공부닷컴, 황인영 영어카페 등에서 기출문제를 찾아 실전연습을 하는 것이 도움이 됩니다(단, 학교마다 매해 선생님이 바뀌고 출제경향이 바뀔 수 있습니다. 기출문제에서 100% 출제되지도 않는다는 것도 감안하세요).

학교별로 다르게 준비해야 할 부분

여기까지가 기본적인 영어 내신시험 준비입니다. 이 밖에 학교별로 다른 부분도 있습니다.

수행평가

말하기, 쓰기가 수행평가로 나오는 경우 영어를 잘 못해도 충분히 대비할 수 있습니다. 학교에서 수행평가 지침과 날짜를 미리 알려주므로 잊지 않고 철저하게 준비하면 됩니다. 반대로 영어실력이 뛰어나더라도 자만하고 준비하지 않으면 낭패를 볼 수도 있습니다.

서술형 문제

객관식은 잘 보는데 서술형 문제를 틀리는 경우가 많습니다. 서술형 문제는 문제에 제시된 채점 기준을 꼼꼼하게 읽고, 문법에 맞게 정확한 문장을 쓰는 것이 중요합니다. 단어를 제대로 외워본 적이 없으면 스펠링을 틀리기 쉽습니다. 스펠링에서 틀리면 여지없이 감점입니다. 단어를 정확하게 쓰는지 꼭 확인해보세요.

'논술형 문제'를 출제하는 학교도 간혹 있습니다. 논술형 문제는 자신의 주장을 논리적으로 전개하는 것이 중요합니다. 주장에 대한 근거도 조목조목 들 수 있어야 합니다. 영어책뿐만 아니라 한글책도 많이 읽어 아는 것, 생각을 정리해본 경험이 많으면 글쓰기가 훨씬 유리합니다.

중등 이후 잠수네영어 진행은?

중학교 영어교과서 중심으로 공부하는 경우 대부분 중1, 중2까지는 그럭저럭 따라갈 수 있지만, 중3이 되면 영어가 확 어려워진다는 느낌을 받습니다. 중1, 중2 영어교과서는 J3~J4단계 수준으로 비교적 쉽습니다. 그러나 중3부터는 영어교과서 수준이 해마다 급속도로 어려워집니다. 중3은 J5단계, 고1은 J6단계, 고2~고3은

J7단계로 가파르게 수준이 올라가거든요.

중학교에서 1년간 배우는 영어교과서 내용은 100쪽 남짓한 챕터 북 1권에 들어 있는 양보다 적습니다. 챕터북 1권을 1년 내내 공부한들 영어실력이 얼마나 올라갈까요? 마찬가지로 중등 영어교과서만 공부해서는 영어실력이 영원히 늘지 않습니다.

반면 J5단계 이상 영어책을 편하게 읽는 정도(심화2과정)면 초등 6학년이라도 중3 영어교과서 수준을 뛰어넘습니다. 쉴 때 영어책을 읽고 한글자막 없이 영어뉴스나 영어드라마를 보는 아이라면 영어실력이 저절로 올라갑니다. 중고등 6년간 계속 영어를 배우니 실력이 탄탄하게 다져집니다.

그러나 이 정도가 아직 안됐다면 결단이 필요합니다. 영어교과서 중심으로 공부하는 것은 한계가 분명합니다. 수능영어가 절대평가로 전환됐어도 문제의 난이도는 여전합니다. 제한 시간 안에 긴 영어지문을 읽어낼 수 있어야 하고, 영어시험 문제가 국어시험처럼 깊이 생각해야 답을 찾을 수 있으니 독해력 키우기가 매우 중요합니다.

중학교 진학하면 시간에 쫓겨 잠수네영어를 할 시간이 많이 부족한 것은 사실입니다. 하지만 중학생이라도 잠수네영어를 진행하는 집들이 있습니다. 이런 현실에 뒤늦게 눈을 떴기 때문입니다. 의지가 있으면 길이 보입니다.

1. 자투리 시간에 흘려듣기를 한다

1) 식사시간을 최대한 활용

아침식사 시간에 30분 정도 DVD 흘려듣기를 합니다. 〈심화2〉과
정 이상이라면 저녁시간도 〈CNN 10〉 뉴스(청소년용 뉴스)를 보여
주면 좋습니다(주말이나 방학 때는 조금 긴 영화나 드라마를 보여주세요).

2) 등하교 전후 시간을 활용

샤워하고 옷 입고 머리 빗고 책가방 정리하는 시간도 모으면 꽤
됩니다. 집중듣기한 책에서 재미있는 것을 찾아 들려주세요. 재미
있게 본 DVD소리만 따로 들어도 좋습니다.

2. 집중듣기와 책읽기 시간을 확보한다

남들이 다닌다고, 안 다니면 불안하다고 영어학원에 보내는 집이
많습니다. 잘못하면 문법, 내신영어 공부하느라 시간을 허비하게
됩니다. 그 시간에 집중듣기, 책읽기를 하세요. 아이 수준보다 살
짝 어려운 수준의 영어책 집중듣기 30분~1시간, 만만한 영어책
읽기 30분~1시간만 매일 꾸준히 해도 영어실력은 올라갑니다.

초등 **5, 6** 학년을 위한

잠수네영어
실천편

적응과정

적응과정 핵심체크

잠수네영어 기준 〈적응-1〉은 영어책을 전혀 못 읽는 수준, 〈적응-2〉는 간단한 단어로 된 아주 쉬운 J1단계 영어책을 읽는 정도를 말합니다. 최근 5년간 잠수네 영어테스트 결과에서 〈적응-1〉과정은 초5가 4.7%, 초6이 2.0%입니다. 〈적응-2〉과정은 초5가 13.8%, 초6이 8.0%입니다(2012년 6월~2017년 9월).

초등 5, 6학년이고 학교에서 2년 이상 영어수업을 받았으니 '내 아이는 적응과정이 아닐 거야' 하고 방심하면 안 됩니다. 아이를 잘 살펴보세요. 서점에 가서 처음 보는 J1단계 영어책을 펼쳐놓고 읽었을 때 거의 이해 못하면 〈적응1〉, J1단계는 읽고 이해하는 데 문제가 없지만 J2단계는 이해 못하면 〈적응2〉입니다. 1권만 보지 말고 서너 권 읽게 해보세요. 아이의 실력을 정확하게 알아야 적절한 교재, 방법을 선택할 수 있으니까요.

지금이라도 잠수네영어를 하겠다고 마음먹었으면 다음 사항을 꼭 지켜주세요.

1. 먼저 주변정리부터 한다

잠수네영어를 해보고 싶은데 아이가 안 따라준다, 영어 할 시간이 없다고 하는 분들이 많습니다. 게임하고 친구들과 놀고 싶어 하는 아이, 부모와 같이 하는 것을 원치 않는 아이라면 충분히 설득을 해야 합니다. 관행적으로 해오던 예체능을 비롯한 사교육 전체를 점검해보세요. 최소한만 남기고 나머지는 다 정리해야 영어 할 시간이 나옵니다.

2. 단호해야 한다

결혼식이나 생신 등 가족행사가 있다고 앞뒤로 빠지고, 주말에는 야외놀이와 교회 같은 종교행사 때문에 지나가고, 학교에서 행사가 있다고 쉬고, 피곤하면 하루 이틀 건너뛰고, 사춘기인데 엇나가지 않을까 눈치 보느라 못하고… 이러면 몇 년이 흘러도 제자리입니다. 이대로 가면 중학생이 돼도 마찬가지입니다. 습관이 자리 잡을 때까지는 하루도 빠지지 않고 해야 합니다. 그러려면 부모의 마음가짐부터 바뀌어야 해요. 일이 있으면 새벽에 일어나서라도 다 한다, 놀러 가면 교재를 싸들고 가서라도 다 한다는 자세가 필요합니다. 꾸준히 하세요. 언젠가는 영어 DVD(또는 동영상)보기, 영어책 읽기가 휴식이 되는 날이 옵니다.

3. 계획을 꼭 세우자

잠수네영어는 아주 간단합니다. 아이를 잘 관찰해서 알맞은 DVD와 영어책만 구해주면 되니까요. 그러나 주먹구구로 하면 발전이 없습니다. 주중과 주말, 학기 중과 방학 때 시간 계획이 달라야 합니다. 수학, 한글책, 영어 모두 중요한 때입니다. 한글책이 탄탄하면 '영어 > 수학' 위주로, 한글책도 부족하면 '한글책 > 영어 > 수학'순으로 우선순위를 두고 계획을 짭니다. 하루 중 집중이 제일 잘 되는 시간에 우선순위를 배치하세요. 엉뚱한 데 시간을 허비하면 어영부영 넘어가는 날이 늘어갑니다. 한 달간 볼 DVD와 영어책은 미리미리 준비해두세요. 대여든 구입이든 형편에 맞게 하되, 미리미리 준비하는 것이 핵심입니다.

4. 파닉스 학습서로 어휘 다지기

학교, 학원에서 영어를 오래 배웠어도 책읽기가 안 되는 아이들이 많습니다. 교과서, 학원 교재만 본 경우 한정된 어휘와 문장만 다

뤘기 때문입니다. 잠수네에서는 어린 아이들이 처음부터 파닉스 학습서를 하는 것을 반대합니다. 그러나 초등 5, 6학년이라면 조금 무리가 되더라도 글을 읽을 수 있도록 할 필요가 있습니다. 나이가 좀 있으므로 아이가 감당할 수 있기도 하고요. 단, 어떤 경우라도 잠수네영어 3종이 기본입니다. 파닉스 학습서는 2~3개월 정도 단기간에, 하루 30분 이내로 하기를 권합니다.

추천 파닉스 학습서

PEARSON Phonics
– Level A (300쪽)

Spectrum Phonics
– Grade 1 (160쪽)

Smart Phonics
– 2~3권(각 110여쪽)

5. 수학 선행보다 영어에 힘주기

초등 고학년이면 수학 때문에 마음이 복잡합니다. 그러나 〈적응〉 과정에서는 학교 수학 진도만 따라간다는 마음으로 가세요. 수학 선행을 나가는 순간 영어는 접어야 합니다. 학년이 올라갈수록 수학공부 시간이 늘어야 하는데 영어가 발목을 잡으면 이도저도 못하게 됩니다. 지금은 영어에 올인하는 것이 남는 장사입니다.

적응1과정 ──────

기준 영어책을 전혀 못 읽는다

목표 잠수네영어 습관 잡기

〈적응1〉과정의 시간배분과 진행

구분	DVD흘려듣기		집중듣기		집중듣기한 책 읽기	집중듣기 안 한 책 읽기
D+1주	JD2~JD4	1h~1h 30m	–	–	–	–
D+1개월	JD2~JD4	1h~1h 30m	J1	10분→30분	–	–
D+2개월	JD2~JD4	1h~1h 30m	J1	30분	J1(5분→20분)	–
D+3개월	JD2~JD4	1h~1h 30m	J2	30분	J1~J2 (20분)	–
D+4개월	JD2~JD4	1h~1h 30m	J2	30분	J1~J2 (20분)	J1 (10분)
D+5개월	JD2~JD4	1h~1h 30m	J2~J3	30분	J1~J2 (20분)	J1 (10분)
D+6개월	JD2~JD4	1h~1h 30m	J2~J3	30분	J1~J2 (20분)	J1~J2 (20분)

1. 흘려듣기 → 집중듣기순으로 습관 잡기

이제 시작한다면 잠수네영어 습관 잡기가 최우선 과제입니다. 그러나 급한 마음에 흘려듣기, 집중듣기, 책읽기를 처음부터 다 하려면 벅찹니다. 처음 한 달은 DVD만 보여주세요(아이가 DVD 보는 동안 부모는 집중듣기용 영어책을 구해야 해요). 잠수네에서 추천하는 JD2~JD4단계 DVD를 잘 보면 좋겠지만 재미없어하면 대안을 찾아야겠지요. 알아듣지도 못하는데 흥미도 없으면 안 되니까요. 일단 디즈니, 픽사, 드림웍스 등에서 만든 극장 개봉 애니메이션(JD5단계) 중에서 재미있게 볼 만한 것을 구해주세요.

한 달 정도 DVD를 재미있게 보는 듯하면 집중듣기를 시작합니다. 첫 주는 얇은 책 2~3권으로 10분만 하세요. 둘째 주는 5~7권으로 20분, 셋째 주는 10권씩 30분…. 이렇게 매주 10분씩 늘리고요. 이때 아이 혼자 집중듣기하라고 두면 시간은 그냥 흘러갑니다. 부모가 꼭! 옆에 앉아 오디오 소리에 맞춰서 글자를 하나하나 짚어가도록 봐주세요.

2. 집중듣기한 책은 읽기로 연결

처음에는 J1단계 영어책으로만 집중듣기를 합니다. 오늘 J1단계 얇은 책 3권(A, B, C)을 들었다면 내일도 또 같은 책 3권을 듣습니다. 모레, 글피도 죽 계속 같은 책으로 듣습니다. 계속 듣다 보면 1권씩 읽을 수 있는 책이 나옵니다(미리 귀띔을 해주세요. 읽을 수 있으면 알려달라고요). B를 음독으로 읽을 수 있으면, 다음날부터는 B

는 빼고 새 책(D)을 넣어 A, C, D로 바꿔 듣습니다. 집중듣기한 책 중 못 읽는 책도 있을 거예요. 괜찮습니다. 읽지 못해도 더 듣기 싫어하면 빼고 다른 책을 넣어주세요(음독으로 확인한 책은 묵독 책장에 모아 그만 읽겠다고 할 때까지 반복해서 읽습니다).

집중듣기해서 읽을 수 있는 J1단계 책이 100권이 되면 집중듣기 수준을 J2단계로 올립니다. 영어책 읽기는 집중듣기한 J1단계 책과 함께 집중듣기 안 한 J1단계 책도 1권씩 추가합니다. 이때 많이 봤던 글자인데 못 읽는다고 타박하면 새로운 책을 읽는 것을 싫어하게(사실은 부모가 화낼까봐 두려워서) 될 수 있습니다. 답답해도 웃는 얼굴로 좀 더 지나면 잘 읽을 수 있다고 격려하고 다음 날 다시 읽게 해주세요. 이렇게 진행하면 집중듣기하지 않은 J1~J2단계 책도 조금씩 읽을 수 있게 됩니다.

이 과정을 알아보기 쉽게 정리했습니다.

STEP 1

J1단계 집중듣기

J1단계 집중듣기 + 책읽기(집듣한 책 중 J1단계 100권 읽기 목표)

STEP 2

J2단계 집중듣기 + 책읽기(집듣한 J1단계 책 + 집듣 안 한 J1단계 책)

J2단계 집중듣기 + 책읽기(집듣한 J1~J2단계 책 + 집듣 안 한 J1단계 책)

J2단계 집중듣기 + 책읽기(집듣한 J1~J2단계 책 + 집듣 안 한 J1~J2단계 책)

이 방법은 영어책을 전혀 읽지 못하는 초등 5, 6학년을 위한 긴급처방입니다. 정서에 안 맞는 유치한 책을 반복해서 들어야 하기 때문에 아이 스스로 필요성을 느껴야 진행할 수 있습니다. 미리 충분히 설명을 하고 아이의 동의를 받은 후 진행해주세요.

〈적응1〉과정에서는 집중듣기, 읽기 모두 리더스북 위주로 진행하지만 여유가 되면 그림책 집중듣기도 넣어보세요. 그림과 함께 다양한 어휘를 익힐 수 있습니다. 〈적응1〉과정을 위한 그림책은 알파벳 그림책 중 유튜브에서 음원을 찾을 수 있는 책을 추천합니다.

〈적응1〉과정을 못 벗어나는 이유

1 매일 안 했다(특히 흘려듣기를 하지 않음)

2 집중듣기 책 수준이 너무 높다(내용 파악, 책읽기로 연결이 잘 안 됨)

3 책읽기를 전혀 안 했다

흘려듣기 JD2~JD4 ·····························

- (JD2-TV애니) Peppa Pig 시리즈 (꿀꿀 페파는 즐거워)
- (JD2-TV애니) Meg and Mog 시리즈 (메그와 모그)
- (JD3-TV애니) Berenstain Bears 시리즈 (우리는 곰돌이 가족)
- (JD3-TV애니) Charlie and Lola 시리즈 (찰리와 롤라)
- (JD3-TV애니) The Magic Key 시리즈 (매직키)
- (JD4-TV애니) Arthur 시리즈 (아서)
- (JD4-TV애니) The Fairy Tales Of the Brothers Grimm

집중듣기 J1~J3 ·····························

- (J1-리더스북) Oxford Reading Tree 시리즈: Stage 2 (55권) 🎧
- (J2-리더스북) Ready to Read 시리즈: Eloise (16권) 🎧
- (J2-리더스북) I Can Read Book 시리즈: Biscuit (20권) 🎧
- (J2-리더스북) Little Critter First Readers 시리즈: Level 1 (10권) 🎧
- (J2-리더스북) Scholastic Reader 시리즈: Noodles (24권) 🎧
- (J3-리더스북) Usborne First Reading 시리즈: Level 3~4 (48권) 🎧

책읽기 J1~J2

(J1-리더스북) Floppy's Phonics 시리즈: Stage 1 (12권)
(J1-리더스북) Sight Word Readers 시리즈 (25권)
(J1-리더스북) Potato Pals 시리즈: 세트1, 2 (12권)
(J2-리더스북) Clifford Phonics Fun 시리즈 (74권)

※ 처음에는 집중듣기했던 책 중에서 매일 5분씩, 1~2권을 읽기 시작합니다.
　그다음 집중듣기 안 한 책을 J1단계 쉬운 책부터 읽어나갑니다.

[선택사항] 그림책 집중듣기

알파벳 그림책
※ 그림과 단어가 함께 나와 기본 단어들을 익히기에 좋습니다.

(J1-그림책) Tomorrow's Alphabet 🎧 ▶
(J1-그림책) Alphabatics 🎧 ▶
(J1-그림책) A is for Salad 🎧 ▶
(J2-그림책) Me! Me! ABC 🎧 ▶
(J2-그림책) Alphabet Ice Cream: An a–z of Alphabet Fun 🎧 ▶
(J2-그림책) Q is for Duck: An Alphabet Guessing Game 🎧 ▶
(J3-그림책) Dr. Seuss's ABC 🎧 ▶

적응2과정 ————

<table>
<tr><td>**기준**</td><td>J1단계 영어책을 편안하게 읽는다</td></tr>
<tr><td>**목표**</td><td>쉬운 책으로 1000권 읽기 시작</td></tr>
</table>

DVD흘려듣기		집중듣기			책읽기 (쉬운 책 1000권 읽기 Start!)
JD3~JD4	1시간	(쉬운 집중듣기)	J2~J3	10분	집중듣기한 J2~J3단계(30분) +
		(어려운 집중듣기)	J4	30분	집중듣기 안 한 J1~J2단계(30분)

1. 흘려듣기 실속 차리기

DVD보기의 효과가 극대화되는 것은 낮은 단계 DVD를 재미있게 반복해서 볼 때입니다. JD5단계 이상 DVD는 말이 빠르고 화면이 휙휙 넘어가지만, 단계가 낮을수록(JD2~JD4단계) 말이 천천히 나오고 발음이 또똑하게 들립니다. 대부분 TV 시리즈물이라 동일한 등장인물, 배경이라 매번 다른 에피소드를 보더라도 반복의 효과를 얻을 수 있습니다. 잘 보기만 해주면 당분간 DVD 구하는 수고가 줄어듭니다. 아이가 거부해서 어쩔 수 없이 높은 단계를 보고 있더라도 짬짬이 낮은 단계 DVD를 넣어주세요. 낮은 단계 DVD에서 재미를 느끼고 반복해서 본다면 '이보다 더 좋을 수 없다'입니다.

2. J2~J3단계 쉬운 집중듣기는 연달아 듣기로

J2~J3단계 쉬운 집중듣기는 책읽기로 바로 연결시켜줍니다. 쉬운 집중듣기를 책읽기로 연결시키려면 〈적응1〉과정에서 집중듣기할 때처럼 반복해서 듣는 것이 좋습니다. 쉬운 집중듣기 단계도 중요해요. J2단계 영어책 읽기가 버거우면 J2단계 위주로, J2단계 영어책을 조금씩 읽게 되면 J2단계에 J3단계 책을 1권씩 추가하는 거죠. J2단계 영어책을 쉽게 읽게 되면 J3단계 비중을 늘리고요. 쉬운 집중듣기를 충분히 해야 읽을 수 있는 영어책이 많아집니다. 유치해서 재미없다고 해도 잘 설득해서 꾸준히 듣도록 해주세요.

3. J4단계 어려운 집중듣기는 얇고 글밥 적은 책부터

J4단계 어려운 집중듣기는 자기 실력보다 어려운 책을 겁 없이 보게 해줍니다. 처음에는 글밥 적고 얇은 리더스북에서 고르는 것이 부담이 덜합니다. J4단계 집중듣기가 익숙해지고 J3단계 영어책을 조금씩 읽게 되면, 그때 두껍고 글밥 많은 챕터북으로 넘어가세요. 집중듣기한 책을 읽힐 욕심에 같은 책을 무한 반복하면 실력도 올라가지 않고 아이와 관계만 안 좋아집니다. 책 선택과 반복 여부는 아이가 원하는 대로 하고, 옆에서 글자를 잘 따라가는지 지켜만 봐주세요.

4. 쉬운 책 1000권 읽기 Start!

1000권 읽기는 J2단계 영어책을 편하게 읽는 〈발전1〉과정부터 시작하는 것이 원칙입니다. 그러나 초등 5, 6학년은 중학교 입학 전까지 최대한 영어 수준을 끌어 올리기 위해 살짝 무리가 되더라도 〈적응2〉과정부터 1000권 읽기를 시작합니다.

쉬운 책 1000권 구성은 잘 읽는 영어책 단계를 기준으로 합니다. 예컨대 J1단계는 쉽지만 J2단계 영어책은 어려워한다면 'J1단계 70%+집중듣기한 J2단계 30%'를, J2단계 영어책을 좀 읽을 수 있다면 'J1단계 50%+집중듣기한 J2단계 40%+집중듣기 안한 J2단계 10%'로 섞는 거죠. 이렇듯 〈적응2〉과정의 1000권 읽기는 J1단계 영어책 비중이 압도적으로 많습니다. 집중듣기한 책, 집중듣기하지 않은 책 모두 끌어모아야 해요. 8쪽, 12쪽짜리 얇은 영어책들을 아깝다 생각하지 말고 많이 구해주세요. 그래야 지금 수준에서 1000권 읽기가 수월합니다. 이때 15분은 꼭 음독을 해야 합니다. 아이 수준을 파악하는 데도 도움이 되고(막히지 않고 잘 읽는 책이 아이 수준) 영어 말하기 연습도 되니까요. 단, 내용 이해는 확인하지 마세요.

5. 단계, 시간 엄수

쉬운 집중듣기 10분, 어려운 집중듣기 30분은 하늘이 두 쪽 나도 지키세요. J2단계 영어책도 잘 못 읽는데 J4~J5단계 집중듣기만 하면 영원히 제자리입니다. 영어책 읽기 역시 단계를 급하게 올리지 마세요. 아직은 단단하게 다지고 갈 때입니다. J1~J2단계 쉬운 책을 충분히 많이 읽도록 해주세요. 잘 읽는 책이라도 3번은 읽고 〈다 읽은 책 책꽂이〉에 꽂아 두는 것이 좋습니다. 책읽기와 흘려듣기도 매일 1시간씩 진행합니다. 고학년이라고 시간이 없다고요? 앞으로는 더 시간이 없습니다.

〈적응2〉과정을 못 벗어나는 이유

1 흘려듣기, 집중듣기, 책읽기 하다 말다 했다

2 아이 혼자 진행했다(특히 집중듣기)

3 집중듣기한 책을 바로 읽으라고 강요했다

흘려듣기 JD3~JD4

`JD3-TV애니` Dumb Bunnies 시리즈 (바보 토끼가족)

`JD3-TV애니` Trouble with Sophie 시리즈

`JD4-TV애니` The New Adventures of Peter Pan 시리즈

`JD4-TV애니` The New Adventures of Lassie 시리즈

`JD4-TV애니` Robin Hood: Mischief in Sherwood 시리즈

`JD4-TV애니` Elena of Avalor 시리즈 (아발로의 엘레나 시리즈)

`JD4-TV애니` The Adventures of Tom Sawyer 시리즈
(톰 소여의 모험)

쉬운 집중듣기 J2~J3

`J2-리더스북` Oxford Reading Tree 시리즈: Stage 4 (47권) 🎧

`J3-리더스북` Little Critter First Readers 시리즈: Level 3 (10권) 🎧

`J3-리더스북` I Can Read Book 시리즈: Danny the Dinosaur (5권) 🎧

`J3-그림책같은리더스북` Froggy 시리즈 (27권) 🎧

어려운 집중듣기 J4

`J4-리더스북` I Can Read Book 시리즈: Amelia Bedelia (29권) 🎧

`J4-리더스북` Happy Families 시리즈 (20권) 🎧

`J4-그림책같은리더스북` Mr. Men 시리즈 (76권) 🎧

〈적응2〉과정

책읽기 J1~J2

- **J1-리더스북** Sunshine Readers 시리즈: Level 1 (12권)
- **J1-리더스북** Brand New Readers 시리즈 (59권)
- **J2-그림책** Elephant and Piggie 시리즈 (25권)
- **J2-리더스북** Usborne First Reading 시리즈: Level 1~2 (42권)
- **J2-리더스북** I Can Read! 시리즈: My Little Pony Phonics Fun (12권)
- **J2-리더스북** Project X 시리즈: Alien Adventures 1+, 2 (12권)

[선택사항] 그림책 집중듣기

1. 반대말, 어휘그림책

※ 그림과 단어가 함께 나와 기본 단어들을 익히기에 좋습니다.

- **J2-그림책** The Happy Little Yellow Box: A Pop-Up Book of Opposites 🎧 ▶
- **J2-그림책** Faster, Faster! Nice and Slow! 🎧 ▶
- **J2-그림책** Rhymoceros 🎧 ▶
- **J2-그림책** Outdoor Opposites 🎧 ▶
- **J3-그림책** One Fish, Two Fish, Red Fish, Blue Fish 🎧 ▶
- **J3-그림책** AlphaBest: The Zany, Zanier, Zaniest Book about Comparatives and Superlatives 🎧
- **J3-그림책** Hurry Up and Slow Down 🎧 ▶

2. 명작 그림책

※ 전래명작이거나 한글번역본이 있어 내용을 쉽게 이해할 수 있어요.

- **J4-그림책** Zomo the Rabbit 🎧 ▶
- **J4-그림책** The Empty Pot 🎧 ▶
- **J4-그림책** Stone Soup 🎧 ▶
- **J4-그림책** A Squash and a Squeeze 🎧 ▶
- **J4-그림책** Goldilocks and the Three Bears 🎧 ▶
- **J4-그림책** Red Riding Hood 🎧 ▶
- **J4-그림책** The Nutcracker 🎧 ▶

발전과정

발전과정 핵심체크

〈발전1〉과정은 J2단계 영어책을 편하게 읽는 수준이고 〈발전2〉과정은 J3단계 영어책을 편하게 읽는 수준입니다. '편하게 읽는다'는 것은 같은 단계의 집중듣기하지 않은 영어책을 다 읽는다는 의미입니다. 잠수네에서 제시하는 대로 그대로 따라 하면 적응과정에서 발전과정까지 오는 것은 비교적 쉽습니다. 중학교 1학년 영어교과서가 J3단계 수준이니 이 정도면 영어 까막눈은 면한 셈입니다. 그러나 한숨을 돌리기는 아직 이릅니다. 신발 끈을 꽉 묶고 계속 걸어가야 합니다.

1. 발전과정은 양(책읽기)을 퍼붓는 시기다

비행기가 이륙할 때 적응과정이 시동을 걸고 천천히 가는 시기라면, 발전과정은 하늘로 날아오를 수 있게 엔진출력을 최대한 올려야 하는 때입니다. 핵심은 읽기입니다. 상상하는 것의 10배의 양을 읽어야 합니다. 잠수네 회원들 간에 발전과정에서는 영어책 한 단계당 10만 쪽을 읽어야 한다는 말이 회자됩니다. 24쪽 책이면 4000여 권, 32쪽이면 3000여 권입니다(반복 포함). 하루 10여 권씩 읽으면 300일, 30권씩 읽으면 100일입니다. 학기 중에 10여 권씩, 주말이나 방학 때 하루 30권 이상 읽으면 가능한 수치입니다.

이렇게 많은 양을 읽으려면 억지로는 안됩니다. 아이의 취향을 최대한 고려해서 영어책을 구해야 합니다. 열과 성의를 다해 구해 놓은 책이라도 선택은 아이 몫입니다. 스스로 골라보는 자유를 만끽하면서 책을 읽을 때, 나의 의지로 한다는 자부심을 갖게 되고 읽기양도 늘어납니다. '읽은 책의 단어를 아는지, 해석이 되는지'도 확인하지 마세요. 확인하는 순간 재미는 사라지고 지겨운 공부가 돼버립니다. 많은 책을 읽을 수도 없습니다.

2. 잠수네영어 월 90시간을 목표로 한다

같이 시작했어도 착착 영어실력이 올라가는 집과 지지부진한 집이 있습니다. 차이는 투자한 시간입니다. 잠수네 회원들이 많이 이용하는 〈잠수네 포트폴리오〉에는 매일 진행한 시간을 기록하면 자동으로 월별, 연간 분석을 해주는 기능이 있습니다. 이 데이터를 보면 앞으로 영어실력이 올라가겠다, 제자리걸음이겠다가 보입니다. 빠른 발전을 보이는 집들은 매일 3시간, 월 90시간 이상을 영어에 투자합니다(특히 방학 때는 그 이상 몰입). 그러나 월 90시간에 훨씬 못 미치는 집들은 영락없이 제자리걸음입니다. 주말에 빠지고 일이 있어서 하루 이틀 건너뛰다 보면, 하루 3시간이 생각만큼 쉽지 않습니다. 적응과정에서야 습관 잡느라 어쩔 수 없었다 쳐도, 발전과정에서는 월 90시간 이상 영어의 바다에 빠뜨린다는 각오가 있어야 성장할 수 있습니다.

3. 당근도 필요하다

초등 5, 6학년인데 '다 컸으니 알아서 하겠지~' 생각하지 마세요(스스로 하기에는 아직 어린 나이입니다). 안 한다고 야단치면 관계만 안 좋아집니다. '집중듣기 30분씩 한 달 꼬박하면 아이가 좋아하는 것 해주기, 집중듣기한 책 100권 혼자 읽으면 일요일 하루 프리 데이' 등 눈에 안 보이는 당근을 제시하면 좋습니다. 영어에 재미를 느낄 때까지, 아이 스스로 해야겠다는 내적 동기를 느낄 때까지 이끌어주세요(단, 당근으로 아이가 원하는 물건이나 돈, 게임 시간을 거는 것은 교육상 바람직하지 않습니다).

4. 국어가 안 되면 영어도 안 된다

영어에 투자한 시간만큼 영어실력도 비례해서 올라갈까요? 맞는 말이지만 함정이 있습니다. 잠수네 영어테스트에서 심화과정으로 못 넘어가는 아이들을 가만히 살펴보면 국어실력 부족이 원인인 경우가 많습니다. 국어시험에서 주제를 묻거나 글을 읽고 알 수 있는 것이 무엇인지 묻는 질문, 보기에 들어갈 적당한 말을 찾는 문제, 제목으로 적당한 것을 고르는 문제를 번번이 틀린다면 영어시험도 똑같이 틀리는 거죠. 잠수네 영어테스트뿐만 아니라 나중에 보게 될 고등학교 영어시험, 수능 영어도 비슷한 상황이 될 가능성이 높습니다. 이 경우 제일 좋은 방법은 한글 양서를 다양하게 많이 읽는 것입니다. 그다음 국어교과서를 제대로 공부하는 것이고요. 그래도 부족하면 독해문제집으로 정독하는 연습을 할 필요가 있습니다.

5. 수학, 영어, 한글책 비중은 어떻게?

적응과정에 이어 발전과정에서도 영어가 우선입니다. 하루 계획은 영어 3시간, 수학 1시간이 좋겠습니다. 한글책은 1주 7시간 이상 읽는 것으로 합니다. 영어, 수학을 하다 보면 매일 1시간 한글책 읽을 시간을 내기가 만만치 않습니다. 긴 책인 경우 좀 읽다 보면 1시간이 금방 넘어가 한창 재미있게 읽는데 시간 됐다고 중단하기도 어렵고요. 그래서 한글책은 주말이나 휴일, 방학 때 몰아서 읽는 것으로 계획을 잡는 것이 좋습니다.

발전1과정 ———

기준 J2단계 영어책을 편안하게 읽는다

목표 읽기 폭설

DVD흘려듣기		집중듣기		책읽기 (쉬운 책 1000권 읽기 Peak!)
JD4~JD5	1시간	J4	30분 ~1시간	J1~J3단계 (1시간 이상, 15분은 음독)

1. 흘려듣기가 잘되면 집중듣기가 재미있어진다

흘려듣기를 꾸준히 하면 아는 말이 늘어납니다. 아는 말이 많아지면 집중듣기하면서 "아, 이거 아는 말이야!" 하는 순간이 많아집니다. 집중듣기가 재미있어집니다. 집중듣기가 잘 되면 책읽기도 순조롭게 진행되고, 책읽기가 무르익으면 DVD를 볼 때 알아듣는 말이 더 많아집니다.

그러나 5, 6학년인데 DVD 볼 시간이 어디 있냐고 소홀히 하는 집이 많습니다. 덜 중요하다고 생각하다 보니 띄엄띄엄하거나 아이가 재미있어한다고 단계를 고려하지 않고 아무 DVD나 보여줍니다. 고작해야 낮은 단계 DVD 두어 개 보여주고 재미없다고 하면 더 찾기를 포기합니다.

잠수네영어 3종 세트의 첫 단추인 흘려듣기의 효과가 극대화되는 것은 쉬운 단계 DVD를 반복해서 볼 때입니다. 최악은 JD5단계 이상 DVD를 매번 새것만 보는 아이들입니다. 획획 넘어가는 화면에 혹해서 볼 뿐 소리나 의미가 들어오지 않습니다(단, 귀가 예민한 반복의 귀재는 예외입니다. 높은 단계 DVD라도 반복해서 보는 것을 좋아해서 수없이 본 DVD 대사가 입에서 줄줄 흘러나오고, DVD에서 나오는 어휘나 표현을 스펀지처럼 좍 흡수하는 아이들은 정서에 맞는 DVD를 보여줘도 무방합니다).

2. J4단계 집중듣기, 이왕이면 재미있는 책으로

적응과정의 집중듣기는 '재미없어도 꾹 참고 듣자'였습니다.

J1~J3단계 리더스북 중 고학년 정서에 맞는 재미있는 책이 별로 없기 때문이지요. J4단계 집중듣기를 하더라도 얇고 글밥 적은 책을 권했습니다. 근근이 J1~J2단계 책을 읽고 있는데 난이도를 확 올리면 안 되니까요.

그러나 〈발전1〉과정에서는 같은 J4단계 책이라도 선택의 폭이 넓습니다. 잠수네 베스트는 남녀 구분 없이 재미있어하는 책들이 대부분이지만 아이마다 조금씩 선호도가 다릅니다. 집중듣기할 때 잘 관찰해보세요. 낄낄거리며 듣는 책, 집중듣기를 잠깐 중지하고 뒷부분을 보는 책, 시리즈를 다 구해달라는 책, 내용을 조잘조잘 떠드는 책이 있으면 비슷한 주제로 확장해보세요. 참, 한글책 수준이 높아 비슷비슷한 줄거리의 시리즈물을 싫어하면 명작을 축약한 책이나 명작패러디 그림책에서 집중듣기 책을 찾아보세요. 발전과정에서도 집중듣기할 때는 옆에 꼭 붙어 있어야 합니다.

3. 쉬운 책 1000권 읽기는 나선형 읽기로

〈적응2〉과정에 이어 〈발전1〉과정도 1000권 읽기를 계속 합니다. 차이라면 쉬운 책의 구성입니다. 예를 들어볼까요?

예 J2단계는 쉽지만 J3단계 영어책은 어려워한다

→J1단계 10%+J2단계 60%+집중듣기한 J3단계 30%

예 J3단계 영어책을 좀 읽을 수 있다

→J2단계 40%+집중듣기한 J3단계 50%+집중듣기 안 한

J3단계 10%

예 J3단계 영어책이 만만하다

　→J2단계 10%+J3단계 60%+집중듣기한 J4단계 중 얇은 책

　30%(아이가 원하면)

위의 단계 구성을 잘 보세요. 잘 읽는 책을 중심으로 단계를 섞어서 나선형으로 올라갑니다. 무 자르듯 J2단계 모조리 읽고 나서 J3단계, J4단계 올리는 게 아니라요. 아주 쉬운 책, 만만한 책, 살짝 어려운 책을 섞되 만만한 책을 제일 많이, 쉽거나 어려운 책은 살짝 넣어주는 거예요. 중간 단계가 통통한 번데기 모양입니다. 책의 종류도 재미없는 리더스북만 주지 말고 J1, J2단계 재미있는 그림책도 사이사이에 끼워주세요(다양한 어휘와 표현이 많은 그림책을 많이 볼수록 새로운 어휘와 문장을 접할 수 있습니다). 단계 비율은 적절하게 변경해도 되지만 아직까지 음독 15분은 필수입니다. J3단계 영어책 읽기를 좀 어려워하면 J3단계 쉬운 집중듣기를 좀 더 한 후 읽게 하는 것이 좋습니다.

〈발전1〉과정을 못 벗어나는 이유

1 아이의 의지와 상관없이 반복했다

2 쉬운 책 무시 or 너무 쉬운 책으로 했다

3 재미있는 책 연구를 안 했다

흘려듣기 JD4~JD5

- (JD4-TV애니) Mr. Men and Little Miss 시리즈(EQ의 천재들)
- (JD4-TV애니) The Cat in the Hat Knows a Lot About That! 시리즈(닥터수스의 캣 인 더 햇)
- (JD4-TV애니) Jacob Two-Two 시리즈
- (JD5-TV애니) The 7D 시리즈(하이호! 일곱 난쟁이 시리즈)
- (JD5-TV애니) TrollHunters 시리즈(트롤헌터스 시리즈)
- (JD5-애니) Moana(모아나)
- (JD5-애니) Frozen(겨울왕국)

집중듣기 J4

- (J4-리더스북) First Greek Myths 시리즈 (8권) 🎧
- (J4-리더스북) Oxford Reading Tree 시리즈: Stage 8~9 (36권) 🎧
- (J4-그림책같은리더스북) Curious George 시리즈 (53권) 🎧
- (J4-그림책같은리더스북) Lady Who Swallowed 시리즈 (11권) 🎧
- (J4-그림책같은리더스북) Little Princess TV 시리즈 (14권) 🎧
- (J4-챕터북) Early Reader 시리즈: Horrid Henry (34권) 🎧
- (J4-챕터북) Nate the Great 시리즈 (27권) 🎧

〈발전1〉과정

책읽기 J2~J3

- J2-리더스북 I Can Read Book 시리즈: Little Critter (18권)
- J2-그림책 Cat the Cat 시리즈 (4권)
- J3-리더스북 Step into Reading 시리즈: Arthur (19권)
- J3-리더스북 Ready to Read 시리즈: Olivia (16권)
- J3-리더스북 Beginner Books 시리즈 (44권)
- J3-그림책같은리더스북 Fly Guy 시리즈 (17권)
- J3-그림책 Pigeon 시리즈 (8권)

[선택사항] 그림책 집중듣기

명작 패러디 그림책

※ 잘 아는 명작을 살짝 비튼 내용이라 이해도 쉽고 재미있어요.

- J4-그림책 The Dumb Bunnies 🎧 ▶
- J4-그림책 Prince Cinders 🎧 ▶
- J4-그림책 Tackylocks and the Three Bears 🎧 ▶
- J4-그림책 The Three Pigs 🎧 ▶

- J4-그림책 Mr. Wolf's Pancakes 🎧 ▶
- J4-그림책 Piggie Pie! 🎧 ▶
- J4-그림책 The Three Ninja Pigs 🎧 ▶

초등 5, 6학년을 위한 잠수네 영어공부법 123

발전2과정 ———

기준 J3단계 영어책을 편안하게 읽는다

목표 재미있는 책 찾기

DVD흘려듣기		집중듣기		책읽기
JD4~JD6	1시간	J4~J5	30분 ~1시간	J2~J4단계(1시간 이상)

1. 흘려듣기, 아이 정서에 맞는 것을 찾는다

〈발전2〉과정의 흘려듣기는 JD4~JD6단계 DVD 1시간 보기입니다. JD4~JD5단계 애니메이션을 재미있게 본다면 그대로 유지하고, 유치하다고 싫다면 JD6단계 중에서 재미있어할 만한 것을 골라보세요. JD6단계는 어린이, 청소년 대상 TV드라마, 실사영화입니다. 주중에는 에피소드 한 편에 30~40분 정도인 TV드라마를 보는 것이 좋습니다. 상영 시간이 1시간 이상인 실사영화는 주말을 이용해 보여주세요.

2. 집중듣기, J4단계와 J5단계를 적절하게 안배한다

집중듣기는 읽는 수준보다 1~2단계 위의 영어책이 좋습니다. 처음에는 J4단계 위주로 집중듣기 책을 골라보세요. 집중듣기한 J4단계에서 읽을 수 있는 책이 하나, 둘 생기고 집중듣기하는 J4단계 책이 쉽게 느껴지면 J5단계로 올려도 됩니다. 이때 '집중듣기해서 읽을 수 있는 책은 빼고 새 책을 넣어주기, 집중듣기와 책읽기가 2단계 이상 벌어지지 않게 주의하기, 집중듣기할 때 옆에 꼭 붙어 있기' 이 세 원칙은 이전 과정과 동일합니다.

3. 몰입하는 영역을 밀어준다

자기 기호에 딱 맞는 책을 만나면 집중듣기나 책읽기를 더 하고 싶어 하는 경우도 있습니다. 드물게 흘려듣기만 계속 하고 싶어

하기도 하고요. 몰입의 효과가 가장 큰 영역은 책읽기입니다. 적극적으로 유추하고 생각해야 하니 영어실력이 그만큼 빠르게 성장합니다. 처음에는 30여 쪽의 영어책 30권을 1시간 만에 다 읽었다고 하거나, 100여 쪽짜리 책을 30분 만에 다 읽었다고 하는 등 '이거 거품 아냐?' 할 정도로 허풍이 보일 때가 많습니다. 그래도 괜찮습니다. 처음에는 아는 글자만 연결해서 읽겠지만, 계속 읽다 보면 읽을 수 있는 글자와 문장이 늘어납니다.

집중듣기, 흘려듣기 몰입의 효과도 큽니다. 영어말을 이해하는 능력이 빠르게 성장하거든요. 그러나 책을 읽는다고 집중듣기나 흘려듣기를 빼먹으면 듣고 이해하는 힘이 자라지 못합니다. 집중듣기, 흘려듣기에 빠져 책읽기를 소홀히 하면 읽기능력이 제자리 걸음을 하게 됩니다. 잠수네영어 3종은 꼭 지키세요. 좋아하는 영역은 여유 시간이나 주말에 더 하기로 약속하고요.

4. 어휘학습서를 병행해도 된다

영어책을 읽어도 어휘습득이 잘 안된다면 어휘학습서를 해볼 수 있습니다. 잠수네에서 추천하는 어휘학습서는 영미권에서 나온 학년별 교재(Level A/B/C, Grade 1/2/3…)입니다. 아이들이 읽는 책 수준에 맞춰 고를 수 있고, 독해지문을 읽으며 어휘를 유추하는 힘을 기를 수 있기 때문입니다. 중등용 어휘교재는 적당하지 않습니다. 한글 해석이 나오고 지문도 짧아 글 내용에서 단어를 유추하기 힘든 데다 아이들이 읽고 있는 책과 단계를 맞추기 어렵기 때문입니다.

　어휘학습서는 매일 30분 정도, 혼자 해도 스트레스 안 받고 진행할 수 있는 정도가 적당합니다. 어휘학습서를 어려워한다면 지금은 때가 아니라고 보고 중단해야 합니다. 단, 어휘학습서 하느라 영어책 읽을 시간이 없다면 하나 마나입니다. 주객이 전도되지 않도록 조심해주세요.

추천 파닉스 학습서

Reading for Vocabulary 시리즈
(월드컴): Level A~B

4000 Essential English Words 시리즈
(Compass Publishing): 1~2

〈발전2〉과정을 못 벗어나는 이유

1 집중듣기와 읽기 단계가 2단계 이상 차이가 났다

2 책읽기 양이 부족했다

3 쉬운 책을 무시하고 너무 어려운 책 위주로 읽었다

흘려듣기 JD4~JD6

JD4-TV애니 Pippi Longstocking TV 시리즈(말괄량이 삐삐)

JD5-TV애니 Miraculous Ladybug 시리즈(미라큘러스 레이디버그 시리즈)

JD5-TV애니 Kong: King of the Apes 시리즈

JD5-애니 Zootopia(주토피아)

JD6-애니 The Boss Baby(보스 베이비)

JD6-TV드라마 Full House 시리즈(풀하우스)

JD6-영화 Matilda(마틸다)

집중듣기 J4~J5

J4-그림책같은리더스북 Arthur Adventure 시리즈 (32권) ∩

J4-챕터북 Usborne Young Reading 시리즈: Level 1 (60권) ∩

J4-챕터북 Magic Tree House 시리즈 (55권) ∩

J4-소설 Freckle Juice ∩

J5-그림책같은리더스북 Berenstain Bears 시리즈 (97권) ∩

J5-챕터북 Geronimo Stilton 시리즈 (59권) ∩

J5-소설 Spiderwick Chronicles 시리즈 (8권) ∩

〈발전2〉과정

책읽기 J2~J4

- **J2-리더스북** Step into Reading 시리즈: Step 2 (72권)
- **J3-리더스북** I Can Read Book 시리즈: Splat the Cat (16권)
- **J3-그림책같은리더스북** Little Critter 시리즈 (95권)
- **J3-챕터북** Brances 시리즈: Boris (4권)
- **J4-리더스북** Banana 시리즈: Blue (36권)
- **J4-그림책같은리더스북** Lady Who Swallowed 시리즈 (12권)
- **J4-그림책같은리더스북** Robert Munsch 시리즈 (48권)

[선택사항] 그림책 집중듣기

팝송 그림책

※ 팝송을 그림책으로 만들어서 고학년도 즐기며 들을 수 있어요.

- **J4-그림책** Don't Laugh at Me 🎧 ▶
- **J4-그림책** Waking Up is Hard to Do 🎧 ▶
- **J4-그림책** John Denver's Sunshine On My Shoulders 🎧 ▶
- **J5-그림책** Puff, the Magic Dragon 🎧 ▶
- **J5-그림책** Take Me Home, Country Roads 🎧 ▶
- **J5-그림책** Over the Rainbow 🎧 ▶
- **J5-그림책** John Denver's Ancient Rhymes A Dolphin Lullaby 🎧 ▶

심화과정

심화과정 핵심체크

1. 소설에 푹 빠질 수 있는 저력은 영어그림책, 한글책의 힘

심화과정에서는 소설 집중듣기, 읽기를 본격적으로 진행합니다. 소설에는 풍부한 어휘, 다양한 표현과 주제가 담겨 있어 영어능력은 물론 사고력까지 키워주기 때문입니다.

1) 영어그림책의 힘

쉽게 쓰인 리더스북, 흥미 위주의 챕터북만 읽었다면 소설 진입이 만만치만은 않습니다. 두꺼운 챕터북을 잘 읽는 아이라도 낯선 어휘가 튀어나오고 글씨도 작고 빽빽한 느낌의 소설은 싫어할 수 있습니다. 반대로 J4~J7단계 그림책을 많이 읽었다면 J6단계의 두꺼운 소설도 겁 없이 읽습니다. 어휘력, 독해능력이 저절로 자랐기 때문입니다.

소설에 대한 거부감이 있다면 지금이라도 만만한 수준의 그림책부터 읽도록 해주세요. J4단계 이상 영어책을 잘 읽는 수준이니 읽을 수 있는 그림책이 매우 많습니다. 단, 쉬운 그림책이라도 소설처럼 낯선 단어가 종종 나오므로 그림책을 재미있게 보려면 아이 수준보다 더 낮은 단계부터 찬찬히 접근해야 합니다. 무엇보다 초등 고학년이 공감하고 재미있어할 만한 그림책을 찾는 것이 관건입니다.

2) 한글책의 힘

영어소설을 어려워하는 아이들을 보면 십중팔구 좋은 한글책을 별로 안 읽은 아이들입니다. 만화책만 보거나 한글책을 읽는다 해도 판타지, 로맨스 등 장르소설 위주로 보면 어휘력, 독해력, 사고력이 자라기 어렵습니다.

수학, 과학, 사회 영역의 한글지식책만 편독하는 아이들도 있습니다. 이 경우 관련 지식과 지식어휘는 늘어날지 모르나 주인공의 생각, 등장인물 간의 갈등 등 행간의 의미를 파악하는 독해력이 늘지 않습니다. 처음에는 잘 모릅니다. 챕터북도 재미있게 읽고 일상의 이야기나 코믹한 소설류도 잘 읽거든요. 그러나 영어실력을 올리는 데 결정적인 역할을 하는 성장소설, 클래식 소설은 재미없다고 안 읽으려고 합니다. 말로는 재미없다고 하지만 실상은 어휘력, 독해력이 낮아 어려워서 못 읽는 것입니다.

영어소설이라도 재미 위주의 책이 있고 수십 년간 베스트셀러로 자리매김하는 클래식 소설이 있습니다. 영어책으로 어휘력, 독해력, 사고력의 세 마리 토끼를 잡으려면 클래식 소설(J7~J9단계)을 보는 수준까지 가야 합니다. 그러려면 좋은 한글책을 읽으면서 한글 어휘력과 독해력, 한글로 생각하는 힘(사고력)을 키우는 것이 우선입니다.

2. 지식책 배경지식은 한글책에서 나온다

한글책이 탄탄하고 영어 클래식 원서도 잘 보는 아이라도 고민은 있습니다. 영어지식책, 즉 논픽션(Nonfiction)을 잘 안 읽으려고 하는 경우가 종종 있기 때문이지요. 배경지식이 부족하고 낯선 어휘를 이해 못해서 그렇습니다. 이 문제의 해결 역시 한글책에 있습니다. 한글로 배경지식이 있고 개념을 알고 있으면 지식어휘를 몰라도 앞뒤 문맥상 어떤 내용인지 유추할 수 있습니다. 'rotation, revolution'을 몰라도 '자전과 공전'이란 개념을 알고 있으면 글 속에서 직관적으로 무슨 말인지 이해가 되는 거지요. 이 경우 학교에서 사회, 과학, 수학 과목을 공부하면서 관련 한글지식책을 읽어 배경지식을 쌓아두세요. 나중에 영어실력이 더 올라가면 영어지식책도 만만하게 볼 수 있습니다.

3. 어휘 다지기와 지식어휘 습득

J4단계 이상 영어책을 잘 읽고 영어어휘를 많이 아는 듯해도 막상 글을 쓰려면 막히는 경우가 많습니다. 읽을 때 아는 어휘와 글을 쓸 때 사용할 수 있는 어휘가 차이가 있기 때문입니다.

이 간극을 메꾸기 위해 해볼 만한 것이 어휘학습서입니다. 뭉게구름처럼 이미지로만 갖고 있던 어휘의 의미를 확실하게 다지고, 여러 가지 뜻으로 쓰이는 어휘를 정리하는 데 의의가 있습니다.

그러나 모든 아이들이 어휘학습서를 해야 하는 것은 아닙니다. 1권의 책이라도 천천히 음미하면서 곱씹어서 읽는 정독성향의 아이, 다양한 분야의 책을 주도면밀하게 읽도록 하는 집이라면 따로 어휘학습서를 안 해도 차곡차곡 어려운 어휘들이 쌓입니다. 어휘학습서를 고를 때는 어휘군이 아이가 읽었던 책과 많이 겹치는지, 아이 혼자 하기 만만한 수준인지 꼭 확인해보세요. 사전을 찾아야 할 정도로 어려운 어휘학습서는 하지 마세요. 소기의 효과도 얻지 못하고 시간만 허비할 뿐입니다.

한편 창작책만 읽어서 논픽션 어휘의 부족이 염려된다면 사회, 과학 지문이 있는 독해학습서로 보완하는 방법도 있습니다. 이때도 너무 어려운 학습서는 피해주세요. 영어글의 수준, 지문의 지식 내용이 혼자해도 쉽게 이해할 수 있는 수준이라야 합니다.

4. 영어학원 안 보내도 되나요?

아이가 J4단계 이상 영어책을 잘 읽게 되면 이제는 학원에 안 다녀 놓치는 것이 없나 걱정스러워집니다. 말하기, 쓰기, 문법에서 구멍 난 곳을 메꿔야 한다는 강박감에 학원 테스트도 보고, 언제쯤 학원에 보내면 좋을까 생각하느라 골치가 아픕니다.

말하기와 쓰기는 학원에서 해결해주지 못합니다. 표현 방법, 문법 오류 등을 살짝 다듬어줄 수는 있으나 영원히 해결하지 못하는 지점이 있습니다. 단순히 서바이벌 잉글리시나 간단한 영작문이라면 몰라도, 디베이트나 심도 있는 에세이 쓰기는 '배경지식과 사고력'이 따라주어야 합니다. 배경지식과 사고력은 학원에서 키워주는 것이 아니지요. 더 근본적인 문제는 '디베이트와 에세이를 해서 어디에 쓸 것인가'입니다. 목표가 뚜렷하면 전략적으로 해봄직합니다. 그러나 '다들 하니 해야 하지 않나?'란 생각이라면 틀렸습니다. 중등문법 걱정도 잠시 접어두세요. 초등 때 중등문법을 배우는 것은 시간낭비일 뿐입니다. 지금은 문법에 치중하지 말고 듣기, 읽기에 매진해야 할 때입니다.

정 고민스럽다면 잠깐이라도 학원에 보내보세요. 아이가 원하면 잠시 다녀보는 것도 괜찮습니다. 사춘기에 접어든 아이와 부딪히는 것이 버거워 잠시 거리를 둘 요량으로 일시적으로 보낼 수도 있습니다. 그러나 보내면서도 시간 대비 효과 면에서 이해득실을 잘 따져야 합니다. 영어만 할 게 아니라 수학, 한글책까지 챙겨야 하는데 시간이 과연 가능할지 가늠도 해보고요.

5. 말하기, 쓰기는 어떻게 준비하나요?

영어 말하기는 당장 필요한 상황이 아니면 열심히 해봐야 중단하는 순간 제자리로 돌아가는 특징이 있습니다. 정 말하기 연습을 하고 싶다면 소리 내서 읽기가 최고입니다. 책 읽은 감상이나 리뷰를 녹음해보는 것도 좋습니다. 누군가와 말하고 싶어 하면 전화영어나 화상영어를 시도해보되 시중의 회화교재나 워크북으로 하는 곳은 피하세요. 아이가 본 영어책이나 영화, 신문기사를 읽고 대화하는 곳을 찾아야 그나마 도움이 됩니다.

영어글쓰기가 고민된다면 한글로 쓴 글부터 살펴보세요. 글은 손으로 쓰는 게 아니라 머리로 씁니다. 한글로 쓴 글을 보면 영어글의 수준도 알 수 있어요. 또한 글쓰기 수준은 읽는 책 수준에 따라서도 달라집니다. 잠수네 아이들이 쓴 북리포트를 보면 J5, J6단계 영어책을 읽고 쓴 글이 J3, J4단계 수준입니다. 읽은 책 수준보다 두어 단계 낮아요. J3, J4단계면 미국의 초1, 초2 수준입니다. 초등 저학년 자녀를 둔 분이 한글글쓰기로 고민하면 어떻게 답변해주실 건가요? 십중팔구 한글책 많이 읽고 일기 열심히 쓰면 된다고 할 겁니다. 영어도 마찬가지입니다.

실생활에서 영어를 거의 안 쓰는 우리나라 환경에서 가장 효과적으로 영어를 익히는 길은 듣기와 읽기입니다. J6단계 이상 영어책을 편안하게 읽는 수준을 올리는 것이 먼저입니다. 말하기와 쓰기는 그다음에 생각해도 됩니다.

심화1과정 ————

기준 J4단계 영어책을 편안하게 읽는다

목표 재미있는 책 몰입

DVD흘려듣기		집중듣기		책읽기
JD5~JD7	30분 ~1시간	J5~J7	30분 ~1시간	J3~J5단계(1시간 이상)

1. 아직은 수학보다 영어에 더 투자할 때

J4단계 영어책을 편안하게 읽는 심화과정 초입이 되면 100여 쪽 짜리 챕터북도 술술 잘 읽습니다. 이전까지 영어가 부족해서 어쩌나 싶던 마음은 어느새 사라지고, 이제는 수학에 매진해야 할 때가 아닌가하는 생각이 슬그머니 머리를 듭니다. 아직은 아닙니다. 이 정도면 됐거니 싶어 수학으로 방향을 트는 순간 영어실력은 툭툭 떨어집니다. 이제 막 영어책의 재미를 알기는 했어도 완전히 정착되지 않았기 때문입니다. 영어에 더 투자하세요. 집중듣기 수준도 올리고 책 읽는 시간도 줄이지 마세요. 목표는 J6단계 영어책을 편안하게 읽는 수준입니다. 이정도면 영어책 읽는 시간이 휴식시간이 됩니다.

2. 흘려듣기, 재미있는 것을 계속 보여주자

시간이 부족하면 제일 먼저 건너뛰는 것이 DVD보기입니다. '하루 이틀 못 봐도 괜찮겠지…' 넘어가고 맙니다. 계속 강조하지만 흘려듣기가 잘돼야 집중듣기가 수월합니다. 재미있는 TV드라마, 영화를 더 찾아보세요. 정 시간이 없는 날은 아이가 좋아했던 DVD의 소리만 따로 듣는 것(오디오 흘려듣기)도 좋습니다. 그러나 DVD 보기를 완전히 중단하고 오디오 흘려듣기만 하면 절대 안 됩니다.

3. 집중듣기, 챕터북과 소설 병행

〈심화1〉과정부터는 챕터북과 함께 소설 집중듣기도 슬슬 끼워 넣어주세요. 챕터북은 시리즈의 처음 한두 권만 들으면 뒷권의 내용이 대충 짐작되는 데다 어휘가 한정돼 있어 쉽게 느껴집니다. 반면에 소설은 책마다 어휘가 다 다르고 줄거리도 다릅니다. 아무래도 챕터북보다는 어렵게 느껴질 수 있지만 잘 찾아보면 부담 없이 들을 수 있는 J5~J6단계 소설이 많습니다. 재미있어하는 소설이 나타나면 같은 작가의 소설로 쭉 가보는 것도 요령입니다. 배꼽 잡는 유머로 아이들을 사로잡는 로알드 달(Roald Dahl), 위트와 재치가 넘치는 이야기꾼 재클린 윌슨(Jacqueline Wilson), 넘치는 상상력의 작가 앤드류 클레멘츠(Andrew Clements), 판타지의 대가 릭 라이어던(Rick Riordan) 같이 아이들이 입맛 다시며 읽는 책의 작가 이름만 잘 알아도 소설 진입이 한결 수월합니다. 뉴베리 수상작 같이 무거운 주제가 담긴 소설은 좀 더 있다가 보여주세요. 지금은 아이가 좋아하는 영역으로 밀어주는 것이 바람직합니다.

4. 다독이냐, 정독이냐? 아이에게 맡겨라

영어책을 재미있게 보는 아이를 보면서 '너무 빨리 읽는 거 아냐? 이렇게 느리게 읽어도 되나?' 하는 마음이 들 때입니다. 배부른 고민입니다. 두꺼운 책을 죽죽 읽든, 천천히 꼼꼼하게 읽든 놔두세요. 다독과 정독은 아이의 성향입니다. 빠르게 읽는 아이에게 천천히 읽으라고 하면 성질을 낼 거예요. 하나하나 되새김질하듯 읽는 아이보고 좀 빨리 읽으라고 다그치면 풀이 죽을 겁니다. 단점을 보지 말고 장점을 보세요. 다독성향이면 다양한 어휘와 표현을 많이 만납니다. 이 책 저 책에서 같은 단어, 비슷한 표현을 계속 보다 보면 영어실력도 자연스럽게 올라갑니다. 휘리릭 읽는 듯해도 좋아하는 책에 꽂히면 반복해서 읽기도 합니다. 같은 책을 여러 번 읽다보면 자연스럽게 이해도가 깊어집니다. 정독성향이면 시간에 비해 많은 양을 읽지는 못해도 깊이 있는 읽기가 됩니다. 몰입도가 커질수록 몇 권 안 읽어도 수십 권 읽는 아이만큼 성장합니다. '남들만큼 안 읽어도 괜찮나?' 걱정할 필요가 없습니다.

5. 방학 때 몰입은 선택이 아닌 필수

학기 중에는 시간 부족으로 영어책의 재미를 느낄 만큼 많은 양을 읽기 어렵습니다. 긴 호흡의 책을 읽기도 부담스럽습니다. 그에 비해 방학은 영어의 바다에 빠질 절호의 기회입니다. 쓸데없이 학원에서 하는 이런저런 방학 특강에 눈 돌리지 마세요. 단기간이라도 영어에 몰입하는 시간이 있어야 영어책의 재미를 느낄 수 있고, 몰입을 향한 시동이 걸리기 시작합니다. 집중듣기를 좋아하면 집중듣기를 더 해도 됩니다. 재미있는 책을 만나면 2~3시간 넘기는 것은 우습고 5시간 넘게 읽기도 합니다. 아이가 좋아하는 영역으로 죽 밀어주세요. 눈덩이가 굴러가듯 영어실력이 저절로 쌓이게 됩니다(단, 한쪽으로 쏠리더라도 잠수네영어 3종 세트는 매일 챙겨야 합니다).

흘려듣기 JD5~JD7

JD5-애니 Sing (씽)

JD6-TV애니 Adventures of Tintin 시리즈 (땡땡의 모험)

JD6-애니 Inside Out (인사이드 아웃)

JD6-TV드라마 The Suite Life of Zack and Cody 시리즈 (잭과 코디의 우리 집은 스위트룸)

JD6-TV드라마 iCarly 시리즈 (아이칼리 시리즈)

JD6-영화 Diary Of A Wimpy Kid 시리즈 (윔피 키드 시리즈)

J7-영화 Harry Potter 시리즈 (해리포터)

집중듣기 J5~J7

J5-챕터북 Seriously Silly Stories 시리즈 (14권) 🎧

J5-소설 Charlotte's Web 🎧

J5-소설 Judy Blume: Fudge 시리즈 🎧

J6-챕터북 Jack Stalwart 시리즈 (14권) 🎧

J6-소설 Molly Moon 시리즈 (6권) 🎧

J6-소설 Diary of a Wimpy Kid 시리즈 (13권) 🎧

J7-소설 Harry Potter 시리즈 (10권) 🎧

책읽기 J3~J5

1. 리더스북, 챕터북, 소설

J4-챕터북 Big Nate 시리즈 (10권)

J4-소설 The Magic Finger

J4-소설 Pain and the Great One 시리즈 (4권)

J5-리더스북 Postcards from Buster 시리즈: Level 3 (4권)

J5-챕터북 Captain Underpants 시리즈 (13권)

J5-소설 Treehouse 시리즈 (6권)

J5-소설 Toys Go Out 시리즈 (4권)

2. 그림책 (선택사항)

J3-그림책 Meg and Mog 시리즈 (20권)

J4-그림책 Dumb Bunnies 시리즈 (4권)

J4-그림책 Tacky 시리즈 (10권)

J4-그림책 The Giving Tree

J5-그림책 Gruffalo and Friends 시리즈 (7권)

J5-그림책 Strega Nona 시리즈 (11권)

J5-그림책 Library Mouse 시리즈 (5권)

심화2과정 ———

기준 J5단계 영어책을 편안하게 읽는다

목표 재미+양서 추가

DVD흘려듣기		집중듣기		책읽기	
JD6~JD7	30분~1시간	J6~J7	30분~1시간	J4~J6	1시간

1. 수학도 신경 쓸 때 → 수학 : 영어 = 1 : 1

〈심화2〉과정이라면 J5단계 영어책은 쉽게 읽고 J6단계는 성향에 맞는 책이라면 얼마든지 재미있게 봅니다. 이 정도만 돼도 잠수네 영어는 성공입니다. 앞으로 중고등 6년간 계속 영어를 배우고 과학, 사회 배경지식이 늘어나면 영어실력도 계속 성장하게 되니까요. 이제는 수학도 신경 써야 할 때입니다. 이과성향이라면 영어는 현재 상태만 유지해도 됩니다. 그러나 문과성향이 확실하다면 최대한 영어실력을 올리기를 권합니다. 영어실력이 탁월하면 좀 더 다양한 기회를 가질 수 있으니까요.

2. 양서로 연결시켜주는 DVD를 찾아보자

〈심화2〉과정부터는 좋은 소설을 읽어가는 시기입니다. 그러나 판타지나 코믹류같이 가벼운 내용만 즐기는 아이라면 잔잔하고 감동적인 내용의 소설은 썩 내키지 않아 하지요. 이럴 때 원작이 있는 영화부터 보고 영어책으로 접근하는 것도 좋은 방법입니다. 지금 읽기는 좀 어렵지만 언젠가 집중듣기나 읽기로 연결했으면 하는 소설이 있다면 영화로 미리 보여주는 것도 괜찮습니다. 단, 영화를 보고 바로 영어책을 집중듣기하거나 읽는 것은 피해주세요. 영화내용이 생생하게 기억나서 책을 보는 것이 아니라 영화의 장면을 떠올리게 되니까요.

3. 집중듣기, 양서로 확장

양서의 기준은 생각할 만한 주제가 담긴 소설이나 클래식 작품, 수상작 중 아이들 정서에 맞고 재미있는 책입니다. 챕터북이나 흥미 위주로 가볍게 읽을 수 있는 일상, 유머, 판타지 소설류는 어휘와 문장이 그리 어렵지 않습니다. 중간중간 모르는 말이 나오면 건너뛰고 읽어도 이해하는 데 지장이 없습니다. 그러나 이런 책만 읽어서는 영어실력도 그리 늘지 않고 사고력도 자라지 못합니다. 그에 비해 작품성 있는 소설, 클래식 소설은 주제가 묵직합니다. 찬찬히 생각하며 곱씹으며 읽어야 작가의 의도를 이해할 수 있습니다. 꾸준히 접하다 보면 어휘력과 표현력, 사고력을 다 챙길 수 있습니다. 굳이 어려운 단계를 찾지 않아도 됩니다. J6~J7단계 중에도 좋은 소설이 많습니다. 하나씩 집중듣기를 하면서 읽기로 연결시켜보세요. J8단계 이상 소설도 쉽게 갈 수 있습니다.

단, 상 받은 책이면 다 좋다 생각하고 무작정 들이밀지는 마세요. 뉴베리 상, 카네기 상, 마이클 프린츠 상 등 해외 수상작들 중에는 아이들이 홀딱 반할 정도로 재미있는 판타지소설, 모험소설, 역사소설, 유머소설도 아주 많지만 이혼, 가정폭력, 가출, 홈리스 같이 우리 아이들 정서에 맞지 않는 소설도 꽤 있습니다. 먼저 아이가 공감하고 재미있어할 내용인지 살펴보고 보여주세요.

4. 영어지식책은 한글책으로 좋아하는 영역부터

그동안은 영어실력을 끌어올리느라 창작 위주의 영어책을 많이 권했습니다. 이제는 관심 가는 영역이면 조금씩 지식책도 넣어 주세요. 주의할 것은 한글책도 잘 안 읽으면 영어책도 재미없어해요. 과학 분야에 흥미가 없으면 과학적인 내용을 배경으로 하는 챕터북, 소설도 싫어할 수 있습니다. 〈The Danger Zone〉 시리즈(J6) 같은 경우 잠수네 베스트이긴 하지만 역사를 좋아하지 않으면 안 보겠다고 하는 것은 당연하고요.

그래도 영어지식책을 꼭 보여주고 싶다면 과학자나 발명가, 미술가, 음악가의 위인전이나 역사소설(역사적인 사건을 배경으로 하는 소설) 같이 지식 냄새가 덜한 책을 찾아보는 것도 좋습니다.

지식책은 아니지만 시집도 찾아보면 좋습니다. 아이들 눈높이에 맞는 배꼽 잡을 만큼 웃긴 내용의 시집들이 많이 있어요. 이때도 한글책으로 시집을 많이 본 아이들이 영어시집도 재미있게 볼 공산이 큽니다.

흘려듣기 JD6~JD7

JD6-TV드라마 Dog with a Blog 시리즈 (독 위드 어 블로그)

JD6-영화 The BFG (마이 리틀 자이언트)

JD7-TV드라마 Merlin 시리즈 - 영국 BBC (마법사 멀린)

JD7-TV드라마 Victorious 시리즈 (빅토리어스 시리즈)

JD7-TV드라마 Half Moon Investigation 시리즈 - 영국 BBC (하프 문 인베스티게이션)

J7-영화 Charlie And The Chocolate Factory (찰리와 초콜릿 공장)

J7-영화 Flipped (플립)

집중듣기 J6~J7

J6-소설 39 Clues 시리즈 (12권) 🎧

J6-소설 Ramona 시리즈 (8권) 🎧

J6-소설 Sisters Grimm 시리즈 (10권) 🎧

J6-소설 Little House 시리즈 (10권) 🎧

J6-지식책 The Danger Zone 시리즈 (80권) 🎧

J7-소설 Worst Witch 시리즈 (9권) 🎧

J7-소설 Ranger's Apprentice 시리즈 (12권) 🎧

책읽기 J4~J6

1. 리더스북, 챕터북, 소설

J4-지식책 Fly Guy Presents 시리즈 (11권)

J5-챕터북 Cracked Classics 시리즈 (6권)

J5-챕터북 Franny K. Stein 시리즈 (7권)

J5-소설 Catwings 시리즈 (4권)

J5-소설 Clementine 시리즈 (7권)

J5-소설 Tales of Dimmwood Forest 시리즈 (6권)

J6-소설 Andrew Clements: School Stories 시리즈 (14권)

2. 시 (선택사항)

J4-시 Who Wants a Cheap Rhinoceros?

J5-시 The Seven Silly Eaters

J5-시 Antarctic Antics: A Book of Penguin Poems

J5-시 Mirror Mirror: A Book of Reverso Poems

J6-시 Love That Dog 시리즈 (2권)

J6-시 A Light in the Attic

J6-시 Inside Out and Back Again

심화3과정 ─────

기준 J6단계 영어책을 편안하게 읽는다

목표 양서로 무게중심 옮기기

DVD흘려듣기		집중듣기		책읽기	
JD6~JD8	30분~1시간	J6~J8	30분~1시간	J5~J7	1시간

1. 흘려듣기는 자유롭게, 그러나 적정선은 유지

이제 흘려듣기는 한숨 돌려도 될 때입니다. 웬만한 DVD는 거의 알아들을 수 있으니까요(한글로 봐도 이해 못 하는 것은 예외). 그러나 아이가 잘 이해한다고 계속 단계를 올리지는 마세요. JD8단계까지는 초등 고학년이 어느 정도 소화할 수 있으나 JD9단계 DVD는 대부분 15세 이상, 또는 PG-13(13세 이상은 부모와 관람)인 영화입니다. 성적 호기심을 유발하는 내용, 폭력적인 장면이 담겨 있어 아이들에게 보여주기 곤란한 내용이 많습니다.

사회·과학 다큐멘터리도 아이가 좋아하는 영역이면 짬짬이 보여주세요. 새로운 지식도 습득하고 지식어휘까지 갖고 갈 수 있으니 '꿩 먹고 알 먹고'입니다. 영어뉴스는 〈C10(CNN Student News)〉 같이 아이들이 이해할 만한 수준으로 어느 정도 걸러진 뉴스가 좋습니다. 〈TED〉 같은 강연은 가급적이면 부모가 먼저 보고 아이가 이해할 만한 내용인지 살펴서 보여주기 바랍니다(유튜브에서 한글 자막으로 볼 수 있습니다).

2. 오디오 흘려듣기만 따로 해도 된다

〈심화3〉과정이면 귀가 거의 뚫린 상황이라 소리만 듣고도 이해가 되는 때입니다. 그동안은 꼭 '재미있게 본' DVD나 영어책의 소리를 들려주라고 했지만, 앞으로는 안 읽은 책이라도 재미있어할 만한 분야라면 오디오북만 따로 들려줘도 됩니다. 이전까지는 집중듣기용 오디오CD를 찾을 때 꼭 비축약본(Unabridged)만 구해야 했지만, 이제는 축약본(Abridged)도 재미있게 들을 수 있습니다.

3. 집중듣기, 읽기레벨이 같아지기 시작한다

J6~J7단계 영어책을 잘 읽는 수준이라면 집중듣기하다 너무 느려서 못 듣겠다고 하는 순간이 옵니다. 눈으로 읽는 속도가 귀로 듣는 오디오 속도보다 빨라서입니다. 이런 책은 (오디오CD를 이미 구해서 가슴이 아파도) 다 듣게 하지 말고 읽기로 바로 넘기는 것이 좋습니다. J7단계 집중듣기는 아이가 좋아하는 영역이라면 바로 읽기로 연결될 거예요. J8단계는 아무래도 살짝 버겁겠지만 시리즈물인 경우 읽기로 넘어가는 데 큰 어려움이 없습니다. 집중듣기를 더 진행하려면 좀 더 빠른 속도로 읽어주는 책을 찾든지 단계를 올려야 하겠지요.

그러나 J6단계라도 정서상 잘 이해가 안 되는 책, 좋은 책인데 평소 잘 안 보던 영역을 접하게 하고 싶다면 집중듣기부터 하는 것이 좋습니다. 양서나 클래식 작품은 집중듣기하지 않고 바로 읽기에 부담스러운 책이 많습니다. 어휘가 어렵고 문장이 난해한 책역시 집중듣기부터 하면 읽기로 넘어가는 것이 순조롭습니다.

4. Writing 연습은 베껴쓰기부터

적응, 발전과정이나 심화1, 2과정에서는 최대한 읽기 수준을 올리는 데 힘을 주었습니다. 읽기 수준이 올라가야 제대로 된 글이 나오니까요. J6단계 이상을 읽는 수준이면 조금만 연습해도 J4단계 이상 글을 술술 쓸 수 있습니다. 스펠링도 잘 모른다고요? 네, 그동안 어휘학습서도 거의 안 했다면 쓰기를 해본 경험이 별로 없을 테니 당연한 현상입니다. 영어 Writing을 봐주는 학원이 어딜까 찾아보기 전에 베껴쓰기부터 해보세요. 스펠링도 잡고 문체도 가다듬을 수 있습니다.

베껴쓰기는 E. B. 화이트(E. B. White)의 책 3권을 추천합니다. E. B. 화이트는 미국의 글쓰기 참고도서 베스트셀러인 〈The Elements of Style〉의 저자입니다. 이 작가의 작품을 따라 쓰면 간결하고 정확한 글쓰기를 체득하는 데 도움이 됩니다. 〈Charlotte's Web(J5)〉 → 〈The Trumpet of the Swan(J6)〉 → 〈Stuart Little(J7)〉' 순으로 하면 쉽게 접근할 수 있습니다. 아이가 이런 책을 별로 안 좋아하면 재미있게 읽은 책 중 쉬운 책부터 시작해도 됩니다.

흘려듣기 JD6~JD8

JD6-TV드라마 Wizards of Waverly Place 시리즈(우리가족 마법사 시리즈)

JD6-영화 The Sound of Music(사운드 오브 뮤직)

JD7-TV드라마 Big Time Rush 시리즈(빅 타임 러쉬 시리즈)

JD7-TV드라마 Unfortunate Events 시리즈(레모니 스니켓의 위험한 대결 시리즈)

J7-영화 Hugo(휴고)

J7-영화 The Secret Garden(비밀의 화원)

JD8-TV애니 The Time Compass 시리즈(EBS 돌려라! 시간나침반)

집중듣기 J6~J8

J6-소설 Pippi Longstocking 시리즈 (5권) 🎧

J7-소설 Chronicles of Narnia 시리즈 (8권) 🎧

J7-소설 Benedict Society 시리즈 (5권) 🎧

J7-소설 Artemis Fowl 시리즈 (9권) 🎧

J7-소설 Madame Pamplemousse 시리즈 (3권) 🎧

J8-소설 Unfortunate Events 시리즈 (15권) 🎧

책읽기 J5~J7

1. 소설

J5-소설 Sarah, Plain and Tall 시리즈 (5권)

J6-소설 Mary Poppins 시리즈 (6권)

J6-소설 The Trumpet of the Swan

J6-소설 Where the Mountain Meets the Moon

J7-소설 George's Secret Key 시리즈 (5권)

J7-소설 Hiccup 시리즈 (14권)

J7-소설 Savvy 시리즈 (3권)

2. 지식책 (선택사항)

J5-지식책 Terry Deary's Historical Tales 시리즈 (24권)

J5-지식책 Smart about History 시리즈 (9권)

J5-지식책 Smart About Art 시리즈 (9권)

J6-지식책 Who Was? 시리즈 (132권)

J6-챕터책 Magic School Bus 챕터북 시리즈 (20권)

J6-지식책 So You Want to Be 시리즈 (3권)

J6-지식책 Horrible Science 시리즈 (43권)

고수과정

고수과정 핵심체크

1. 어디서도 최고 수준

고수과정은 J7단계 이상 책을 편하게 읽는 수준입니다. 좋아하는 책은 J8~J9단계도 잘 읽습니다. 이 정도면 영미권의 같은 학년 아이들보다 읽기 수준이 높다는 의미입니다(실제로 영미권 학교에 가도 책읽기로는 최고 수준입니다). 학원에 가도 최고반으로 들어갑니다. '외국에서 살다 왔느냐', '어떻게 영어를 했느냐'는 말도 심심치 않게 듣습니다. 엄마가 영어를 잘해서 아이가 잘하는 것으로 착각하는 사람도 많습니다.

이제는 텝스나 토플 등 공인시험에서도 Reading, Listening 영역은 크게 걱정하지 않아도 됩니다. 유창하게 말하기, 짜임새 있는 글쓰기도 시간을 두고 조금 연습하면 충분히 가능합니다. 영어책 읽기가 자유롭고 짬만 나면 영어책에 손이 먼저 가니 영어는 저절로 굴러갑니다.

2. 영어책 읽기에 너무 쏠리지 않도록 주의하자

영어책을 좋아하다 보니 부모가 주의 깊게 살피지 않으면 점점 더 영어책만 읽으려는 경향이 강해집니다. 영어책이 한글책보다 더 다양하고 재미있는 것이 많으니까요. 영어를 사용하는 인구가 몇 배 더 많고, 영어책을 쓰는 작가층도 훨씬 두터우니 당연한 현상입니다. 한글책은 쳐다보지 않고 영어책만 계속 읽다 보면 한글 어휘력과 독해력이 상대적으로 쪼그라들 수밖에 없습니다.

고수과정까지 온 아이라면 한글책 수준도 꽤 높을 겁니다. 그러나 나이에 비해 너무 어려운 책을 읽는 아이도 있고 창작책이나 지식책을 편독하는 아이들도 많습니다. 영어책을 잘 읽는다고 좋아하지만 말고 좋은 한글책을 더 적극적으로 찾아주세요. 재미있고 좋은 한글책을 꾸준히 넣어주면 한글책과 영어책의 균형을 잡을 수 있습니다.

3. 수학에 집중한다

그동안 영어에 치중하느라 수학에 신경을 많이 쓰지 못했을 겁니다. 초등 6학년 말이라도 이제 시작하면 됩니다. 영어처럼 수학도 들인 시간만큼 결과가 나옵니다. 아이의 수준에 맞게 차근차근 공부하면 수학실력도 자연스럽게 올라갑니다.

그러나 아이 상태를 제대로 모른 채 남들이 하는 대로 따라가면 죽도 밥도 안 됩니다. 예비 중학생이라고 무작정 선행을 나가지 마세요. 먼저 자기 학년 수학교과서 수준을 완전히 이해했는지 봐야 합니다. 수학교과서보다 살짝 난이도가 있는 심화문제, 아주 어려운 심화문제를 차근차근 푸는 과정도 필요합니다. 중등 선행은 그 이후입니다.

4. 읽기의 무게중심이 J8단계로 가지만…

읽기 수준이 올라갔다고 매번 어려운 책만 읽을 수는 없습니다. 턱 없이 쉬운 책을 잡고 읽어도, 동생이 읽는 그림책을 같이 읽겠다고 해도 아이가 원하는 대로 해주세요. 어려운 책을 보다가 잠시 쉬고 싶은 마음이 들 수 있거든요. 쉬운 책은 나름대로 효용 가치가 있습니다.

쉬운 책은 말하기나 읽기로 바로 활용할 수 있는 문장이 가득합니다. 그림책이라면 이전에 어려워서 지나친 어휘의 의미를 새롭게 발견하는 순간도 있습니다. 쉬운 지식책에 나오는 지식어휘도 이제는 읽는 대로 쏙쏙 흡수할 수 있습니다. 아이가 읽는 대로 가만히 놔두면 어느새 J7~J9단계 영어책을 다시 잡게 됩니다. 고수 과정에서도 '아이가 원하는 방향으로 간다'를 잊지 마세요.

고수과정 ————

기준 J7~J9단계 영어책을 편안하게 읽는다

목표 양서 위주로 책읽기

DVD흘려듣기		집중듣기		책읽기	
JD7~JD9	자유	J7~J9	자유	J7~J9	자유

1. 흘려듣기(영상물, 오디오)는 자유롭게

영어로 된 모든 영상과 오디오를 이해할 수 있으니 흘려듣기는 완전히 휴식으로 느껴집니다. 아이가 원하는 영화, 인터넷 동영상, 팟캐스트, 오디오북 등 다양한 영역을 보여주세요. 노는 것 같은데 영어습득이 자동으로 되는 행복한 순간입니다. 다큐멘터리나 뉴스, 수준 높은 영화는 영어자막을 열고 봐도 괜찮습니다. 흘려듣기 하면서 집중듣기까지 되는 꿩 먹고 알 먹는 시간입니다.

2. 집중듣기 졸업

영어소설 오디오CD의 속도는 보통 분당 150~180단어 정도입니다. 아이의 책 읽는 속도가 이보다 빠르면 집중듣기가 자연스럽게 중단됩니다. 단, 읽기 버거운 책이나 평소에 안 읽는 영역이라면 집중듣기는 여전히 유효합니다. 어렵거나 잘 모르는 책은 읽기 속도도 느릴 수밖에 없으니까요. 매일 집중듣기를 하지 않아도 되지만 영어책 단계를 올리거나 책 읽는 영역을 확장하고 싶을 때 잠깐씩 집중듣기로 읽기를 연결해보세요. 특히 한글책을 통해 배경지식이 있는 분야는 조금 어려운 영어지식책이라도 집중듣기로 접근하면 편합니다.

3. 읽기 영역, 다양하게 확장하자

고수과정부터는 양서의 비중을 대폭 높여봅니다. 클래식 소설은 그 시대의 사회문화와 사람들의 정서를 이해할 수 있습니다. 역사적 사건을 배경으로 한 역사 소설을 읽다 보면 세계사가 생각보다 수월하게 느껴집니다. 진지한 주제를 담은 소설은 사고력까지 키워줍니다(단, 한글책도 이 수준이 돼야 영어책을 읽을 수 있습니다). 아이가 읽을 만한 영어잡지도 찾아보세요. 과학, 사회, 역사 등 다양한 분야의 잡지들이 많이 있습니다. 적당한 수준의 어린이용 영자신문을 봐도 좋습니다.

4. 영어글쓰기를 정확하게 하려면…

책을 많이 읽어도 아는 어휘와 사용할 수 있는 어휘는 격차가 있습니다. 듣고 읽을 때는 잘 알아도 막상 말이나 글로 표현하려면 마땅한 어휘가 생각나지 못하는 경우가 많습니다. 영어 글의 형식도 중요하지만 적재적소에 적당한 어휘를 사용하는 것, 한 문장이나 단락 안에서 같은 어휘를 반복하지 않는 것, 문법상 틀리지 않는 글을 쓰는 것도 필요합니다. 정확한 어휘를 구사하고자 한다면 〈Wordly Wise〉 같은 학습서가 도움이 됩니다. 동어 반복을 하지 않으려면 동의어 사전(Thesaurus)을 늘 들춰보는 습관도 필요하고요. 문법적으로 정확한 글쓰기를 생각한다면 영영 문법서를 해보는 것도 도움이 됩니다. 잠수네 회원이라면 〈영어교실 고수 Writing 첨삭 서비스〉에 아이가 쓴 글을 올려서 정기적으로 전문가의 첨삭을 받아보는 것도 좋습니다.

단, 영어글쓰기에 시간을 투자하고 싶다면 글쓰기 대회에 나가는 등 목표가 뚜렷하거나 수학 실력이 충분히 차올라 시간 여유가 있을 때 하는 것이 좋습니다.

5. 말하기는 필요할 때 해도 된다

일반적인 생활영어(Survival English)는 잠수네 영어 발전과정이면 문제없이 터져 나옵니다(물론 아이 성격에 따라, 환경에 따라 정도의 차이는 있습니다). 심화과정이면 자기 의사를 표현하는 데 거의 문제가 없고요. 고수과정이면 말하기 환경이 주어지고 얼마동안 적응 기간이 지나면 유창한 수준의 말하기도 가능합니다. 알고 있는 어휘나 문장이 상당히 쌓여 있기 때문입니다. 한마디로 말하기는 걱정할 필요가 없다는 의미지요.

그러나 여기서 디베이트 같은 주제와 형식이 있는 말하기는 조금 생각해볼 필요가 있습니다. 일단 '지금 필요한가'부터 생각해봐야 합니다. '초등 5, 6학년이 토론할 만큼 특정 주제에 대한 배경지식과 자기 생각이 있는가'가 둘째, '우리말로도 논리적으로 아는 것과 생각을 펼칠 수 있는지'가 셋째, '이 정도 영어토론이 가능한 아이들을 모을 수 있는지'가 넷째입니다. 더 나아가 '이런 과정이 아이에게 어떤 도움이 될 것인가'도 중요합니다. 무작정 학원이나 주변 사람들의 소문만 믿지 말고 곰곰이 생각해서 결정하시기 바랍니다.

잠수네추천 **DVD & 영어책**

흘려듣기 JD7~JD8 ···

`JD7-TV드라마` Sam & Cat 시리즈(샘 & 캣)

`J7-영화` The Spiderwick Chronicles(스파이더위크가의 비밀)

`J7-영화` Mrs. Doubtfire(미세스 다웃 파이어)

`J7-영화` Chronicles Of Narnia 시리즈(나니아 연대기)

`J7-영화` Bridge to Terabithia(비밀의 숲 테라비시아)

`J8-영화` Little Women(작은 아씨들)

`J8-다큐` Planet Earth 시리즈 – 영국 BBC(살아있는 지구)

집중듣기 J7~J9 ···

`J7-소설` Time Quintet: A Wrinkle in Time 시리즈 (5권) 🎧

`J7-소설` Number the Stars 🎧

`J7-소설` Giver 시리즈 (4권) 🎧

`J8-소설` His Dark Materials 시리즈 (4권) 🎧

`J8-소설` The Hobbit 🎧

`J8-지식책` Story of the World 시리즈 (4권) 🎧

`J9-소설` The Adventures of Tom Sawyer 🎧

책읽기 J6~J9

1. 소설

J7-소설 Walker Illustrated Classics 시리즈

J8-소설 Wizard of Oz 시리즈

J8-소설 Alice in Wonderland 시리즈

J8-소설 Peter Pan

J9-소설 The Wind in the Willows

2. 지식책 (선택사항)

J6-지식책 Magic Tree House Research Guide 시리즈 (31권)

J7-지식책 Horrible History 시리즈 (27권)

J7-지식책 Horrible Geography 시리즈 (14권)

J8-지식책 Bomb: The Race to Build—and Steal—the World's Most Dangerous Weapon

J8-지식책 How They Croaked: The Awful Ends of the Awfully Famous

J9-지식책 Chew on This: Everything You Don't Want to Know About Fast Food

J9-지식책 What If?: Serious Scientific Answers to Absurd Hypothetical Questions

〈발전2〉에서 〈고수2〉까지

작성자 파스타치오 글 쓸 당시 학년 초6, 초4

필립은 2012년 5월 17일에 잠수네에 가입했습니다. 만 3년이 지난 지금, 〈발전2〉에서 시작한 필립이 〈고수2〉가 됐고요. 처음 잠수네에 가입하고 '언제 〈심화1〉이 되나, 언제 〈심화2〉가 되나' 생각만 하고 있었는데, 6학년 초 드디어 〈고수2〉가 됐습니다.

필립은 다른 친구들처럼 하루에 3~4시간씩 읽고, 집듣고 뭐 그런 폭풍 몰입 시기는 없었습니다. 그냥 하루에 정해진 시간(2시간~2시간 30분, 방학 중 3시간 이상)을 꾸준히 할 뿐이었습니다. 집듣 몇 시간, 읽기 몇 시간 이렇게 정해진 시간을 규칙적으로 했지요. 가끔 책이 너무 재미있어서 중단하는 것이 힘들 경우 집듣만 쭉, 읽기만 쭉 하기도 했습니다.

한글책

필립은 언제나, 항상, 영어책보다는 한글책이 우선이었습니다. 아직도 영어책보다 한글책을 좋아하고 시간만 나면 한글책을 읽으려고 합니다. 영어책 수준은 언제나 한두 단계 한글책보다 아래였습니다. 한글책 선정도 거의 전적으로 잠수네 도움을 받았고요. 요샌 잠수네 책나무에 없는 책들도 가끔 원하긴 합니다만 기본적으로 제가 구입해주는 책들은 잠수네 책나무와 선배님들의 진행기에서 도움을 받았습니다.

하루 일과

필립은 일찍 자고 일찍 일어나는 편입니다. 9시~10시면 자고 아침에 6

시~6시 30분 정도 일어났습니다(과거형인 이유는 사춘기가 오려는지 잠이 많아져서 지금은 6시 30분에도 깨워야 겨우 일어나네요). 아침에 일어나서 1시간~1시간 30분 정도 집듣하거나 읽거나 아님 수학을 좀 풀고 가거나 하고, 하교 후에는 나머지 영어를 하고 하루에 수학 1시간~1시간 30분 정도 하고 나머지는 한글책을 읽거나 운동을 하거나 했습니다. 아침 시간을 활용한 덕분에 오후가 좀 편했지요. 아침 식사, 저녁 식사시간에 가능한 대로 흘려듣기를 하고요.

기타 공부

학습서는 결론적으로는 거의 한 게 없습니다. 〈심화1〉이 되고 나서 한두 번 독해서를 시작해봤는데, 레벨을 잘못 정했는지 생각보다 쉽게 풀기도 하고 무엇보다 필립이 재미있어하질 않아서 그 시간에 책을 좀 더 읽는 게 낫겠다 싶어 몇 번 하고 그만두었습니다.

학습서를 시작하기 전에는 엄청 고민 후 이것저것 따져 본 후 시작했는데요. 하고 나니 괜히 고민했다 싶더라고요. 이건 개인별 차이가 많아서 '학습서가 필요하다, 아니다'는 각자 시도해보시고 아이가 재미있어하고 잘하면 해보시는 것도 좋으리라 생각됩니다. 고민하시는 시간에 한번 해보시면 감이 올 것 같습니다. 필립에게는 시도해봤다가 시간과 노력대비 효과가 별로인 듯해 안 한 것뿐이니까요^^;;;

말하기·쓰기

말하기, 쓰기는 따로 한 것이 없습니다. 일상 회화는 잠수네로 흘려듣기, 집듣을 하면 어느 정도는 의사소통에 문제가 없고요(이건 한두 번 테스트를 한 결과 확실합니다. 테스트 볼 때 영어로 묻고 답하기, 다 되더라고요). 디베이트, 디스커션 이런 것들은 머리가 먼저 채워져야 한다는 생각에 따로 안 했습니다. 아직 우리나라 말로도 책 읽고 토론이 충분하지 않은데, 뭐 다른 나라말은 말해서 뭐하나 그런 생각.

쓰기도 마찬가지로 생각했습니다. 자신의 의견을 주장할 수 있는 글을 쓸 수 있는 것이 쓰기의 목표일 텐데, 초등학교 때 하는 것은 시간 대비 효율성이 떨어진다고 생각해서 아직은 하지 않았습니다. 그 시간에 책을 좀 더 읽고 듣고 하는 것이 더 효율적이지 않을까 생각합니다. 쓰려고 해도 내용이 있어야 하니까요. 이제 중학생이 되려고 하니 간단한 것부터 시작해보려고 생각만 하고 있습니다. 문법 먼저 한 번 보고, 간단한 문장쓰기부터 시작해야지요.

제가 느낀 점

1 잠수네 공부의 가장 큰 장점은 '재미있다'

잠수네로 그동안 꾸준히 공부할 수 있었던 것은 잠수네의 재미를 놓치지 않았던 덕분이라 생각됩니다. 필립이 책 읽는 재미를 놓치지 않도록 꾸준히 책을 공급해줬던 것이 고수까지 올 수 있었던 원동력이지 않았나 합니다. '재미있게'라는 큰 틀 안에서 자유롭게, 아이에 맞게 변형을 하셔도 될 것 같습니다.

아이가 책을 안 좋아한다거나, 소설 두꺼운 걸 안 읽으려 한다거나, 레벨이 정체돼 있다거나…. 해결방법은 책을 많이 읽게 하는 것인데, 책을 많이 읽을 수 있는 방법은 '아이가 좋아하는, 재미있어하는 책을 찾아서 읽을 수 있도록 해준다'입니다. 좋아하는 책을 찾을 때까진 엄마가 힘들겠

지만요. 그래서 잠수네는 아이는 재미있고 엄마는 힘들고 하나봐요.^^;;;

2 영어수준은 논픽션보다는 문학책으로

필립은 워낙 지식책류를 좋아합니다. 그래서 한글책도 참 많이 읽었고
요. 이런 한글책 읽은 것이 영어 논픽션을 읽을 때 참 도움이 많이 됐습
니다. 아시다시피 논픽션은 문장 구조가 어렵지 않습니다. 단어도 몇몇
단어만 알면 계속 반복되고, 그 단어에 대해 설명해주는 것이니 몰라도
알게 되고요. 어려운 단어는 거의 문학책에 있습니다.

필립도 문학은 이해도가 좀 더 떨어지는 것이 확실히 보입니다. 읽는 속
도가 다르니까요. 그래서 같은 단계라도 문학은 좀 더 어렵다고 간주하
고 책을 권해주고 있습니다. 지식책류가 걱정이 되신다면 한글책을 많
이 읽히세요.

한글로 논픽션을 많이 읽은 아이는 영어로도 쉽게 읽습니다. 한글로도
잘 안 읽는다구요? 그럼 영어는 더 안 읽죠^^;;; 이해가 되는 한글도 잘
안 읽는데, 이해가 잘 안 되는 영어책은 더 어렵고, 읽기 싫고. 그러다 보
면 잠수네의 가장 큰 장점인 재미를 놓치게 될 수도 있습니다.

3 한글책이 제일 중요하다

지금 이 시간에 제가 제일 후회되는 것은 '한글책 읽을 시간을 원하는 만
큼 주지 못했다'입니다. 필립은 비교적 많이 읽은 편인데도 그렇습니다.
그 시기에 좀 더 책을 읽힐걸. 수학 조금 덜 할걸. 그건 나중에 해도 충분
히 되는데(한글책 단계가 영어책 수준보다 2, 3단계 위가 되면 잠수네를 꾸준히
하고 있으면 영어책 두꺼운 것도 읽게 됩니다). 한글책으로 지식이 쌓이면 영

어 지식책도 아는 내용이니까 술술 넘어갑니다.

지금까지 필립의 진행기를 길게 주저리주저리 썼는데, 제가 말하고 싶은 결론은 간단합니다. 재미있는 책을 읽도록 도와주고, 한글책을 충분히 읽도록 해주면 '영어를 잘할 수 있다'는 것!

| 사례 | **심화과정 이상 고학년에 영어에 고민이 생기는 경우는**

작성자 즐건영어 글 쓸 당시 학년 중3, 초4, 7세

고학년이 되면 영어의 비중을 어느 정도로 해야 할지, 잠수네영어 3종 세트의 비중을 어찌해야 효율적일지 고민이 많아집니다. 몇 가지 경우를 생각해봤어요.

1. 수학으로 무게중심이 옮겨갔다

고학년에서 이런 경우가 좀 있어요. 공부를 잘하거나 수학을 잘하거나 수학선행을 꽤 많이 나갔다거나…. 영어가 심화가 안정적이지 않은데 수학으로 무게중심을 옮기면 정체기를 맞을 수 있어요. 이전에는 매일매일 영어를 끊임없이 해서 상승 또는 유지됐는데 영어시간이 줄면서 유지하기도 힘들어지죠.

안정기 이후에는 시간을 줄여도 실력이 떨어지지 않지만 그 이전에 시간을 줄이면 당연히 떨어져요. 심화1, 2를 왔다 갔다 한다면 절대 안정기 아니에요. 이런 경우는 어떤 식으로든 영어를 흘들 빼고 매일 1시간

이상 계속 진행해야 해요. 시간이 적어진 만큼 집중도를 높여야 해요. 책 선택도 그렇고요. 아이가 몰입할 수 있는, 집중할 수 있는 책을 잘 찾으셔야 해요. 일단은 읽기시간이 꼭 들어가야 하고 집듣도 들어가야 해요. 자투리 시간까지 읽어서 1시간 30분 나오면 좋겠습니다.

2. 집듣을 잘 활용한다

고학년이라 〈해리포터〉 집중듣기를 하는 아이들이 많아요. 한글책과 영화로 내용을 알기 때문에 그럴 수도 있고, 진짜로 잘 알아듣는 걸 수도 있어요. 체크해보세요. 다른 책도 그 정도 속도로 들을 수 있는지, 문학책(소설)은 들을 수 있는지도요.

원래 판타지는 상황 묘사하는 게 많고 행간을 읽거나 생각할 부분이 적기 때문에 속도를 빨리하고 후루룩 넘겨도 내용 파악이 어렵지는 않아요. 하지만 문학책은 그보다는 조금 늦추는 것이 좋아요. 한 단어 한 단어가 다 의미가 중요하고 행간에 내포된 의미가 또 있기 때문이에요. 줄거리만 따라간다면 모르겠지만 책을 제대로 느끼고 재미가 생기려면 빠르게 후루룩 하면 안 될 것 같아요.

J7~J8단계에 좋은 책 많아요. 집듣하세요. 아이 손길이 안 가는데 사실 읽어보면 좋아할 만한 책들 있거든요. 그런 책을 잘 찾아서 엄마가 잘 이끌고 나가세요. 그래야 보는 책 분야의 폭이 좀 넓어져요. 아무래도 읽기로는 본인 취향대로 편식하게 두어야 숨통이 트이니까 집듣만이라도요.

원래 윗단계로 갈수록 좋아하는 성향으로 몰입을 하니까 다른 쪽은 밀릴 순 있어요. 그래도 되도록 끌고 가야 해요. 안정권 들어가고 중학생

되면서 아무래도 시간이 없다면 모를까 그 이전엔 해야 해요. 요게 중학교 듣기평가 미리 준비하는 시간도 된답니다.^^

집들은 어떻게든 하루 20~30분이라도 하도록 이끌어 가셔야 해요. 안정권 되면 진짜 편해요. 중간고사가 있으면 한 달 내내 매달리니까 영어책은 1권도 안 읽는 달도 있거든요. 그러다가 시험 끝나거나 시간 되면 알아서 책 들고 읽고 있으니 잔소리 안 해도 되고…. 그래도 계속 레벨 유지됩니다. 신기하죠? 그런 날 오니까 우리도 열심히 하면 돼요.^^

3. 독서 경향이 편중되거나 한글책이 부족하다

영어책을 판타지와 가벼운 책들 위주로 읽는 경우가 정말 많습니다. 아마 편독과 한글책의 부족이 가장 근본적인 것이 아닐까 조심스레 생각합니다. 고학년 올라가면서 시간이 부족하면 가장 먼저 줄어드는 것이 한글책이거든요. 난이도나 편중된 정도, 문학파트에서도 어떤 종류를 선호하는지 등 최근 2년간 한글책 목록을 분석해보세요.

영어 논픽션은 한글책으로 읽는 것이 훨씬 이득입니다. 개념이 중요하므로 한글책으로 개념과 관련된 지식들이 머리에 들어 있으면 영어지문에서 모르는 어휘 몇 개 있어도 다 유추해요. 논픽션을 영어로 읽었을 때 정확한 개념 이해까지 바랄 수는 없더라고요. 어휘에 익숙해진다 정도지요.

진짜 어려운 건 문학이죠. 행간을 읽지 못하면 어휘를 다 알아도 제대로 캐치하지 못하거든요. 예를 들어 가난한 소년의 옷차림을 설명하면서 '이 소년은 무슨 소재의 옷을 입고 신발을 신지 않았다'라고 표현했을 때, 가난하다고 어디에서도 직접적으로 말하지 않아도 '가난한 환경

이구나'를 알아채야 한다는 거죠.

큰애 지니가 초6에 〈심화3〉에서 〈심화1〉까지 3개월마다 한 단계씩 떨어졌었거든요. 초5에 〈심화2〉를 받고 이후로 계속 올라가서 〈심화3〉을 받은 거라서 심화는 안정됐겠거니 하고 급한 수학으로 집중했는데 영어 테스트에서 레벨이 계속 떨어지는 거예요. 안 그래도 수학할 시간도 부족한데 그동안 공들였던 영어도 망하는 건가 싶었어요. 엄청 고민 많이 하면서 나름 분석을 하다가 낸 결론이 한글 문학책 구멍이었어요. 한글책은 정말 많이 읽혔는데, 문학책도 많이 읽긴 했지만 비문학에 비하면 적더라고요. 판타지도 많고…. 졸업 전에 초등생으로서 읽어야 할 문학책들을 다 읽혀보자 그렇게 결론을 냈죠.

1년 동안 문학책만 읽혔더니 〈심화1〉까지 내려갔던 것이 중학생 돼서 〈고수1〉로 3단계를 점프했어요. 잠수네 영어테스트에서 무려 80문제를 한 번에 쭉 풀었어요. 영어는 잠수네 가입 이후로 가장 불성실하게 했는데 열심히 할 때도 안 되던 고수가 된 이유가 뭘까 궁금했는데 가만 보니 한글책의 덕분이더라고요. 결국은 한글책으로 어떻게 채웠냐가 중요해요. 레벨 업 하려면 나이에 맞는 좋은 문학책을 많이 읽히세요. 한글책 수준까지 영어는 금방 따라갑니다. 비문학쪽이 문제면 비문학책을 읽히시고… 균형이 맞아야 해요.^^

무조건 어떤 책이 좋다는 말씀은 못 드리고, 내 아이가 좋아할 만한 책이 최고예요. 다만 J6단계 이후의 소설들이 정말정말 좋은 책들이니까 이왕 잠수네 하는 거 요 정도는 꼭 빠져보길 바랍니다. 고학년과 중학생에게 맞는, 정말 몰입할 수 있는 재밌는 책들은 J6단계 이후로 많아요. 영어를 익히기 위한 목적으로 영어책이 들어가면서 군이 양서로 고집할 이유는 없어요. 즐겁게 하세요. 양서는 한글책으로 넓게 읽히시고 영어책은 취향대로 가도 됩니다. 너무 자극적인 책들만 걸러내세요.

| 사례 | **〈고수〉과정의 리딩과 라이팅**

작성자 수학엄마   **글 쓸 당시 학년** 초6, 초1

영어교실 〈고수〉과정 찍고 나면 수학선행을 달리는 분위기가 어느새 잠수네 대세가 돼가는 것 같습니다. 저마다 눈높이도 다르고 지향하는 점도 다르지만 저 자신도 다음 길이 보인 경험이 있기에 오지랖스럽게 적어보고 싶네요.

잠수님도 여러 번 이야기하셨고 저도 동의하는 바가 J6단계를 재미있게 읽을 수 있으면 영어는 걱정이 없다고 했습니다. 그건 사실입니다. J6단계를 술술 읽을 수 있으면 웬만한 미국의 가벼운 베스트셀러 소설도 (어른이 돼서) 다 읽을 수 있고 외국계회사나 유학생활에서 일 처리하는데 아무 어려움이 없다는 것은 제가 보증할 수 있습니다. 저는 여러 가지 이유로 아이의 영어실력을 그 이상으로 올리게 도와주고 싶고, 시행착오와 고민과 노력을 여전히 하는 과정에 있지만 분명히 한 단계 향상된 아이의 실력이 보이기에 그런 이야기를 좀 정리해보고자 합니다.

고수 턱걸이에서 진정한 고수 그 이상으로 가는데 필요한 요소들은 정확한 독해, 어휘의 수준과 폭, 배경지식, 라이팅이 있다고 생각합니다.

이 중에서 어휘의 수준과 폭은 책읽기와 직결되는 항목입니다. 제 생각에는 고수 과정의 책읽기는 아이가 편하게 스트레스 해소로 읽는 책, 관심을 가지고 스스로 찾아서 도전하는 책, 학교 수업과 연관돼 배경지식과 어휘를 확장해주는 책, 부모가 반걸음 앞에서 세심하게 골라주는 책이 앞서거니 뒤서거니 가는 것이 유기적이면서도 효과적인 실력향상에 도움이 된다고 생각합니다.

대부분의 〈고수〉과정 아이들이 스트레스 해소로 영어책을 즐겁게 읽는 거 같습니다. 그것도 큰 즐거움이지만 좀 더 다양한 책읽기를 시도하도록 도와준다면 어휘의 폭과 수준에 큰 차이가 날 거라고 저는 확신합니다. 초등 때 한글책이나 영어책 발전 심화과정까지는 이런 기본적인 원칙을 신경 쓰는 글들이 많이 보이지만 그 이후에는 급격히 줄어드는 모습이 보이는데요(아마 수학과 내신에 짓눌러서). 〈고수〉과정부터가 책읽기의 꽃이 피는 때이니 계속 노력을 하는 재미를 더 많은 분이 누리시면 좋겠다고 생각합니다. 어휘 공부는 Wordly Wise 3000 등으로 연휴마다 방학마다 해야지 싶습니다.

정확한 독해와 배경지식은 사실 동전의 양면처럼 같이 가는 항목이고요. 특히 논픽션 지문에 있어서 독해력과 배경지식의 깊이는 같은 정서적 나이인 학생이라 해도 수준차이가 많이 날 수 있습니다. 이는 성인이 돼서도 업무능력과 성취도에 큰 차이를 냅니다.

그러면 이것을 어떻게 획득하느냐. 저도 많이 고민하고 시행착오와 노력을 했습니다만 결국 내린 결론은 꾸준히 부모가 시간과 노력을 들이는 것입니다. 구체적인 방법으로는 첫째로 생각할 거리가 있거나 역사적 배경이 있는 소설(뉴베리 소설 등)을 챕터별로 요약해보는 것입니다. 요약한 것을 가지고 부모에게 음독하고 이야기해보고, 설명할 것이 있으면 설명하고 생각난 것이 있으면 덧붙이고, 이야기 후 요약한 것을 다시 읽어보고 퇴고하여 다시 쓰는 것입니다. 이런 작업을 주 1, 2회 꾸준히 하면 라이팅과 크리티컬 리딩에 큰 도움이 됩니다. 설명을 하다 보면 스스로 불명확한 지점이 드러나거든요. 당연히 부모님도 책을 같이 읽을 수 있으면 제일 좋겠지요(한글로라도). 책 전체를 요약할 필요도 없고 처음엔 한두 챕터로 시작해도 됩니다.

논픽션의 경우 아이가 좋아하는 분야가 있으면 그것도 좋고요. CNN students news 많이들 보잖아요. 그날 본 것 중 아이가 관심 있어 하는 거나 부모님 생각에 더 이야기해보고 싶은 것을 〈뉴욕 타임스〉 같은 데서 영문기사를 찾아(처음이라면 짧고 쉬운 걸로, 점점 긴 것으로 발전) 프린트해주세요. 읽어보고 단어 찾고, 다시 읽어보고 요약해서 써보게 하세요. 이런저런 수다를 떨 수 있으면 금상첨화고요. 이 작업 역시 꾸준히 하면 논픽션 어휘와 크리티컬 리딩, 라이팅에 큰 도움이 됩니다.

저희 아이는 이제 〈뉴욕 타임스〉는 편안하게 읽는 편이고요. 고등 때 〈이코노미스트〉, 〈뉴요커〉까지 갈 수 있으면 좋겠다고 생각하고 있습니다. 그리고 고학년이라면 영어 라이팅은 컴퓨터로 쓰게 해주시는 게 좋습니다.

DVD

영어부록 1

애니메이션 | 영화 | TV드라마, TV어린이프로

애니메이션

TV애니메이션 베스트 --

The Jungle Book
시리즈 ▶

The Dog of Flanders
시리즈 (플란더스의 개)

Little Amadeus 시리즈
▶

Casper the Friendly
Ghost TV 시리즈 ▶

Harvey Beaks 시리즈
동글이 버드 하비) ▶

LEGO Ninjago: Masters
of Spinjitzu TV 시리즈
(레고 닌자고) ▶

Magic School Bus
시리즈 (신기한
스쿨버스) ▶

Inspector Gadget
시리즈 (돌아온 형사
가제트) ▶

Gravity Falls 시리즈
(디퍼와 메이블의
미스터리 모험) ▶

The Penguins of
Madagascar 시리즈
(마다가스카의 펭귄)
▶

Johnny Test 시리즈
▶

Dragons: Riders
of Berk TV 시리즈
(드래곤 길들이기:
버크의 라이더)

The Amazing World
of Gumball (검볼) ▶

We Bare Bears 시리즈
(위 베어 베어스 : 곰
브라더스) ▶

Totally Spies 시리즈
(말괄량이 삼총사) ▶

The Way Things
Work 시리즈 (교과서
속의 기계 원리들) ▶

Star Wars: The Clone
Wars 시리즈 ▶

Horrible Histories
시리즈 (앗, 이렇게
생생한 역사가!) ▶

Avatar: The Legend
of Korra 시리즈
(아바타: 코라의 전설)
▶

Steven Universe
시리즈

극장 개봉 애니메이션 베스트 --------------------------------

JD4
Barbie 시리즈 ▶

JD5
Kung Fu Panda 시리즈

JD5
Frozen 시리즈 (겨울왕국)

JD5
Tinker Bell 시리즈

JD5
Ice Age 시리즈

JD5
Nemo 시리즈

JD5
Madagascar 시리즈

JD5
Shrek 시리즈

JD5
Monsters 시리즈

JD5
The Lion King 시리즈

JD5
Tangled 시리즈 (라푼젤)

JD5
How to Train Your Dragon 시리즈 (드래곤 길들이기)

JD5
Ballerina

JD5
Trolls

JD5
Storks (아기배달부 스토크)

JD5
The Good Dinosaur (굿 다이노)

JD5
Revolting Rhymes ▶

JD5
Home

JD5
Ooops! Noah is Gone (노아의 방주: 남겨진 녀석들) ▶

JD5
Rio 시리즈

JD5

Toy Story 시리즈

JD5

The Peanuts Movie
(스누피: 더 피너츠
무비)

JD5

The 7th Dwarf
(일곱난쟁이)

JD5

Legends of Oz:
Dorothy's Return
(오즈의 마법사 돌아온
도로시)

JD5

Mr. Peabody &
Sherman (천재강아지
미스터 피바디)

JD5

Cloudy With a Chance
Of Meatballs 시리즈
(하늘에서 음식이
내린다면)

JD5

The Croods (크루즈
패밀리)

JD5

Justin and the
Knights of Valour
(저스틴)

JD6

Ratatouille

JD6

Star Wars: The Clone
Wars

JD6

Mulan 시리즈

JD6

Hotel Transylvania
시리즈 (몬스터 호텔)

JD6

LEGO Movie 시리즈
(레고: 영화 리메이크)

JD6

The Secret life
of Pets (마이펫의
이중생활)

JD6

Goosebumps

JD6

Strange Magic

JD6

The Book of Life
(마놀로와 마법의 책)

JD6

The Lorax

JD6

Paranorman

JD6

Up

영화

영화 베스트 -

JD5
Hop (바니 버디)

JD6
Night At The
Museum 시리즈
(박물관이 살아있다)

JD6
Princess Protection
Program(프린세스
구출 대작전)

JD6
Akeelah and the Bee

JD6
Swindle

JD6
Maleficent

JD6
Tomorrowland

JD6
Jumanji

JD6
Pan

JD6
Nanny Mcphee
시리즈

JD6
Aliens In The Attic
(다락방의 외계인)

JD6
Nine Lives (미스터
캣)

JD6
Pete's Dragon
(피터와 드래곤)

JD6
RV (런어웨이
버케이션)

JD6
Bedtime Stories

JD6
Zathura

JD6
Enchanted (마법에
걸린 사랑)

JD6
Flubber

JD6
The Sandlot (리틀
야구왕)

JD6
Cinderella

JD6

Baby's Day Out

JD6

Honey, I Shrunk The
Kids (애들이 줄었어요)

JD6

Hotel For Dogs
(강아지 호텔)

JD6

Little Manhattan

JD6

The Cat In The Hat
(더 캣) ▶

JD6

Spy Kids 시리즈

JD7

Cool Runnings

JD7

The Day After
Tomorrow (투모로우)

JD7

Mirror, Mirror
(백설공주)

JD7

Aquamarine

JD7

Sky High

JD7

Freaky Friday

JD7

Dolphin Tale

JD7

Wizards of Waverly
Place: Wizard School
(웨벌리 플레이스의
마법사)

JD8

Avatar

JD8

The Avengers

JD8

The Walk (하늘을
걷는 남자)

JD8

Eddie the Eagle
(독수리 에디)

JD8

Real Steel

JD9

Star Wars 시리즈

The Sound of Music ▶

James and the Giant Peach ▶

Descendants

Hannah Montana 무비 시리즈

The Wizard of Oz ▶

Camp Rock 시리즈

Mary Poppins

Annie

Starstruck (내 남친은 슈퍼스타)

Beauty and the Beast (미녀와 야수)

High School Musical 시리즈

The School of Rock ▶

Teen Beach 시리즈

Lemonade Mouth

Sister Act 시리즈

A Cinderella Story: Once Upon a Song

Charlie And The Chocolate Factory (찰리와 초콜릿 공장)

Into the Woods (숲속으로)

Hairspray

The Lizzie McGuire Movie

TV드라마, TV어린이프로

TV드라마 베스트

JD5
Lazy Town 시리즈
(강철수염과 게으른
동네)

JD6
Drake & Josh 시리즈

JD6
Jessie 시리즈

JD6
Hannah Montana
시리즈 ▶

JD6
Kickin' It 시리즈

JD6
Good Luck Charlie
시리즈 (찰리야
부탁해)

JD6
Austin & Ally 시리즈

JD6
Liv and Maddie
시리즈

JD6
Malcolm In The
Middle 시리즈
(말콤네 좀 말려줘)

JD6
Girl Meets World
시리즈 (라일리의
세상)

JD6
Lab Rats 시리즈

JD6
Shake It Up 시리즈
(우리는 댄스소녀)

JD6
The Suite Life on
Deck 시리즈 (잭과
코디, 우리 학교는
호화유람선) ▶

JD6
Sabrina, the Teenage
Witch 시리즈 (미녀
마법사 사브리나) ▶

JD6
Everybody Hates
Chris 시리즈
(왕따천사 크리스)

JD6
Fuller House 시리즈
(풀러 하우스)

JD6
The Goldbergs
시리즈(골드버그스)

JD6
A.N.T. Farm 시리즈
▶

JD6
The Thundermans
시리즈 ▶

JD6
Mighty Med 시리즈
▶

JD6

Project Mc²

JD6

How to Rock 시리즈

JD6

Cory in the House
시리즈

JD6

Avalon High 시리즈

JD6

Every Witch Way
시리즈

JD7

Lizzie McGuire
시리즈

JD7

House of Anubis
시리즈 (하우스 오브
아누비)

JD7

The Middle
시리즈(헤크 패밀리)

JD8

Macgyver 시리즈

JD8

Anne with an E
시리즈 (빨간 머리 앤)

TV어린이프로 베스트

JD4

Too Cute 시리즈
(너무 귀여워) ▶

JD5

Monster Bug Wars!
시리즈 ▶

JD5

Dogs 101 시리즈 ▶

JD5

Cats 101 ▶

JD6

How it's Made 시리즈
▶

JD6

Operation Ouch
(수술, 아야!) ▶

JD6

Bill Nye the Science
Guy 시리즈 (빌
아저씨의 과학이야기)
▶

JD6

Horrible Histories
시리즈 (앗, 이렇게
생생한 역사가!) ▶

JD7

Sci-Q 시리즈 ▶

JD7

Bang Goes The
Theory 시리즈 ▶

영어책

영어부록 2

합본그림책

두꺼운 책을 읽는다는 자부심, 합본그림책 ------------------------------

J4
합본: Five Little Monkeys Storybook Treasury ♫

J4
합본: Mad about Madeline ♫

J4
합본: Click, Clack, Moo and More: A Barnyard Collection ♫

J4
합본: The Great Pie Robbery and Other Mysteries ♫

J4
합본: The Large Family Collection ♫

J4
합본: Richard Scarry's Best Storybook Ever ♫

J4
합본: Harpercollins Treasury of Picture Book Classics ♫

J4
합본 Yummy: Eight Favorite Fairy Tales

J4
합본 Best Friends: The Diaries of Worm and Spider ♫

J4
합본: The Mick Inkpen Treasury

J5
합본: The One and Only Shrek! Plus 5 Other Stories ♫

J5
합본: Six by Seuss: A Treasury of Dr.Seuss Classics ♫

J5
합본: The 20th Century Children's Book Treasury ♫

J5
합본: Your Favorite Seuss ♫

J5
합본 Frederick and His Friends: Four Favorite Fables ♫

J5
합본: Tomie dePaola's Big Book of Favorite Legends ♫

J5
합본: What Do Authors and Illustrators Do?

J5
합본: Corduroy & Company

J5
합본: The Bippolo Seed and Other Lost Stories ♫

J5
합본: The Family Christmas Treasury

리더스북

파닉스, 사이트워드 손바닥 책 -

J1 J2 J3

I Can Read! 시리즈:
Learn to Read with
Tug the Pup Level
1~3 (33권) 🎧

J1 J2 J3

Floppy's Phonics
시리즈: Stage 1~4
(48권) 🎧

J1

Sight Word Readers
시리즈 (25권) 🎧

J2

I Can Read! 시리즈:
Biscuit Phonics Fun
(12권) 🎧

J2

Curious George
Phonics 시리즈
(13권) 🎧

J2

I Can Read! 시리즈:
Little Critter Phonics
Fun (12권) 🎧

J2

Clifford Phonics Fun
시리즈 (74권) 🎧

J3

Superhero Phonic
Readers 시리즈
(10권)

J3

I Can Read! 시리즈:
Pinkalicious Phonics
(12권) 🎧

J3

I Can Read! 시리즈:
Spider-Man Phonics
Fun (12권)

리더스북 베스트 (J1~J5) -

J1 J2 J3 J4

Oxford Reading Tree
시리즈: Stage 1~9
(330권) 🎧

J1

Brand New Readers
시리즈 (59권)

J1

Potato Pals 시리즈:
1~2 (12권) 🎧

J1 J2 J3 J4

Project X 시리즈:
Alien Adventures
1~8 (54권) 🎧

J2 J3

Usborne First
Reading 시리즈:
Level 1~4 (90권) 🎧

J2

Ready to Read
시리즈: Eloise (16권)
🎧

J2

I Can Read Book
시리즈: Biscuit (20권)
🎧

J2

Ready to Read
시리즈: Robin Hill
School (29권) 🎧

J2

I Can Read Book
시리즈: Little Critter
(18권) 🎧

J2 J3

Little Critter First
Readers 시리즈:
Level 1~3 (30권) 🎧

Scholastic Reader
시리즈: Noodles
(24권) 🎧

Read at Home
시리즈: Level 1~5
(30권) 🎧

Step into Reading
시리즈: Richard
Scarry (7권) 🎧

Scholastic Reader
시리즈: Clifford (9권)
🎧

Ready to Read
시리즈: Henry and
Mudge (32권) 🎧

I Can Read Book
시리즈: Berenstain
Bears (23권) 🎧

Step into Reading
시리즈: Berenstain
Bears (11권) 🎧

Step into Reading
시리즈: Arthur (19권)
🎧

Step into Reading
시리즈: Barbie (48권)
🎧

World of Reading
시리즈: The
Avengers (22권) 🎧

Ready to Read
시리즈: Olivia (16권)
🎧

I Can Read Book
시리즈: Splat the Cat
(16권) 🎧

I Can Read Book
시리즈: Pinkalicious
(20권) 🎧

Curious George
Readers 시리즈
(24권) 🎧

Ready to Read
시리즈: Annie and
Snowball (13권) 🎧

I Can Read Book
시리즈: Danny the
Dinosaur (7권) 🎧

Iris and Walter 시리즈
(10권) 🎧

I Can Read Book
시리즈: Fancy Nancy
(27권) 🎧

Beginner Books
시리즈 (44권) 🎧

Happy Families 시리즈
(20권) 🎧

I Can Read Book
시리즈: Amelia
Bedelia (30권) 🎧

Young Cam Jansen
시리즈 (20권) 🎧

Banana 시리즈
(93권) 🎧

Disney Fun to Read
시리즈: Level 1~3
(83권) 🎧

I Am Reading 시리즈
(38권) 🎧

First Greek Myths
시리즈 (10권) 🎧

LEGO Ninjago
Reader 시리즈 (16권)

I Can Read Book
시리즈: Superman
(8권) 🎧

Step into Reading
시리즈: Little Witch
(6권)

Popcorn ELT
Readers 시리즈:
Level 1~3 (42권) 🎧

Ready to Read
시리즈: Pinky and
Rex(12권) 🎧

I Can Read Book
시리즈: Arthur (12권)
🎧

Scholastic Reader
시리즈: Rainbow
Magic (8권)

Usborne Young
Puzzle Adventures
시리즈 (10권)

Scholastic Reader
시리즈: Magic School
Bus (21권) 🎧

Step into Reading
시리즈: Tinker Bell
(14권) 🎧

Scholastic ELT
Readers 시리즈:
Level 1~3 (51권) 🎧

DK Readers 시리즈:
LEGO Friends (5권)
🎧

Time Chronicles
시리즈: Stage 10~12
(18권) 🎧

The Cat in the Hat's
Learning Library
시리즈 (32권) 🎧

그림책같은리더스북

DVD와 연결되는 그림책같은리더스북 --------------------------------

J3
Peppa Pig시리즈
(48권) 🎧

JD2
Peppa Pig 시리즈
(꿀꿀 페파는
즐거워) ▶

J3
Inside Out Box of
Mixed Emotions
시리즈 (5권) 🎧

JD6
Inside Out

J3
Little Princess
시리즈 (24권) 🎧

JD3
Little Princess
시리즈 ▶

J3
Little Critter 시리즈
(95권) 🎧

JD3
Little Critter 시리즈
▶

J4
Arthur Adventure
시리즈 (32권) 🎧

JD4
Arthur 시리즈 ▶

J4
Sofia the First
시리즈 (8권) 🎧

JD4
Sofia the First
시리즈 (리틀
프린세스 소피아) ▶

J4
Witch's Dog 시리즈
(9권) 🎧

JD4
Wilf the Witch's
Dog 시리즈 ▶

J4
Curious George
TV 시리즈(36권) 🎧

JD3
Curious George
TV 시리즈 (호기심
많은 조지) ▶

J4
Charlie and Lola
캐릭터 시리즈
(41권) 🎧

JD3
Charlie and Lola
시리즈 ▶

J4
Mr. Men 시리즈
(77권) 🎧

JD4
Mr. Men and Little
Miss 시리즈 (EQ의
천재들) ▶

J4
Robert Munsch
시리즈 (51권) 🎧

JD4
A Bunch of
Munsch (Robert
Munsch DVD
컬렉션) ▶

J5
Berenstain Bears
시리즈 (107권) 🎧

JD3
The Berenstain
Bears 시리즈
(우리는 곰돌이
가족) ▶

그림책같은리더스북 베스트 -

J3
Fly Guy 시리즈 (17권) 🎧

J3
Titchy Witch 시리즈 (12권) 🎧

J3
Froggy 시리즈 (29권) 🎧

J3
Penny 시리즈 (3권) 🎧

J3
Poppleton 시리즈 (8권) 🎧

J3
Mr. and Mrs. Green 시리즈 (4권) 🎧

J3
Arthur Starter 시리즈 (16권) 🎧

J3
D.W. 시리즈 (9권) 🎧

J3
Fancy Nancy 시리즈 (21권) 🎧

J4
Black Lagoon 시리즈 (24권) 🎧

J4
Lady Who Swallowed 시리즈 (12권) 🎧

J4
Dav Pilkey: Dragon Tales 시리즈 (5권) 🎧

J4
Lynne Avril: Amelia Bedelia 시리즈 (7권) 🎧

J4
Another Sommer- Time Story 시리즈 (25권) 🎧

J5
Princess Poppy 시리즈 (22권) 🎧

J5
The Smurfs: Smurfiness to Go! 시리즈 (10권)

J5
Batman Classic 시리즈 (9권)

J5
Read-Along Storybook 시리즈: Star Wars (7권) 🎧

J5
Little Golden Book 시리즈: Star Wars (12권)

J5
Marvel Origin Story 시리즈 (9권)

챕터북

DVD와 연결되는 챕터북

J4-유머

Horrid Henry
시리즈 (29권) 🎧

JD4

Horrid Henry
시리즈 ▶

J4-유머

Wayside School
시리즈 (3권) 🎧

JD5

Wayside School
시리즈 ▶

J4-유머

Martha Speaks
챕터북 시리즈
(14권)

JD4

Martha Speaks
시리즈 (말하는
강아지 마사) ▶

J4-유머

Garfield 챕터북
시리즈(5권) 🎧

JD5

Garfield and
Friends 시리즈 ▶ 🎧

J4-모험

Zack Files 시리즈
🎧

JD6

Zack Files 시리즈
▶

J5-모험

Geronimo Stilton
시리즈 (59권) 🎧

JD5

Geronimo Stilton
시리즈 ▶

J5-일상

Judy Moody
시리즈 (16권) 🎧

JD6

Judy Moody and
the NOT Bummer

J5-유머

Captain
Underpants 시리즈
(13권) 🎧

JD5

Captain
Underpants: The
First Epic Movie

J5-유머

SpongeBob 챕터북
시리즈 (16권) 🎧

JD5

SpongeBob 시리즈
▶

J5-유머

Phineas and Ferb
시리즈 (12권)

JD5

Phineas and Ferb
시리즈 ▶

J6-일상

Hank Zipzer
시리즈 (17권) 🎧

JD6

Hank Zipzer
시리즈 ▶

J6-판타지

Avatar the Last
Airbender 시리즈
(6권) 🎧

JD5

Avatar: The Last
Airbender 시리즈
(아바타: 아앙의
전설) ▶

챕터북 베스트 (J3~J5) --------------------------------------

J3-공포
Easy-to-Read
Spooky Tales 시리즈
(10권) 🎧

J3-유머
Brances 시리즈: Boris
(4권) 🎧

J3-유머
Ogg and Bob 시리즈
(2권)

J3-유머
Andy Griffiths: Humor
시리즈 (3권) 🎧

J3-Girls' Life
Missy's Super Duper
Royal Deluxe 시리즈
(4권) 🎧

J4-판타지
Magic Tree House
시리즈 (55권) 🎧

J4-판타지
Flat Stanley 시리즈
(9권) 🎧

J4-판타지
Dragon Slayers'
Academy 시리즈
(20권)

J4-공포
Easy-to-Read
Wonder Tales 시리즈
(10권) 🎧

J4-유머
Kung Pow Chicken
시리즈 (4권) 🎧

J4-유머
Mercy Watson
시리즈 (6권) 🎧

J4-유머
Chameleons 시리즈
(23권) 🎧

J4-유머
Rockets 시리즈
(36권) 🎧

J4-유머
Corgi Pups 시리즈
(32권)

J4-유머
Black Lagoon
Adventures 시리즈
(28권)

J4-유머
Big Nate 시리즈
(10권) 🎧

J4-유머
Comix 시리즈 (10권)
🎧

J4-명작
Usborne Young
Reading 시리즈:
Level 1 (61권) 🎧

J4-명작패러디
Happy Ever After
시리즈 (14권)

J4-탐정
Jigsaw Jones
Mystery 시리즈
(32권) 🎧

Cam Jansen 시리즈
(36권) 🎧

Calendar Mysteries
시리즈 (13권) 🎧

Olivia Sharp 시리즈
(4권) 🎧

Nate the Great
시리즈 (27권) 🎧

Arthur 챕터북 시리즈
(33권) 🎧

Junie B. Jones
시리즈 (31권) 🎧

Mr. Putter & Tabby
시리즈 (24권) 🎧

Marvin Redpost
시리즈 (8권) 🎧

Ready, Freddy
시리즈 (25권)

Stink 시리즈 (11권) 🎧

Bink & Gollie 시리즈
(3권) 🎧

Horrible Harry 시리즈
(30권) 🎧

Ivy + Bean 시리즈
(10권) 🎧

Heidi Heckelbeck
시리즈 (20권) 🎧

Owl Diaries 시리즈
(6권) 🎧

Princess in Black
시리즈 (4권) 🎧

Early Reader 시리즈:
Sally Gardner (6권)
🎧

Ricky Ricotta's
Mighty Robot 시리즈
(10권) 🎧

My Weird School
시리즈 (21권) 🎧

Jake Drake 시리즈
(4권) 🎧

J5-탐정

Nancy Drew and the
Clue Crew 시리즈
(40권) 🎧

J5-탐정

A to Z Mysteries
시리즈 (26권) 🎧

J5-탐정

Encyclopedia Brown
시리즈 (29권) 🎧

J5-과학

Franny K. Stein
시리즈 (7권) 🎧

J5-판타지

Time Warp Trio
시리즈 (19권) 🎧

J5-판타지

Katie Kazoo 시리즈
(35권) 🎧

J5-판타지

Secrets of Droon
시리즈 (36권) 🎧

J5-유머

Winnie the Witch
챕터북 시리즈 (22권)
🎧

J5-유머

Bad Kitty 챕터북
시리즈 (10권)

J5-유머

Seriously Silly Stories
시리즈 (14권) 🎧

J5-유머

Claude 시리즈 (9권)

J5-유머

Tom Gates 시리즈
(12권) 🎧

J5-유머

Ugly Guide 시리즈
(4권)

J5-요정

Rainbow Magic
시리즈 (196권)

J5-공주

Tiara Club 시리즈
(46권) 🎧

J5-공주

Charmseekers
시리즈 (13권)

J5-공주

Magic Ballerina
시리즈 (24권) 🎧

J5-Girls' Life

Amber Brown 시리즈
(12권) 🎧

J5-Girls' Life

Amelia's Note 시리즈
(29권)

J5-Girls' Life

Popularity Papers 시리즈
(7권)

영화와 연결되는 소설 & 주제별 베스트

영화와 연결되는 일상 소설

Lisa and Lottie

The Parent Trap

J5 / JD6

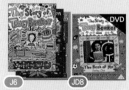

Tracy Beaker Trilogy (4권) 🎧

The Story of Tracy Beaker 시리즈
(떴다! 트레이시)

J6 / JD8

Ramona 시리즈 (8권) 🎧

Ramona and Beezus

J6 / JD6

Best Barbara Robinson 시리즈 (4권) 🎧

The Best Christmas Pageant Ever ▶

J6 / JD6

Moffat Family 시리즈 (4권) 🎧

Rufus M., Try Again

J6 / JD6

Nicholas 시리즈 (5권)

Le Petit Nicolas (꼬마 니콜라)

J6 / JD7

일상 소설 베스트

Pain and the Great
One 시리즈 (4권) 🎧

J4

Jerry Spinelli: School
시리즈 (2권) 🎧

J4

Mark Spark in the
Dark 🎧

J5

Gooney Bird 시리즈
(6권) 🎧

J5

Sophie 시리즈 (8권)
🎧

J5

How to Write Really
Badly 🎧

J5

Lemonade War
시리즈 (5권) 🎧

J5

Loudmouth Louis 🎧

J5

A Crooked Kind of
Perfect 🎧

J5

Punished 🎧

J5

J5
Muggie Maggie 🎧

J5
Sophie Simon Solves
Them All 🎧

J5
Be a Perfect Person
in Just Three Days
🎧

J5
Judy Blume: Fudge
시리즈 (5권) 🎧

J5
Clementine 시리즈
(7권) 🎧

J5
101 Ways to bug
시리즈 (3권)

J6
Dork Diaries 시리즈
(17권) 🎧

J6
Allie Finkle's Rules
for Girls 시리즈 (6권)
🎧

J6
Candymakers 시리즈
(2권) 🎧

J6
The Chocolate
Touch 🎧

J6
Henry Huggins
시리즈 (6권) 🎧

J6
Mother-Daughter
Book Club 시리즈
(7권) 🎧

J6
Moxy Maxwell 시리즈
(3권)

J6
The Triple Chocolate
Brownie Genius 🎧

J6
Andrew Clements:
School Stories 시리즈
(14권) 🎧

J6
Willow Falls 시리즈
(5권) 🎧

J7
Pye 시리즈 (2권) 🎧

J7
School of Fear
시리즈 (3권)

J7
Madame
Pamplemousse
시리즈 (3권) 🎧

J7
Millicent Min, Girl
Genius

Roald Dahl 유머소설과 영화 ---------------------------------

Fantastic Mr. Fox 🎧 ▶

Fantastic Mr. Fox

Charlie and the Chocolate Factory 🎧 ▶

Charlie And The Chocolate Factory
(찰리와 초콜릿 공장)

The Witches 🎧 ▶

The Witches (마녀와 루크)

Matilda 🎧 ▶

Matilda

James and the Giant Peach 🎧 ▶

James and the Giant Peach (제임스와
거대한 복숭아) ▶

The BFG 🎧 ▶

The BFG (마이 리틀 자이언트)

영화와 연결되는 유머소설 ---------------------------------

How to Eat Fried Worms 🎧 ▶
How to Eat Fried Worms (구운 벌레
먹는 법)

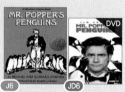

Mr. Popper's Penguins 🎧
Mr. Popper's Penguins (파퍼씨네
펭귄들)

Dear Dumb Diary 시리즈 (13권)
Dear Dumb Diary

Pippi Longstocking 시리즈 (5권) 🎧
Pippi Longstocking TV 시리즈

Babe: The Gallant Pig 🎧 ▶
Babe (꼬마돼지 베이브)

Diary of a Wimpy Kid 시리즈 (13권) 🎧
Diary Of A Wimpy Kid 시리즈

J4

Stuart's Cape 시리즈
(3권) 🎧

J5

Chocolate Fever 🎧

J5

Treehouse 시리즈
(7권) 🎧

J5

Billionaire Boy 🎧

J5

Fortunately, the Milk
🎧

J5

When Santa Fell to
Earth 🎧

J5

Top Secret 🎧

J6

Mr Stink 시리즈 (2권)

J6

Origami Yoda 시리즈
(6권) 🎧

J6

I Funny 시리즈 (5권)
🎧

J6

Tales from the
Brothers Grimm and
the Sisters Weird

J6

Gangsta Granny 🎧

J6

Freaky Friday 🎧

J6

Mrs. Piggle–Wiggle
시리즈 (5권) 🎧

J6

Penny the Pencil
시리즈 (6권)

J6

Igraine the Brave 🎧

J6

Fake Mustache: Or,
How Jodie O'Rodeo
and Her Wonder
Horse 🎧

J6

Middle School 시리즈
(9권) 🎧

J7

Homer Price 🎧

J7

The Watsons Go to
Birmingham: 1963 🎧
▶

영화와 연결되는 모험 소설

Guardians of Ga'hoole 시리즈 (17권) 🎧

Legend of the Guardians: The Owls of Ga'Hoole (가디언의 전설)

Moomin 시리즈 (8권) 🎧

Moomin 시리즈 ▶

Nim's Island 시리즈(2권) 🎧

Nim's Island 시리즈

Chitty Chitty Bang Bang!: The Magical Car 🎧

Chitty Chitty Bang Bang

Molly Moon 시리즈 (6권) 🎧

Molly Moon and the Incredible Book of Hypnotism

The Adventures of Tintin: A Novel

TinTin: The Secret of the Unicorn (틴틴: 유니콘호의 비밀)

The Tale of Despereaux 🎧

The Tale of Despereaux (작은 영웅 데스페로)

Doctor Dolittle 시리즈 (2권) 🎧

Dr. Dolittle 시리즈

Indian in the Cupboard 시리즈 (5권) 🎧

The Indian in the Cupboard (리틀 인디언)

Paddington Bear 시리즈 (16권)

Paddington

Stuart Little 🎧

Stuart Little

Unfortunate Events 시리즈 (16권) 🎧

Lemony Snicket's A series of Unfortunate Events (레모니 스니켓의 위험한 대결)

모험 소설 베스트

J5

Rikki–Tikki–Tavi 🎧
▶️

J5

Tales of Dimmwood
Forest 시리즈 (6권)
🎧

J5

Secret Writings
시리즈 (2권)

J6

A Long Way from
Chicago 🎧

J6

My Father's Dragon
시리즈 (4권) 🎧

J6

Island 시리즈 (3권)
🎧

J6

Jennifer, Hecate,
MacBeth, William
McKinley, and Me,
Elizabeth 🎧

J6

The Houdini Box

J6

Archer's Quest 🎧

J6

Dominic 🎧

J7

Ronia, the Robber's
Daughter 🎧

J7

Hatchet 🎧

J7

Walk Two Moons 🎧

J7

Book of a Thousand
Days 🎧

J7

The True
Confessions of
Charlotte Doyle 🎧

J7

The Real Thief 🎧

J7

The Wanderer 🎧

J7

Banner in the Sky

J8

Rascal 🎧

J8

The Twenty–One
Balloons 🎧

명화와 연결되는 감동 · 성장 소설 --------------------------------------

Charlotte's Web 🎧 ▶

Charlotte's Web (샬롯의 거미줄)

Stone Fox 🎧 ▶

Iron Will (늑대개)

Because of Winn–Dixie 🎧 ▶

Because of Winn–Dixie

Ways to Live Forever 🎧

Ways To Live Forever (열두 살 샘)

Sarah, Plain and Tall 시리즈 (5권) 🎧

Sarah, Plain & Tall 시리즈

The Great Gilly Hopkins 🎧

The Great Gilly Hopkins (위풍당당
질리 홉킨스) ▶

Where the Red Fern Grows 🎧 ▶

Where the Red Fern Grows ▶

Tuck Everlasting 🎧

Tuck Everlasting

Little House 시리즈(10권) 🎧

Little House on the Prairie 시리즈
(초원의 집)

Flipped 🎧

Flipped

The Trumpet of the Swan 🎧 ▶

Trumpet of the Swan (트럼펫을 부는
백조) ▶

Shiloh 시리즈 (3권) 🎧

Shiloh 시리즈

J6 JD6

From the Mixed-up Files of Mrs. Basil
E. Frankweiler 🎧 ▶️

From the Mixed-up Files of Mrs. Basil
E. Frankweiler

J7 JD7

Holes 🎧 ▶️

Holes ▶️

J7 JD7

Hoot 🎧

Hoot ▶️

J7 JD7

Bridge to Terabithia 🎧 ▶️

Bridge to Terabithia (비밀의 숲
테라비시아) ▶️

J7 JD7

My Side of the Mountain 시리즈 (3권)
🎧

My Side of the Mountain (나의 산에서)

J7 JD6

Island of the Blue Dolphins 🎧 ▶️

Island of the Blue Dolphins (푸른
돌고래 섬)

감동 · 성장 소설 베스트 --------------------------------

J4

Freckle Juice 🎧 ▶️

J4

The Bears on
Hemlock Mountain 🎧

J5

Sleep-Overs 🎧

J5

There's a Boy in the
Girls' Bathroom 🎧

J5

How to Steal a Dog
🎧

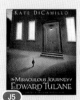

J5

The Miraculous
Journey of Edward
Tulane 🎧 ▶️

J5

The End of the
Beginning: Being
the Adventures of a
Small Snail 🎧

J5

Flora and Ulysses:
The Illuminated
Adventure 🎧

J5

26 Fairmount Avenue
시리즈 (8권) 🎧

J5

The Tiger Rising 🎧

J5

Are You There God?
It's Me, Margaret 🎧

J6

Grace Lin: Year
시리즈 (3권) 🎧

J6

Mr. Stink 🎧 ▶

J6

Willow Falls
시리즈(5권) 🎧

J6

When My Name was
Keoko 🎧

J6

The Great Gilly
Hopkins 🎧

J6

The Hundred
Dresses 🎧

J6

Project Mulberry 🎧

J6

Things Not Seen
시리즈 (3권) 🎧

J6

Mr. Terupt 시리즈
(3권) 🎧

J6

The Family Under
the Bridge 🎧 ▶

J6

Rules 🎧

J7

Maniac Magee 🎧
▶

J7

Everything on a
Waffle 🎧

J7

A Single Shard 🎧

J7

Calpurnia Tate
시리즈 (2권) 🎧

J7

Applewhites 시리즈
(2권) 🎧

J7

The Higher Power of
Lucky 🎧

J7

The View from
Saturday 🎧

J7

The Wednesday
Wars 🎧 ▶

영화와 연결되는 클래식 소설

J6 · JD4

Pinocchio ▶

Pinocchio

J6 · JD6

Mary Poppins 시리즈 (6권) ∩

Mary Poppins

J6 · JD7

The Little Prince ∩ ▶

The Little Prince (어린 왕자)

J7 · JD6

A Little Princess ∩ ▶

A Little Princess (소공녀)

J7 · JD7

Five Children 시리즈(3권) ∩

Five Children And It (모래요정과 아이들)

J7 · JD6

The Neverending Story ∩

The Neverending Story

J7 · JD7

The Secret Garden ∩

The Secret Garden (비밀의 화원)

J7 · JD7

A Christmas Carol ∩ ▶

A Christmas Carol

J8 · JD7

White Fang ∩ ▶

White Fang 시리즈 (늑대개)

J8 · JD7

Alice in Wonderland 시리즈 (3권) ∩

Alice In Wonderland 시리즈 (이상한 나라의 앨리스)

J8 · JD6

Wizard of Oz 시리즈 (20권) ∩

The Wizard of Oz (오즈의 마법사) ▶

J8 · JD8

Little Women ∩ ▶

Little Women (작은 아씨들)

Peter Pan 🎧 ▶

Peter Pan

Anne of Green Gables 시리즈 (8권) 🎧

Anne of Green Gables TV 시리즈
(빨강머리 앤)

The Jungle Book 🎧 ▶

The Jungle Book

The Hobbit 🎧 ▶

Hobbit 시리즈

The Adventures of Tom Sawyer 🎧

The Adventures of Tom Sawyer
시리즈 (톰 소여의 모험) ▶

Heidi 🎧 ▶

Heidi

클래식 소설 베스트

Classic Fairy Tales

Pollyanna 🎧 ▶

Tom's Midnight
Garden 🎧

Just So Stories 🎧
▶

Daddy-Long-Legs
🎧 ▶

The Phantom
Tollbooth 🎧 ▶

The Swiss Family
Robinson 🎧 ▶

Treasure Island 🎧
▶

Little Lord Fauntleroy
🎧 ▶

The Wind in the
Willows 🎧 ▶

영화와 연결되는 명작패러디 소설

J6 — Ella Enchanted 🎧
JD6 — Ella Enchanted

J6 — Beastly 🎧
JD8 — Beastly

J6 — Ever After High 시리즈 (5권) 🎧
JD5 — Ever After High 시리즈

명작패러디 소설 베스트

J4
The Prince of the Pond 🎧

J5
How to Save Your Tail

J5
Princess Tales 시리즈 (8권) 🎧

J6
Sisters Grimm 시리즈 (10권) 🎧

J6
Tales of the Frog Princess 시리즈 (8권) 🎧

J6
The Land of Stories 시리즈 (9권) 🎧

J6
Tales from the Brothers Grimm and the Sisters Weird

J6
Mr Gum 시리즈 (9권) 🎧

J6
The Willoughbys 🎧

J6
Enchanted Forest Chronicles 시리즈 (4권) 🎧

J6
Tales from the Brothers Grimm and the Sisters Weird

J6
Once Upon a Time 시리즈 (19권)

J6
Wide-Awake Princess 시리즈 (4권) 🎧

J7
Starcatchers 시리즈 (5권) 🎧

J7
Shannon Hale: Princess 시리즈 (4권) 🎧

영화와 연결되는 판타지 소설 ---------------------------------------

Spiderwick Chronicles 시리즈 (8권) 🎧

The Spiderwick Chronicles
(스파이더워크가의 비밀)

Coraline 🎧 ▶

Coraline (코렐라인: 비밀의 문)

Percy Jackson 시리즈 (7권) 🎧

Percy Jackson 시리즈 (퍼시잭슨)

The Water Horse 🎧

The Water Horse: Legend Of The
Deep (워터호스)

The Thief Lord 🎧

The Thief Lord (도둑왕)

Arthur and the Minimoys 시리즈 (3권) 🎧

Arthur and the Invisibles (아더와
미니모이)

Chronicles of Narnia 시리즈 (8권) 🎧

Chronicles Of Narnia 시리즈 (나니아
연대기)

Starcatchers 시리즈 (5권) 🎧

Neverland 시리즈 (피터팬: 전설의
시작)

Worst Witch 시리즈 (9권) 🎧

The Worst Witch 시리즈 ▶

Harry Potter 시리즈 (10권) 🎧

Harry Potter 시리즈

Redwall 시리즈 (22권) 🎧

Redwall 시리즈

Hiccup 시리즈 (14권) 🎧

How to Train Your Dragon (드래곤
길들이기)

J7 · JD6

Tara Duncan 시리즈 (2권) ◌
Tara Duncan 시리즈

J7 · JD7

The Little White Horse: The Secret Of Moonacre ◌

The Secret Of Moonacre (문프린세스: 문에이커의 비밀)

J7 · JD7

Dark Is Rising Sequence 시리즈 (5권) ◌

The Seeker: The Dark Is Rising (싸인 시커: 여섯 개의 빛을 찾아서)

J7 · JD7

Howl's Moving Castle ◌
Howl's Moving Castle (하울의 움직이는 성)

J8 · JD7

His Dark Materials 시리즈 (4권) ◌
The Golden Compass (황금나침반)

J7 · JD7

Inkheart 시리즈 (3권) ◌
Inkheart (잉크하트: 어둠의 부활)

J8 · JD7

Inheritance Cycle: Eragon 시리즈 (4권) ◌
Eragon

J8 · JD8

Stardust ◌
Stardust

J8 · JD9

Lord of the Rings 시리즈 (3권) ◌
The Lord of the Rings 시리즈 (반지의 제왕)

판타지 소설 베스트 --

J5

Catwings 시리즈 (4권) ◌

J5

Emily Windsnap 시리즈 (7권) ◌

J5

The Magician's Boy ◌

J5

The Christmas Genie

J5

Toys Go Out 시리즈 (4권) ◌

J6

Warriors 시리즈
(33권) 🎧

J6

Ulysses Moore 시리즈
(4권) 🎧

J6

Dragon Rider 🎧

J6

Heroes of Olympus
시리즈 (6권) 🎧

J6

Where the Mountain
Meets the Moon 🎧

J6

The Wish Giver 🎧

J6

Three Good Deeds

J6

Starry River of the
Sky 🎧

J6

Underland
Chronicles 시리즈
(5권) 🎧

J6

No Flying in the
House

J6

Magic Shop Books
시리즈 (6권) 🎧

J6

Kane Chronicles
시리즈 (4권) 🎧

J7

Princess Academy
시리즈 (3권) 🎧

J7

Artemis Fowl 시리즈
(9권) 🎧

J7

The Girl Who Could
Fly

J7

The Graveyard Book
🎧 ▶

J7

Ranger's Apprentice
시리즈 (12권) 🎧

J7

Savvy 시리즈 (3권)
🎧

J7

Septimus Heap
시리즈 (7권) 🎧

J7

The Egypt Game 🎧

영화와 연결되는 SF 소설 --

The Iron Giant
The Iron Giant

Maze Runner 시리즈 (5권) 🎧
Maze Runner 시리즈

Ember 시리즈 (4권) 🎧
City of Ember

Time Quintet: A Wrinkle in Time 시리즈
(5권) 🎧
A Wrinkle in Time (시간의 주름)

Giver 시리즈 (4권) 🎧
The Giver (더 기버: 기억전달자)

Hunger Games 시리즈 (3권)
Hunger Games 시리즈

SF 소설 베스트 --

It's the First Day of
School... Forever! 🎧

Pendragon 시리즈
(10권) 🎧

Shadow Children
시리즈 (7권)

House of Robots
시리즈 (3권) 🎧

George's Secret Key
시리즈 (5권) 🎧

When You Reach Me
🎧

Matteo Alacran
시리즈 (2권) 🎧

Divergent
시리즈(4권) 🎧

Mrs. Frisby and the
Rats of Nimh 🎧

Larklight 시리즈 (3권)
🎧

영화와 연결되는 추리 소설 --------------------------------

Harriet the Spy 시리즈 (5권) ∩
Harriet The Spy (꼬마 스파이 해리)

Half Moon Investigations ∩
Half Moon Investigation 시리즈

The Invention of Hugo Cabret ∩
Hugo

추리 소설 베스트 --------------------------------

Timmy Failure 시리즈
(4권) ∩

39 Clues 시리즈
(12권) ∩

Escape from Mr.
Lemoncello's Library
∩

Alex Rider 시리즈
(10권) ∩

The London Eye
Mystery ∩

Name of this Book is
Secret 시리즈 (5권)
∩

Three Times Lucky
∩

Pie ∩

43 Old Cemetery
Road 시리즈 (7권)

Templeton 시리즈
(2권)

Spy School 시리즈
(3권)

Benedict Society
시리즈 (5권) ∩

Wonderstruck ∩

Belly Up

The Curious Incident
of the Dog in the
Night-time ∩

시 --

J4
The Wonder Book

J5
A Pizza the Size of
the Sun 🎧

J5
Falling Up

J5
Oops!

J6
Love That Dog
시리즈 (2권) 🎧

J6
A Light in the Attic
🎧

J6
Mustard, Custard,
Grumble Belly and
Gravy 🎧

J6
Inside Out and Back
Again 🎧

J6
The Crossover 🎧

J6
When We were Very
Young 🎧

J6
Songs and Verse

J6
Every Thing On It 🎧

J6
Vile Verses

J6
I am Phoenix 🎧

J7
Where the Sidewalk
Ends 🎧

J7
Joyful Noise: Poems
for Two Voices 🎧
▶

J7
My Dog May Be a
Genius 🎧

J7
Heartbeat 🎧

J8
Old Possum's Book
of Practical Cats 🎧
▶

J8
The Surrender Tree:
Poems of Cuba's
Struggle for Freedom
🎧

초등 5, 6학년을 위한

잠수네
수학공부법

2

초등 5, 6 학년을 위한

잠수네
초등수학
챙기기

—

초등 5, 6학년 수학,
이것부터 알고 가자

학습 방향 결정 전 살펴볼 사항

초등 5, 6학년은 '중등 선행을 할 것인가, 초등심화를 더 해야 하는가'로 고민이 심해지는 시기입니다. 주변 아이들이 죄다 중등 선행을 하는 것을 보면 저 대열에 한 발 들여놓아야 뒤처지지 않을 듯하고, 선행보다 초등심화가 더 중요하다는 말을 들으면 또 이 말이 맞는 듯합니다.

고민을 해결할 실마리는 아이에게 있습니다. 아이가 수학을 어느 정도 하는지 알아야 수학학습의 방향을 잡을 수 있습니다. 선행이냐 심화냐 따지기 전에 다음 사항부터 살펴보세요.

1. 학교 수학점수, 보이는 게 다가 아니다

학교에서 보는 단원평가나 중간·기말 시험 성적이 90점 이상이면 수학을 어느 정도 잘한다고 생각합니다. 제 학년 수학을 잘하니 선행을 해도 문제가 없다고 보기 쉽습니다. 그러나 속내를 살피면 아이마다 실력 차는 매우 큽니다. 〈잠수네 수학테스트〉같이 심화문제 비중이 큰 테스트에서는 학교 수학점수대가 같더라도 차이가 많습니다.

다음은 전국의 잠수네 수학교실 회원들이 분기별로 보는 수학테스트에서 초등 5, 6학년의 점수 분포입니다(최근 5년).

학교 수학점수

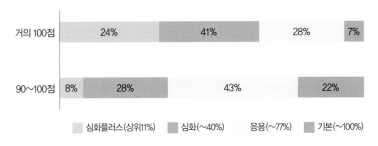

학교 수학점수가 100점이면 〈잠수네 수학테스트〉에서도 당연히 상위 그룹에 속할 것이라 생각하는 분이 많습니다. 그러나 현실은 많이 달라요. 학교 수학 100점 중 24%만 최상위인 '심화플러스' 구간에 들어갑니다. 학교 수학 90점 이상인 경우 최상위 구간은 8%로 줄어들고, 최하위 구간이 22%로 늘어납니다. 학교 수학점수가 90점 이상이라 안심하고 있다가 잠수네 수학테스트를

보고 나서 정신이 번쩍 드는 분이 한둘이 아니지요.

반대로 학교 수학은 80점대인데 잠수네 테스트는 최상위 구간 (심화플러스, 상위 11%)인 아이들도 간혹 있습니다. 심화된 어려운 문제는 잘 푸는데 학교에서 배우는 제 학년 쉬운 문제는 틀리는 거죠. 학교 시험은 쉽다고 생각해서 대충 보든지 덜렁거리다 연산 실수를 하는 경우입니다.

잠수네 수학테스트 상위 11% 구간이라면 선행을 해도 괜찮습니다. 그 이하라면 선행보다는 심화문제를 풀면서 수학실력을 올리는 것이 먼저입니다. 그러나 상위 11% 구간이라도 영어와 한글책이 부족하다면 6학년 말까지는 수학선행보다는 영어, 한글책에 더 신경을 쓰는 것이 장기적으로 나은 선택입니다.

수학문제집의 정답률을 보고 아이의 수학실력을 어느 정도 파악할 수도 있습니다. 잠수네에서 분류한 수학문제집 단계를 기준으로 아이가 푸는 문제집이 몇 단계인가 확인해보세요. 4단계 수학문제집에서 제일 어려운 문제(《최상위 초등수학》 하이레벨, 《최고수준 수학》 Step4)의 정답률이 70% 이상이면 선행을 나가도 됩니다. 1~3단계 문제집을 풀고 있거나 4단계 문제집의 정답률이 70%가 안 되면 아직은 때가 아닙니다.

2. 수학문제집이 아이에게 맞는지 확인한다

아이가 푸는 수학문제집의 정답률을 보세요. 정답률이 70% 내외의 문제집이 적당한 수준입니다. 정답률이 70%가 되지 않으면 혼자 풀기 어려운 문제가 많다는 것이고 70%가 훌쩍 넘어가면 쉬운 문제가 많다는 의미입니다. 수학은 운동을 하는 것과 비슷합니다. 너무 힘에 부치면 하다가 포기하게 되고, 쉬운 것만 하면 실력이 늘지 않습니다.

부모가 문제집 수준을 모르면 헛발질하기 쉽습니다. 초등 심화 문제집으로 대표적인 것이 〈최상위 수학〉, 〈최고수준 수학〉입니다. 잘하는 아이들이 푸니 이 정도는 해야 한다고 아이 수준은 생각하지 않고 아이한테 디밀면, 단원 앞부분의 쉬운 문제는 풀지 몰라도 뒷부분의 어려운 문제는 손도 못 대고 포기할 수 있습니다 (야단맞기 두려워서 부모 몰래 정답을 보는 아이도 있습니다). 문제집을 여러 권 풀었어도 비슷한 수준으로만 했다면 시간만 허비하고 수학실력도 오르지 않습니다. 아이 실력에 비해 너무 쉬운 문제집을 선택하는 경우도 당연히 도움이 안 되고요.

문제집의 특성에 맞춰 활용하는 것도 중요합니다. 연산실수가 많거나 연산이 느리다면 따로 연습을 해야겠지요. 그러나 연산학습지를 하고 있는데 또 여러 권의 연산문제집을 추가해서 풀리거나, 수학을 잘하는 아이인데 연산이 중요하다고 억지로 연산문제를 풀게 하는 것은 수학에 질리게 할 뿐입니다. 유형별로 된 문제집은 특정영역을 어려워할 때 그 부분만 집중해서 풀어야 도움이 됩니다. 그러나 처음부터 유형문제집 위주로 하는 것은 곤란해요. 유형별로 문제가 모아져 있어 비슷한 방법으로 쉽게 해결하다 보면 생각하는 힘을 기르기 힘들거든요. 학교수학도 100점이 안 나오는데 사고력수학을 한다고 매달리는 것도 문제입니다. 초등 5,

6학년에서는 심화문제가 곧 사고력문제입니다. 사고력수학보다 제 학년 수학개념을 탄탄하게 다지는 것이 중요하고, 그다음 수준에 맞는 심화문제를 푸는 것이 수순입니다.

수학학원을 다니고 있다면 학원에서 푸는 문제가 아이에게 맞는 수준인지 살펴보아야 합니다. 학원에서 아이 한 명 한 명의 수준에 맞춰 강의하거나 가르치기란 거의 불가능합니다. 부모가 관심을 갖지 않으면 이해도 안 되는 어려운 문제를 푼다고 애만 쓰다 시간을 허비하기 쉽습니다.

3. 수학을 재미있어해야 수학실력이 올라간다

학년이 올라갈수록 수학을 재미있어하는 아이들이 줄어듭니다. 수학은 갈수록 어렵고 복잡해지는 데다 머리를 써야 하는 과목이기 때문입니다.

수학을 잘하는 것과 수학을 재미있어하는 것은 '닭이 먼저냐, 알이 먼저냐'의 문제와 비슷합니다. 수학이 재미있으면 수학을 잘할 수밖에 없어요. 수학이 재미있으면 공부시간이 늘어나고 수학을 잘하는 아이로 인정받습니다. 수학점수가 잘 나오고 선생님, 부모, 친구에게 인정을 받으면 수학이 더 재미있어집니다. '수학이 재미있다 → 공부시간 증가 → 성적 향상 → 자신감과 인정 → 수학이 재미있다'란 선순환이 되는 거예요.

반대로 수학이 싫으면 아예 공부를 안 하거나 이 핑계 저 핑계로 공부시간이 널뛰기하게 됩니다. 공부시간이 줄어드니 수학성적도 떨어지고 수학에 자신감이 없어져요. 이러면 수학이 더 재미 없어집니다. '수학이 싫다 → 공부시간 감소 → 성적 하락 → 자신 감 결여 → 수학이 싫다'의 악순환이 되풀이되는 거죠.

아이가 수학을 재미없어하면 어떻게 해야 재미있게 느낄까 생각 해봐야 합니다. 그러나 첫술에 배부를 수 없다는 말처럼 처음부터 재미를 느끼기는 어렵습니다. 수영을 잘하려면 겁이 나도 물속에 머리를 쑥 담그고 열심히 물장구치며 부단히 연습해야 하잖아요. 마찬가지입니다. 일단 공부량을 늘려야 수학이 만만해집니다.

수학공부량을 늘리려면 아이와 대화를 해야 합니다. 부모가 옳 은 방향으로 이끌고 싶어도 아이가 동의하지 않으면 아무 소용이 없으니까요. 일단 아이의 생각을 충분히 들어보세요. 수학이 싫다 면 왜 수학공부를 해야 하는지 이야기를 해줘야 합니다. 사실 요 즘은(앞으로의 시대도) 대학을 가지 않아도 자기가 좋아하는 것을 잘하고 운도 따라주면 잘살 수 있습니다. 그러나 좋아하는 분야가 확실한 아이는 별로 없어요. 좋아하는 것이 있어도 탁월하게 잘하 려면 부단한 노력이 필요합니다. 게다가 운은 내가 좌지우지할 수 있는 것이 아니지요. 미래의 뚜렷한 목표가 없다면 대학진학을 생 각하는 것이 수순입니다. 원하는 대학에 가려면 수학을 잘해야 할 테고요.

아이가 수학공부의 필요성에 동의했어도 하고 있는 것이 많다 면 수학공부량이 늘어날 수 없습니다. 수학 때문에 걱정이라고 발 만 동동거리지 말고 공부시간 확보를 위해 모든 것을 정리하세요. 그다음 수학에 재미를 느끼려면 만만해야 합니다. 남들이 한다고 어려운 문제집을 풀라고 하지 말고 쉬운 수준부터 시작해서 자신 감을 갖게 해주세요.

수학은 부모, 학교, 학원이 도와줄 수는 있으나 결국은 혼자 공부해야 하는 과목입니다. 왜 수학을 해야 하는지 아이가 알아야 중고등 수학까지 갈 수 있습니다. 학원 다녀서 효과가 있다는 말도 숙제하느라 혼자 수학공부하는 시간이 늘었기 때문입니다. 언뜻 보기에는 '어? 내가 수학을 못 봐주면 학원에 보내면 되겠네?' 하는 생각이 들 겁니다. 그러나 지금 수학을 잘하는 것처럼 보여도 억지로 끌려가고 있다면 어느 순간 한계에 다다릅니다. 수학을 잘 못하는 아이라도 왜 공부해야 하는지 필요성을 느끼고 바짝 정신을 차려 공부하면 얼마든지 잘할 수 있습니다.

수학은 개념을 정확하게 이해하고 단서나 규칙을 찾아 문제를 해결하다 보면 뿌듯한 성취감을 느낄 수 있는 참 재미있는 과목입니다. 여러 가지 방법으로 문제를 해결해보는 과정을 통해 논리력, 사고력까지 키울 수 있습니다. 아이들에게 수학이 참 재미있다는 느낌을 갖게 해주려면 한 과정을 해낼 때마다 칭찬을 듬뿍 해주세요. 안 한다고, 못한다고 야단친들 정신 차리고 공부하지 않습니다.

| 사례 | **수학개념 공부 어떻게 해야 할까요?**

작성자 배귀비 **글 쓸 당시 학년** 고2

많은 수학 선생님이 개념을 외치시는데 개념 공부, 이거 어떻게 해야 할

까요? 가끔 개념 공부를 암기라고 보는 분들이 있으신데 개념을 완벽히 외워 백지에 쓸 수 있는 정도까지 한다는 것은 방법 중 하나일 뿐입니다. 워낙 개념을 소홀히 하는 애들이 많으니까요.

보통 이과형이니, 문과형이니 하는 말을 하는데 오랜 기간 학원강사, 수학과외를 해보니 수학에 있어서 이과형은 개념이 '이해되는' 아이입니다. 이걸 알아보는 대표적인 문제가 '필요충분조건'이에요. 기억들 나시지요? 'p : $x>0, y>0$이고 q : $xy>0, x, y$가 실수일 때 p 가 q 이기 위한 필요조건인가, 충분 조건인가' 뭐 그런 문제요.

이과형 아이들은 많은 문제를 풀지 않아도 답을 잘 고릅니다. 반면 문과형 아이들은 꼭 따로 외우고 많이 풀어야 해요. 예전에 과고 준비하던 중2, 〈기본정석〉 1권 하고 바로 〈실력정석〉 나가면서 연습문제에 빽빽이 들어찬 필요충분조건을 좍~ 푸는데, "와" 하는 소리가 절로 나오더라고요. 즉, 이과형 아이들은 기본 개념을 이해해서 머릿속에 넣는 스타일입니다. 이해했기 때문에 금세 까먹지도 않아요.

흔히 수학 잘하는 아이들은 공식이 어떻게 나왔는가에 더 주목한다고 해요. '왜 이렇게 됐지?'가 더 중요한 것이지요. 이건 학문에 대한 호기심이라기보다, 이해하지 못하면 모른다고 여기기 때문이에요. 반면 문과형 아이들은 멀티가 되는 경우가 많아요. 이 아이들은 이해하지 못하더라도 여러 가지 방법으로 그 문제를 풉니다. 외우는 것도 그중 한 방법이고요.

그래서 이과형 아이들은 개념서를 보면 글을 읽고, 문과형 아이들은 공식을 읽어요. 엄마들이 개념을 제대로 이해했는지 물어보는 경우, 이과형이 오히려 버벅대기도 하는데, 이 아이들에게는 개념이 '홍시 맛이 나서 홍시'이기 때문입니다. 반면 문과 애들은 외운 걸 줄줄 말합니다. 공부했는데 돌아서면 까먹는다면 우선은 문과형이 아닐까 생각해보셔야 될 듯해요.

엄마 세대에서 〈정석〉이 대세였던 것이 〈개념원리〉가 유행이 되고, 〈쎈〉이 필수가 된 것은 문과형 아이들이 이과 수학을 하기 위해 방법을 모색한 결과가 아닐까 합니다. 개념을 정리해서 외우기 쉽게 하고 다시 유형을 나눠서 이 문제는 이런 개념들로 푸는 거라고 일일이 알려주는 것이지요(문이과 반반형 아이들이 그런 식으로 공부하다 문과형이 돼버리기도 합니다). 개념이란 '이해'가 돼야 해요. 그러면 이해하도록 충분한 시간을 주어야 합니다. 교과서나 개념서를 여러 번 읽는 것이 가장 기본 방법입니다. 엄마와 그 문제에 대해 얘기를 나누는 것도 좋고요(공식을 물어보는 것이 아닌, 이 문제를 어떻게 풀었는지, 왜 그 방법을 선택했는지).

공식 하나로 끝나지 않는 심화문제를 풀어보는 것도 좋아요. 이때 고수님들이 심화문제를 하루 한 문제, 하루 다섯 문제 풀라고 말씀하시는 것은 그만큼 충분한 시간을 주라는 뜻입니다. 가끔 '시키는 대로 심화문제를 매일 꾸준히 풀었는데 성적이 안 올라요' 하시는 분들은 혹시 5분 만에 끝낸 것은 아닌지 생각해보세요. 제대로 안 풀었거나 수준이 안 맞는 것입니다.

나이가 들면서 수학적 감이 트일 거라 믿는 분들이 계신데, 그건 이과형 남자아이의 경우에요. 국어가 딸려 문제 이해를 잘 못했거나 초등 때 공부를 너무 안 해서, 개념 이해뿐만 아니라 조합에도 시간이 걸리는 타입이라 드러나지 않는 경우에 공부양이 많아지면서 중등 가서 확 오르는 것이지요. '문제를 많이 풀다 보니 저절로 이해가 되더라'는 이해하려고 노력하면서 풀었을 경우엔 고등까지 가지만, 양만 늘렸을 경우 이과 수학까지 해내기 힘듭니다.

고등 가서 수학이 안 된다는 것은 이과형인 경우 공부양이 부족해서, 문과형인 경우 이해 없이 공부를 해서입니다. 여러 가지 개념이 섞인 수능 문제를 풀려면, 알고 있는 개념들을 빨리 적용할 수 있거나, 그 유형까지도 외웠거나 둘 중 하나니까요. 그런데 어떤 유형이 나와도 풀 수 있을 만큼 공부를 한다는 건 쉬운 일이 아니지요. 딱 한 명 봤습니다. 초등 때 고수 영어 해놓고, 무지막지 열심히 수학해서 그 경지를 넘는 아이. 그 엄니, 문제수로 우리 아이 5배는 푼다고 하시는데, 노력도 그 정도면 예외에요. 그러니까 우리 잠수 아이들은 개념 이해하는 수학 공부가 되도록 초등 때부터 방향을 잘 잡아주세요.

초등 5, 6학년 수학에서
중요한 것들

초등 5, 6학년, 중학수학과 연결되는 시기

5, 6학년은 중등수학과 바로 연결되는 단원이 많아 매우 중요합니다. 5학년 분수 영역은 중학교 과정의 정수와 유리수, 문자식, 방정식과 바로 연결됩니다. 6학년의 비와 비율, 비례식과 비례 배분, 정비례와 반비례 등 규칙성 영역은 중등과정에서 배우는 함수, 일차함수, 이차함수의 기초개념입니다. 5, 6학년에 배우는 다각형과 원의 넓이, 직육면체와 원기둥의 부피는 중1~중3의 2학기에 배우는 도형 영역과 밀접한 관련이 있습니다.

5학년 수학에서 중요한 것

1. 5학년에서 분수의 사칙연산이 거의 완성된다

초등연산의 꽃은 분수의 사칙연산입니다. 분수는 3~6학년에 걸쳐 배웁니다. 3학년에서 분수의 개념, 4학년에서 분모가 같은 분수의 덧셈과 뺄셈, 5학년에서 분수의 사칙연산을 거의 익힙니다. 중학교에서는 자연수와 분수의 사칙연산을 완전히 이해했다는 전제하에 정수와 유리수, 문자식을 배웁니다. 이때 자연수와 분수의 사칙연산개념이 부실하면 중학교 1학년 1학기부터 오답이 속출하게 됩니다. 중2 1학기, 중3 1학기도 분수를 못하면 잘할 수 없습니다.

분수연산은 문제만 많이 푼다고 잘하지 않습니다. 4학년 1학기, 5학년 1학기. 5학년 2학기, 6학년 1학기 수학교과서의 분수연산 설명을 읽으면서 분수 더하기의 의미, 분수 빼기의 의미, 분수 곱하기의 의미, 분수 나누기의 의미를 확실하게 이해해야 합니다. 그래야 분수 덧셈과 뺄셈에서 분자끼리, 분모끼리 더하고 빼거나 분수 곱셈에서 자연수를 분모에 곱하는 일이 없어지고 분수의 덧셈과 뺄셈 방법, 곱셈과 나눗셈 방법을 잊어버리는 현상도 사라집니다.

2. 약수와 배수 개념을 확실하게 알아야 한다

단원의 흐름상 약수와 배수는 분모가 다른 분수의 덧셈과 뺄셈을 하기에 앞서 배웁니다. 만약 분수연산만 하면 된다고 약수와 배수 개념을 소홀히 하면 중1-1의 소인수분해에서 막히게 됩니다. 반대로 약수와 배수의 개념과 심화문제까지 확실하게 짚어두면 중등수학이 한결 수월해집니다.

많은 아이들이 약수와 배수 개념을 활용한 문장제 문제를 어려워합니다. 최대공약수를 찾는 문제(최대한 크게, 가장 크게), 최소공배수를 찾는 문제(가능한 작게, 작은, ~마다 동시에)에서 무엇을 어떻게 구해야 할지 모르기 때문입니다. 약수와 배수 문제를 어려워하는 것은 독해력이 부족하거나 약수와 배수 개념이 확실하지 않아서입니다. 먼저 문제에서 어떤 개념이 필요한지 교과서의 개념설명(약수, 공약수, 최대공약수, 배수, 공배수, 최소공배수)을 반복해서 읽으면서 스스로 깨닫도록 해주세요. 그다음 비슷한 유형의 문제를 싹 모아서 푸세요. 문제를 풀다 보면 문제에서 묻는 것, 필요한 개념을 조금씩 이해할 수 있습니다.

3. 분수의 통분과 약분에서 실수가 없어야 한다

분수의 곱셈과 나눗셈에서 약분은 필수입니다. 분수의 덧셈과 뺄셈에서는 통분을 해야 하고요. 분수연산을 많이 틀린다면 연산문제만 많이 풀리지 말고 개념이 흔들리는 것이 아닌가 살펴봐야 합니다. 그러나 수학을 잘하는데도 분수연산을 자주 틀린다면 습관의 문제입니다. 연산이 복잡해지면 암산으로 약분, 통분하고 풀이과정 없이 풀다가 틀리기 쉽습니다. '연산 실수쯤 저절로 고쳐지겠지' 하고 방심하면 중고등 연산에서도 실수가 계속 이어집니다. 분수연산은 처음 배울 때부터 정확하게 해야 합니다. 모든 통분, 약분 과정을 일일이 다 쓸 필요는 없지만 풀이과정은 정확하게 쓰는 습관을 들여야 합니다. 그래야 연산에서 틀린 이유를 찾고 고칠 수 있으니까요.

4. 다각형의 넓이 구하기는 모든 도형 문제의 기초

사각형, 직사각형, 마름모, 사다리꼴 같은 사각형의 넓이를 일일이 외우면 금세 잊어버립니다. 수학교과서의 넓이 설명을 반복해서 읽으면서 종이를 자르고 맞춰보며 사각형의 넓이 개념을 이해하면 넓이공식을 따로 외우지 않아도 됩니다. 다각형의 넓이는 삼각형의 넓이 개념이 기초입니다. '삼각형의 밑변과 높이', '삼각형에서 밑변과 높이가 같으면 모양이 달라도 넓이는 모두 같다'는 개념을 확실하게 알면 다각형의 넓이 구하기와 응용문제는 대부분 해결됩니다.

주의 소수의 사칙연산은 '자연수의 사칙연산, 자릿수 개념'만 확실하면 쉽습니다. 소수의 계산은 중고등 수학에서 중요하지 않습니다. 그러나 식을 잘 세웠어도 소수 계산식에서 틀리면 낭패입니다. 소수 계산은 너무 열심히 하지 않아도 되지만, 틀리는 일이 잦다면 근본적으로 체크해봐야 합니다. 계산이 잘못됐으면 자연수의 사칙연산을 제대로 하는지 확인해봐야 합니다. 소숫점을 잘못 찍어 틀린다면 5, 6학년의 소수의 곱셈, 나눗셈 개념 부분을 찬찬히 다시 읽으면서 개념을 다지도록 해주세요.

6학년 수학에서 중요한 것

1. 중등수학의 함수영역의 기초가 되는 단원은 철저하게

6학년 과정의 비와 비율, 비례식과 비례배분, 정비례와 반비례는 함수의 기초개념입니다. 6학년에 처음 배우는 비와 비율은 분수 개념을 모르면 이해가 잘 안됩니다. 아이가 이 단원을 어려워하면 수학교과서의 분수개념부터 다시 봐야 합니다. 백분율 역시 중등 수학문제에서 자주 나오는 표현이므로 확실하게 알고 가도록 해주세요. 비례식 역시 수학문제를 풀 때 많이 활용됩니다. 비례식은 단순하게 내항과 외항을 곱한다는 것만 외우는 아이들이 많습니다. 왜 내항, 외항끼리 곱하는지 이유를 알아야 문제를 풀 때 활용할 수 있고 잊어버리지 않습니다. 꼭 수학교과서의 설명을 읽고 이해하도록 힘써야 합니다.

정비례와 반비례는 함수를 공부할 때 꼭 알아야 하는 개념입니다. 중학교 수학의 절반이 함수입니다(중1~3 1학기). 고등학교 수학은 도형과 함수가 합쳐진 내용을 배우게 됩니다. 중고등수학의 대부분인 함수의 첫걸음을 탄탄하게 다지고 가게 해주세요.

2. 원의 넓이, 직육면체/원기둥의 겉넓이와 부피 개념을 확실하게

원의 넓이는 공식만 외우는 경우 금방 잊어버립니다. 수학교과서에서는 왜 '반지름×반지름×원주율'로 원의 넓이를 구하는지 상세하게 설명이 돼 있습니다. '원의 중심을 기준으로 부채꼴 모양으로 잘라 죽 이어 붙이면 직사각형 모양이 된다'를 알면 원의 넓이를 '반지름×원의 둘레÷2'로 구하는 이유가 머리에 쏙 들어옵니다. 직사각형의 넓이(세로×가로)처럼, 원의 반지름이 세로이고 원의 둘레를 2로 나눈 것이 가로의 길이니 둘을 곱하면 되거든요.

겉넓이 역시 공식을 외우면 자꾸 잊어버립니다. 그러나 원리를 확실하게 이해하면 나머지는 곱하기, 더하기만 하면 됩니다. '정육면체는 6면의 넓이가 모두 같다, 직육면체는 윗면과 밑면의 넓이가 같다'는 것만 알고 있으면 식 세우는 것은 식은 죽 먹기예요.

부피는 단순히 직육면체의 부피 구하는 공식(가로×세로×높이)만 생각하면 금방 잊어버리고 응용, 심화문제를 풀지 못합니다. 가로, 세로, 높이가 1cm인 '단위부피(cm³)'를 이해하는 것이 중요합니다. 수학교과서에서 '직육면체 안에 1cm³의 큐브조각이 몇 개 있는가'를 묻는 것은 단위부피를 생각하면서 부피를 구하는 것이 중요하기 때문입니다.

원의 넓이, 직육면체/원기둥의 겉넓이와 부피는 중1-2 입체도형(기둥, 뿔, 구의 겉넓이와 부피), 중2-2 닮음의 응용(닮은 도형의 넓이의 비와 부피의 비)으로 계속 확장, 심화됩니다. 겉넓이와 부피 문제를 어려워한다면 문제만 많이 풀게 하지 말고 수학교과서부터 봐야 합니다. 수학교과서 개념 부분을 읽고나면 수학교과서의 활동 내용을 다 해보세요(초6이라도 구체적인 조작을 해본 경험이 기억에 오래 남습니다). 원 모양을 잘라서 넓이를 어떻게 구할지 궁리해보고 과자상자를 뜯어 전개도를 직접 펼쳐 보면서 겉넓이를 구하는 원리를 찾아보고, 쌓기나무 조각을 구입해서 입체도형을 만들면서 부피를 계산하도록 해보세요.

주의   6학년 분수의 나눗셈, 소수의 나눗셈은 5학년 분수, 소수 단원을 제대로 공부했다면 그리 어렵지 않습니다. 만약 6학년에서 분수, 소수 나눗셈을 어려워하면 5학년 과정을 다시 공부하도록 해주세요.

연산

초등수학의 기본 3가지

초등수학은 3가지가 탄탄하면 문제없습니다. 연산, 도형, 심화문제 해결입니다. 아이의 수학진행을 유심히 살펴보세요. 3가지가다 부실하면 '수학이 싫다, 어렵다'는 말이 나옵니다. 이 중 하나라도 구멍이 있다면 지금 문제가 없어 보여도 중고등수학 과정에서는 삐걱댑니다. 왜 그런지 하나씩 살펴볼까요?

1. 연산개념과 원리이해가 부족하면?

초등 때 연산이 중요하다는 것은 대부분 잘 알고 있습니다. 그러나 연산개념과 원리는 소홀하고(또는 아예 건너뛰고) 연산연습만 반복하는 경우가 대부분입니다. 심지어 제 학년을 넘은 연산선행을 자랑스러워하는 잘못된 경우까지 보입니다. 연산개념과 원리이해를 건너뛰고 계산에 치중할 경우 다음과 같은 현상이 나타납니다.

1) 연산의 자릿수가 커지면 안 배웠다고 하거나 자주 틀린다

5+7, 13−6 같은 한두 자리 계산의 원리와 십진법의 개념을 완전히 이해하면 자릿수가 커져도 같은 계산이라는 것을 압니다. 그러나 한두 자리 수 연산은 잘하는데 세 자리 수 연산은 안 배웠다고 못하거나 오답이 많다면 개념과 원리를 제대로 이해하지 못했다는 의미입니다.

2) 나눗셈을 어려워한다

어림하기, 뺄셈, 곱셈이 안되는 것이 첫 번째 원인입니다. 나눗셈의 계산원리를 제대로 익히지 못한 것이 두 번째이고요. 이 경우 나눗셈만 연습한다고 해결되지 않습니다. 어림하기와 함께 뺄셈과 곱셈을 정확하고 빠르게 하도록 연습하고 교과서를 보며 나눗셈의 개념과 원리를 이해한 후 나눗셈 연습을 하는 것이 수순입니다.

3) 분수연산이 어렵다

5학년부터 분수연산을 어려워하는 아이들이 급증합니다. 약수와 배수, 약분과 통분, 분수의 덧셈/뺄셈/곱셈/나눗셈까지 연달아 진도가 나가기 때문입니다. 분수의 덧셈과 뺄셈은 곧잘 했는데 분수의 곱셈이 들어가면 덧셈과 뺄셈 방법을 홀랑 잊어버리는 아이들이 많습니다. 분수의 나눗셈을 배우면 곱셈 방법이 기억이 안 나는 경우도 부지기수고요.

분수의 덧셈과 뺄셈은 분모가 같게 하기 위해 최소공배수로 통분하는 것이 핵심입니다. 답을 구하면 약분해서 가장 작은 수로 나타내야 하고요. 분수 계산에 앞서 약수와 배수, 통분과 약분을 충분히 연습하도록 해주세요.

분수의 곱셈과 나눗셈은 상대적으로 편하게 여기는 아이들이 많습니다. 그러나 대부분은 곱셈은 분자끼리, 분모끼리 곱하고 나눗셈은 역수를 곱한다고 외울 뿐 왜 그렇게 하는지 생각하지 않습니다. 곱셈, 나눗셈의 의미를 생각하고 계산하도록 해주세요.

분수의 곱셈, 나눗셈의 의미

분수의 곱셈		$(\frac{3}{8} \times 5)$는 $\frac{3}{8}$을 5번 더한 것, 즉 $(\frac{3}{8} + \frac{3}{8} + \frac{3}{8} + \frac{3}{8} + \frac{3}{8})$입니다.
분수의 나눗셈 1	똑같이 빼기	• $(6 \div 3)$은 '6에서 3을 몇 번 뺄 수 있는가'입니다. $(6-3-3=0)$이므로 답은 2. • $(2 \div \frac{1}{3})$은 '2에서 $\frac{1}{3}$을 몇 번 뺄 수 있는가'입니다. $(2-\frac{1}{3}-\frac{1}{3}-\frac{1}{3}-\frac{1}{3}-\frac{1}{3}-\frac{1}{3}=0)$이므로 답은 6.
분수의 나눗셈 2	똑같이 나누기	$(\frac{1}{3} \div 2)$는 똑같이 빼기로 설명이 안 됩니다. 대신 $\frac{1}{3}$을 2로 나누었다고 보면 답은 $\frac{1}{6}$

분수 연산이 어려우면 중등수학은 가시밭길입니다. 중등 선행을 나간들 도로 아미타불입니다. 먼저 자연수의 사칙연산이 제대로 되는지 확인해보세요. 그다음 3학년의 분수개념, 4학년의 분자가 같은 분수의 덧셈과 뺄셈부터 차근차근 다져야 합니다.

4) 혼합연산 규칙을 자주 잊어버린다

연산기호의 의미를 모르기 때문입니다. 원리 이해 없이 '괄호 안의 연산부터 한다, 덧셈과 뺄셈보다 곱셈과 나눗셈을 먼저 한다'라고 암기했다면 잊어버리는 것이 당연합니다. '$2+[(3\times4)-6]\div2$' 계산은 잘 푸는 아이가 '$3+6\div3=3$'이라고 한다면 나눗셈 기호의 의미를 제대로 모른다는 의미입니다. 곱셈은 더하기를 간략하게 한 것, 나눗셈은 빼기를 간략하게 한 것이라는 것만 이해하고 있어도 혼합연산이 헷갈리지 않습니다. 4×5는 4를 5번 더한 것, $20\div5$는 20에서 5를 몇 번 뺄 수 있는지 묻는 것이라고 생각하면 곱셈과 나눗셈은 먼저 계산하는 것이 당연하니까요.

자연수의 혼합연산에서 헤매면 분수의 혼합연산은 푸나 마나입니다. 중학교 과정의 문자식은 안 봐도 훤합니다. $2\times a$, 또는 $2a$의 의미가 a를 두 번 더한 것($a+a$)이라는 걸 모르는데 계산이 제대로 되겠어요? 먼저 2학년의 곱셈개념, 3학년의 나눗셈개념부터 다지세요. 그 다음 분수의 혼합연산을 연습해야 합니다.

5) 등호(=) 개념을 잘 모른다

1학년 수학교과서를 보면 덧셈과 뺄셈의 관계에서 '□$+6=9 \leftrightarrow$

'9 - □ =6'같이 덧셈을 뺄셈으로, 다시 뺄셈을 덧셈으로 바꾸는 내용이 나옵니다. 등호가 들어간 식, 즉 등식의 성질을 알려주기 위한 과정입니다. 덧셈과 뺄셈에서는 '양변에 같은 수를 더하거나 빼도 같다'는 것을 배웁니다. 곱셈과 나눗셈에서는 '양변에 같은 수를 곱하거나 0이 아닌 수를 나눠도 양변은 같다'는 것을 익힙니다.

그러나 등식의 성질을 모른 채 덧셈을 뺄셈으로(또는 뺄셈을 덧셈으로), 곱셈을 나눗셈으로(또는 나눗셈을 곱셈으로) 바꾸기를 기계적으로 하면 계산이 복잡해질수록 틀리기 쉽습니다. 등식의 성질을 제대로 이해하지 못하면 서술형 문제에서 식은 잘 세웠는데 말이 안 되는 등식을 써서 틀리게 됩니다.

6) 수학교과서의 쉬운 서술형(문장제) 문제를 어려워한다

'어? 서술형 문제와 연산개념이 무슨 관련이 있지?' 하는 분이 많을 겁니다. 수학교과서의 서술형 문제는 개념만 이해되면 풀 수 있는 기본문제입니다(익힘책의 별 2개 문제는 응용문제나 살짝 심화된 문제입니다). 문장으로 표현됐을 뿐 사실은 연산문제나 다름없습니다.

6학년 1학기 분수 단원에 '밀가루 6과 $\frac{1}{4}$컵이 있다. 호떡 1개를 만드는 데 밀가루 $\frac{5}{8}$컵이 필요하다면 준비한 밀가루로 만들 수 있는 호떡은 몇 개인가?'란 문제가 나옵니다(답, 10개). 이 문제의 식을 못 세운다면 분수개념, 나눗셈개념이 부족하다고 볼 수 있습니다. 이 문제는 분수를 자연수로 바꾸면 3학년 나눗셈 문제가 됩니다. '밀가루 6컵이 있는데 호떡 1개 만드는데 밀가루 2컵이 필요하다. 호떡은 몇 개 만들 수 있나?'와 같은 문제입니다(답, 3개).

　이런 기본적인 서술형 문제를 못 푼다면 분수 단원의 서술형 문제를 더 풀기보다 3학년 나눗셈 단원의 서술형 문제를 더 풀어보고 3학년 분수개념을 탄탄히 한 후 6학년 분수 문제를 풀어야 합니다.

2. 초등 5, 6학년은 연산의 정확성, 속도 모두 중요하다

1) 연산실수가 잦다면?

연산문제 10개를 풀면 꼭 1~2개는 틀리고, 다시 풀면 맞는 아이들이 있습니다. 보통은 실수라고 여기고 가볍게 넘기고 다음에는 집중해서 풀라고 주의를 주기 마련입니다. 어려운 문제는 잘 푸는데 쉬운 문제를 종종 틀린다고 하거나 머리는 좋은데 실수를 좀 한다고 걱정 반 자랑 반 푸념을 한다면 연산실수를 대수롭지 않게 여기고 있을 가능성이 높습니다.

　중고등학교 수학시험은 시간 싸움입니다. 앞의 쉬운 문제를 최대한 빠르게 풀어야 뒤의 어려운 문제를 고민할 시간이 나옵니다. 앞부분의 쉬운 문제는 대부분 객관식입니다. 여기서 연산이 틀리면 고를 답이 없어 다시 풀어야 합니다. 쉬운 문제를 거듭해서 푸느라 시간을 허비하면 어려운 문제를 풀 시간이 부족해집니다. 어려운 문제 역시 연산이 걸림돌이 되면 답이 안 나옵니다. 빠듯하게 시간을 투자해서 식도 잘 쓰고 풀이도 잘했는데 마지막에 더하기, 빼기에서 틀리면 하늘이 노래집니다(주로 쉬운 덧셈, 뺄셈에서 틀립니다). 한두 번 연산실수를 하고나면 예민한 아이들인 경우 다음 시험에서는 긴장해서 실수하는 횟수가 더 늘어납니다. 악순환이 됩니다.

연산개념과 원리를 몰라서 연산이 틀렸다면 다시 공부하고 연습하면 나아집니다. 그러나 실수가 습관이 되면 곤란합니다. 고등때는 무의식중에 연산실수를 하는 터라 고치기 무척 어렵거든요. 연산실수를 잡으려면 초등 때가 제일 좋고, 정 안되면 중등 때라도 고쳐야 합니다(단, 중학교 때 연산실수를 잡으려면 아이도 필요성을 느껴야 하고 시간도 배로 듭니다).

연산실수 잡기는 부모가 야단친다고 될 일이 아닙니다. 아이 스스로 자기가 어디에서 실수하는지 깨닫고 실수를 줄이려고 노력해야 합니다. 문제를 풀다 연산실수가 나오면 틀리는 유형의 연산문제 10개를 풀기로 미리 약속하세요. 자주 실수하는 부분은 반복해서 풀어봐야 합니다. 채점은 바로바로 해주고요.

2) 연산속도가 느리다면?

수학을 잘하는 아이들은 연산속도도 빠릅니다. 수학을 잘하고 연산도 정확한데 푸는 속도가 느리다면 연산연습을 별로 안했거나 느긋한 성격 탓일 가능성이 큽니다. 보통은 수학문제를 많이 풀다보면 속도는 자연스레 붙습니다. 그러나 수학문제를 많이 푸는데도 연산속도가 느리면 따로 연산연습을 하는 게 좋습니다. 계산식을 길게 쓰는 아이라면 머리를 써서 계산식을 줄여보라고 이야기해주세요.

수학을 못하는 아이들은 연산개념이 확실치 않은 데다 수감각도 부족하니 연산속도가 느릴 수밖에 없습니다. 중고등수학까지 생각한다면 정확성과 함께 속도에도 신경 써야 합니다. 4학년까지 배우는 자연수의 사칙연산이 정확하고 빠르게 돼야 5, 6학년의 분수 연산이 쉽습니다. 자연수의 사칙연산도 느린 아이라면 작은 수의 연산부터 시작하는 것이 좋습니다.

3) 수감각이 있어야 연산이 빠르다

수감각 키우는 첫걸음은 수 가르기와 모으기입니다. 1학년 때 배우는 '5 가르고 모으기, 10 가르고 모으기'를 충분히 연습했다면 올림 있는 덧셈, 내림 있는 덧셈이 아주 편합니다. 덧셈과 뺄셈의 관계(3+□=5, 5−□=2)도 쉽게 이해됩니다.

그러나 수를 이리저리 분해하고 합쳐보는 경험을 별로 안해본 아이들은 초등 2, 3학년 과정의 덧셈, 뺄셈을 여러 가지 방법으로 계산하기에서 벽에 부딪힙니다(덧셈과 뺄셈은 받아올림, 받아내림해서 계산하면 되는데 왜 이런저런 방법으로 연산을 하라고 해서 아이들을 힘들게 하나 원망했던 기억이 나는 분도 있을 겁니다). 수학교과서에서 연산을 다양하게 해보도록 하는 것은 사고력과 함께 수감각을 키우기 위해서입니다. 수감각이 있으면 '15+7', '27+96', '368+42'도 암산이 됩니다. '15+5+2=22', '23+4+96=123', '368+32+10=410(또는 360+8+40+2=410)'이라고 머릿속에서 순식간에 계산이 됩니다. 저절로 연산속도가 빨라집니다.

분수와 소수에서도 수감각은 중요합니다. '6의 $\frac{1}{2}$은 3'이라는 것은 쉽습니다. 그러나 '어떤 수의 $\frac{1}{2}$이 48이면 어떤 수는 몇인가'의 답을 헤맸던 아이라면 분수개념과 수감각이 부족했다는 의미입니다(3학년 과정, 답은 96). 통분하고 약분할 때도 수감각이 중요합니다. $\frac{25}{100}$을 약분할 때 수감각이 있으면 바로 $\frac{1}{4}$로 씁니다. 수감각이 없으면 5로 나누고 또 5로 나누느라 시간이 걸립니다. 계산이 길어지면 오답이 많아집니다. 문제 푸는 속도도 느릴 수밖에 없습니다.

1~6학년 수학교과서 곳곳에 수감각을 키우기 위한 과정이 들어 있습니다. 수감각이 부족하면 아래 학년 수학교과서와 익힘책을 구입해서 이전에 힘들어했던 부분을 찾아 다시 해보세요. 머리가 커서 예전만큼 어렵게 느껴지지 않을 겁니다.

도형

도형감각이 있는가?

도형은 연산처럼 기초개념을 알아야 윗단계가 이해되는 영역이 아닙니다. 어느 정도 도형감각이 있으면 매 학년마다 한두 단원씩 드문드문 배워도 그때마다 공부하면 충분합니다. 초등 때 배우는 도형 개념은 중학교에서 다시 배웁니다. 4학년에서 배우는 수선, 평행선, 사다리꼴, 평행사변형, 마름모, 직사각형, 대각선의 정의와 성질은 중학교 2학년 2학기에 심화된 내용으로 다시 나옵니다. 5학년에서 배우는 도형의 합동과 대칭은 중학교 1학년 2학기에 또 나오고요. 중학생이 되면 초등 때 배운 것을 까맣게 잊어버리는 아이들이 대부분입니다. 그러나 도형감각이 있으면 다시 공부하면 되니 그리 문제가 안 됩니다.

1. 도형감각이 없으면 머리에서 상상이 안 된다

문제는 도형감각이 없는 아이들입니다. 도형감각이 있는지 없는지는 3학년 과정의 도형 돌리기를 배우면서 어느 정도 알 수 있습니다. 도형감각이 부족하면 오른쪽으로, 왼쪽으로 돌린 도형의 그림을 그리는 데 애를 먹기 마련이라서요. 초등 4학년까지는 도형이 그리 어렵지 않지만 심화문제에서 도형과 관련된 문제가 나오면 유독 어렵게 느끼는 경우도 있습니다. 머릿속에서 도형이 상상이 돼야 하는데 그림이 그려지지 않기 때문입니다.

중등수학에서 도형의 증명 문제는 보조선을 긋는 것이 생명인데 도형감각이 부족하면 보조선을 어떻게 그으면 될지 감이 안 잡힙니다. 도형단원은 아니지만 중학교 1학기에 배우는 일차함수, 이차함수 역시 수직선 위에 도형을 그릴 수 있어야 문제를 해결할 수 있습니다.

도형감각을 키우는 제일 좋은 방법은 우리 주변의 여러 물건을 직접 만져보고 잘라보고 펼쳐보는 것입니다. 어릴 때 나무블록, 레고블록을 많이 갖고 놀면 도형감각이 저절로 몸에 익게 됩니다. 도형퍼즐 놀이로 도형을 직접 만져보고 굴려보는 것도 도형감각을 키우기에 아주 효과적이지요. 그러나 초등 5, 6학년이라면 생활에서 도형감각을 익히거나 블록 놀이할 여유가 없습니다. 흥미도 떨어지고요.

대신 주말이나 방학, 가족끼리 여행갈 때 소마큐브, 펜토미노 등 1인용 도형퍼즐을 많이 해보도록 해주세요. 머리 굴리며 생각하는 연습도 되고 도형감각이 조금씩 몸에 붙습니다. 도형을 이리저리 많이 돌리다 보면 머릿속에서 도형이 떠올려지거든요. 여러 가지 도형의 전개도를 인쇄해서 6학년 과정에 나오는 직육면체, 정육면체, 각기둥, 각뿔, 원기둥을 만들어보는 것도 좋습니다. 전개도로 도형을 만들다 보면 도형의 넓이에 대한 '감'이 생기게 되니까요. 교과서에는 안 나오지만 정사면체, 정팔면체, 정십이면체 등 다양한 도형의 전개도를 인쇄해서 만들어보기도 하고요.

2. 도형의 넓이, 부피 구하기가 어렵다

5학년에서는 직사각형, 평행사변형, 사다리꼴, 마름모, 다각형의 넓이를 배우고 6학년에서는 원의 넓이, 직육면체의 겉넓이와 부피를 배웁니다. 도형감각 부족에 연산개념마저 허술하면 도형과 연산이 결합하는 넓이, 부피 단원은 속수무책이 됩니다. 6학년에서 공부한 넓이와 부피를 헤매면 중학교 1학년 2학기의 기둥, 뿔, 구의 겉넓이와 부피 구하기는 보나 마나입니다. 넓이와 부피 구하는 공식이 헷갈리는데 계산까지 어려워지니까요.

도형영역의 실질적인 공부는 수학교과서의 개념을 충분히 이해하고 교과서의 활동하기를 다 해보는 것입니다. 삼각형의 내각의 합이라면 삼각형을 종이로 오려서 세 각을 다 합쳐 보는 거죠.

사각형의 내각도 요점정리만 보지 말고 오려서 네 각을 다 합쳐보고요. 원의 넓이도 잘라보고 실제로 '원주율×(반지름)^2'이 되는지 실측을 해보는 것이 좋습니다.

그다음에는 문제를 풀면서 완전히 익혀야 해요. 아이가 어려워하는 단원은 여러 문제집에서 해당되는 문제를 싹 모아서 풀려보세요. 이때 도형은 다 그려봐야 합니다(도형을 그려봐야 도형감각이 생깁니다). 도형을 그릴 때는 미술시간처럼 터치하며 그리면 안 돼요. 점과 점 사이의 선분을 그리는 것처럼 한 변을 한 번에 쓰윽 그리는 연습을 많이 해야 합니다.

3. 도형 공식을 자주 잊어버린다

도형 단원의 특징상 당시에는 아는 것 같은데 시간이 지나면 머릿속에 지우개가 있나 싶을 정도로 싹 잊어버리는 경우가 많습니다. 6학년 1학기에 직육면체의 겉넓이와 부피를 배웠어도 2학기에 원기둥의 겉넓이와 부피를 배우면 '언제 도형의 넓이와 부피를 배웠나?' 하고 잊어버리는 거죠. 그러나 왜 그렇게 되는지 개념을 이해하고 있고, 몸에 밴 도형감각이 있으면 금방 다시 떠올릴 수 있습니다.

초등수학 진행은
어떻게?

초등 5, 6학년이면 심화문제를
능력껏 풀어봐야 한다

1. 심화문제를 다뤄봐야 중등수학이 수월하다

초등, 중등, 고등수학의 난이도와 공부량을 비교하면 중등은 초등의 3배, 고등(문과진로)은 중등의 3배 정도로 분량이 늘어납니다 (이과진로는 문과진로의 2배) 또한 초등 때에 비해 중등수학은 급격하게 어려워집니다. 중등에서 고등으로 갈 때도 마찬가지고요. 초등 때 심화문제를 안 풀어본 경우 중등수학이 힘들고, 중등 때 심화문제를 다뤄보지 않으면 고등수학이 벅찰 수밖에 없습니다. 공부할 양도 많은 데다 어렵기까지 하니까요. 반면 심화문제를 풀어보면 중등수학, 고등수학 진입이 비교적 편합니다. 수학교육과정에서 초5, 6은 중1 수학과, 중3은 고1 수학과 밀접하게 연결돼 있기 때문입니다.

초등 때 심화문제를 접해본 아이들은 중등수학에서 어려운 문제가 나오면 붙잡고 해결해보려고 애를 씁니다. 좀 어렵지만 해볼 만하다고 생각하면서요. 그러나 심화문제를 거의 풀어보지 않았다면 조금만 어려워도 못 푼다고 포기하려고 합니다. 몸에 근력이 붙어야 무거운 바벨을 번쩍 들어올리듯 생각의 근력을 키워야 어려운 수학문제도 풀 수 있습니다. 중등 선행하는 초등아이들 대부분이 속빈 강정입니다. 팔다리가 가는 약골인데 50kg 바벨을 들겠다고 하는 것과 똑같습니다. 주변에서 죄다 중등 선행을 나간다고 해도 분위기에 휩쓸리지 마세요. '선 심화, 후 선행'입니다.

2. 심화문제 수준은 아이에게 맞춘다

내 아이 수준을 잘 모르고 수학을 잘하는 아이가 푸는 문제집, 유명한 학원에서 푸는 문제집을 아이에게 주는 분들이 많습니다. 학원에서 자기 실력에 안 맞는 문제집을 잡고 있는 아이들도 종종 보입니다. '중학교 가서 하면 되지, 미리 초등 때 고생할 필요가 있나' 하는 반대 의견도 있습니다. 이에 대한 답은 '아이에 따라 심화 수준이 다르므로 그에 맞춰야 한다'입니다.

수학실력은 개념을 생각하며 여러 가지 방법을 해결하려고 노력하는 과정에서 자랍니다. 그러려면 자기 실력보다 살짝 버거운 수준의 어려운 문제를 풀어봐야 되지요. 이때 자기 수준에 너무 어려운 문제는 자신감만 떨어지고 수학에 정이 떨어지는 부작용이 생깁니다. 학원선생님이(또는 수학을 잘하는 부모가) 어려운 문제를 열심히 설명해준들 알아듣지도 못합니다. 설사 이해했다 하더라도 자기 힘으로 풀지 않은 것은 자기 실력이 안 됩니다. 헬스 강사의 시범을 아무리 열심히 지켜봐야 내가 움직이지 않으면 어려운 동작은 따라하지 못하고 근력도 늘지 않는 것이나 마찬가지입니다.

수학에 뛰어난 아이들은 초등 수학문제집에서 가장 어려운 편인 〈최상위〉, 〈최고 수준〉 문제집을 처음 풀 때 정답률이 90%에 육박합니다. 수학문제 푸는 것도 재미있어하고 좀 더 도전적인 문제를 주면 눈을 반짝이며 어떻게든 해결해보려고 합니다(이 정도면 상당수가 영재학교나 과학고를 바라봅니다). 이런 아이라면 심화와 선행을 같이 하든, 심화를 한 후 선행을 하든 크게 문제되지 않습니다.

반대로 수학을 어려워하는 아이라면 어려운 수학문제집 1권 푸느라(또는 설명 듣느라) 시간을 허비하느니 자기 수준보다 살짝 어려운 문제집 2권을 푸는 것이 낫습니다. 초등수학교과서와 익힘책도 어렵다면 교과서와 가장 쉬운 수학문제집 1권을 완전히 이해될 때까지 반복해서 푸는 것이 낫고요.

3. 심화의 수준은 변한다

운동을 해야겠다고 마음먹고 5분만 달려보세요. 처음에는 숨이 턱에 차 헉헉거리지만 매일 꾸준히 하면 10분, 20분… 1시간을 달릴 수 있는 힘이 생깁니다. 수학도 마찬가지입니다. 매일 아이 수준에 맞는 살짝 어려운 수준의 수학문제를 꾸준히 풀게 해보세요. 서서히 실력이 올라가는 것을 알 수 있습니다. 이러면 심화문제라면 고개부터 돌리던 아이라도 익힘책의 별 1개, 별 2개 문제를 풀 수 있는 힘이 생깁니다. 수학문제집의 개념문제만 간신히 풀던 수준이라도 좀 더 어려운 단원 뒷부분 문제의 응용문제도 풀수 있습니다.

4. 심화문제 풀 때는 이렇게

1) 충분한 시간을 준다

아이 수준보다 어려운 문제를 풀 때는 충분한 시간을 주세요. 빠르게, 많이 푸는 것보다 문제를 읽으면서 어떤 개념이 필요한지 혼자 생각하고 찾아보는 태도를 갖는 것이 중요합니다. 아이가 동의하면 옆에 앉아 문제 하나를 풀 때마다 바로 채점해 보세요. 늘어지지 않고 좀 더 집중하면서 풀게 됩니다. 그러나 틀렸다고 이런 것도 못 푸느냐고 버럭 화부터 내면 아무 소용없습니다. 누가 야단치면 긴장해서 더 실수하듯 아이가 주눅이 들어 부모 눈치를 보다 보면 문제는 더 안 풀리고 쉬운 문제도 틀립니다. 부모도 사람인 이상 화가 안 날 수는 없습니다. 나도 모르게 불끈 화가 치밀면 잠시 다른 방에 가거나 밖에서 머리를 식히고 들어오세요.

2) 아이의 상태를 봐가면서 진행한다

심화문제는 하루 중 컨디션이 제일 좋을 때 푸는 것이 좋습니다. 아침에 집중이 잘 되면 아침에 일어나서 수학문제를 풀고, 학교 갔다 와서 간식 먹고 편안한 분위기에서 공부하는 것이 좋은 아이는 그에 맞춰주는 것이지요. 매일 일정 시간 심화문제를 풀기로 했더라도 그날그날 상태를 봐가며 진행하는 지혜도 있어야 합니다. 유난히 피곤해하거나 오답이 많다면 쉬운 문제집으로 바꿔보거나 연산문제를 풀게 해주세요. 그마저도 힘들면 하루를 쉬어도 됩니다. 그렇다고 마냥 늘어지면 안 돼요. 일주일 분량을 정했다면 주말을 이용해 보완하자고 약속을 하고 쉬도록 해주세요.

3) 문제를 이해 못하면 독해력부터 점검해야 한다

쉬운 문제는 그럭저럭 푸는데 조금만 문제가 꼬여 있으면 고개를 갸우뚱하는 아이들이 있습니다. 조건이 무엇인지, 무엇을 구하라는지 이해 못 하고요. 독해력이 부족하면 수학공부를 열심히 해봐야 발전이 더딥니다. 아무리 좋은 수학학원에 보내도 소용없습니다. 이러면 중등, 고등으로 갈수록 문제의 의미를 이해 못하는 일이 훨씬 더 많아집니다.

　수학문제 이전에 독해력부터 점검해보세요. 한글책을 안 읽는 아이라면 한글책 읽기 습관을 지금이라도 잡아주세요. 한글책을 많이 읽고 어휘력, 독해력도 좋은데 수학문제를 이해 못하는 아이도 있습니다. 수학개념, 수학용어의 의미를 제대로 몰라서입니다. 문제를 많이 풀어보지 않아 문제가 낯설어서일 수도 있고요. 이 경우 문장 끊어 읽기, 주어진 조건과 구하는 것에 밑줄 긋기부터 연습하도록 하세요. 문제집 답지의 식을 보면서 문제를 식으로 바꾸는 방법을 알려주고요.

5. 초등 5, 6학년은 사고력수학(학원이나 문제집)을 할 여유가 없다

사고력 수학의 유래는 2003년 무렵 외고입시에 사고력 문제가 출제된 데서부터 시작합니다. 외고합격이 사고력 문제를 풀 수 있느냐에 좌우되니 사고력 학원에 외고를 준비하는 아이들이 몰려들었습니다. 그러나 2009년에 외고입시를 내신 위주로 바꾸면서 사고력수학의 입지는 확 줄어듭니다.

그러다 영재학교가 늘어나면서 영재원에 관심을 두는 부모들이 늘어났습니다. 과고진학을 희망해도 경험 삼아 영재학교 지원하는 수요도 적지 않았고요. 이러다 보니 사고력수학 학원이 다시 부상하게 됐습니다. 수능수학이 어려워진 점도 한몫했고요. 덩달아 사고력수학 문제집까지 나타났습니다. 해가 갈수록 퍼즐 문제, 수학문제집의 심화문제, 수학경시 수준 문제를 모은 다양한 종류의 사고력수학 문제집이 출간되고 있습니다.

사고력수학이 각광을 받으니 어느새 '수학을 잘하려면 사고력수학을 해야 한다', '교과수학과 별도로 사고력수학을 꼭 챙겨야 한다', 심지어 '사고력수학을 해두어야 수능수학점수를 잘 받을 수 있다'는 소문까지 돌기 시작합니다. 가만히 보세요. 원인과 결과가 거꾸로입니다. 수학을 잘하는 아이들이 사고력수학 학원에 간 것이지, 사고력수학 학원을 다녀서 수학을 잘하게 된 것이 아니에요. 대부분은 사고력수학 학원에 가도 사고력이 늘기는커녕 잘하는 아이들에 치이기 쉽습니다. 사고력수학 학원에 다니거나 사고력 문제집을 풀어야 사고력이 신장되는 것도 아니고요.

더구나 5, 6학년은 제 학년 수학심화와 중등대비만으로도 시간이 부족합니다. 사고력 문제집은 시간이 남으면 모를까 굳이 안 해도 됩니다. 수학 심화문제를 해결하는 과정에서 사고력이 충분히 자랄 수 있습니다.

수학공부할 때 꼭 지킬 것 6가지

1. 개념부터 공부한다

수학은 개념에서 시작해서 개념으로 끝납니다. 수학문제를 많이 푼들 개념을 정확하게 모르고 유형을 외워 푼다면 헛수고입니다. 초등 5, 6학년은 주요 개념들이 쏟아져 나옵니다. 개념공부할 때 제일 좋은 교재는 수학교과서입니다. 교과서가 없다면 문제집의 개념부분을 꼼꼼하게 읽고 문제를 푸는 습관을 들여주세요.

2. 70% 정답률을 보이는 문제집을 푼다

문제가 너무 어려우면 엄두를 못 내고, 너무 쉬우면 시간낭비입니다. 20문제라면 14문제는 쉽게 풀고 6문제 정도 고민하며 풀 수 있는 수준이 딱 좋습니다. 한 문제집 안에서도 난이도 차가 있습니다. 'A-B-C-종합'의 순서로 돼 있는 문제집에서 A의 정답률은 100%, B는 80%, C는 50%, 종합문제는 75%라면 C단계 문제는 아이한테 아주 어려운 수준입니다. 이 경우 C단계 오답을 바로 하기보다 다른 심화문제집을 한 후 다시 푸는 것이 부담이 덜 됩니다. 단원별로도 차이가 있습니다. 도형이 어려우면 연산단원은 70~80% 정답률이지만 도형영역은 정답률이 50%를 밑돌 수 있습니다. 이 경우 도형은 따로 유형문제집으로 보충을 해줄 필요가 있습니다.

3. 문제풀이는 노트에 한다

수학문제집에 문제를 풀고 답을 쓰는 아이들이 많습니다. 지금부터라도 꼭 노트에 문제를 풀도록 해주세요. 문제 풀 때 자기도 못 알아볼 정도로 숫자를 엉망으로 쓴다면 이 부분도 고쳐야 합니다. 식은 잘 써 놓고 답이 틀리는 이유가 되니까요. 채점을 해서 틀린 문제는 지우지 마세요. 틀렸다고 지우면 어디에서 오류가 났는지 확인하기 어렵습니다.

어설프게 암산하는 게 몸에 배여 연산 실수를 반복하는 경우도 있습니다. 적절한 암산은 문제를 빠르게 풀 수 있지만 실수가 잦다면 꼭 계산식을 쓰게 하세요(단, 불필요한 계산식은 생략하는 것이 좋습니다). 식 없이 답만 쓰는 아이들도 있습니다. 쉬운 문제라면 몰라도 문제가 길어지고 어려워지면 오답이 속출합니다. 학교에서 서술형 평가시험을 본다면 답이 맞더라도 감점을 받을 테고요. 이런 아이라면 노트에 또박또박 식 쓰는 습관을 꼭 들여야 합니다.

4. 문제풀기 → 채점 → 오답확인 → 오오답확인

극소수의 스스로 목표를 세우고 알아서 공부하는 아이가 아니라면(중등 후기, 고등학생은 돼야 합니다) 부모가 채점을 해줘야 합니다. 아이가 채점하면 식을 제대로 안 쓰거나 연산 오류가 있어도 답이 맞으면 맞았다고 넘어가기 쉽습니다. 틀린 문제를 다시 풀 때도 해답을 본 것이 기억에 남아 오답확인의 의미가 반감됩니다.

그날 푼 문제는 되도록이면 바로 채점해주세요. 며칠 동안 푼 것을 몰아서 채점하면 긴장감도 떨어지고 앞부분의 개념을 몰라 틀린 것이 줄줄이 오답으로 남기 쉽기 때문입니다. 문제가 쉬우면 한 단원을 다 끝낸 후 채점을 해도 됩니다. 그러나 아이가 조금 어렵게 느낀다면 한 단원 안에서 난이도별로 나눠진 단계가 끝날 때마다 채점해주세요. 많이 어려운 문제는 한 문제 풀 때마다 바로 채점해도 좋아요(채점하는 동안 간식을 먹거나 쉬도록 해주세요).

수학문제를 푼다는 것은 이 문제에 어떤 개념이 들어 있는지 확인하고 응용하는 능력을 키우는 과정입니다. 오답이 나온다는 것은 개념이 아직 체화되지 않았거나 아이가 약한 부분이라고 판단할 수 있습니다. 실수가 잦은 부분을 확인할 수도 있고요. 틀린 문제가 나오면 야단칠 것이 아니라 반겨주세요. 어디에 구멍이 났는지 알 수 있으니 오답이야말로 아이의 실력을 올려줄 좋은 문제입니다.

오답확인은 채점 후 바로 하는 것이 좋습니다. 왜 틀린 문제를 다시 풀어야 하는지 미리 설명해주세요. 오답확인을 할 때는 이전에 푼 과정을 떠올리면서 '맞은 것 같은데 왜 틀렸지?'란 자세로 접근하면 안 됩니다. 새 문제를 보듯 문제를 차근차근 읽으면서 풀어야 합니다. 다시 풀어도 어려워서 못 푸는 문제는 동그라미 치고 넘어갑니다. 어려워한다고 설명해주거나 힌트를 주지 마세요. 시간이 좀 더 흐른 후 오오답 문제를 모아 다시 풀면 잘 풀리는 경우가 많으니까요.

오오답은 문제집 1권을 다 푼 후 다시 풉니다. 이때 문제가 어려워 정 해결하지 못하면 힌트를 주거나(부모가 문제를 이해하는 경우) 해답지의 해설을 한 줄씩 읽어줘도 됩니다. 이렇게 해서 아이가 이해하면 좋지만 이해 못하면 그냥 넘어가세요. 고등학생이면 몰라도 2번 틀린 어려운 문제는 더 오래 붙잡고 있어봐야 시간만 끌 뿐 힘만 빠집니다.

정답률이 70% 이하이거나 오오답이 너무 많다면 아이한테 어려운 문제집입니다. 좀 더 쉬운 문제집으로 나가거나 문제집 안에서 오답률이 높은 제일 어려운 문제는 건너뛰고 가세요. 또한 너무 많은 문제를 단시간에 풀라고 하면 오답률이 높아집니다. 처음 풀 때 오답률이 높은데 다시 풀 때 거의 다 맞는다면 집중해서 풀지 않은 것입니다. 하루에 푸는 분량이 적당한지 살펴 문제량을 줄이거나, 두 타임으로 나눠 문제를 풀도록 해주세요.

다시 푼 문제가 맞으면 문제 옆에 틀린 이유를 꼭 적어두세요. '개념을 몰라서', '문제를 잘못 이해해서', '연산실수를 해서', '식을 잘못 써서', '내가 쓴 글씨를 잘못 읽어서' 등으로요. 문제집 1권을 다 풀면 오답의 유형을 살펴보세요. 아이의 수학문제 푸는 태도와 약한 영역을 확인할 수 있습니다.

5. 문제집 1권이 끝나면 격려와 칭찬을 해준다

아이와 집에서 수학공부를 진행하다 보면 큰소리가 떠날 날이 없는 집이 많습니다. 공부자세도 영 시원치 않은 데다 시간대비 공부양이나 몰입도, 공부에 대한 의욕 모두 마음에 안 들다 보니 칭찬은커녕 조용히 넘어가는 날이 드물 정도가 됩니다. 아이 탓만 하면 해결이 안 됩니다. 제대로 안한다고 야단치다 보면 집안분위기만 냉랭해질 뿐 아무 효과가 없습니다.

공부는 스스로 하겠다는 의지가 있어야 됩니다. 수학은 더욱 아이의 의지가 중요하고요. 그러나 아직 어린데 스스로 알아서 공부하리라 기대하면 욕심입니다. 어쩌다 한두 명 잘하는 아이와 내 아이를 비교하면 더더욱 안 됩니다(아이가 그 집 부모와 나를 비교한다고 생각해보세요. 끔찍하지 않나요?). 아이의 의욕을 불러일으키는 것은 부모입니다. 내 아이는 어떤 성향인지, 어떤 것을 좋아하는지 살펴서 과정에 충실하도록 응원하고 격려해주세요.

계획을 잘 마쳤을 때, 문제집 1권을 다 끝냈을 때는 칭찬과 함께 맛있는 음식이나 놀이 등 아이가 기뻐할 만한 이벤트를 준비해 보세요. 다음에도 잘하고 싶다는 동기부여가 됩니다.

6. 수학로드맵을 세우고 진행한다

1) 한 학기, 1년 수학로드맵이 필요하다

계획이 없으면 결실도 없습니다. 한 학기에 문제집 1권도 제대로 못 풀고 넘어가기 쉽습니다. 5, 6학년이라 시간이 없다고 종종거리지 말고 계획을 세우세요. 학기 중, 방학 중 계획은 달라야 합니다. 방학 기간 계획은 방학 전 2주, 방학이 끝난 후 2주를 포함해서 계획을 세웁니다. 방학 직전에는 노는 분위기, 새학기에는 적응하느라 어수선한 분위기라 숙제도 적고 시험도 없어 부담이 덜하니까요. 명절이나 휴가 등 공부를 못하는 날도 감안하세요. 그래야 계획에 차질이 생기거나 늘어지지 않습니다.

수학을 어려워하는 아이는 중등수학을 빨리 나가려고 하기보다 초등심화 일정을 잡아야 합니다. 이때 수학문제집을 출판사 난이도별로 죽 다 풀려고 계획을 세우면 안 됩니다. 다 풀지도 못할 뿐더러 지레 겁먹게 됩니다. 그러나 4단계 수학문제집을 처음 풀 때 정답률이 70%가 넘고 잠수네영어 〈심화2〉과정 이상인 초5라면 중등수학을 진행해도 됩니다(초5, 6과정 4, 5단계 문제집 오오답까지 해두면 중등수학을 빠르게 진행할 수 있습니다). 초6은 4~5단계 수학문제집까지 할 시간이 부족할 수 있습니다. 그러나 최소한 3단계 수학문제집으로 오오답확인을 한 후 중등수학으로 넘어가세요. 단, 5학년 과정을 쉬운 문제집으로 했다면 5-1, 5-2의 3단계 문제집을 한 번 더 풀어보는 것이 좋습니다.

2) 단기 계획도 있어야 한다

수학문제집을 풀 때는 언제까지 풀 것인지 계획을 세우고 진행하는 것이 좋습니다. 수학공부 계획은 아이와 꼭 의논해서 작성하세요. 사춘기에 접어든 아이한테 강요하면 언젠가는 튕겨나가게 됩니다. 순한 아이는 겉으로 표시 안 해도 불만이 가득 차 있을 테고 성격이 강한 아이라면 대놓고 안 하겠다는 말도 서슴지 않습니다. 계획을 세울 때는 '문제집 1권을 몇 주간 풀지'부터 정합니다. 기간이 정해지면 주단위, 일단위 계획표를 짜세요. '1주차에는 몇 쪽~몇 쪽을 하고 월요일 몇 쪽, 화요일 몇 쪽…'으로요. 이렇게 짠 계획표를 문제집 맨 앞에 붙여두면 스스로 자기 일정을 챙기는 습관을 들일 수 있습니다. '오늘 어디까지 할 거냐, 왜 안 했느냐' 잔소리도 줄어들고요.

하루 계획 분량을 다 마쳤다면 남는 시간에는 아이가 원하는 것을 하도록 해주세요. 시간이 남았다고 더 진도를 나가라고 하거나 다른 공부를 하라고 하면 집중해서 공부하고자 하는 의욕이 뚝 떨어집니다. 계획대로 진행이 안 된 날이면 다음 날 더 하든지 주말에 다 하도록 잘 이끌어주세요. 처음부터 무리한 계획이었다면 중간에 계획을 수정하는 유연함도 필요합니다.

초등수학 과정별 수학심화 진행 & 과정별 문제집

기본과정

1단계 문제집 정답률이 70% 이하인 경우입니다. 이 정도면 제 학년 수학진도를 제대로 이해 못하는 수준입니다. 중등선행, 심화는 생각하지 말고 기본을 다지는 쪽이 훨씬 좋습니다.

　제일 처음 볼 것은 수학교과서입니다. 교과서에 나오는 개념설명 부분은 이해될 때까지 반복해서 읽게 하세요(대충 읽는 듯하면 소리 내서 읽도록 합니다). 교과서와 익힘책에 나오는 모든 문제는 오오답까지 확실하게 해야 합니다(익힘책의 별 2개 문제가 어려우면 잠시 접어도 됩니다). 그다음 1단계 문제집을 풉니다.

1단계 문제집에서 틀리는 문제가 너무 많으면 문제집도 여러 권 하지 말고 이미 푼 문제집을 하나 더 구입해서 풀게 해주세요 (틀렸다는 표시가 없어야 기분이라도 좋으니까요). 1단계 문제집 오답, 오오답까지 다 끝나면 2단계 문제집을 진행해도 됩니다. 이 아이들에게는 2단계 문제집이 심화문제집입니다. 2단계 역시 1권만 반복합니다.

학교 수학 진도를 따라가는 것도 벅찬 아이라면 방학을 이용해 복습에 매진해야 합니다. 이전 학년의 결손난 부분(연산, 개념)을 찾아 익숙해질 때까지 연습하는 것도 중요합니다. 구멍 난 부분을 메워야 학교공부도 수월하고 6학년 겨울방학에 중등수학도 시작할 수 있으니까요.

5학년이면 학년이 끝난 후 3단계 문제집을 복습 차원에서 푸세요. 3단계 문제집은 비교적 쉬운 수준에서 서술형 해결과정을 공부할 수 있는 〈문제해결의 길잡이 원리〉를 추천합니다.

개념	심화	
1단계	2단계	3단계(학년 마무리 후)
개념 잡는 큐브수학 (동아출판)	디딤돌 초등수학 기본 (디딤돌)	문제해결의 길잡이 원리 (미래엔)

응용과정

1단계 문제집 정답률 90% 이상, 2단계 문제집 정답률 70% 이상인 경우입니다. 학교시험은 100점이 나오기도 하겠지만 2, 3단계 문제집에서 단원 뒷부분의 심화문제는 잘 못 푸는 수준입니다.

이 아이들도 선행보다는 심화에 치중하는 것이 좋습니다. 초등 5학년이면 4단계 문제집을 풀 수 있도록 실력을 올리고, 6학년이면 3단계 문제집을 오오답까지 하는 것을 목표로 합니다. 단원에 따라 약한 부분이 있을 수도 있습니다. 오답이 많은 단원은 유형 문제집에서 해당 부분만 따로 연습해주세요. 학년이 끝난 방학 때는 4단계 심화문제집을 풀어보세요. 어려운 문제를 해결하는 연습도 되고 복습도 됩니다.

개념	심화		
1단계	2단계	3단계	4단계(학년 마무리 후)
개념 잡는 큐브수학 (동아출판)	디딤돌 초등수학 기본 (디딤돌)	디딤돌 초등수학 응용 (디딤돌)	문제해결의 길잡이 심화 (미래엔)

※ 유형문제집

[유형 3단계] 쎈 수학 (좋은책신사고)

심화과정

2단계 정답률 90% 이상, 3단계 정답률 70% 이상인 경우입니다. 학교시험은 거의 100점인 아이들이 대부분이지만 실수로 100점이 안 나올 수도 있습니다.

수학에 감이 있는 아이들이지만 연산실수가 잦다면 연산연습을 따로 해야 합니다. 응용문제는 잘 풀어도 심화문제를 어려워하면 하루 한 문제라도 차분히 푸는 습관을 들이는 것이 좋습니다.

처음 진도 나갈 때는 1, 2단계 중 아이가 원하는 문제집을 선택해서 보세요. 어려운 문제를 해결하는 과정을 익히는 용도로 3단계 문제집을 풀고 오오답까지 확인하면 4단계 문제집도 도전해보세요. 중등 선행을 나가려고 한다면 4단계 문제집 오오답까지 다 한 후 진행하는 것이 좋습니다.

개념	심화	
2단계	3단계	4단계
우등생 해법수학 (천재교육)	응용 해결의 법칙 일등수학 (천재교육)	최상위 초등수학 (디딤돌)

심화플러스과정

3단계 정답률 90% 이상, 4단계 정답률 70% 이상인 경우입니다. 중등 선행을 나가기 전 능력껏 심화를 해보세요. 4단계 문제집을 편안하게 푼다면 5단계 문제집도 도전해보세요.

　5단계 문제집에는 중등과정에서 나오는 응용, 심화문제가 많이 들어 있습니다. 초등의 사고로 유연하게 풀어보면 중등과정을 나갈 때 시간이 많이 단축됩니다(단, 너무 어려운 문제는 넘어가도 됩니다). 6학년은 시간이 부족하므로 5단계 문제집까지는 하지 마세요.

　중등수학 선행을 나가고 있다면 진도빼기에 연연하기보다 탄탄하게 심화문제까지 다루면서 진행하기를 권합니다.

개념	심화		
3단계	4단계		5단계(학년 마무리 후)
디딤돌 초등수학 응용 (디딤돌)	최고수준 수학	최상위 초등수학 (디딤돌)	최상위 초등수학 경시대비 (디딤돌)

단계별 수학문제집

구분	1단계	2단계	3단계	4단계
천재교육	개념클릭 해법수학	우등생 해법수학	응용 해결의 법칙 일등수학	최고수준 수학
	1000 해법수학	베스트 해법 수학	수학리더: 실력응용	
디딤돌	디딤돌 초등수학 원리	디딤돌 초등수학 기본	디딤돌 초등 수학 응용	최상위 초등수학
비상교육	개념+유형 교과서 개념잡기 초등수학	개념+유형 라이트 초등수학 / 완자 초등수학	개념+유형 파워 초등수학	
동아출판	큐브수학S start 개념	동아 백점 맞는 수학		
좋은책 신사고		우공비 초등수학		최상위 쎈
에듀왕		포인트 왕수학 기본편	포인트 왕수학 실력편	점프 왕수학
기타	EBS 초등 만점왕 수학	개념원리 쌩큐 초등수학 기본서		

연산문제집

1단계				2단계	3단계
잠수네 연산: 초등 (잠수네커가는아이들)	기탄수학 (기탄교육)	New 기적의 계산법 (길벗스쿨)	쎈연산 (좋은책신사고)	최상위 연산 수학 (디딤돌)	상위권 연산 960 (시매쓰)

도형문제집

1단계			3단계
잠수네 도형: 초딩 (잠수네커가는아이들)	기적의 도형 계산법 (길벗스쿨)	도형박사 (천재교육	상위권 수학 960 (시매쓰)

서술형 · 문장제 문제집

2단계	3단계		4단계
기적의 수학 문장제 (길벗스쿨)	꼭 알아야 할 수학 문장제 (에듀왕)	문제해결의 길잡이 원리 (미래엔)	문제해결의 길잡이 심화 (미래엔)

유형별 수학문제집

2단계			3단계	
유형 해결의 법칙 셀파 수학 (천재교육)	3000 해법수학 실력 (천재교육)	개념원리 문제 기본서 RPM 초등 수학 (개념원리)	개념+유형 오답 잡는 문제집 (비상교육)	쎈 수학 (좋은책신사고)

1. 문제만 많이 푸는 공부, 이러지 않게 해주세요

한 학기에 3권 이상의 문제집을 풀어야 한다고들 하니, 열심히 풀라고 하지만 아이는 그 문제 하나하나를 소중하게 여기지 않습니다. 이러지 않게 해주세요.

아이들이 할 일은 엄청 많은데 많은 수학 문제를 풀어대느라 그야말로 '문제'로만 둘러싸여 있지요. 그러다 보니 문제를 해결할 생각을 하지 않고, '어떻게 하면 빨리 답을 내서 오늘 분량을 마칠까'만 궁리합니다. 문제를 대강 읽고 대강 푸는 것은 당연하고, 틀렸을 경우 왜 틀렸는지 따지고 다시 풀어보는 건 제대로 하지 않습니다. 많은 문제를 푸는 아이들이 대부분 그렇습니다. 정말 위험한 일입니다. 초등 때는 그나마 시간이 많아서 많은 문제를 푸는 것으로 실력유지가 가능하다는 것, 다 아시지요?

해결 방법은 (물론, 아이마다 다릅니다만) 문제 하나하나를 중요하게 생각하고 정성껏 풀게 유도해야 한다는 것입니다. 처음 문제를 대했을 때, 집중하여 문제를 잘 읽도록 하고, 어떻게 풀 것인가를 생각한 후 풀어나가되, 그 문제가 원하는 정확한 답을 낼 때까지(중간에 계산하다 끝까지 가지 않았는데 얼른 이게 답이라고 생각하는 경우를 조심하라는 뜻) 딴생각을 하지 않는 것입니다.

2. 몰아서 하는 공부, 이러지 않게 해주세요

특히 방학에 심해지는데, 영어학원 가야 하는 날 학원 가기 직전에 영어 숙제를 마구마구 급하게 하고, 수학학원 가는 날 가기 전에 마구마구 수학숙제를 하고 이러면 아이들은 영어하는 날, 수학하는 날이 정해지게 되고 그날은 지겹도록 그 과목 공부만 하게 됩니다. 생각만 해도 지겹지 않나요? 영어는 그나마 덜 지겹겠지만 수학은 정말 돌아버릴 겁니다. 그만큼 집중력과 탐구심도 떨어집니다. 또 영어가 덜 지겹다고 몰아서 해서 되지 않는다는 것, 잠수네 가족은 다 아실 겁니다. 수학도 그렇습니다. 특히 초등은 어른은 쉽게 계산하는 것들도 배우는 과정이라 돌아서면 잊기 때문에 매일매일 해주어야 감각을 잊지 않고 진도를 나갈 수 있습니다. 꼭 매일매일 분량을 나누어주세요.

3. 유형별 문제 학습에 치우치는 공부, 이러지 않게 해주세요

중, 고 수학문제집에서 주로 보이던 유형별 문제풀이가 쫘악 초등까지 생긴 걸 보고 좀 놀랐습니다. 정말 문제풀이에 집착하는 수학공부법이 초등까지 깊숙이 침투했다 싶어서요. 우리 아이들의 공부법은 학습지 출판사와 학원이 주도적으로 바꾸어놓고 있는 것이 확실합니다. 초등 수학은 중, 고에 비해 문제풀이가 단순하고 쉽기 때문에 대표 유형문제를 푼 뒤 푸는 법을 외워 자기가 왜 이렇게 푸는지 생각도 하지 않고 따라 풀어버립니다. 대표 유형 문제 아래로 비슷한 문제가 서너 개 쫘르륵 있습니다. 비슷한 문제를 너댓 번 푸는데 마지막 문제쯤은 문제를 읽지 않아도 풀 수 있게 되지요. 그러나 이틀 후 다시 수학학원 가려고 숙제를 할 때 여러 문제 사이에 섞여 있으면 어떻게 푸는지 모릅니다(물론 이 방법이 필요한 아이도 있습니다).

그래도 워낙 유형별 문제집들의 문제가 좋아서요(ㅎㅎ). 대표유형 풀고 유형별로 그 아래로 쭉 푸는 게 아니라, 유형별로 하나씩, 문제를 띄엄띄엄(1, 4, 7, 10… 이런 식) 풀고 다시 돌아와서 띄엄띄엄(2, 5, 8, 11…) 풀고 하는 방법을 권합니다. 괜찮지요? 역시 한 문제 한 문제 소중히 여기면서 풉니다. 정성껏이요~

4. 문장제 문제 풀 때, 엉터리 식을 쓰거나 답만 덜렁 쓰지 않게 해주세요

문장제 문제를 풀 때는 반드시 그 문제에 나온 숫자를 그대로 사용하여 식을 만들어 보는 버릇을 길러 주세요. 분수의 나눗셈 단원에서는 문장제 문제가 분수의 나눗셈 식을 세워야 풀 수 있는 문제가 나오지요. 으레 '그 단원이니 나눗셈이겠거니' 하고 요령껏 잘 쓰는 아이들도 있지만, 의식적으로 그 문제에 있는 그 숫자를 사용하여 제대로 식을 쓸 수 있게 해주세요. 아주 중요하다고 생각합니다. 나중에 중고등 올라가서 복잡한 문제를 수식화하여 해결할 수 있는 능력을 키우는 토대입니다.

| 사례 **5, 6학년 수학 진행, 경험을 말씀드린다면**

작성자 joyaji **글 쓸 당시 학년** 초6, 초3

5학년 1학기, 2학기 수학을 좀 잡았습니다. 〈우등생〉 → 〈셀파(쎈)〉 → 〈챌린지(일품)〉 → 〈최고수준(최상위)〉으로 가닥을 잡았어요. 즉 개념서 → 쉬운 문제 드릴(개념 탑재) → 준심화서 → 심화서로요. 아이가 이과형

아이도 아니고 평범한 여자아이라 교재를 한 학기당 4권 정도는 풀었어요. 5학년부터 중등 선행을 하는 분위기였지만 우리 집은 그럴 상황이 아니었어요. '1~2년 정도 선행을 하고나서 제 학년 심화로 가서 심화문제들을 해결할 것이냐, 제 학년 심화를 탄탄히 해서 수학적 머리를 넓힐 것이냐' 중에서 저는 후자를 택했어요. 깜냥도 안 됐고요.

울며불며 수학을 했어요. 잠친들께도 길을 묻고 했는데 '수학에 담그는 기간이 필요하다, 그 기간을 잘 넘겨라' 하시더군요. 다른 댁들 포폴엔 너무 잘하는데 왜 우린 이렇게 진행이 더디고 버겁나 했는데 우리는 담그는 기간을 지나고 있었던 거죠.

5학년 심화를 패고나서 6학년은 연산이 주를 이루니 상대적으로 쉽더군요. 6학년 진도를 나가면서 중등 선행 시동을 걸었고 6학년 최고수준, 최상위 문제는 잠수네수학테스트 준비하며 다지기 했어요.

1. 하루 몇 장 풀어야 하나?

'개념이냐, 드릴이냐, 심화냐는 아이가 속도가 늘어서 얼마나 수월하게 풀어내느냐'에 따라 다르다고 봅니다. 저희는 기본 2시간을 할애를 하는데 적정한 문제 수는 하다 보니 늘어나더군요. 지금은 속도가 많이 늘어서 6-2 최상위는 6장은 풀어지네요.

2. 한 달의 진도는 얼마?

이게 집에서 하니 느려 터졌습니다. 중등 선행도 하다 보니 좀 속도가 붙기는 하는데 학원진도에는 택도 안 됩니다. 하지만 학원행은 좀 더 있다가 생각하려고요. 차근하게 꼼꼼하게 붙들어주는 학원 강사가 몇 있습니까? 학원 전기세 내주러 가는 거죠? 저는 답지가 최고의 과외 선생님이다 믿으므로 그냥 엄마가 답지를 들고 킵했다가 풀다가 풀다가 안되면 답지의 힌트를 슬쩍 줍니다. 풀이는 제대로 노트에 쓰기로 하고요. 지금은 느려 터져도 얼마 후엔 자기 속도를 찾아가리라 믿어요. 고로 '아이들마다 진도는 다르다' 입니다.

3. 오답 챙기기

되도록이면 옆에 앉아 있습니다. 심화문제는 한 문제 풀면 바로바로 채점도 합니다. 허리 무지 아픕니다. 근데 그래야 지대로 풀어지더라고요. '이거 과외 선생님도 못하잖아?' 하면서 옆에 앉아 있습니다. 밀당을 하면서 그날 푼 건 그날 오답 정리. 넘 안되면 스킵도 합니다. 며칠 뒤 다시풀 때도 있어요. 그럼 해결되기도….

4. 모른다고 하면 얼마나 오랫동안 기다려주나?

5학년 심화를 할 때 아주 죽음이었어요. 할 때까지 기다렸어요. 몇 문제 못 풀기도 하고…. 5, 6학년 심화를 살인적으로 하고 나니 '어지간하면 끝까지 풀어야 하는구나' 하고 생각하더라고요. 3시간이 넘어가면 멈추고 다음 날 새로운 마음으로 다시 시작합니다. 비슷한 문제를 계속 드릴도 했어요. 얘는 그게 필요하더라고요. 수학도 영어랑 같아서 일정량이 채워져야 다음 단계로 넘어갈 수 있는 거 같아요. 아직 6학년이니 지금이라도 천천히 제대로 밟으면 겨울방학도 있고 물이 찰랑이며 넘치는 날도 올 거예요. 중등까진 집에서 할 만한 거 같아요. 하실 수만 있다면 옆에서 같이 진행하는 게 알짜배기가 아닐까 생각합니다. 저희도 언제

과외방으로 픽업을 해댈지는 미지수지만요. ㅋㅋ

초등 6학년. 두려워 말아요, 그대여~

작성자 현하늘 **글 쓸 당시 학년** 중3, 초6

저는 중3아들과 초6 딸을 두고 있어요. 6학년 여름방학이 지나면 엄마들의 걱정이 샘솟기 시작하지요. '영어는 어쩌지? 수학은? 국어는?' 이러면서요. 저도 그런 엄마 중 하나입니다. 다행히도 제가 수학 사교육 현장에 있어서 수학에 대해 생각을 나눠볼까 합니다(중학교 교사, 학원 운영 경험 있고 현재는 과외쌤).

수학 교재를 선정하기 전에 우선 아이를 판단하세요. 엄마의 욕심과 착각에서 벗어나서 판단하는 것이 가장 중요합니다.

1. 수학을 아주 싫어한다(학교시험 40점 이하)

수학에 대한 자신감은 바닥을 지나 지하로 땅굴 파는 수준이지요. 과감하게 남은 6학년 기간 동안 학교 시험 점수 다 포기하세요. 포기 안 해도 점수는 크게 차이 없을 겁니다. 엄마의 마음을 포기하라는 겁니다. 이 케이스는 엄마도 주눅이 들어 있을 확률 100퍼센트입니다.

우선 연산교재 초등2학년 것부터 시작하세요. '너무 뒤로 간 거 아닌가요?'라고 하시겠지만요. 생각보다 구멍이 깊은 경우가 많습니다. 엄마의 생각은 왜곡되기 쉽지요. 2학년부터 시키는 이유는 구구단을 외우기만 했지 진짜 원리를 모르는 경우입니다. 심지어 곱셈에서 실수가 나는 경우도 많지요. 2학년 때는 안보이던 곱셈의 결합법칙 분배법칙 등이 6학년의 머리로 풀면 은연중에 개념을 잡는 경우가 많습니다. 너무 시시하다고 안 하려고 하면 '네가 지금 2학년인데 초6의 머리를 가진 천재'라고 생각하고 풀라고 꼬셔서 시키세요.

정답률 100%를 목표로 하고 실행하면 수고했다고 치킨 한 마리 쏘세요. 연산교재는 한 학기당 일주일로 시간을 잡으세요. 이런 방식으로 5학년 2학기까지만 진행하세요. 더 빨리 풀면 칭찬과 오글거리는 멘트를 마구 날려주세요. 수학 때문에 칭찬받은 적이 없는 친구들이거든요. 절대 하시면 안 되는 말은 '이제 저학년 것 풀면서, 어느 세월에~'입니다.

연산교재를 3학년까지 다 마치면 제일 쉬운 1단계 수학문제집으로 4학년 1학기부터 시작해 보라고 권하고 싶습니다. 4학년 연산교재를 마치면 5학년 1학기 1단계 문제집을 시작하고요.

[케이스 1] 일반고 1학년 여

이 친구가 중1 여름방학 끝나고 저랑 수업을 시작했는데요. 당시 점수는 10점이었어요. 찍어서 10점. ㅋㅋㅋ 그동안은 찍어서 40점이 나왔기 때문에 엄마가 사태의 심각함을 모르고 계시다가 10점짜리 시험지 보고는 저에게 맡겨진 친구입니다. 그 친구에게 위의 방법을 썼습니다. 중1 겨울방학이 되기 딱 4달 동안 초등 수학의 기본문제들만 풀었어요. 결론만 말씀드리자면 현재는 모의고사 수학 2등급입니다. 늦지 않았어요. 엄마가 포기하면 안 돼요. 당근 많이 거시고요. '사랑한다', '할 수 있다' 등등 항상 긍정적으로 하세요. 늘 수학에 주눅 들어 있는 아이인데 엄마를 믿고 갈 수 있도록 늘 온화하게 대해주세요.

지나치게 산만하고 예의도 없고 컴퓨터 게임에 빠진 친구입니다. 그냥 숫자만 읽을 수 있더라고요. 엄마가 울면서 부탁한 아이라서 힘들 거 알면서 맡아서 한 친구입니다. 연산문제집 5-1까지 하고 2단계 문제집으로 하다가 이해 못해서 포기, 1단계 문제집으로 현재 4학년 2학기까지 진행했습니다. 이러니 학교 수학 단원평가 60점까지 올라왔네요. 매일 30분씩 6개월 진행, 1시간씩 6개월 진행 현재 1시간 30분씩 4개월 진행 중입니다. 저하고는 주 1회 30분만 수업합니다. 저는 원리와 개념만 설명하고 엄마에게 매일 할 분량을 알려주고 채점도 엄마가 합니다. 하위 학년 개념을 잡아주고 충분하게 연습시키라는 거예요. 단원평가 90점 받는 날. 엄마랑 둘이 위로파티하자고 했네요.

2. 수학을 싫어하지만 그래도 학습지를 시키면서 조금씩 해왔다. 수학을 겁나 지겨워한다(학교 시험 70점 이하)

참 뺀질대는 케이스이지요? 아이 자체는 해맑고 귀여운 아이들이 많습니다. 그러나 수학만 시작하면 엄마의 마음을 갈가리 찢어놓는 슬픔을 선사합니다. 처지지 말라고 학습지를 몇 년간 시켜봤지만 딱히 좋아지는 것은 안보이고 밀린 학습지만 보입니다. 엄마는 크게 욕심내지 말자 80점만 넘기자 하는데 마치 금을 그어놓은 것처럼 70점 이하만 받아옵니다. 학원을 보냈더니 착한 성품이라 선생님의 사랑은 담뿍 받습니다. 전기세 내주러 다니는 거 확실한데 '내 아이를 예뻐한다니 학원을 그만두면 더 떨어질까봐'라고 핑계 대며 계속 보냅니다. 이때는 과감함이 필요합니다. 학원 그만 보내세요. 아시잖아요. 어차피 큰 도움 안되는 거요. 이 단계의 아이들은 개념 노트가 관건입니다.

교과서를 공부시키면 좋아하는 친구들이 있는가 하면 학교 공부를 연장하는 것 같아서 싫어하는 친구들도 상당합니다. 그럴 때는 비슷한 수준으로 찾아서 공부시켜 줍니다. 1단계 수학문제집은 단원 들어가면 바로 개념이 나옵니다. 그 개념들 아주 꼼꼼하고 예쁘게 노트에 적습니다. 하나도 빠짐없이 써서 공부 시작할 때 먼저 읽게 합니다. 저는 개념 하나를 외워오면 추파춥스 같은 사탕을 하나씩 주곤 했습니다. 티끌모아 태산이라고 조금씩 외우고 읽고 쓴 개념들이 교재가 끝날 때면 아이 머리에 예쁘게 자리 잡고 있는 것이 보일 겁니다.

1단계 문제집으로 수학 개념에 익숙해졌다면 당근 큰 거 하나 걸고 2단계 문제집을 시도합니다(수준은 〈쎈〉이나 〈일등해법〉보다 쉽습니다). 한 단원을 1주 미만에 끝내는 것으로 해서 총 6개의 단원을 6주간의 프로젝트로 시도하시면 됩니다. 오답 나면 그 부분이 어디인지 꼼꼼하게 체크하시고 일단 오답 정리 하지 마시고 끝까지 쭉 풀게 하세요. 오답 난 문제는 엄마가 오답 노트에 미리 적어둡니다. 하기 싫어하는 아이에게 오답노트 쓰라고 하면 더 싫어합니다. 조용히 준비해주세요.

다 풀었으면 그때 오답과 더불어 틀린 부분이 왜 틀렸는지 아이와 이야기해보세요. 연산의 문제인지 아님 독해의 문제인지 6학년이면 본인이 원인을 더 잘 압니다. 그리고 오답 노트를 주고 다시 풀어보게 하세요. 뒤죽박죽 끼적끼적댈 거예요. 그래도 참고 기다리세요. 여기서 욱하시면 게임 오버입니다. 채점이 끝나면 또 오답이 나옵니다. 그것만 따로 엄마가 챙겨두세요. 여기서 끝이냐고요?

〈일등 해법수학〉(3단계 문제집)을 천천히 풀되 꼼꼼하게 식을 적어가며 풀어야 합니다. 문제에서 제시한 조건이 무엇인지, 단위는 무엇인지 살펴보고 풀라고 하고요. 답을 적기 전에 꼭 문제 끝만 다시 읽으라고 하세요. 실수가 확 줄어들 겁니다. 〈일등 해법수학〉은 총 3단계로 되어 있어요. 1단계는 기본 문제라서 편안하게 풀지만 2단계부터는 제시된 유형이 어떤 것인지 봐야 합니다. 3단계는 내가 배운 모든 수학적 지식을 발휘하여 해결하되 노트에 꼭 적도록 합니다. 그리고 자신이 푼 방법과 해답에서 제시한 방법의 차이점을 찾게 하세요. 차이점을 색볼펜을 이용하여 첨삭하여 써넣습니다.

다 하셨다면 그동안의 오답 노트를 들고 다시 풀어봅니다. 지난번 오오답 모아둔 것과 이번 문제집에서 오답난 거 숫자만 살짝 바꿔서 적어두었던 것을 마무리로 보시면 됩니다. 정답 및 해설은 세련되고 합리적으로 문제를 해결한 방법을 적어둔 지침서에요. 채점만 하지 마시고 잘 활용하세요. 이렇게 3권의 문제집을 풀면 한 학기 끝입니다. 더 하시겠다고요? 3권도 힘드실 거예요. 욕심과 불안은 분리수거해서 버리시길.

[케이스 3] ****학습지 7년 차의 초등학교 5학년 여자**

연산을 아주 어설프게 잘하던 걸요. 앞자리부터 연산하는 것을 배웠는데 능숙하지 않아 연산의 오류 엄청나고, 학습지를 오래해서 단계가 높다는 것에 자부심이 강한 친구였어요. 그런데 기본적인 개념도 모르더라고요. 사각형의 정의와 종류에 대해 배우는데 '네모'라는 유아적 표현을 하고 평행사변형, 사다리꼴, 정사각형 등등의 정확한 정의와 특징을 구별 못하는 상대였어요. 즉 정의와 성질에 대한 구별이 없이 진행된 케이스였어요. 4학년 1학기 〈큐브수학〉의 개념 정리부터 시작해서 개념 노트쓰기를 끝까지 다 한 후에 문제풀이를 시작했습니다. 기존에 학습지를 하면서 갈고닦은 암산 실력은 우선 마음에 넣어두게 하고 필산시켰습니다. 너무 어설펐거든요(학습지 하는 모든 친구가 그렇지 않다는 거 아시지요?). 손과 눈과 머리가 같이 움직이게 하면서 문제를 풀렸습니다. 현재 초6인데요. 이 방법으로 학교 시험은 90~100점을 유지하고 있습니다. 더 욕심내면 안 하려고 해서요. 현재는 요 수준으로 진행 중입니다.

3. 수학을 잘하고 싶어 하지만 들인 공에 비해 성적이 안 나온다(학교시험 70~90점)

안타깝고 짠한 아이들이지요? 공부를 안 하는 것도 아닌데 점수가 안 나와서 엄마들도 뭐라고 못하겠다는 아이들. 근데요. 공부 제대로 안한 거예요. 엄마 보기에만 열공한 거 같지요. 아이에게 맞는 방법을 못 찾았어요. 정말 수학의 감이 없는 아이들이라고 하실 텐데요. 안타깝게도 초등수학은 이런 말을 할 만큼 어렵고 복잡하지 않습니다. 이 친구들은 너무 쉬운 거 하면 의기소침해져요. 대신 은근 꾀를 부리는 경우가 있어요. 삐진다거나 다른 말로 주의를 분산시킨다거나. 엄마의 단호함을 적절히 보이셔야 해요.

많이들 좋아하시는 〈개플라〉(개념+유형 라이트 초등수학, 2단계 문제집)를 방학에 하시는 걸 추천해요. 시간 투자를 많이 하면 좋은 교재니까요. 앞부분의 개념이 있고 뒤에 별권으로 유형이 나옵니다. 개념은 위의 2번 유형 친구들처럼 꼭 노트에 씁니다. 대신 다 쓰지 말고 교재를 한 번 읽고 중요한 부분을 밑줄 쳐요. 그것만 추려서 정리해서 개념 노트를 한번 씁니다. 책에서 노트로 한 번 옮겨지는 사이 아이의 머리에 두 번 이상의 입력의 기회가 있기 때문입니다. 글씨 반듯하게 쓰도록 해주셔야 해요. 아이가 글씨 쓴 그대로 머리에 입력이 된다고 생각해보세요.

이 교재로 2개월 정도 꼭꼭 다져줍니다. 한 단원당 2주 잡으면 됩니다. 하루에 하는 양은 얼마 안 되지만 개념과 공식은 입에 붙게 해주셔야 합니다. 외우라고 하면 안 외우지요? 그럴 때는 문제를 풀 때마다 공식을 옆에 색볼펜으로 적으라고 하세요. 그거 적기 싫어서 금방 외울 겁니다.

[3단계] 〈디딤돌 초등수학 기본+응용〉 이 교재는 개념도 있고 응용도 꽤 잘 돼 있는 교재입니다. 하지만 두께가 있어 아이들이 좋아하지 않지요. 각 단원 1단계와 2단계 먼저 쭉 풀리시고요. 오답 체크하고 2번 친구들처럼 엄마가 틀린 문제를 오답 노트에 모아둡니다. 이 친구들은 오답이 많이 보이면 갑자기 컨디션이 훅 떨어져요. 엄마가 아무 소리 안 하는데 혼자 눈치 보고요. 자책도 합니다. 오답은 쿨하게 다시 도전할 기회를 주는 문제라는 인식을 갖도록 해주세요.

2단계까지 다 했으면 다시 1단원의 3단계와 단원평가부터 시작합니다. 즉 1권의 문제집을 2번 풀라는 거예요. 문제 풀기 전에 개념 노트 한 것을 꼭 읽도록 하시고요. 다 풀고 난 후 오답 노트 풀게 하시고 채점은 아이가 하되 해설과 자신이 푼 방식 중 어디가 다른지 비교하도록 해주세요.

[3단계] 〈챌린지 해법수학〉, 〈포인트 왕수학〉 실력편은 3일에 1단원씩 20일 이내에 교재 하나를 마무리 하도록 프로젝트를 시작하세요. 혹시 가족여행이나 나들이를 계획하신다면 프로젝트의 당근으로 쓰셔도 되고요. 크리스마스 전에 하시면 좋아요. 어차피 사주려고 하던 선물을 당근으로 쓰면 되거든요. 미션을 완수하면 큰 당근, 미션을 완수하지 못하

면 재도전의 기회를 주시되 기간은 더 짧게 줍니다. 단호하고 엄한 표정으로 대하셔야 합니다.

[케이스 1] 초등학교 5학년 남자

눈물이 많기도 하고 소극적이기도 한 아이였어요. 시키면 시키는 대로 하는 수동적인 아이. 엄마는 아이가 열심히 하는데 그만큼 안나와서 너무 안타까워하셨고요. 차근차근 지켜보니 단계에 맞지 않는 교재를 풀고 있었고, 하루는 2시간, 하루는 10분, 이런 식으로 일관성 없게 진행하고 있었더라고요. 엄마의 기억에는 많이 한 날만 입력되는지 "우리 애는 하루에 수학만 4시간씩 한다니까요~"라고 해서 매일 그러냐고 하니 일주일에 한두 번 정도 몰입한다고 하더라고요. 그래서 저와 하는 개념수업은 주 2회만 하고 나머지 4일 동안(저는 주6일만 공부시킵니다. 일주일 내내 공부하면 애들이 불쌍해서요) 스톱워치 맞춰놓고 40분만 공부시켰습니다. 할 양을 정해놓은 것이 아니라 시간만 정해놓고 했지요. 대신 아이가 s보드라고 하는 것을 갖고 싶어 했기에 교재 하나를 끝내면 바로 사준다고 당근을 걸었습니다. 〈개념+유형 라이트 초등수학(개플라)〉 2개월, 〈디딤돌 초등수학 기본+응용(디기응)〉 1개월, 〈챌린지 수학〉 15일 이렇게 5학년 1학기를 마무리 짓고 그 이후부터는 같은 방법으로 진행하되 시간 여유가 되면 3단계 문제집을 하다 더 풀리고 있습니다. 현재는 초6입니다. 이번 1학기에는 단원평가, 중간고사, 기말고사 모두 100점으로 마무리했어요.

4. 수학 머리는 있는 거 같은데 도무지 안하려 한다. 아는 건데 틀렸어 유형

드디어 잠수네 많이 있는 유형인 4번까지 왔어요. 머리는 괜찮거든요. 이해도 잘하고요. 그런데 안 해요. 2% 부족한 점수 들고 와서 큰소리쳐요. 나보다 못한 애들 많다고요. 그럼 엄마도 한마디 하지요. 너보다 잘하는 애도 많다~ 일단 진짜 문제를 잘 알고 까부는 건지 아닌지는 3단계 문제로 시작해요.

[3단계] 〈개념+유형 파워 초등수학〉, 〈일등 해법수학〉, 〈디딤돌 초등수학 기본+응용〉 이 교재들은 방학에 하시길 권유해요. 교재의 1, 2단계는 쉬워요. 그럼에도 불구하고 오답이 3개 이상 나온다면 개념을 잘 알고 있는 것이 아니에요. 이해하는 척 한 거예요. 그럴 때에는 개념 노트 시키셔야 해요. 방법은 앞의 글에서 말씀드린 대로 단원 들어가기 전에 한번 읽고 연필로 줄그어가며 노트에 들어갈 내용을 결정해야 합니다. 깔끔하고 정리된 상태로 노트에 쓰도록 단호하게 하셔야 합니다. 초등 개념 노트는요. 중등하고 달라서 금방 써요. 뺀질함과 게으름 때문에 부족함이 보이는 아이들이기에 손이 늘 부지런히 움직이게 해주셔야 해요. 더불어 연산을 교재에 끼적대지 않도록 항상 옆에 연산을 할 수 있는 연습장을 준비해야 하고요. 문제를 풀어나가는 것을 정리하기 위해 풀이노트가 들어가야 합니다.

만약 교재에서 오답이 속출한다면 과감하게 접고 3번이나 2번 친구들 방법으로 가시는 것이 좋아요. 그래야 아이도 수학에 안 질리고 엄마도 스트레스를 덜 받아요. 그럭저럭 정답률이 80% 이상이다 싶으시면 이 친구는 4단계 교재를 시작해야 합니다. 〈최상위 초등수학〉, 〈최고수준 수학〉, 잠수어머님들이 사랑하고 애정하는 문제집 2권이지요? 〈최고수준〉과 〈최상위〉를 놓고 보면 〈최고수준〉이 조금 더 쉬워요. 심화문제집을 처음 하는 아이라면 처음 1, 2단계만 풀게 하세요. 처음부터 전 단계를 다 하게 하면 지치거나 갑자기 의기소침해지는 부작용이 나옵니다. 1, 2단계를 풀어보고 괜찮다 싶으면 3단계를 풀리시되 절대 시간 재촉하지 마세요. 단 한 문제라도 풀이 노트에 꼼꼼하게 과정 적고 반드시 해설집을 보고 부족한 부분 첨삭해야 합니다. 누가? 자기 자신이요. 과외를 한다거나 학원에 다닌다면 선생님께서 보시고 부족한 부분에 대해 언급해 주시겠지만 혼자 공부한다면 아이가 스스로 첨삭하게 해주세요. 그 과정에서 세련되고 예쁜 풀이과정이 도출됩니다. 이 교재는 시간이 오래 걸려요. 그리고 한 번 풀어서 잘 모르는 경우가 많아요. 그래서 교재를 처음 풀 때는 풀이 노트에, 다시 풀 때는 교재에 직접 풉니다..

4번 유형의 아이들에게는 부지런한 손놀림과 꾸준한 학습시간이 관건입니다. 심리전에도 능하고 말 안 듣기는 지구 최고인 듯할 겁니다. 엄마의 단호함과 결심, 그리고 해야 할 당위성을 충분히 납득시키세요. 그러면 조금씩 부모님이 원하는 방향으로 이동합니다. 학원에 보내시더라도 어떤 방식으로 어떻게 진행되었는지 꼭 체크하셔야 할 아이들입니다. 안 그러면 사춘기 한 방에 훅 50점이 만점인가 보다 하는 점수를 보게 될 겁니다.

[케이스 1] 초등학교 6학년 남자

학교에서도 성적이 나쁘지 않고 머리도 명석하고 주변 상황에 대한 이해도 빠릅니다. 어휘력도 풍부하고요. 수학에서 만점이 안 나오는 건 운이 나빠서입니다. '배가 아팠거나 눈이 불편했거나 앞의 친구가 짜증나게 해서'라고 합니다. 하지만 제가 보기에 이 친구는요, 어른들이 좋아하는 행동 패턴을 아는 아이일 뿐이었어요. 엄마가 원하는 답을 해주는 거지요. 이 친구에게 〈일등해법〉을 시작했을 때 너무 시시하다고 했어요. 그랬는데 정답률이 60%가 나오더군요. 그래서 개념 노트 시켰더니 엄마한테 바로 전화 왔어요. 필요성에 대해 설명을 하고 개념 노트부터 철저하게 시켰습니다. 글씨, 앉는 자세, 다리 떨기, 수학과 관련 없는 일상 얘기로 산만한 거부터 잡기 시작했고요. 모든 문제는 풀이노트에 풀게 했습니다. 마음에 부처님 100분을 모시는 심정으로 진행했습니다. 현재는 오답 없이 잘하고 있어요(자신감이 넘치다 못해 폭발할 지경이라 자제시키는 중이랍니다).

5. 수학을 좋아하고 점수도 좋다(100점 아니면 엉엉 울거나 폐인되는 유형)

드디어 엄마들이 가장 부러워하고 만들고 싶은 5번 유형의 아이들입니다. 이 친구들은 자존심이 상하지 않도록 해줘야 해요. 처음 시작은 4단계 문제집 책 1권을 선정하여 방학 때 예습시키시고요. 5단계 경시대비 최상위 문제집은 하루에 한두 페이지만 풀리세요. 한 문제를 끙끙거려서 풀어내면 희열을 느낄 아이들이기에 그 환경을 만들어줘야 합니다.

[케이스 1] 현재 초등학교 6학년(진도는 수1)

처음부터 잘하지는 않고 그저 성실한 아이들인데 숙제를 참 열심히 했어요. 그래서 지난 3월에 농담으로 시중에 있는 문제집 5권만 풀어보자고 했는데 다 하더라고요. 위에 있는 3단계 문제집 2권과 4단계 문제집 1권 그리고 성대기출문제 풀고 있어요. 수학경시대회를 나가든 안 나가든 생각의 폭이 넓어지고 있다는 건 확실합니다.

사교육 필드에 있다 보면 참 다양한 사람들이 많아요. 그중 가장 많은 건 욕심 없는 척하면서 욕심으로 아이를 잡고 계신 분들입니다. 그런 분들에게 아이 잡지 말고 수준과 성향에 맞는 교재를 찾아서 행복하게 수학공부하라고 말씀드려요. 아이에게 맞는 교재와 방법으로 즐겁게 수학하시길 바랍니다.

초등 5, 6 학년을 위한

잠수네
중등수학
선행

초등수학과
중등수학 비교

중등 3년간 1학기는 대수와 함수,
2학기는 기하와 확률/통계

초등수학과 중등수학의 가장 큰 차이는 단원구성입니다. 초등과정에서는 수와 연산, 도형, 측정, 확률과 통계, 규칙성과 문제해결 영역을 나선형으로 골고루 배웁니다. 이에 비해 중등과정에서는 1학기와 2학기에 배우는 영역이 완전히 다릅니다. 중등 3년간 1학기는 대수와 함수를, 2학기에는 기하, 통계와 확률을 배웁니다 (고등과정에서는 중등 1, 2학기에 따로 배우던 것을 통합한 개념을 배우게 됩니다).

중1~중3 수학교과서 내용을 보면 더 자세히 알 수 있어요.

영역		중1	중2	중3
1학기	수와 연산	소인수분해 정수와 유리수	유리수와 순환소수	제곱근과 실수
	문자와 식	문자의 사용과 식의 계산 일차방정식	식의 계산 일차부등식과 연립일차방정식	다항식의 곱셈과 인수분해 이차방정식
	함수	좌표평면과 그래프	일차함수와그래프 일차함수와 일차방정식의 관계	이차함수와 그래프
2학기	기하	기본 도형 작도와 합동 평면도형의 성질 입체도형의 성질	삼각형과 사각형의 성질 도형의 닮음 피타고라스 정리	삼각비 원의 성질
	확률과 통계	자료의 정리와 해석	확률과 그 기본 성질	대푯값과 산포도

(2015 개정 교육과정 기준)

중등연산이 첫 고비

중등에서는 초등에서 배운 자연수, 분수를 넘어 정수와 유리수, 유리수와 순환소수, 제곱근과 무리수로 수의 영역이 확장됩니다. 이때 초등 과정의 사칙연산이 허술하면 첫 관문인 중1-1의 정수와 유리수의 계산부터 힘들어집니다. 정수와 유리수의 계산은 잘하는데 문자식을 어려워하는 것 역시 자연수, 분수의 사칙연산개념이 부실해서입니다. $(a \times 2)$와 $(2 \times a)$가 같다는 것, $(a \times 3)$은

$(a+a+a)$의 의미라는 것, $(\frac{a}{1000})=(a \div 1000)$이라는 것 등을 알고 있어야 문자식을 편하게 풀 수 있습니다.

중1 연산(정수, 유리수, 문자식의 연산)이 힘들면 중2 연산(유리수와 순환소수 연산), 중3 연산(제곱근과 무리수 연산)은 말할 나위가 없습니다. 수학을 잘하는 아이라도 연산 실수가 잦다면 이 부분이 아킬레스건이 됩니다. 멀쩡하게 식은 잘 세웠는데 연산에서 어이없게 실수하면 이런 낭패가 없으니까요.

중등연산은 아이마다 느끼는 체감온도가 다릅니다. 초등연산개념이 탄탄하면 중등연산도 어렵지 않습니다. 따로 중등 연산연습을 안 해도 교과서와 중등수학문제집에 나오는 연산문제를 푸는 정도면 충분합니다. 그러나 분수의 사칙연산을 많이 틀리는 아이라면 자연수의 연산개념부터 다시 공부하고 분수연산을 더 해봐야 합니다. 수학을 잘하는데 연산에서 실수하는 일이 많다면 중등연산을 빠르고 정확하게 할 수 있도록 집중적으로 연습할 필요가 있습니다.

중등수학을 하기 전 초등연산을 정확하고 빠르게 하고 있는지 꼭 체크해보세요. 특히 나눗셈, 혼합계산, 분수 연산이 어려우면 초등 때 중등수학을 나가면 안 됩니다(중학생이면 초등연산에서 구멍난 곳을 메꿔야 중등수학을 수월하게 진행할 수 있습니다). 수학을 못하는 아이라고 중등연산만 따로 떼어 연산선행을 하지 마세요. 개념이해가 제대로 안 된 상태에서 기계적으로 계산연습만 하면 연산문제는 잘 풀지 몰라도 서술형문제가 나오면 문제를 제대로 안 읽고 숫자만으로 계산하려는 태도가 몸에 배기 쉽습니다(초등연산을 성급하게 선행한 아이들에게 나타나는 문제와 비슷한 현상입니다).

초등 6년보다 훨씬 많은 양과 높은 난이도

중등 3년간 배우는 수학공부양은 초등 6년간 배우는 양에 비해 3배 이상 차이가 납니다. 난이도까지 감안하면 그 이상이라고 느낄 수도 있습니다. 초등수학에서는 전체 수학교육과정의 60% 이상이 수와 연산영역입니다. 그러나 중등수학에서는 연산의 비중이 확 줄어들고 대신 문자와 식, 함수, 기하 영역이 대부분을 차지합니다. 초등과정에서도 함수, 기하의 기초개념은 배웠으나 중등수학에서 배우는 양에 비할 바 아니지요.

초등 수학점수만 믿다 중학교 첫 시험에서 충격을 받는 집이 한둘이 아닙니다. 초등 때 수학시험, 특히 단원평가는 수학교과서와 익힘책 수준의 문제가 대부분입니다. 심화문제를 안 풀어도 학교시험 100점이 충분히 가능했습니다. 개념 이해하고 교과서 수준 문제집 한두 권만 풀어도 됐습니다.

그러나 중등 수학시험은 배우는 내용도 많고 수준도 어렵습니다. 시험의 변별력을 내기 위해 어려운 문제가 1~3개 정도 꼭 들어갑니다. 중등 수학시험을 잘 보려면 앞부분의 쉬운 문제를 빠르고 정확하게 풀어야 합니다. 그래야 뒷부분의 어려운 문제를 풀 시간을 확보할 수 있으니까요. 어려운 문제를 잘 풀어도 한 문제를 푸는 데 10분이 걸린다면 다른 문제를 풀고 전체를 검산할 시간이 부족해집니다. 나중에 중학생이 돼 수학시험을 보고나면 시험에서 틀린 문제를 다시 풀었을 때 맞는 경우가 많습니다. 쉬운 문제라면 실수라고 할 수 있습니다. 그러나 어려운 문제를 다시 풀어서 맞는다면 시간 부족 때문일 가능성이 높습니다. 이런 일이 생기지 않으려면 심화문제를 더 많이 풀어 문제를 보는 즉시 해결 방법이 떠오를 정도가 돼야 합니다.

따라서 중등수학 선행을 할 때 초등처럼 개념서 1권, 교과서 수준 문제집 1~2권 정도만 풀고 진도만 빼면 하나 마나입니다. 잊어버리는 것은 당연하고 중학생이 됐을 때 학교시험에서도 좋은 점수를 못 얻으니까요. 중등 선행을 하는 이유가 중학교 가서 성적을 잘 받기 위한 것인데 목표 자체가 의미 없어지는 셈입니다.

실제로 잠수네에서 중학생 최상위권 아이들의 수학공부량은 엄청납니다. 개념 이해를 위한 개념서, 빠른 속도로 문제를 풀기 위한 드릴서(유형문제집), 어려운 문제를 해결하기 위한 심화문제집을 푸는 것은 기본입니다. 시험이 어렵게 나오는 학교라면 시험 대비를 위해 심화문제집을 여러 권 풀어야 하는 경우도 있습니다. 학원에 다니는 경우 이보다 더한 양을 풀게 하기도 합니다. 개념서 2~3권, 드릴서 2권, 심화서 3~4권씩으로요. 이렇게까지 할 필요는 없으나 초등 때에 비해 공부량이 훨씬 많아져야 하는 것은 사실입니다. 심화문제도 충분히 풀어봐야 하고요.

중등수학에서 아이들이 어려워하는 부분

중등 1학기

중등 1학기에 배우는 대수와 함수는 연계성이 큽니다. 초등에서 자연수와 분수를 배웠다면 중등에서는 '정수와 유리수 → 유리수와 순환소수 → 제곱근과 무리수'로 수체계가 확장됩니다. 문자와 식 영역은 '일차방정식 → 연립일차방정식과 부등식 → 인수분해와 이차방정식'으로, 함수 영역 역시 '일차함수 → 이차함수'로 연결됩니다. 따라서 중1-1이 탄탄해야 중2-1이 수월하고 1, 2학년 과정을 제대로 공부해야 중3-1이 편해지는 거죠.

1. 중1-1

중1-1은 초등수학에서 중등수학으로 넘어가는 첫 관문입니다. 중등 전체를 볼 때 딱히 어려운 학기는 아니지만 초등 때와 다른 용어, 부호, 기호가 쏟아져 나와 당황하고 헷갈리다 보니 체감 난이도가 높게 느껴질 수 있습니다. 문자식, 방정식 등 중학교 1학기 대수영역의 기본이 되는 개념들을 배우는 때이므로 시간과 에너지가 많이 들어갑니다. 시행착오도 많고요.

아이에 따라 적응기간이 길어질 수 있으므로 1학기 과정을 빨리 나가지 못한다고 애태우지 말고 아이의 상태를 봐가면서 진행해주세요. 특히 중등연산의 시작인 정수와 유리수의 연산은 충분한 연습이 필요합니다. 정수와 유리수의 연산이 원활해야 다음에 배우는 문자와 식, 방정식이 편해지기 때문입니다. 일차방정식의 활용은 아이들이 중1-1에서 가장 어려워하는 영역입니다. 힘들어하더라도 최대한 스스로의 힘으로 풀도록 도와주세요.

2. 중2-1

중등수학에서 공부할 양과 내용이 가장 많습니다. 중1-1에서는 정수와 유리수의 연산을 익히는데 시간이 좀 걸리고 일차방정식의 활용에서 살짝 애를 먹지만 전체 양이 많은 편은 아닙니다. 그러나 중2-1에서는 지수법칙과 다항식/다항식의 연산, 곱셈공식 같은 중등연산의 중요한 개념을 배우고 연이어 연립방정식과 부등식, 부등식의 활용, 함수의 활용까지 나갑니다. 중등연산의 홍수라고 봐도 될 정도로 연산문제가 쏟아져 나옵니다. 오죽하면 중1-1 가장 어려운 심화문제집보다 중2-1 유형문제집이 더 힘들다고 할 정도일까요.

수학을 잘하는 아이들도 헉헉거리며 넘어가는 중2-1 과정입니다. 중1-1 과정에서 헤맨 아이들은 중2-1이 훨씬 더 어렵게 느껴질 수밖에 없습니다. 중1-1 중등연산과 방정식의 활용이 힘들었다면 중2-1의 연산과 활용영역은 아예 손도 못 댑니다. 특히 부등식은 수학을 잘하든 못하든 어려워하는 단원입니다. 개념 이해는 쉬워도 문제를 풀려면 깊이 있는 이해가 필요하기 때문입니다.

3. 중3-1

중3-1은 중2-1에 비해 전체 양과 체감 난이도가 낮은 편입니다. 그러나 중3-1 과정의 제곱근과 무리수, 근호를 포함한 식의 계산, 인수분해, 이차방정식과 활용, 이차함수는 고등수학과 바로 연계되기 때문에 매우 중요합니다. 중3-1 심화문제가 고등수학 문제와 비슷할 정도입니다. 특히 인수분해, 이차방정식, 이차함수는 개념이해, 드릴, 심화까지 충분히 해두어야 고등수학을 순탄하게 진행할 수 있습니다.

중등 2학기

중등 2학기에 배우는 도형은 연계성이 그리 많지 않습니다. 중 1-2를 탄탄하게 공부하지 않았어도 중2-2, 중3-2를 나가는데 별로 어려움이 없다는 말이지요. 자연히 2학기는 1학기만큼 신경을 덜 쓰게 됩니다. 문제는 고등수학을 진행하면서 나타납니다. 고등학교에서는 중등과정의 도형개념을 다시 배우지 않지만 중등 도형개념을 다 안다는 전제하에 문제가 출제됩니다. 당연히 중등 도형개념을 다 까먹으면 고등 도형문제는 헤맬 수밖에 없습니다. 도형영역의 개념과 증명 과정을 완전히 이해하도록 해주세요. 그래야 고등 가서 헤매지 않고 문제를 해결할 수 있습니다.

1. 중1-2

중1-2의 도형은 초등 6-2의 연장선에 있습니다.

초6-2	직육면체의 겉넓이, 원기둥의 겉넓이와 부피, 원뿔과 구 개념
중1-2	기본도형(점/선/면/각, 평행선의 성질) 평면도형(삼각형의 작도와 합동, 삼각형/다각형의 내각과 외각, 원, 부채꼴의 호의 길이와 넓이) 입체도형(다면체와 회전체, 기둥/구/뿔의 겉넓이와 부피)

중1-1에서 중등연산과 일차방정식의 활용이 힘들었던 것에 비하면 중1-2는 평이한 편입니다. 개념을 잘 이해하면 비교적 쉽게 넘어갑니다. 단, 초등 6학년의 도형단원을 대충 공부했다면 중등의

도형단원이 어려울 수 있습니다. 도형영역에 유독 약한 아이들도 있습니다. 이런 경우라면 좀 더 신경 써서 공부해야 합니다.

2. 중2-2

중2-2는 만만치 않습니다. 경우의 수, 확률, 삼각형/사각형의 성질 같은 경우 초등 과정에서는 가볍게 지나갔지만 중등과정에서는 심화된 내용이 나옵니다. 도형의 닮음과 응용은 중등과정에서 새로 배우는 내용입니다. 그중에서도 삼각형의 내심, 외심, 닮음은 많은 아이들이 어려워합니다.

중2-2 도형 문제 중에는 초등 경시수준 수학문제집의 도형문제와 유사한 문제들이 꽤 있습니다. 초등 때 어려운 문제를 많이 다뤘거나 도형을 좋아하는 아이라면 중2-2 도형 심화문제가 그리 어렵지 않습니다. 그러나 도형이 머릿속에서 그려지지 않는 아이라면 보조선을 생각하기도 벅차 합니다.

3. 중3-2

중3-2에서는 피타고라스의 정리와 활용, 삼각비를 배우며 중등 전체에서 고등과 연계성이 제일 높습니다. 중3-2를 꼼꼼하게 공부해야 고등수학을 편하게 할 수 있습니다(2019년부터는 피타고라스의 정리가 중2-2로 이동됩니다).

중등수학
선행은 어떻게?

중등 선행을 나가기 전에…

1. 중등 선행을 나가도 되는 조건 2가지

초등학생이 중등수학 선행을 나간다면 다음 사항을 충족하는지 살펴보세요. 둘 중 하나라도 부족하면 중등 선행은 생각하지 않는 것이 좋습니다.

> 1) 잠수네영어 기준 〈심화2〉과정 이상 영어실력을 갖췄나?
>
> (J5~J6단계 영어책을 편하게 읽는 수준)

2) 초5, 6 수학심화가 잘 돼 있는가?(〈최상위수학〉, 〈최고수준〉 정답률 70% 이상)

2. 아이 진로에 따른 장기로드맵부터 세운다

위 조건이 충족됐다면 아이의 진로를 염두에 두고 수학진도를 짜야 합니다. 이공계 진로가 확실하고 고등학교 진학해서 최상위를 바라본다면 최소한 중2 여름방학에는 고등수학을 나가야 합니다. 인문계 진로를 가려고 한다면 고등수학을 들어가는 시점이 조금 늦어져도 괜찮습니다. 수학진도를 빨리 빼는 대신 수학심화에 중점을 두면서 한글책 읽기, 영어를 더 하는 것이 나아요. 아직 진로가 확실하지 않다면 이공계 진로를 간다고 생각하고 계획을 세우세요.

다음은 잠수네 중등수학 로드맵입니다. 초등 때 중등수학을 시작한다면 중1-1 들어가는 시점이 좀 더 당겨지겠지요. 아래 표를 참조해서 수학로드맵을 세워보세요.

				진행과정 →			
구분	초6	중1		중2		중3	
	겨울방학	여름방학	겨울방학	여름방학	겨울방학	여름방학	기말시험이후
기본 응용	중1-1	중1-2	중2-1	중2-2	중3-1	중3-2	수학1 수학2
심화	중1-1 중2-1	중1-2	중2-1 중3-1	중2-2	중3-1 중3-2	수학1	수학1 수학2
심화 플러스	중1-1 중2-1	중1-2 중2-2	중3-1 중3-2	수학1	수학1 수학2	수학2	수학1 수학2 미적분1

중등 선행의 방향 1. 선행 스케줄

1. 연계성순 : 중1-1 → 중2-1 → 중1-2 → 중 2-2 → 중3-1 → 중3-2

대수영역인 중1-1, 중2-1은 연계성이 큽니다. 중1-1과정에서 일차방정식과 함수 개념을 배우면 중2-1에서는 일차 연립일차방정식, 일차부등식, 일차함수를 연이어 배우기 때문에 연결해서 공부해도 크게 무리가 안 됩니다. 또한 이 두 학기는 중등수학에서 아이들이 제일 어려워하는 때입니다. 공부할 양도 중등 6학기 동안 가장 많습니다. 심화까지 나가려면 시간도 많이 듭니다. 이런 점들을 생각하면 연계성순으로 가는 것이 의미 있습니다(중3-1을 연이어 하지 않고 맨 마지막에 둔 것은 중2-1보다는 고1 수학과 연계성이 높기 때문입니다. 중3 과정을 단단하게 해두어야 다음 과정인 고등수학을 나갈 때 수월하기도 하고요).

단점도 있습니다. 대수영역은 좋아하는데 도형은 싫어한다면 1학기를 죽 뺄 때는 괜찮지만 2학기를 연달아 나가는 것이 힘들고 지겹게 느껴집니다. 이러면 계속 진도를 나가기 어렵습니다. 반대로 대수보다 도형을 잘하는 경우 대수영역의 공부분량에 치여 지칠 수 있습니다. 또한 중2-1 과정에서는 중1-2의 도형개념(원뿔과 구의 부피, 겉넓이와 회전체)을 알아야 풀 수 있는 문제가 종종 나옵니다. 초6과정에서 배운 도형개념(직육면체, 원기둥의 겉넓이와 부피)을 확실하게 안다면 중1-2의 해당 도형부분을 읽으면 금방 이해가 됩니다. 그러나 겉넓이와 부피 개념이 확실치 않다면 도형

개념을 배경으로 한 문제는 아주 쉬운 수준도 손대지 못 할 수 있습니다. 더 큰 문제는 1학기 따로, 2학기 따로 하다 보니 심화문제까지 깊이 있게 해두지 않으면 나중에 다 잊어버린다는 점입니다.

따라서 이 방법은 수학에 재능이 있고 초등과정 심화도 잘 돼 있는(초등 4, 5단계 문제집 오오답까지 확인) 아이들이 진행할 수 있는 방법입니다. 초등심화를 하면서 어려운 문제를 겁내지 않게 되고 자신도 모르게 중등 개념이 선행되기 때문입니다. '수학이 싫다, 힘들다'는 아이라면 이 방법은 선택하지 않는 것이 맞습니다.

2. 학기순 : 중1-1 → 중1-2 → 중2-1 → 중 2-2 → 중3-1 → 중3-2

학교 진도대로 나가는 방향입니다. 1학기 대수와 기하 영역이 번갈아 나오므로 덜 지루하고 학교 진도에 맞춰 나간다는 안도감도 있습니다. 복잡하게 학기를 뒤죽박죽 섞어가며 나가고 싶지 않거나, 중등 선행을 나갈 시간이 부족하면 이 방향으로 나가세요. 특히 중1-1 일차방정식의 활용, 함수 부분을 어려워하는 아이라면 바로 중2-1로 가지 말고 중1-2를 나가는 것이 좋습니다.

> **주의 선행스케줄은 아이 특성에 맞춰서 선택**
> 잠수네 중등수학로드맵은 2가지가 혼합입니다. 중학생이 중등 선행을 나갈 때를 기준으로 〈심화플러스〉와 〈심화〉과정은 연계성순으로, 응용과 기본과정은 학기순(한 학기 예습)으로 나갑니다.

수학을 잘하는 아이들은 연계성이 큰 학기별로 심화까지 하면서 속도감 있게 나갈 수 있으니까요.

현재 중등 선행을 나가는 경우라면 진도를 잘 살펴보세요. 수학 학원에서는 1번 연계성순으로 개념서와 드릴서만으로 아이의 특성을 무시한 채 선행이 나가는 경우가 많습니다. 이러면 연계성순에서 짚은 단점들이 모두 내 아이의 현실이 됩니다.

중등 선행의 방향 2. 문제집 배합

중등 선행을 나갈 때는 '개념부터 심화까지 탄탄하게 다지기, 잊어먹지 않게 적절한 복습, 늘어지지 않게 속도감 유지'가 중요합니다. 이 3가지 목표를 놓치지 않으려면 문제집을 어떻게 선택하고 진행하느냐가 관건입니다. 또한 학기 진도를 어떻게 나가든 교과서와 개념중심 문제집으로 개념을 이해하고, 드릴서로 다양한 문제를 풀면서 개념이 어떻게 적용됐는지 확인하고, 심화서를 풀면서 개념을 체화하는 과정이 꼭 있어야 합니다.

문제집을 어떻게 배합해서 풀 것인가는 크게 문제집별로 가는 방향과 단원별로 가는 방향이 있습니다.

1. 학기별 '개념서 → 드릴서 → 심화서'로 가는 방법

한 학기씩 문제집 난이도를 높여가며 진행하는 방법입니다. 이렇게 하면 1권씩 끝낸다는 성취감이 있고 속도감 있게 진행한다는 만족감도 듭니다. 한 학기 전체 그림을 그릴 수 있다는 것도 장점입니다.

그러나 이 방법은 한 학기를 마치고 다음 학기를 나가면 이전에 한 것을 잊어버리기 쉽다는 게 단점입니다. 중학생이라면 학교에서 진도가 나가고 시험도 보기 때문에 자연스럽게 복습, 심화가 됩니다. 그에 비해 초등학생이 빠르게 선행진도를 나간다면 적절하게 복습하는 과정이 있어야 공부한 것을 잊어버리지 않습니다. 문제집 배합방법은 여러 가지입니다(연계성순으로 간다고 가정했을 때).

1 [중1-1 개념서 → 드릴서 → 심화서] ➡ [중2-1 개념서 → 드릴서 → 심화서] …

2 [중1-1 개념서 → 심화서 → 드릴서] ➡ [중2-1 개념서 → 심화서 → 드릴서] …

3 [중1-1 개념서 → 드릴서] ➡ [중2-1 개념서 → 드릴서] ➡ [중1-1 심화서] → [중2-1 심화서] …

1번은 연산이 정확하고 빠른 데다 수학문제 푸는 것을 재미있어하는 아이에게 적당합니다. 수학을 잘하지만 문제를 한꺼번에 많이 푸는 것에 살짝 거부감이 있다면 2번 방법으로 진행해보세요. 개념서로 개념을 익히고 조금 힘들어도 심화서로 어려운 문제를 풀고 나면 드릴서의 많은 문제를 빠르게 오답이 거의 없이 풀 수 있습니다. 단, 이 방법은 수학을 아주 뛰어나게 잘하는 아이가 아니라면 하기 어렵습니다. 3번은 중학교 입학 전까지 중1-1, 중2-1을 개념서와 드릴서로 진행하고 중학생이 되면 학기 중에 심화를 나간다는 전략입니다. 장기반복으로 공부한 내용을 잊지 않게 하고 싶다면 이 방법도 괜찮습니다.

2. 단원별 '개념서 → 드릴서 → 심화서'로 가는 방법

중1-1의 첫 단원을 공부한다면 개념서, 드릴서, 심화서의 해당 단원을 모아서 푸는 방법입니다. 다지기는 확실하게 되지만 한 단원을 끝내는 데 시간이 많이 들고 아이나 부모 둘 다 지치기 쉽다는 것이 문제입니다. 난이도를 올리며 계속 문제를 풀다 보면 비슷비슷한 문제를 많이 접하게 됩니다. 자연히 저도 모르게 외워서 푸는 문제가 많아집니다. 문제는 많이 풀어도 자기 것으로 소화가 안 될 수 있는 거죠. 단원에만 집중하다 보니 전체 큰 그림 그리기 어렵다는 한계도 있습니다.

이 방법은 중등 선행할 때 개념이해가 잘 안되고 문제도 어렵게 느껴지는 단원에서 일시적으로 해보면 도움이 될 수 있습니다. 특히 이 방법이 의미 있을 때는 중학교 진학하고서입니다. 학기 중에는 진도에 맞춰 심화서를 다시 풀어보면서 꼼꼼하게 복습하는 것이 필수입니다. 이때 개념이 흔들리거나 잊어버린 부분이 있으면 해당 단원의 문제를 모아 풀어보면 좋습니다. 물론 시험 준비할 때는 그동안 푼 문제집 오답을 싹 모아 단원별로 다시 풀어봐야 하고요.

이외에도 여러 가지 방법이 있겠지만 무엇보다 아이의 성향을 봐가면서 진행하는 것이 중요합니다. '개념과 심화 다지기, 복습, 속도감' 이 3가지도 놓치지 말아야 하겠고요.

중등 선행 시 노하우

1. 중등 선행진도는 아이에 맞춰 유연하게

부모가 중등 선행을 위해 계획은 세울 수 있으나 공부하는 것은 아이입니다. 초등학생이 중등 선행을 나간다는 것은 쉽지 않은 과정입니다. 중1-1 과정 시작부터 어려울 수 있습니다. 수학을 잘하는 아이라도 다른 아이들은 다 하는데 너는 왜 이러냐며 무작정 밀어붙이면 부작용이 생깁니다. 부모와 관계가 안 좋아지거나 수학이 싫어질 수 있는 거죠. 아이가 할 수 있는 만큼 진행하면서 늘 칭찬과 격려를 아끼지 말아주세요.

문제집을 풀 때는 아이 혼자 하라고 놔두지 마세요(학원에서 선행을 나가도 숙제를 알아서 하라고 놔두면 마냥 시간이 늘어질 수 있습니다). 중학생도 아닌 초등학생이 중등 선행을 하고 있는 것을 감안해서 가능하다면 옆에 앉아서 하나씩 풀 때마다 채점해주고 격려하며 진행해주세요. 시간이 절약되고 아이도 신이 납니다.

2. 개념이해는 어떻게?

수학개념을 가장 친절하게 설명해주는 교재는 수학교과서입니다. 그러나 학기 초를 제외하고는 중등수학교과서를 구하기가 쉽지 않습니다(중학교마다 사용하는 교과서가 달라 어떤 출판사의 교과서를 골라야 할지 애매하기도 합니다). 교과서를 읽으며 개념을 이해하면 좋겠지만 개념서(개념 설명이 잘된 문제집)의 개념정리를 읽어도 이해가 잘 되면 개념서만으로 진행해도 괜찮습니다(개념을 노트에 써보면 좀 더 이해가 쉽습니다). 중학교 가서 교과서를 받으면 복습하는 차원에서 꼼꼼하게 다시 읽어보고요.

3. 모르는 문제 해결은?

초등 때와 마찬가지로 중등수학을 진행할 때도 모르는 문제는 스스로 풀어야 실력이 올라갑니다. 특히 개념서에 나온 개념을 바탕으로 한 쉬운 문제, 개념을 살짝 응용한 문제는 완전히 알고 가야 합니다. 틀린 문제는 그냥 넘어가지 말고 개념부분을 다시 읽고 해결할 수 있도록 해주세요(단, 이런 문제는 오답체크를 해서 시간이 좀 흐른 후 다시 풀어봐야 실력으로 남습니다).

　개념은 아는데 못 푸는 문제는 문제를 제대로 이해 못했기 때문입니다. 특히 활용 영역(방정식, 부등식, 함수)은 문제의 상황을 이해 못해서 풀지 못하는 경우가 많습니다. 이 경우 개념서, 드릴서의 활용영역 문제를 해결해야 심화서도 수월하게 진행할 수 있습니다. 오답이 많이 나오는 영역은 드릴서의 문제를 반복해서 풀면서 완전히 이해하도록 해주세요.

심화서의 문제는 충분히 시간이 있어야 풀 수 있는 어려운 문제들이 많습니다. 아이가 끙끙대며 힘들어해도 지켜보며 혼자 해결할 때까지 기다려주세요. 처음에는 속도가 느릴 수 있지만 이렇게 제 힘으로 한 걸음씩 가다 보면 점점 문제 푸는 속도가 빨라지고 수학실력도 올라갑니다. 오오답까지 해도 못 푸는 문제는 따로 표시를 해두고 답지를 보고 이해하게 해도 좋습니다. 답지를 봐도 이해가 안되면 그냥 넘어가세요. 나중에 중학교 진학해서 수학실력이 좀 더 올라간 후 다시 풀어보도록 하고요.

4. 인터넷 강의는 필요한 부분만 활용하자

개념이해가 안되거나 문제 푸는 데서 막힐 때 도와줄 사람이 없는 경우 인터넷 강의(이하 인강)를 대안으로 생각하게 됩니다. 인강을 제대로 활용하려면 강의를 듣는 아이의 의지가 매우 중요합니다. 본인이 원해서 들어야 그나마 집중하지 부모가 억지로 들으라고 하면 눈은 인강 화면을 봐도 머릿속으로는 딴 생각을 하기 일쑤입니다. 한 학기당 인강 횟수가 많아 다 들으려면 공부할 시간을 많이 뺏긴다는 문제도 있고요.

일단 개념을 이해 못하면 인강의 도움을 받아도 좋습니다(엄마나 아빠, 또는 주변에서 누군가가 막힌 부분의 개념설명을 해줄 수 있다면 인강을 들을 필요가 없습니다). 인강은 개념설명 부분 전체를 다 들을 필요가 없습니다. 교과서, 개념서의 개념설명을 읽다 이해되지 않는 부분만 들으세요. 그래야 귀를 쫑긋하며 잘 이해 안 되는 부분을 알아들으려고 하니까요.

문제 해설 인강은 최대한 안 듣는 것이 좋습니다. 특히 처음부터 문제풀이 인강을 다 듣는 것은 완전히 시간낭비입니다. 스스로 풀어보지 않은 문제를 TV 보듯 멍하니 봐야 남는 것이 없습니다. 모른다고 별표 친 문제만 본다고 해도 들을 때는 이해되는 것 같지만 뒤돌아서면 금방 까먹습니다. 설사 문제풀이를 기억한다고 해도 자기가 푼 것이 아닌 터라 응용, 심화문제에서는 또 막힙니다.

인강을 듣겠다면 부모가 꼭 옆에 같이 있어주세요. 아이 혼자 보라고 하면 아무리 선생님이 설명을 잘 해줘도 집중력이 떨어집니다. 게임, 동영상 등 다른 곳에서 시간을 허비하기도 쉽고요.

5. 문제집 선택과 적절한 반복이 중요하다

초등학생이 처음 보는 중등수학 개념서는 개념설명이 잘돼 있고 쉬운 문제로 된 문제집이 좋습니다(개념서의 개념설명이 잘 이해 안 되면 수학교과서를 구해서 꼼꼼하게 읽어보면 좋습니다). 개념서 오답이 거의 없고 초등수학 심화를 아주 탄탄히 해서 어려운 문제를 겁내지 않는 아이라면 바로 심화서를 해도 됩니다(단, 이 경우도 심화서를 다 한 후 빠르게 문제 푸는 연습용으로 드릴서도 풀어보는 것이 좋습니다).

개념서만으로 이해가 잘 안되거나 초등 때 심화문제를 많이 해보지 않았다면 드릴서로 좀 더 연습을 해야 합니다. 드릴서는 아이 수준에 맞추세요. 수학을 아주 잘한다면 3단계 문제집인 〈쎈〉으로 죽 나가도 됩니다. 〈쎈〉의 C단계가 버거우면 처음 풀 때는 A, B, C 단계에서 상대적으로 쉬운 A, B단계만 먼저 풀고 오오답까지 한 후 C단계를 해도 됩니다. 〈쎈〉 A, B도 어려워하면 좀 더 쉬운 수준의 드릴서로 부담을 덜어주는 것이 좋습니다. 이때 〈쎈〉이 어렵다고 쉬운 드릴서를 여러 권 풀리지는 마세요. 시간만 허비할 뿐입니다. 실력도 늘지 않고요. 어려워하는 단원만 드릴서를 따로 구입해서 보강하는 방법도 있습니다. 〈쎈〉 A, B는 쉽게 넘어가지만 C 단계가 살짝 어렵다면 〈쎈〉과 비슷한 수준의 드릴서인 〈3000제〉의 가장 어려운 부분만 따로 뽑아서 풀어보는 것도 좋습니다.

심화서 역시 다른 아이들이 뭘 하든 아이 혼자 힘으로 70% 이상 풀 수 있는 문제집을 선택해야 합니다. 잠수네에서 4단계 중등 심화문제집으로 구분한 문제집이라도 난이도 차이가 조금씩 있습니다. 같은 4단계라도 '〈일품〉 → 〈최고득점〉 → 〈최상위〉 → 〈에이급〉'순으로 난이도가 올라갑니다. 아이 수준을 봐가면서 4단계 중 비교적 쉬운 편인 〈일품〉을 먼저 풀고 〈최고득점〉이나 〈최상위〉 문제집을 풀어도 되고, 바로 〈최고득점〉이나 〈최상위〉를 풀고 〈에이급 수학〉을 해도 좋습니다(심화서에서 너무 어려워하는 문제는 건너뛰고 가도 됩니다).

6. 제 학년 수학, 연산 꼭 챙기기

중등수학 선행을 나가는 아이들 중 학교시험 100점이 안 나오는 경우가 매우 많습니다. 중등수학 진도를 빼느라 초등 5, 6학년 수학개념에 구멍이 난 거죠. 제 학년 수학을 소홀히 하고 선행에 집중하면 이런 현상은 앞으로도 계속됩니다. 중학생이 되서도 초등 때처럼 학교시험 점수가 안 나오는 거지요. 수학을 잘하는 아이들 중에는 연산실수로 100점이 안 나오기도 합니다. 이 경우 중고등학교 가서도 똑같은 현상이 반복될 가능성이 매우 높습니다.

중등수학을 나간다고 자만하지 말고 제 학년 수학을 꼭 챙기세요. 학교진도에 맞춰 교과서와 익힘책을 다시 보고 단원평가 시험을 대비해 초등수학문제집도 풀어봐야 합니다. 연산실수가 잦거나 연산속도가 너무 느리다면 따로 연산연습을 하도록 해주세요.

초등학생의 중등 선행 시 문제점

초등학생이 중등수학 선행을 하는 이유

예전에 비해 초등학생이 중등수학 선행하는 시점이 빨라졌습니다. 왜 그럴까요?

첫째, 영재고/과고 목표인 아이들의 선행속도, 심화문제 수준 때문입니다. 빠르면 초3~초4에 초등과정을 마무리하고 초5에 중등수학과정을 끝낸 후 초6에 고등학교 수학을 진행하는 아이들이 있습니다. 이 아이들의 목표는 고등수학을 얼른 공부하고 수학경시 준비를 하는 것입니다. 중1 때는 경험삼아 수학올림피아드에 참가해보고, 중2가 되면 수상권을 목표로 하는 거죠. 따라서 이 길을 가려고 한다면 조금 빠르거나 느린 차이만 있을 뿐 능력껏 선행을 나갑니다. 수학올림피아드를 준비하기 위한 수학심화도 병행하면서요.

둘째, 이과 진로인 아이들의 중등 선행이 덩달아 빨라졌습니다. 중학교 수학내신에서 최상위권을 바라본다면 영재고, 과고를 목표로 공부하는 아이들을 염두에 둘 수밖에 없습니다. 고등학교에서도 영재고, 과고 입시에서 탈락한 아이들과 만나게 되니 경쟁력을 확보하기 위해서라도 수학 선행과 심화를 하게 됩니다.

셋째, 나머지 아이들은 불안해서 중등 선행을 합니다. 이과 진로로 가려는 아이들이 죄다 선행을 하니 지켜보는 부모 입장에서는 불안감이 커질 수밖에 없습니다. 초등 5학년만 돼도 중등 선행을 시작하지 않으면 뒤처지는 마음이 듭니다. 되도록이면 이과로 진로를 잡는 것이 대입에서 유리한 점도 불안감을 증폭시킵니다. 초등 고학년이 갈 만한 수학학원에서 대부분 중등 선행을 나가는 것은 이런 심리가 배경으로 작용합니다.

넷째, 대학입시를 바라보면 고등수학 선행이 필수입니다. 대입에서 수시 비중이 늘면서 고등 진학 후 수학공부할 시간이 상대적으로 부족해졌습니다. 고3이 되면 수시준비에 매달려서 수학공부할 시간 내기가 더 어려워집니다. 자연스레 고2 말까지 고등수학 진도를 다 마쳐야 고2 겨울방학에 수능시험준비를 할 수 있다는 결론이 나옵니다. 역산해서 이과 상위권을 생각한다면 중2부터 고등 수학 진도를 나가야 고1, 고2 때 시간에 쫓기지 않습니다. 문과 진로라도 중3부터는 고등 수학을 시작해야 하고요. 이 때문에 중등수학을 시작하는 시점이 초등 6학년, 5학년으로 내려오게 된 것이지요.

중등수학 선행, 어떤 문제가 있을까?

1. 수준이 안 되는데 중등 선행을 나간다

중1-1 정수와 유리수의 연산은 자연수와 분수 연산이 원활해야 진도가 나갈 수 있습니다. 연산이 느리고 실수가 잦다면 틀리는 문제가 계속 나오게 됩니다. 초등 때 심화문제를 많이 풀어보지 않은 아이들에게 일차방정식의 활용은 도저히 깰 수 없는 난공불락의 성이 되고 맙니다. 독해력까지 떨어지면 서술형 문제는 이해가 안 돼 풀지 못합니다.

중등수학 교육과정은 중학생의 발달과정을 고려해서 만든 것입니다. 피아제의 인지발달 단계에서 초등 연령인 만 7~11세는 구체적 조작기입니다. 초등 저학년 수학교과서에서도 '구체물 → 반구체물(주로 수학교구) → 수식'으로 수학개념을 설명합니다. 그러나 형식적 조작기로 접어드는 만 11세 이후인 초6부터는 수학교과서에서 구체물은 사라지고 반구체물과 수식만으로 개념설명을 합니다. 중등 수학교과서는 수식 위주로 설명을 하고요. 이 나이쯤 돼야 눈에 보이지 않는 추상적 개념, 추상적인 관련성을 이해할 수 있다고 보기 때문입니다.

그러나 이런 발달과정이론은 평균적인 수치일 뿐 아이마다 차이가 많이 납니다. 수학의 감이 빠른 아이는 추상적으로 설명하는 중등 수학개념을 비교적 쉽게 이해할 수 있습니다. 반면에 수학이 느린 아이라면 중학 수학은 물론 초등 5, 6학년 수학도 어렵게 느낍니다. 초등 5, 6학년 수학을 어려워하면 발달단계상 구체적 조작기를 벗어나지 못했을 가능성이 높으므로 초등 저학년처럼 구체물 → 반구체물로 수학개념을 이해하도록 하는 것이 바람직합니다. 수학에 재능 있는 아이들의 수학진행을 보며 내 아이도 저렇게 할 수 있다고 생각하지 마세요. 보통의 초등학생이 중등수학을 익히려면 아주 많은 시간을 투자해야 합니다.

2. 심화 없는 중등 선행은 모래 위에 성 쌓기다

영재고, 과고를 목표로 하지 않는데도 초등 5, 6학년에 중등 선행을 나가는 아이들이 많습니다. 다른 아이보다 앞서기 위해, 아니 뒤처지지 않으려고 중등 선행을 한다는 생각이 옳다면 선행을 나가는 아이들은 중학교 가서 수학시험 점수가 다 잘 나와야 할 것입니다. 그러나 선행 여부와 중등 수학시험 결과는 그리 관련이 없습니다. 왜 그럴까요?

1) 중등수학은 심화문제까지 풀 수 있어야 한다
중학교 수학시험에는 어려운 문제가 2~3문제 꼭 나옵니다. 서술형 문제도 만만치 않고요. 중등수학 심화문제는 초등수학 경시문제집 수준과 비슷합니다. 초등수학을 할 때 교과서 수준의 쉬운 문제집을 푸는 정도였다면 중등수학 심화문제는 손도 못 댑니다. 당연히 중학교 진학해서 학교시험을 잘 볼 수가 없지요. 설사 중등 심화문제를 풀려고 해도 시간도 곱절로 걸리고 에너지를 몇 배로 쏟아부어야 합니다(뒤집어서 생각하면 초등 수학문제집의 심화문제를 술술 푸는 아이라면 중등수학 진행이 상대적으로 수월합니다).

2) 심화문제를 다뤄봐야 선행 나간 것을 오래 기억할 수 있다

초등 때 고등학교 수학까지 나갔어도 중1이 되면 실상이 드러납니다(중1-1이 자유학기제인 경우 시험을 안 봐 현실을 깨닫는 때가 좀 더 늦춰지기도 합니다). 초등 수학학원에서 중등 선행을 나갈 때 심화문제를 다루는 곳은 별로 없습니다. 빨리 진도를 빼기 위해 개념서를 가볍게 훑고 드릴서를 푸는 것으로 한 학기를 마칩니다. 이렇게 하면 중1, 중2, 중3, 고등까지 나가봐야 다 까먹습니다. 중고교 수학선생님들이 이구동성으로 '선행을 다 했다는데 정작 물어보면 아는 게 없다'는 말을 하는 것이 이 때문입니다. 학원 입장에서는 심화문제를 푸는 데 시간을 들이기보다 진도 나가는 것이 더 중요합니다. 그래야 부모들이 학원에 보낼 테니까요. 선행한 결과가 수학점수로 바로 나오는 것도 아니고 쉬운 문제만 가르치면 되니 학원입장에서는 '이보다 더 좋을 수 없다'입니다(중학교 가서 수학을 못해도 학원 탓을 하기보다 아이가 공부를 안 했기 때문이라고 생각하는 부모들이 많습니다).

3) 어려운 문제를 혼자 끙끙대며 풀어야 실력이 올라간다

중등 선행을 하면서 풀기 어려운 문제가 나오면 학원선생님에게 묻거나 해답지를 보고 알았다고 *끄덕끄덕*하는 아이들이 많습니다. 이렇게 하면 똑같은 문제가 나왔을 때 또 풀지 못합니다. 수영을 배우겠다면서 물 밖에서 이론수업만 듣는 꼴입니다. 물론 중학교까지는 학원선생님 설명을 듣고, 해답지 설명을 보며 유형을 달달 외우는 방식으로 공부해도 수학시험을 잘 볼 수 있습니다(학교에 따라 차이는 있습니다). 그러나 고등학교에서는 더 이상 통하지 않습니다. 공부도 근력이 필요합니다. 뒤늦게 근력을 키우려면 시간 투자가 필요하고 다른 과목에서 펑크가 날 수밖에 없습니다.

3. 학원 1시간, 혼자 공부 3시간 원칙을 지키지 못한다

주 2~3회 학원에서 진도를 나갔다면 집에서는 3배 이상 공부해야 배운 내용을 소화할 수 있습니다. 그러나 학교 마치고 학원 다녀오면 저녁 시간인데 고3도 아닌 초등학생이 책상에 앉아 수학 공부를 더 하기란 현실적으로 매우 어렵습니다. 진도도 빨리 나가는데 복습도 제대로 못하니 기억에 남지 못하고 시간만 허비하는 꼴입니다.

영재고, 과고 준비를 하는 아이들

1. 빠른 선행을 나갈수록 선행의 늪에 빠진다

수학을 잘하는 아이들은 일찌감치 영재고, 과고 진학을 목표로 달리기 시작합니다. 그러다 보니 초등 5, 6학년만 돼도 중등 선행이 상당히 많이 진행된 상태가 됩니다. 그러나 0.1%의 수학영재가 아닌 이상 아무리 수학을 잘해도 과도하게 선행진도를 나가는 것은 그리 효용성이 없습니다. 똑똑한 아이라도 시간이 지나면 잊어버리는 것은 마찬가지입니다. 수학개념 등 공부한 것을 잊지 않으려면 반복에 반복을 거듭해야 합니다. 수학진도를 많이 빼는 만큼 반복해야 할 양도 많아집니다. 자연스레 수학공부시간이 늘어날 수밖에 없습니다. 그야말로 선행의 늪에 빠지는 거죠.

2. 수학에 시간을 뺏겨 한글책, 영어가 부실해지기 쉽다

초등 때 수학에 올인하게 되면 풍선효과가 발생합니다. 수학 공부시간이 늘어나는 만큼 한글책 읽고 영어할 시간이 줄어드는 것이죠. 당장은 한글책과 영어의 결손이 눈에 안 보이지만 진로를 어디로 잡든 미래를 생각하면 이 2가지는 꼭 잡고 가야 합니다.

플랜B(원하는 목표를 이루지 못했을 때 다른 방도를 대비하는 것)를 생각한다면 일찍부터 수학(+과학)에 올인하는 것을 깊이 고민할 필요가 있습니다. 8개 영재학교의 정원이 858명(정원 외 포함),

20개 과학고 정원은 1309명입니다. 2018학년도 영재고 지원자가 1만 2269여명이니 과학고 정원을 감안하면 1만 102명은 탈락입니다. 탈락한 아이들 중 일부는 전국형 자사고에, 대부분은 일반고에 진학합니다. 영재학교가 아닌 이상 고등학교 내신은 매우 중요합니다(과고에서도 진로에 따라 전체 내신이 중요하기도 합니다). 그러나 수학에 올인하느라 국어, 영어가 부실해지면 이도 저도 안 되는 상황이 돼버립니다.

3. 만들어진 수학영재의 한계

초등 때 수학을 조금 잘하는 듯 보이면 과고, 영재고 진로로 방향을 잡는 부모들이 많습니다. 초등학생이면 아직 어려서 자기 진로를 깊이 고민해볼 때가 아니므로 부모가 이끄는 대로 따라가기 마련입니다. KMO 준비 학원에서는 초5에 중등과정을 마치고 초6부터 고등과정을 시작하는 경우가 많습니다. 아이가 잘 이해 못한다고 상담을 하면 '일단 진도를 빼는 것이 중요하다. 아이가 지금 이해 못해도 나중에 다시 한 번 돌게 되면 다 알게 되니 걱정하지 마시라'고 말합니다. 그러나 반복할 때는 더 어려운 내용을 공부하기 마련입니다. 수학영재가 아닌 이상 개념에서 구멍 난 곳을 스스로 메꾸기란 매우 어렵습니다.

　진짜 수학재능이 있는 아이와 만들어진 영재는 시간이 갈수록 차이가 벌어집니다. 고입 전문 수학학원에는 최상위반이 있고 그 아래로 수학점수에 따라 반이 갈립니다. 영재고, 과고 입시 성공은 대부분 최상위 반에서 나옵니다. 재능과 노력이 같이 가는 아이들이지요. 수학을 정말 좋아하지 않고서는 아랫반에서 최상위반으로 올라가기란 생각만큼 쉬운 일이 아닙니다. 부모의 욕심에 또는 일찍부터 정한 진로(실상은 부모가 주입했을 가능성이 높은)를 가려다 들러리 역할만 하는 게 아닌지 잘 살펴봐야 합니다.

단계별 수학문제집

구분	1단계	2단계	3단계	4단계	5단계
비상교육	개념+유형 중학수학 기초탄탄 라이트	개념+유형 중등수학 실력향상 파워	개념+유형 중학수학 최고수준 탑	최고득점수학	수학의 신 중등수학
	완자 중등수학				
좋은책 신사고		개념 쎈 중등수학		일품 중등 수학	
천재교육	체크체크 개념수학	셀파 해법수학		최고수준 해법수학	
디딤돌	투탑 수학			중등 최상위 수학	
에이급			에이급 원리해설 중학수학	에이급 수학	
기타	숨마쿰라우데 중학수학 개념기본서 (이룸E&B)	개념원리 중학수학 (개념원리)		블랙라벨 중학수학 (진학사(블랙박스))	

연산문제집

1단계			
잠수네 연산: 중등 (잠수네커가는아이들)	수력충전 (수경)	바쁜 중등을 위한 빠른 중학 연산 (이지스에듀)	기적의 중학 연산 (길벗스쿨)

도형문제집

1단계	
기적의 중학 도형 (길벗스쿨)	바쁜 중등을 위한 빠른 중학 도형 (이지스에듀)

유형별 수학문제집

1단계	2단계				3단계
개념원리 문제 기본서 RPM (개념원리)	유형 아작 중등수학 (비상교육)	라이트 쎈 중등수학 (좋은책신사고)	문제은행 3000제 꿀꺽 수학 (수학은국력)	다문항 2000 (천재교육)	신사고 SSEN 쎈 중등 수학 (좋은책신사고)

1. 처음 중1-1 개념 들어갈 때 이질적인 것

초등과 너무도 다른 용어/개념, 문제집 스타일, 훨씬 많아진 문제량 등에 익숙해지는 과정(글자도 너무 작고, 문제도 다닥다닥, 풀이 공간도 작아지고, 1장당 10문제 이내인 초등 심화서에 비해 중등문제집은 1장당 20~50문제)이 만만치 않습니다. 잠수네에서 진행하신 댁들 보면 각자 다른 단원에서 긴 하지만 잘하는 아이든 아니든 멘붕이 최소 1~2회 옵니다(문자와 식, 방정식, 함수 단원 등). 이 과정을 겪으면서 아이의 수학적 멘탈 체계가 좀 바뀌어야만 합니다(언제 시작하든 당연히 겪어야 할 과정이니 넘 당황하지 마세요).

2. 중1-1 첫 드릴서의 많은 '양'

저희는 첫 드릴서로 〈쎈〉보다 양도 좀 적고 난이도도 약간 쉽고 편집도 초딩 비슷하게 아기자기한 〈유형아작〉으로 편안하게 접근했습니다. 시기적으로 1-1 개념서와 동시에 진행하지 않고, 1-1 개념서 후 2-1 개념서 거의 후반부 진행할 때쯤 시작한 덕분에 아이 스스로 쭉쭉 편안하게 풀어나가 괜찮았던 것 같아요(대수파트 이해도가 높아진 뒤여서 체감 난이도가 더 쉬웠던 듯합니다. 정답률 95% 이상).

3. 중등에서 체감난이도가 가장 높고 양도 많은 중2-1

개념서 이해하는 데 기간을 충분히 두어 꼼꼼히 짚었고(초등 교과수학 등 병행하면서 여유 있게 2달 정도), 2-1 드릴서는 〈유형아작〉보다 약간 어려운 〈쎈〉으로 올려서 진행했어요.

4. 심화서

학기에 따라 드릴서와 심화서간 난이도 갭이 커서 촘촘히 다리를 놔줘야 할 경우도 있고(2-1, 3-1), 굳이 드릴서 없이 준심화나 심화로 바로 하고 끝내도 될 만한 경우도 있는 듯합니다(1-2). 첫 심화서를 아이 수준에 맞는 걸로, 적절한 양을 잡아서 가면 될 것 같아요(필요하면 준심화 단계 거쳐서 가면 되고, 심화서도 결국 나중엔 여러 권 모두 풀게 될 거니까요).

5. 본격적인 기하파트 시작인 중2-2

특히 닮음, 삼각형의 성질 등이 가장 난이도가 높고 중요합니다(고등수학 과도 관련).

6. 중3-1 심화를 충분히 잘 다지고 수1로 매끄럽게 이어주는 게 중요

수1은 중등 3년간 대수파트의 확장, 심화, 종합정리입니다.

7. 기하파트인 중3-2의 난이도

중3-2 심화는 수1과 병행해서 진행하기도 합니다.

8. 진행 tip

1) 본격적인 시작 전에 엄마가 공부를 조금 해서 큰 그림을 그리고 계획을 세운 뒤 시작해야 합니다. 잠수네수학 콘텐츠나 고수님 글을 읽어

정리해보고, 주변에 괜찮다고 소문난 수학학원 설명회나 상담을 받아보면 커리큘럼이나 교재 정보 등 아웃라인 잡는 데 유용합니다.

2) 대표적인 문제집을 몇 권 미리 들어서 엄마가 먼저 눈에 익히고 난이도, 분량 등을 어떻게 진행할지 연구해두세요.

3) 풀고 나서 바로 채점하고, 오답도 그날, 아무리 늦어도 다음날까지 바로 확인하세요.

4) 드릴서, 심화서 등 풀 때는 정답률과 어려워했던 단원들 포폴, 진행기 등에 기록해두면 복습할 때 취약한 단원에 더 많은 시간을 투자 가능해서 나중에 도움이 됩니다.

5) 대수파트(1-1, 2-1, 3-1) 시작 또는 초반에 연산이 원활하게 돌아가게 연습시키면, 단순 계산 오류도 줄고 매끄럽게 진행하는 데 도움이 돼요(문자식 계산, 곱셈공식, 인수분해, 방정식 등 잠수네연산 강추요~^^).

9. 꼭 해주고 싶은 말

1) 내 아이에 맞는 최적의 선행 시작시기를 잘 잡으세요

영어가 어느 정도 되고(5학년은 심화2 이상), 받아들일 만큼 머리가 여물고(전반적인 학습능력이 좋아지고 초등수학 심화가 탄탄해 용량이 어느 정도 될 때. 안 그러면 에너지가 너무 들고 아이가 수학을 두려워하거나 싫어하게 될 수도 있어요), 하루 1시간 이상은 할 수 있는 습관이 됐을 때 시작하는 게 좋아요. 안 그러면 진행속도가 더뎌 늘어지고 적절한 시기에 복습을 못 들어가 까먹게 되는 악순환이 생깁니다.

2) 아이가 해볼 만한 수준으로 너무 버겁지 않게 진행하세요

남들이 한다고 잘 맞지도 않는 문제집을 부여잡고 낑낑거리는 건 비추예요. 수학은 자신감인데 좌절감만 안겨줘요. 부러워했던 그 문제집 우리 아이도 언젠가는 90% 이상의 정답률로 널널하게 풀어주는 날이 반드시 오거든요.

3) 영어, 한글책과의 밸런스를 고려해서 수학은 효율적으로 가세요

4) 아이마다 다른, 적절한 반복주기를 찾으세요

5) 고비가 나타나도 그러려니 하고 꿋꿋하게 계속 나아가세요

엄마나 아이나 나가떨어지지 않도록 주의하세요. 고비다 싶을 때는 속도를 좀 천천히 하든지 아니면 다른 걸 줄이고 시간을 더 투자해서 정면 돌파 하는 것도 방법입니다.

| 사례 | **중1, 중2 선행하며 푼 문제집과 걸린 시간**

작성자 규린사랑 **글 쓸 당시 학년** 초6

6학년 수학 평균 공부시간 : 1시간 57분

중등 진입 이후, 현행 챙기기는 학기 중 아주 잠깐의 시간만 할애하고 내내 선행으로만 진행됩니다. 중등과정에 들어서니 확실히 여유가 없습니다. 아이의 상태가 아직은 수학에 전적으로 몰입할 단계도 아닌 듯했고, 저녁시간을 이용한 수학진행에서 시간을 더 내기도 힘들더라고요. 중등진행순서는,

중1-1 교과서+개플라 → 쎈 → 일품 → 최상위

중1-2 교과서+개플라 → 쎈 → 일품 → 최상위

중2-1 교과서+숨마쿰+개플라 → 쎈 → 일품 → 최상위

중2-2 교과서+숨마쿰 → 쎈 → 일품

여기까지가 초5 겨울방학부터 초6 2월 말까지 진행상황입니다. 계통별로 중1-1 → 중2-1 → 중1-2 → 중2-2 요렇게 나가는 분들이 많은 듯한데, 저희 집은 딸램씨가 고집하는 대로 순서대로 나가는 걸 선택했어요. 한꺼번에 2가지 하는 복잡한 것도 싫고, 학기 건너뛰고 다음 학기 것 하기도 싫다고 하네요.

1년간 선행으로 저렇게 진도를 뺀 뒤 제 학기에는, 다시 〈에이급〉과 〈수학의 신〉 정도로 마무리를 생각하고 있습니다. 〈수학의 신〉은 딸램씨에게는 일종의 도전인데, 실제로 진행해보니 도전 맞네요. 넘어봤음 좋겠다 정도로 여기고 조금이라도 시간이 허락한다면 진행해보려 합니다. 재미난 건 저 동일한 과정에서 서로 소요된 시간이 꽤 차이가 나더군요.

중1-1 → '15.12.26 ~ '16.5.23 : 약 5개월 소요

중1-2 → '16.5.24 ~ '16.11.4 : 약 5개월 반 소요

중2-1 → '16.11.9 ~ '17.1.18 : 약 2개월 반 소요

중2-2 → '17.2.3 ~ '17.2.27 : 약 1개월 소요(〈최상위〉 남음)

진행하고도 신기한 일이었어요. 확실히 1학년 과정에 많은 에너지가 들어가는구나 싶었고, 약간의 탄력이 생기니 수학도 저리 굴러가는구나

싫었습니다. 중등과정에서 제일 중요하다는 2-1 과정이 요행히 겨울방학 즈음과 맞닿았던 것도 운이 좋았던 것 같고요. 2학기 부분에서 2번다 정답률도 약간 하락세에 주춤하는 면이 있긴 하지만, 딸램씨가 수 영역에 더 강하고 도형에 약하다고 생각됩니다.

잠수하는 동안 제일 잘한 점들은 첫째, 다른 곳으로 한눈팔지 않고 잠수 열심히 하기, 둘째, 꾸준히 하기 딱 요렇게 압축됩니다. 영어든 수학이든 우리말이든, 그 안에서 어떤 몸짓, 어떤 몸부림으로 진행을 하든 매일 꾸준히 성실히 한 우물만 파온 건 딸램씨에게도 저에게도 잘했다고 칭찬하며 마무리하고 싶습니다. 학창시절이 아직은 절반이나 남았으니 이후로는 몰라도 지나온 절반만큼은 적어도 잠수만 한 게 없다고 자부하고 싶네요.

| 사례 | **중학수학 73점에서 100점으로!**

작성자 흙처럼착하게 글 쓸 당시 학년 중3, 초3

중학교 첫 시험에서 수학을 73점 맞았습니다. 안정적인 초등학교 성적을 바탕으로 6학년 때부터 중학교 선행을 해왔고 문제집을 풀었을 때 정답률이 나쁘지 않았기 때문에 '별 생각 없이', '당연히 잘 보겠지' 하는 마음으로 시험을 본 것이 문제였습니다.

이후 80점대 후반과 90점 초반을 오갔습니다. 2학년 2학기 중간고사에서 99점을 맞으며 안정권에 들어섰고 3학년 1학기 기말고사에서 드디어 100점을 맞았어요. 1학년~2학년 초까지의 공부방법과 2학년 여름방학 이후와 현재의 수학 공부법을 비교해봤어요.

1. 문제풀이의 절대량과 수준

당시 푼 문제집은 〈RPM〉, 〈쎈〉, 〈다문항2000〉, 〈일품〉, 〈에이급〉 B단계까지였습니다. 〈쎈〉 C 정답률 나쁘지 않았고, 〈에이급〉은 B단계까지만 풀었습니다. A단계까지는 시험에 안 나온다는 이유에서였습니다(지금 생각하면 정말 안일한 이유네요). 현재 중학교 시험을 위해 푸는 책은 평소엔 〈최고수준 TOP〉, 〈일품〉, 〈에이급〉이고 시험기간에는 〈최상위수학〉, 〈블랙라벨〉, 족보기출 30여 개, 교과서입니다.

흔히 문제풀이의 임계량이 채워져야 한다고 말합니다. 하지만 같은 100문제를 풀어도 〈RPM〉 100문제와 〈블랙라벨〉 100문제는 다릅니다. 중간 수준의 문제(〈쎈〉 B 또는 〈다문항〉)만 계속 풀다 보면 시험에서 고난이도 문제가 나왔을 때 한번에 풀어내기 쉽지 않습니다. 심지어 객관식에서 맞으라고 주는 문제도 가끔 실수로 틀립니다. 심화를 많이 푼 학생들은 '객관식에서 실수로 틀리는 일'이 거의 없습니다. 문제풀이의 전반적인 수준이 올라가면서 수학 실력도 문제 수준에 따라 올라가는 것이죠. 지금까지 시험을 보며 느낀 점은 〈일품 내신만점 굳히기〉, 〈에이급〉 B단계, 〈블랙라벨〉에 나왔던 유형을 변형하거나 단순화한 문제가 마지막 서술형에 많이 나온다는 것입니다. 어려운 문제집을 푼 학생들에겐 익숙하고, 쉬운 문제집을 푼 학생들에겐 낯선 문제입니다. 친근함(?)이 주는 여유를 가지고 푸는 것과 그렇지 못한 것은 매우 큰 차이가 있죠. 학교에 따라 문제 수준의 차이는 있겠지만 적어도 〈일품〉이 편할 때까지, 〈블랙라벨〉이 탄탄해질 때까지는 꼭 풀어볼 것을 추천합니다.

2. 다시 보기

심화 수준 문제를 풀기만 해서는 수준이 안 오릅니다. 소화해내야 하죠. 어떻게 할까요? 다시 봐야 합니다. 별표 문제, 틀린 문제만 다시 보는 게 아닙니다. 푸는 도중 '에이쒸' 소리 나오게 하는 문제, 어쩌다 답은 나왔지만 어쩌다 답이 나온 건지 스스로 모르는 문제, 답은 썼지만 '틀릴 삘'인 문제들에는 느낌표를 그려둡니다. 느낌표는 오답 여부에 상관없이 무조건 다시 봅니다.

첫 번째 오답 보기를 할 때는 크게 3가지 문제들로 나뉩니다. 몰라서 못 푼 문제(별표), 확실하게 모르는데 맞은 문제(느낌표), 방법을 아는데 실수로 틀린 문제입니다. 이때, 아는데 틀린 문제보다 느낌표와 별표에 더 공을 들여야 합니다. 어려운 객관식이나 어려운 서술형으로 나올 가능성이 크기 때문입니다. 대신 아는데 틀린 문제는 답지와 내 풀이를 꼭 대조비교 해봐야 합니다. 맞다고 생각한 내 풀이가 사실 완전히 틀린 것일 수도 있으니까요.

평소에는 문제 풀이를 주로 하고 시험기간 초중반에는 지금까지 푼 문제들의 오답에 곁들여 기출과 〈최상위〉를 풉니다. 그러다 시험 일주일 전부터는 오답과 〈블랙라벨〉을 풉니다. 〈블랙라벨〉이 양이 꽤 적어서 시험공부가 탄탄하다면 마지막 점검용으로 빠르고 정확하게 풀 수 있어요. 시험 3, 4일 전부터는 기출을 포함한 새로운 문제 풀이를 모두 스탑하고 오답만 보는 편입니다. 전날에는 교과서와 최종 오답(걸러지고 걸러져서 남은 엑기스)을 '이 문제가 서술형으로 나온다면'이라는 마음가짐으로 봐요. 시험 전까지 모든 문제를 2번 이상씩은 보는 것 같습니다.

개인적으로 오답 노트는 추천하지 않습니다. 1학년 후반부터 2학년 초반까지 해봤는데, 하나고 영어캠프 때 이과 졸업생이 오답 노트를 비추한다고 했던 이유를 알 것 같았습니다. 엄청난 양의 문제를 노트화하는 게 불가능하므로 시간대비 효과가 떨어집니다. 한 번 보고 넘어가도 되는 영양가 없는 문제도 괜히 노트에 쓰게 되고요. 문제 베끼고 오려 붙일 시간에 서술형 한 번 더 써봐야 진짜 내 것이 됩니다.

3. 교과서 보기

1학년 때는 교과서를 안 봤습니다. 1학년 후반과 2학년 초반 들어 자습서를 살짝 보기 시작했지만 여전히 대충이었습니다. 하지만 지금은 교과서를 크게 개념과 문제로 나누어서 여러 번 봅니다.

먼저 개념을 익히기 위해 교과서와 자습서를 펼쳐 놓고 노트 정리를 합니다(방학, 학기 중 예습). 이때 절대 색색 볼펜 형광펜 쓰지 않고 연필만 씁니다. 연필만 쓰면 단원 하나 분량은 1시간 30분 안에 완벽히 이해할 수 있습니다.

노트 정리의 포인트는 '너무 당연해서 모두가 잊고 있는 것들'입니다. 가령 정비례 함수가 어떻게 생겼는지 중1이라면 누구나 압니다. 노트정리에서 중점이 되는 것은 함수의 정의입니다. 함수 그래프가 왜 그런 모양인지 그래프가 그려지는 과정을 알고, 정의와 특성을 구분하는 것이 중심이 돼야 합니다.

이후 문제를 익히기 위해 중단원, 대단원, 보충심화 문제를 3번 이상 봅니다. 학교 시험지와 교과서를 나란히 펼쳐 보세요. 교과서에서 심화 딱지 달고 나왔던 문제유형이 시험지에 3개 이상 들어가 있습니다. 서술형에 보통 2문제 정도 들어가 있고요. 교과서 문제들만 서술형으로 써보는 연습을 해도 10점 이상은 먹고 들어갑니다.

교과서 보기는 주로 시험기간 학교 자습시간에 하는 게 좋습니다. 자습시간엔 졸거나 산만해지기 쉬운데, 내 풀이를 써보고 답지와 비교하는 게 그냥 사회 교과서 읽는 것보다 집중이 잘 됩니다. 집에서 하기에는 시간이 꽤 걸리기도 하고요. 시험기간에 수학 잘하는 애들은 다 교과서 문제나 오답 보고 있습니다. 수학을 힘들어하는 애들은 새로운 문제를 풀고 있어요(심지어 풀어놓고 채점도 안 합니다). 교과서에 없는 개념, 예를 들면 이차방정식 근과 계수의 관계, 피타고라스의 여러 가지 활용은 〈최고수준 탑〉, 〈에이급〉, 〈일품〉의 개념 부분을 보며 노트정리로 추가하면 됩니다.

4. 서술형을 생각하며 공부

중학교 첫 시험에서 객관식은 5점이 감점됐는데 서술형은 총 40점 중 22점이 감점됐습니다. 당시 저는 '서술형 공부'라는 생각 자체를 하지 않았습니다. 하지만 지금은 오답을 보는 과정에서, 교과서 문제를 보는 과정에서 '이건 서술형으로 나올 것 같다' 싶은 건 무조건 풀이를 써봅니다. 늘 서술형을 대비해야 한다는 마음을 가지고 있어야 합니다. 문제를 많이 보면 볼수록 서술형으로 나올 만한 문제를 고르는 안목이 생길 거예요.

수학경시대회 후기 – KMO위주로

작성자 세드나 글 쓸 당시 학년 중3, 중1

이런저런 사람들이 다양한 경시대회를 하니까 나도 한다? 그건 아닌 거다 아시죠? 아이에게 도전정신과 노력하는 자세를 길러주고 싶을 때 아이가 평소 좋아하는 종목이나 과목을 선택해서 나가면 좋을 것 같습니다. 제 아이가 초등 때 정보가 없어서 다행히 수학/과학 관련 경시대회를 나가보지 않았어요. 중등이 되고 나서 알고 보니 많은 이들이 선행을 하고 각종 경시대회를 많이 경험했더군요. 저는 경시대회 굳이 나갈 필요는 없다고 생각합니다. 수학경시대회의 종류를 대충 보면 KME, KMC, 성대경시, KMO 등 있는데요. 여기 언급한 경시대회만 살펴봐도 KME, KMC 전국 1등을 한 적이 있다 해도 어디 내세울 곳이 없어요. 성대경시, 그 외 수학경시대회도 마찬가지일 거고요. 특목고에 원서를 쓰는 분들과 얘기를 해보니 '그런 수상 경력이 결코 당락에 영향을 끼치지 않더라', '아이의 실력을 각 학교에서 잘 파악해서 선발하는 것 같다', '지나고 보니 이젠 알겠다'가 제 주위 사람들의 결론이었습니다.

그럼 경시대회를 도전도 하지 말까요? 그건 아니고요~ 이런저런 경시대회를 도전해보면서 목표를 위해 노력하는 자세는 중요해요. 그러니 아이의 특성을 잘 파악하는 것이 중요합니다. '수학을 잘해서 늘 100점이다'가 아니라 남다른 사고력이 있거나 배우지 않아도 응용해서 푸는 능력이 보이면 수학경시를 도전해보시라고요. 평범한 아이들은 그냥 학원에 돈만 갖다 주는 격이 되는 거죠.

우리 집 둘째 딸을 초등 6학년 때 처음으로 수학학원에 보냈는데, 학원에서 몇 달 지나니깐 경시대회 내보내자고 하더군요. 속으로 '헐~' 하면서 어이없었지만 그냥 학원에서는 웃으면서 "아니에요. 그렇게까지 수학공부 시키고 싶진 않아요." 하고 나왔어요. 우리 딸 결코 수학경시대회 준비를 할 만큼 특출하지 않고, 수학공부 하느라 다른 다양한 활동을 못하면 그게 더 손해거든요. 그 시간에 영어와 책읽기, 운동, 악기 등등 할 게 너무 많아서…. 수학경시대회 준비해서는 얻는 것보다 잃는 게 더 많다는 계산이 바로 나오는 거죠. 학원 말에 넘어가지 말라고 말씀드려요. '수학경시대회에서 무엇을 얻을 것인가?'를 한 번 더 생각해보시고 도전을 결정하시길 바랍니다.

1. 대회를 나가기로 결정했다면

그럼 경시대회를 나간다고 결정했다면 남다른 특출한 성과를 당연히 기대해야 되겠지요. 그런데 하루 이틀 또는 한 달 두 달 그리고 1년 2년 만에 그 많은 학생들 사이에서 특출한 성과를 기대하기는 어렵습니다. 그래서 위에서 말씀드린 것처럼 아이의 성향을 잘 지켜봐야 합니다. 우리 아이가 그 분야에서 뛰어나다고 확신이 들기에 초등은 시간이 짧아요. 조금 해서 상 하나 받는 거 정말 의미 없는 거 같아요. 그 시간에 책을 더 보고 박물관 미술관을 더 다니는 게 좋습니다.

전쟁에 임하게 됐을 때 이기기 위해 사전준비를 철저히 하듯이 어떤 시험에 임하는 자세도 완벽하게 준비를 해야 될 것입니다. 목표치도 굉장히 높게 잡아야 돼요. 전국 10등 또는 금상처럼 최고점을 목표로 세우고 공부를 해야지 어느 정도의 성과가 나올 확률이 높아요. 그냥 '동상 정도 받으면 되겠지?' 라는 자세로 공부를 임하면 동상 받기도 어렵답니다. 그래서 어떤 시험이든 목표는 최대한 제일 높게 잡는 게 아주 중요한 거 같아요. 이왕 꿈꾸는 거 최고로 꾸는 거죠. 그리고 그 최고를 이루었을 때의 모습을 상상하면서 공부를 하게 해주는 거예요.

그렇게 높은 꿈을 이루기 위해서는 부모도 옆에서 아이를 잘 격려해주고, 건강도 챙겨줘야 되고, 힘든 상황 이해해주는 모습도 보여주고, 아이가 힘들게 공부하면 부모도 옆에서 나름 같이 애써 주는 모습을 보여주면서 목표를 향해 같이 달려가야 합니다. '공부는 너 혼자 하는 거다'라는 식이 아닌 '네가 힘들게 공부하는구나. 너를 위해서 엄마도 이런저런 노력을 하고 있단다'라는 연기가 필요해요. 이렇게 옆에서 누군가가 큰 힘이 돼줘야 아이가 힘든 과정을 이겨낼 수 있겠죠?

2. 그럼 공부는 어떻게 진행할까?

제가 초등 때에는 생전 바빠서 못했던 또래 친구 엄마들과의 교류부터 시작을 해보자 싶어 짬짬이 시간 내서 KMO 시험공부와 영재고를 목표로 공부하는 아이들의 엄마들과 적극적으로 만남을 가졌어요. '그냥 우리 한번 만나요~' 하면서 정보를 살짝 캐내고 또 다른 고수엄마와 만남이 필요하면 또 머리를 굴려 자연스럽게 그 엄마와 만나는 시간을 가져 제 나름 KMO와 영재고 시험공부에 대한 정보를 정리했어요. 학원을 통하거나 주위 몇몇 분들의 말만으로는 윤곽이 그려지지 않아 나름 머리를 썼는데 운 좋게 어떤 팀을 통해서 자연스럽게 만나게 되고 또 다른 사람을 통해서 고수맘을 만나게 되는 등 운이 따르더군요.

이렇게 KMO 공부에 올인한 게 중2 1차 시험인 5월까지인 거 같아요. 보통은 초등 때부터 여러 팀과 학원을 다니면서 공부를 다지고 다져서 중1 때부터 시험을 보고, 중2 때까지 올인하는 거더군요. 중2 5월에 1차 시험을 봐서 통과되면 다시 2차 준비를 위해서 학원으로 달려가는데… 제가 제 여러 주위 사람을 통해서 결과를 보니 참 허무할 정도로 중2 때 1차 시험에 많은 수가 통과되지 못해요.

KMO를 도전해서 수상을 하고 싶으시다면 KMO 전문 학원은 최소 6개월~1년은 겪어야 되지 않을까 싶어요. 학원을 최소 이용하려면 필요한 공부를 스스로 단단히 준비해둬야 되고요. 워낙 어려운 시험이라 많은 시간을 투자해야 성과를 볼 수 있을 것 같습니다. 그런데 또 학원에만 의존해서는 절대로 안 됩니다. 아이 역량이 조금 돼 보인다 해서 학원, 과외에 엄청난 투자를 해도 성과가 없는 아이들도 주위에 많답니다. 워낙 어려운 공부다 보니 학원에 의존해서 수동적으로만 해서는 안 되고 집에서 스스로 풀어보는 힘을 기르는 것도 아주 중요합니다. 혼자 고민해서 풀어내는 능력을 키우지 않으면 해마다 예측할 수 없는 유형의 문제를 처음으로 접했을 때 아이가 시간 내에 풀어낼 수가 없는 것 같아요. 여러 번 풀어본 유형의 문제는 잘 푸는 반면 조금만 변형을 해도 문제를 풀지 못하는 경우의 아이도 제법 되는 것을 보면 아이가 수학 공부할 때의 자세가 중요하다고 봐요. 꼭 혼자서 고민을 해야 돼요. 수학의 실력을 쌓는 정도는 적은 수의 문제라도 어려운 문제를 스스로 가설을 세우고 증명해보면서 다양한 방법으로 접근을 해보는 거죠. 실제로 영재고 준비할 때에는 선생님께서 어려운 문제를 적어주고는 각자의 방법으로 증명해보고 앞에 나와서 본인들이 세운 가설과 증명법을 설명했다고 하더라고요. KMO 준비할 때부터 학원은 최소한만 보내면서 집에서 혼자서 끙끙대게 만들었는데 그게 영재고 시험까지 좋은 결과를 보게끔 끌어주었어요.

3. 그렇게 수학공부에 빠져보았더니

중학생이 되고 급히 중3 내용까지 선행을 서두르고 대치동 KMO학원에서 2차 시험 보는 8월까지 약 8~9개월을 수학에만 전념하니 엄청나게 실력이 상승했어요. 처음엔 학원에서 많이 헤매었지요. 그래도 '이왕하기로 한 거 중도에 포기하면 안 된다. 못해도 GO!'라는 마음으로 학원 외엔 전부 집에서 틀려도 혼자 힘으로 풀어가게 했더니 한 달이 지나고 두 달이 지나 서서히 대여섯 문제를 풀게 되고 학원 모의고사에서 상위권으로 올라가고 그렇게 1차에서 상을 받았어요. 8월 한 달은 하루에 잠자는 거 외에는 수학에만 빠져서 허우적대니 좀 쉬어도 문제가 풀리는지 가을에 치른 영재올림피아드에서는 엄청난 결과를 받게 되었어요. 그리고 영재고 준비에 정신이 없을 정도로 공부를 해야만 되는 중2 늦가을에 그만 그분이 덜컥 와서 아이가 공부를 안 하겠다는 것을 억지로 달래 학원에 데려다줬더니 앉아서 딴짓만 하고 놀았더군요. 그런 것도 모르고 계속 학원에는 보냈는데 합격하고 아이가 저에게 하는 말이 '엄마는 제가 학원에서 얼마나 공부를 안했는지 모르실 거예요.' 라더군요.

그런데도 합격이 가능했던 것은 아이의 수학공부 방법 자체에 있지 않았을까 싶습니다. 사교육은 최소로, 혼자 힘으로 풀어보기, 안 풀려도 끝까지 해보겠다는 마음가짐으로 도전하기, 절대로 풀이를 먼저 보지 않고 문제만 가지고 고민하기 등 시간이 걸리더라도 조바심 내지 않고 진행했던 것이 아주 효과가 있었어요.

그래서 지금 고등 KMO를 준비하는데 마음이 급하지 않아요. 다른 이들은 대치동의 여러 학원을 다니면서 학원에서 많은 시간을 투자하고 있는데 저흰 그냥 저희가 중등 때 해온 방법으로 진행합니다. 일주일에 두 번 학원 가서 수학공부하고 그 외에는 혼자서 문제를 펼쳐놓고 생각해보고, 안 풀리면 음악 듣고 책 읽고 운동도 하다가 다시 풀어보고…. 일정 수준 이상의 문제는 반복과 선행이 절대 통하지 않는 문제입니다. 그래서인지 고등 KMO 학원에 등록할 때 중등 때 KMO 성적만 묻기에 고등과정 수1, 수2는 안 했다고 하니 그런 것은 필요 없고 아이의 사고능력이 문제라고 하면서 테스트도 없이 등록을 시켜주더군요.

다시 한 번 정리하자면 경시를 도전할 때는 아이가 즐기는 과목을 선택해야 하고, 즐기는 과목으로 만들려면 부담이 돼선 안 됩니다. 그러려면 어릴 때부터 놀이와 공부를 접목해야 해요. 저희는 운이 좋게 책으로 게임으로, 대화하면서 쉽게 수학에 접근을 했어요. 그리고 아이가 빠져들 때에는 무엇이든 빠져들게 그냥 지켜봤습니다. 또한 실패를 두려워하지 않도록 '공부하는 중간 과정이 더 가치 있다'는 것을 깨우쳐줘 아이의 부담을 줄였습니다. 그렇다고 마냥 좋았던 것만 아니기에 아이가 투정을 부릴 때에는 호되게 혼을 내기도 하고, 목표를 일단 정했으면 결과가 어떻게 되든 최선을 다하는 자세가 인생에 필요하다고 채찍을 휘둘러 주기도 했어요.

아이랑 대화를 하다 보면 아이는 수학을 잘하는 것이 자기의 걸림돌이라고 하더군요. 자기는 아직 자기의 인생을 어떻게 살아갈지, 그것이 무엇인지도 모른다고요. 그래서 앞으로 어떤 직업을 가질지 고민할 거라고 해서 그러라고 했어요. 이젠 어느 정도 지켜보려고요. 아이가 제 생각보다 더 어른스럽고, 사고의 폭이 넓고 깊어 이젠 제가 섣불리 뭐라고 할 수가 없어요.

하지만 이런 아이와 소통을 하기 위해 또 바빠졌습니다. 아이를 이해하기 위해 어려운 수학/과학은 제외하고 아이가 읽는 책을 같이 읽습니다. 그래야 아이가 생각하는 것을 제가 이해하고 아이가 힘들 때 힘이 될 것 같아서요. 아이는 아이마다의 개성이 있고 잘하는 것이 있습니다. 그리고 이것을 찾아주는 게 제일 중요합니다. 모든 것을 잘할 필요 없어요. 그래서는 차별화가 되지 않아요. 우리 아이만 잘하는 걸 먼저 찾아주도록 노력합시다.

| 사례 | **학원 고민하시는 엄마들께 드리는 경험담**

작성자 영선영민맘 글 쓸 당시 학년 중1, 초3

중1, 초3 두 딸을 둔 직장맘입니다. 큰애 초1 때부터 잠수를 했으니 7년 차네요. 큰아이 초등 저학년 때는 학교 성적에 연연하지 않고 그릇을 키운다 생각하며 책읽기에 신경을 좀 썼고요. 초4 때부터 수학교실 가입하며 약간은(?) 학습 모드로 들어섰습니다. 매일 야근에 시달리면서도 아이를 학원에 보내지 않고 버티면서, '아직은 할 만하다, 아직은 괜찮다' 생각했어요. 그래서 저학년 때는 '4학년부터는 학원 보내야지', 4학년 때는 '5학년에 보내야지…' 매년 그러다가, 중학교 들어서면서 수학 학원을 보냈습니다. 사실 학원 보낸 가장 큰 이유는 큰아이 성격이 덤벙과라 실수가 많아 오답에 오오답에 오오오답까지 3~4일 전 분량까지 신경써야 하는 게 정말 힘들었습니다. 그래서 괜찮다는 학원 소개받아 보냈습니다.

그런데 학원에서는 문제 풀리고, 채점해주고 틀린 문제 다시 설명해주는 게 끝이었습니다. 오답을 풀도록 기다려주거나, 주기적으로 오답을 체크하는 게 아니라 쌤이 한 번 다시 설명해주니, 다음에 아이가 거의 기억을 못하더군요. 우리 아이 같은 경우는 정말 학원 보내면 망하겠더라고요. 꼼꼼하고 세밀한 아이들, 아니면 엄마가 집에서 오답을 체계적으로 관리하는 경우는 학원의 진도에 힘입어 빠르게 선행을 뺄 수 있겠고요. 선배맘들이 했던 유명한 말… '학원에서 되는 아이는 집에서 해도 되는 아이다'가 생각났습니다. 학원이라는 게 별거 없구나 싶더라고요. 결국 한두 달 시간 버리고 지금은 집에서 하고 있습니다. 예전과 다른 점이라면, 예전엔 학원 안 보내고 집에서 하면 '뭔가 구멍이 있지 않을까, 뭔가 놓치고 있는 건 아닐까' 불안했는데 이젠 그런 거 없습니다. '아… 내가 그냥 하는 게 맞구나. 엄마인 나보다 내 아이를 더 신경 써서 봐주는 학원 쌤은 없다' 하면서요. 이런 방법, 저런 방법 해보면서 아이에게 맞는 방법을 찾는 게 맞겠다는 확신이 있습니다.

그럼에도 불구하고, 특목고를 가려면 입시 정보에 강한 특목전문학원의 힘을 빌려야 한다는 말에는 아직 경험해보지 못한 터라 귀가 솔깃하지만, 아직은 내가 집에서 잡고 가야지 잘못하면 괜히 시간만 버린다 싶습니다. 학원은 진도가 빠르기 때문에, 원하는 기간에 목표한 선행을 하고 싶으면 학원도 괜찮습니다. 그러나 학원에서 수업한 2배 정도의 시간을 따로 할애해 오답을 챙겨야 구멍을 줄이며 선행할 수 있습니다. 학원에 전적으로 맡겨두면, 정말 허송세월할 수도 있습니다. 분명 선배맘들이 여러 번 해주셨던 말인데, 직접 경험하니 뼈저리게 느껴집니다. 잠수네 엄마들 다 고생 많으신데, 우리가 고생하는 만큼 아이들은 즐겁게 배운다 생각하고 힘내자고요.

수학학원, 이것부터 체크하자

초등 5, 6학년, 불안감이 커지는 시기

초등 5, 6학년이 되면 수학의 불안감이 커지고 수학학원에 관심이 많아집니다. 수학학원에 발을 들이면 그 시기가 언제든 고3까지 죽 가기 쉽습니다. 그만큼 학원 의존도가 높은 과목이 수학입니다. 따라서 수학학원에 대해 제대로 알고 있어야 학원에 휘둘리지 않고 소신 있게 이용할 수 있습니다. 필요할 때는 들어가고, 아니다 싶으면 빠지면서요.

수학학원의 장점

1. 진도를 빠르게 나갈 수 있다

집에서 공부할 때는 치밀하게 계획을 세웠어도 차질 없이 진행하는 것이 만만치 않습니다. 그에 비해 학원에 보내면 진도 하나만큼은 확실하게 나가니 왠지 안심이 됩니다.

2. 친구들과 경쟁하며 동기부여, 긴장감이 생긴다

아이한테 맞는 학원, 비슷한 수준의 친구들, 가르치는 선생님까지 삼박자가 맞으면 시너지 효과가 나기도 합니다. 시험을 보면서 자연스럽게 경쟁도 되고 동기부여도 됩니다. 많은 양의 숙제를 제대로 하면 성적이 올라가기도 합니다. 수학성적이 올라가면 수학이 재미있어지고요. 그러나 이런 선순환은 잘하는 소수 아이들에 한한다는 것이 한계입니다.

수학학원의 단점

1. 학원의 마케팅에 휘말리기 쉽다

학원은 사업입니다. 지속적인 운영을 위해 홍보는 필수입니다. 학원에서 홍보할 때는 잘 하는 아이를 내세웁니다. 영재원, 영재학교/과고 합격자 명단을 내걸고 아이들을 모집합니다. 학원 홍보를 보고 상담을 하면 '이대로 두면 늦는다'는 공포분위기를 조성하는 경우가 많습니다. 그러나 학원에서 내거는 실적과 내 아이의 실력이 괴리가 나면 보내나 마나한 상황이 됩니다. 다른 아이보다 수학진도가 느리거나 수학실력이 떨어지는 아이는 학원에서도 그리 반가워하지 않습니다.

유명하고 좋다는 학원은 테스트를 봐서 합격해야 다닐 수 있는 곳이 많습니다. 그러나 들어가기 어려운 학원에 합격했다고 좋아할 일만은 아닙니다. 학원은 잘하는 아이들 위주로 운영합니다. 최상위반에 학원에서 제일 우수한 선생님을 배치하고 여러 가지 배려를 합니다(아래 반은 상대적으로 신경을 덜 씁니다). 만약 합격 커트라인보다 훨씬 높은 점수를 받아야 들어가는 최상위반에 배정되지 못하면 들러리가 될 가능성이 높습니다. 잘못하면 잘하는 아이들에 치여 실력도 늘지 않고 자존감만 떨어지는 낭패를 겪을 수 있습니다.

2. 구멍이 숭숭 난 채로 진도만 나갈 수 있다.

학원에서 진도를 빠르게 빼주는 것은 장점이면서 동시에 단점입니다. 학원에서는 진도를 나갈 뿐 아이가 얼마나 소화했는지 일일이 확인해주지는 않거든요. 부모들은 아이의 취약점을 봐주면서 잘 이끌 거라 기대하지만 한 명 한 명 구멍 난 곳을 세심하게 챙겨주는 학원을 찾기란 매우 어렵습니다.

3. 부모의 의지만으로는 안 된다

아이의 의사를 무시하고 억지로 학원에 보내는 경우 가방만 메고 왔다 갔다 하는 상황이 됩니다. 안타까운 것은 학원을 좋아하는 소수의 아이들을 제외하고 대부분의 아이들이 여기에 해당된다는 거지요.

수학학원 선택 시 고려할 것

수학학원을 알아보는 이유는 여러 가지입니다. 중등 선행을 나가기 위해, 초등 5, 6학년부터는 수학이 어려워져서, 과고나 영재고 준비를 하기 위해, 수학 성적이 떨어져서 등이 대부분이지만 사춘기에 접어든 아이와 집에서 신경전을 벌이느니 학원에 보내고 말지 싶기도 합니다.

학원은 잘 이용하면 일시적으로 도움을 받을 수 있습니다. 그러나 막연히 '다른 아이들이 다 다니니까', '잘하는 아이들이 다니는 학원이니까' 하고 학원을 보낸다면 100% 실패입니다. '학원에 가면 알아서 잘하겠지' 믿다가 나중에 뒷목 잡는 상황이 되기 쉽습니다. 다음 7가지를 하나씩 체크해보세요.

1. 지금이 학원을 갈 적기인가?

어떤 학원이 좋나 찾기에 앞서 지금 학원을 갈 때인가 판단할 수 있어야 합니다. 또한 내 아이의 실력은 어느 정도인지, 어디가 부족한지, 초등 졸업할 때까지 어떤 식으로 수학진행을 할지 로드맵을 갖고 있어야 합니다. 학원을 가려고 하는 이유가 심화문제 해결을 위해서인지, 선행을 나가려고 하는지, 부족한 실력을 보완하기 위해서인지 확실해야 하고요. 별 생각 없이 학원을 보낸다면 진도만 나갈 뿐 다지는 과정 없이 구멍이 숭숭 뚫린 채 중학교에 진학하게 됩니다. 나중에 중학교 가서 학교 성적이 안 나오는 것을 보고 뒤늦게 후회해봐야 아무 소용없습니다.

2. 아이가 학원의 도움을 절실하게 원하는가?

학원 선택은 매우 신중해야 합니다. 아이가 정말 가고 싶어 하는지 확인하고 등록하세요. 억지로 학원에 보내면 하기 싫어하는 것을 강요하는 부모가 미워지고, 부모는 부모대로 아이가 제대로 공부하는지 믿지 못하게 됩니다. 거꾸로 아이가 먼저 나도 학원을 보내달라고 하기도 합니다. 친한 친구나 잘하는 아이들이 다 학원에 가니 덩달아 가고 싶어 하는 거죠. 아이가 원한다고 바로 학원부터 찾지 말고 왜 가고 싶은지, 학원에 가서 어떤 효과를 얻고자 하는지 충분히 이야기를 나눠보세요. 결정한 사항에 대해서는 스스로 책임을 지도록 하고요.

3. 아이한테 꼭 맞는 학원인가?

고등 수학학원은 내신형, 수능형으로 나눠집니다. 중등은 현행과 선행으로 나눠고요. 그에 비해 초등 수학학원은 매우 다양합니다. 사고력 수학을 표방하는 대형 프랜차이즈학원, 중등 선행 위주의 학원, 학교 시험 만점을 목표로 하는 보습학원(또는 공부방)까지 여러 유형입니다. 학원의 명성만 보고 택하지 마세요. 어떤 곳이 아이한테 맞는지 고민하는 것이 더 중요합니다.

4. 한 반의 인원이 몇 명인가?

한 반에 인원수가 많은 곳이라면 내 아이만 밀착 관리해줄 수 없습니다. 학원을 다니더라도 집에서 별도로 관리해주어야 합니다. 수학을 잘 못할수록 소수정예학원이 좋습니다. 그래야 개념을 모르면 설명해주고 구멍 난 곳이 있으면 다지면서 갈 수 있습니다.

5. 교재는 아이 수준에 맞는가?

학원에서 푸는 문제집의 수준이 아이의 실력을 보장해주지 않습니다. 설명을 들을 때는 아는 것 같아도 혼자서는 풀지 못하는 문제들이 태반입니다. 너무 어려운 교재보다 자기 실력에 맞는 문제를 차근차근 풀어야 실력이 올라갑니다. 학원에서 배우는 교재 수준을 먼저 파악해보세요. 학원에서 푸는 문제집 정답률이 70%가 안 되면 그 학원은 깨끗이 접는 것이 좋습니다.

6. 수업시간과 숙제량이 적당한가?

학원 다니는 아이들이 문제 푸는 양을 보면 입이 쩍 벌어진다는 이야기가 종종 들립니다. 사실 양으로 밀어붙이면 일시적으로 성적이 올라가는 것처럼 보입니다. 그러나 수학을 잘하는 아이라면 다 아는 쉬운 문제를 푸느라 시간을 허비할 수 있고, 수학이 어려운 아이들은 수준보다 어려운 문제들에 치여 뭘 하는지도 모른 채 시간을 보내게 됩니다. 또한 풀어야 하는 수학문제 양이 많아지면 어려운 문제를 만났을 때 쉽게 포기하게 됩니다. 잘 안 풀리는 문제는 동그라미, 별표 해두고 나중에 학원 선생님에게 물어보면 된다는 태도가 몸에 뱁니다. 숙제 양에 치여 답지를 베끼는 아이도 많습니다. 학원에서 요구하는 숙제를 다 하려면 한글책 읽기, 영어를 할 짬 안 나는 것은 당연하고요.

7. 피드백이 가능한가?

학원은 아이들 한 명 한 명을 다 챙기지 못합니다. 그나마 정기적으로 테스트라도 있어야 제대로 공부하는지 알 수 있습니다. 가능하면 단원이 끝날 때마다 테스트를 해서 제대로 이해했는지 확인하는 시스템이 있는지 살펴보세요. 단원테스트를 안 하는 학원인 경우 집에서 체크하는 것이 좋습니다. 이때 문제집을 단원별로 풀면 유형을 외우거나 문제집 옆의 힌트를 보고 푸는 경우가 많아 구멍을 확인하기 어렵습니다. 문제가 뒤섞인 문제지로 테스트를 해야 학원 스케줄을 제대로 따라가고 있는지 확인이 됩니다.

수학학원 이용 시 확인사항

학원만 보내놓고 신경 쓰지 않으면 보내나 마나입니다. 다음 사항을 확인해보세요. 학원을 보내는 효율도 올라가고 학원에서도 좀 더 신경을 쓰게 됩니다.

1. 아이가 성실하게 다니고 있는가?

학원 수업 열심히 듣고, 내준 숙제 제대로 하고, 학원 시험 준비도 잘해서 보내면 수학성적이 올라갑니다. 그러나 이 과정을 스스로 하는 아이는 매우 드뭅니다. 부모가 체크해야 학원 보내는 돈이 아깝지 않습니다. 학원 가는 것을 싫어한다면 아이와 이야기를 나눠보고 이유를 찾아보세요. 숙제량과 진도에 치여 수학이라면 치를 떠는 수준이라면 그 학원은 보내면 안 됩니다.

2. 가르치는 선생님이 어떤가?

아이가 학원 선생님을 좋아하는 것은 매우 중요합니다. 중고등학생도 선생님이 마음에 안 들면 아무리 잘 가르쳐줘도 학원 가기를 싫어합니다. 초등학생은 말할 나위가 없겠지요. 좋은 학원 선생님은 문제풀이보다 원리와 개념을 설명하는 데 치중하는 분입니다. 아이들이 문제를 직접 풀어보고 모른다고 갖고 와도 살짝 힌트만 주고 스스로 힘으로 풀도록 합니다. 절대 친절하게 문제를 다 풀어주지 않습니다.

수학은 자기 힘으로 공부해야 실력이 올라갑니다. 누가 떠먹여줄 수 없습니다. 문제를 해결하기 위해 혼자 낑낑대며 애쓰는 동안 실력이 자랍니다. 학원 선생님이 문제해설을 다 해준다고 좋아하지 마세요. 스스로 해결하는 능력이 없으면 아무 소용이 없습니다.

3. 심화를 확실하게 하는가?

학원에서 선행을 나간다면 심화까지 제대로 하는지 살펴봐야 합니다. 아이 실력과 학원 교재 수준이 맞는가도 살펴봐야 하고요. 개념서와 드릴서만으로 선행을 나가는 학원이라면 계속 다니는 것을 심각하게 고려해봐야 합니다. 아이 실력에 비해 학원 교재가 쉽다면 좀 더 어려운 것으로 바꾸거나 다른 학원을 찾아야 합니다. 학원 교재가 너무 어려운 경우도 마찬가지고요.

4. 학원시스템을 잘 알고 있는가?

학원을 제대로 이용하려면 학원진도는 어디까지 나가고 있으며 앞으로 계획은 어떤지, 교재는 무엇으로 하는지, 시험을 보는 주기와 결과 피드백은 어떻게 하고 있는지 등 학원시스템에 대해 잘 알고 있어야 합니다. 이런 것을 모르고 학원 상담을 간다면 점점 좋아지고 있다는 인사치레만 들을 가능성이 높습니다.

5. 채점은 집에서 하나?

학원에서 제대로 공부하는지 알려면 집에서 부모가 직접 채점을 해보면 좋습니다. 아이가 무엇을 잘 모르는지, 전체 교재 중 얼마나 틀렸는지 바로 알 수 있으니까요. 학원에서 푸는 문제집을 아이가 채점한다면 틀린 내용도 자의적으로 해석해서 옳다고 할 가능성이 높습니다. 식을 제대로 안 써도 답이 맞으면 넘어갈 테고요. 초등학생이면 아직 어린 나이입니다. 좀 더 철이 들 때까지는 부모가 채점을 하는 것이 여러모로 좋은 점이 많습니다. 학원을 다녀도 제대로 이용할 수 있고요.

6. 수학실력이 향상되고 있는가?

학원을 보내는 것은 수학성적을 올리기 위해서입니다. 만약 아니라면 언제든 그만둘 수 있어야 합니다. 아이가 공부하는 자세, 수학테스트 결과, 수학공부를 하려는 의지 등을 살펴보세요. 이전보다 조금이라도 나아졌는지 아이와 이야기도 해보고요.

중등수학, 방정식의 활용 Insight

중등수학을 시작하면서 대부분의 아이들이 어려워하는 것이 〈활용 문제〉입니다. 중등수학에서 맨 먼저 마주치는 활용 문제는 중1-1 〈방정식의 활용〉입니다. 방정식은 잘 이해하는 아이라도 '활용'이 붙으면 헤매기 시작합니다. 특히 속력, 소금물의 농도, 원가와 정가, 시침과 분침 문제 등 개념이해가 필요한 문제는 풀려고 해도 머리가 복잡해서 중간에 포기하기 일쑤입니다.

중1-1의 일차방정식의 활용 문제가 어려우면 중2-1의 연립일차방정식의 활용, 중3-1의 이차방정식의 활용도 계속 손을 못 댑니다. 중1-1 〈방정식의 활용〉을 확실하게 알고 가도록 해주세요. 그래야 계속 나오는 활용 문제에 막히지 않습니다.

1. 방정식의 활용 문제를 어려워하는 이유와 대책

중등수학에서 본격적으로 배우는 방정식은 매우 강력한 문제해결 방식입니다. 호텔의 모든 객실 문을 열 수 있는 마스터키처럼 방정식을 잘 활용하면 쉽고 빠르게 답을 찾을 수 있습니다. 이 때문에 중등수학 선행을 해서 방정식을 사용할 줄 알면 초등수학 심화 문제가 쉽게 풀린다고 착각하는 부모들이 꽤 됩니다. 실제로 초등 5, 6학년 심화문제 중 중등수학에서 방정식의 활용 문제와 겹치는 문제가 많습니다. 일부는 방정식을 활용하면 쉽게 풀리기도 합니다. 그러나 방정식을 알아도 좀 더 심화된 문제는 해결되지 않습니다.

아이들이 방정식의 활용 문제를 어려워하는 것은 다음 이유 때문입니다.

첫째, 문제에 사용된 수학 개념을 정확하게 몰라서입니다. 개념만 정확하게 알고 있어도 문제의 반은 해결한 것이나 마찬가지입니다. 속력, 소금물의 농도, 원가와 정가 같은 문제들은 방정식과 별개로 속력, 백분율의 개념을 알아야 문제를 이해하고 식을 세울 수 있습니다. 이 개념들은 초등수학에서 이미 다 배웠습니다. 중등수학에서는 이 개념들을 다 안다는 전제하에 문제를 냅니다. 특히 6학년 과정의 '비와 비율'을 모르면 방정식의 활용 문제 절반은 손도 못 대고 포기하게 됩니다.

둘째, 독해력 부족으로 문제를 이해 못해서입니다. 독해력 부족은 꾸준히 한글책을 읽는 것이 대책입니다.

셋째, 생각하는 연습이 안 돼 있어서입니다. 생각하는 연습은 초등과정에서 어떻게 수학공부를 했는가가 좌우합니다. 초등수학과 중등수학은 난이도 차가 매우 큽니다. 초등수학을 하면서 쉬운 문제집만 풀었다면 중등수학에서 조금만 문제가 어려워져도 힘들어합니다. 방정식의 활용같이 다른 문제보다 더 많이 생각해야 하는 문제는 손도 못 대고요. 반면 초등 때 식 만들기, 그림 그리기, 단순화하기, 표 만들기, 거꾸로 생각하기, 규칙 찾기, 조건 따져보기 등 다양한 해결 전략을 사용하면서 심화문제를 많이 풀어 본 아이들은 중등과정의 방정식의 활용도 비교적 쉽게 접근합니다.

생각하는 것도 연습입니다. 수학문제를 풀 때는 개념을 떠올리며 고민하는 습관이 중요합니다. 개념을 생각하는 습관이 배어 있으면 문제가 변형되고 어려워져도 핵심이 보입니다. 방정식의 활용 문제는 여러 가지 방법으로 풀 수 있습니다. 문제를 풀었다고 그냥 넘어가지 말고 다른 방법으로 풀 수 없나 생각해보도록 해주세요. 사고력이 자연스럽게 자라납니다. 숫자를 바꿔 새 문제를 만들고 풀어보는 것도 의미 있습니다. 출제자의 시각(어떤 개념을 적용하는지)으로 수학문제를 보는 관점을 갖게 되면 문제를 이해하는 힘이 커지니까요.

대부분의 중등 수학문제집은 방정식의 활용 문제를 유형으로 나누고 각 유형별로 힌트나 공식을 알려줍니다(문제 바로 위 또는 옆에 힌트나 공식이 있는 경우가 많습니다). 이것을 보고 답을 구했다면 진짜 푼 것이 아닙니다. 수학을 잘하는 아이라면 문제 풀기 전에 힌트나 공식부분을 수정액으로 지우세요. 방정식의 활용을 어려워하는 아이라면 처음에는 힌트, 공식을 보고 풀도록 합니다. 단 이렇게 푼 문제는 맞다고 하면 안 됩니다. 못 푼 문제, 즉 오답으로 보고 나중에 꼭 다시 풀어봐야 합니다. 오답을 풀 때는 꼭 힌트 없이 스스로의 힘으로 풀어야 하고요.

넷째, 문제를 많이 풀어보지 않은 것도 중요한 이유입니다. 방정식을 세우려면 '무엇을 미지수 x로 두느냐'가 중요합니다. 미지수 x는 문제에서 물어보는 것 또는 알지 못하는 것으로 두면 됩니다. 그러나 문제를 많이 다뤄보지 못한 아이들은 무엇을 미지수 x로 두어야 할지부터 감이 안 옵니다. 처음 보는 낯선 문제는 겁부터 먹습니다. 문제의 답을 구했어도 어떻게 해결했는지 기억을 못합니다.

방정식의 활용 문제는 문제에 익숙해지는 것이 중요합니다. 우선 쉬운 문제로 방정식을 세우는 방법부터 익히며 자신감을 갖도록 해주세요. 그다음은 여러 문제집에서 방정식의 활용 문제를 다 모아 완전히 이해될 때까지 풀어보아야 합니다. 이때 난이도를 뒤죽박죽 섞으면 어려워서 중간에 포기할 수 있습니다. 난이도가 낮은 문제는 앞으로, 어려운 문제는 뒤로 배치해야 문제가 어려워져도 만만하게 풀 수 있습니다. 또 하나, 유형문제만 모아서 푸는 것은 조심스럽게 접근해야 합니다. 비슷한 문제를 많이 풀다 보면 문제 유형과 해법을 외우게 됩니다. 유형 암기로 문제를 해결하는 습관이 들면 문제를 조금만 변형시키거나 어렵게 내면 풀지 못합니다.

2. 〈방정식의 활용 Insight〉는 이렇게 사용하세요

방정식의 활용 문제는 가능하면 아이 혼자 생각하는 것이 바람직합니다. 그러나 두세 번 오답을 풀어도 해결이 안 되거나 답을 봐도 이해가 되지 않는다면 〈방정식의 활용 Insight〉에서 해당되는 영역을 찾아보세요. 부모가 읽어보고 살짝 힌트를 줘도 되고, 아이한테 보여주고 이렇게 풀 수 있다고 알려줘도 됩니다. 아이가 푼 방법과 다른 방법으로 풀 수 있다는 것을 알려주는 용도로 활용해도 좋습니다. 생각하는 것을 힘들어하는 아이라면 하나씩 풀어보면서 해결하는 기쁨을 느끼게 해주는 것도 좋습니다.

단, 문제를 풀기도 전에 미리 보여주면 스스로 문제를 해결하는 힘이 자라지 않습니다. 모든 유형을 다 보여줄 필요도 없습니다. 문제를 충분히 고민하고 풀어보다가 정 해결이 안 되는 유형만 살짝 보여주세요. 그래야 기억에 오래 남고 자기 것이 될 확률이 높습니다.

속력① 속력의 기본개념

5, 6학년 수학교과서에도 속력문제가 나옵니다. 초등교과서의 속력문제는 시간과 거리를 주고 속력을 묻는 쉬운 수준입니다. 속력문제가 어렵다고 느끼는 때는 중등수학 과정을 공부하면서입니다.

아이들이 속력문제를 어려워하는 것은 '문제를 읽어도 무슨 뜻인지 몰라서, 속력이 무슨 뜻인지 몰라서, 속력의 뜻은 아는데 문제가 이해 안돼서, 속력의 뜻도 알고 문제도 이해했는데 어떻게 풀어야할지 몰라서…' 등 다양한 이유가 있습니다. 문제를 읽어도 이해하지 못한다면 한글책을 꾸준히 읽어 어휘력, 독해력을 올리는 것이 급선무겠지요. 속력의 뜻을 모른다면 개념을 다시 짚어야 하겠고요. 그러나 속력의 개념도 잘 알고 문제도 이해가 되는데 어떻게 풀어야할지 몰라 식 자체를 세우지 못한다면 큰일입니다. 이 경우 일시적으로 속력문제만 싹 끌어모아 풀면 도움이 되기도 합니다. 그러나 이때 답지를 보고 이해하거나 단순히 방정식 세우는 요령만 익히면 나중에 비슷한 문제를 또 틀릴 가능성이 높습니다. 근본적인 해결책은 속력의 개념을 토대로 문제를 어떻게 해결할지 혼자 고민하는 시간을 갖는 것입니다.

초등수학 심화문제집(또는 경시문제집)에는 중등과정의 속력문제와 비슷한 문제들이 꽤 들어 있습니다. 중등수학 선행을 나간 아이들은 방정식을 이용해서 풀기도 하지만 속력 개념을 깊이 생각해보면 의외로 쉽게 풀리는 경우가 많습니다. 개념에서 문제해결의 실마리를 찾도록 해주세요. 문제가 어려워질수록 빛이 나고 사고도 유연해집니다.

속력=단위시간에 간 (평균)거리
시속=1시간 동안 간 거리(1시간 동안 3km를 움직였다면 시속 3km)
분속=1분 동안 간 거리(1분 동안 20m를 움직였다면 분속 20m)
초속=1초 동안 간 거리(1초 동안 5m를 움직였다면 초속 5m)

6학년 1학기 〈비와 비율〉 단원에서 (비율)=(비교하는 양)÷(기준량)을 배우는데요. 속력, 일, 수돗물 문제도 결국 비율입니다. 알아보기 쉽게 표로 정리해볼까요?

비율	비교하는 양	기준량
속력	간 거리	걸린 시간
일의 효율	한 일의 양	걸린 시간
수돗물이 나오는 비율	수돗물의 양	걸린 시간

동생이 집을 나선 지 9분 후에 형이 동생을 따라 나섰다. 동생은 1분에 50m의 속력으로 걷고 형은 1분에 200m의 속력으로 따라 갔다. 동생이 출발한 지 몇 분 후에 형이 동생을 만나게 되는가?

[방법 1]

(속력)=(거리)÷(시간)을 바꾸면 (거리)=(시간)×(속력)이 됩니다. (직사각형의 면적)=(가로)×(세로)와 똑같은 형식이죠? 네, 속력문제가 나오면 직사각형의 면적으로 생각해보세요. 해결의 실마리를 쉽게 찾을 수 있습니다.

동생과 형이 걸은 거리와 시간 모두 직사각형으로 나타낼 수 있습니다.

문제를 풀려면 같은 것을 찾아야 해요. 이 문제에서 거리, 시간, 속력 중 무엇이 같을까요?

1) 동생이 걸은 거리와 형이 걸은 거리가 같다
2) 9분 후 동생과 형이 걸은 시간(□분)이 같다

식으로 쓰면 $(9×50)+(□×50)=□×200$
$□=3$(분)입니다.

[방법 2]

방정식(□)을 사용하지 않아도 문제를 해결할 수 있습니다.

형이 1분간 간 거리=200m
동생이 1분간 간 거리=50m
1분 동안 형과 동생이 간 거리의 차이=150m(200−50)

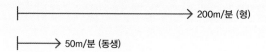

동생이 9분 동안 간 거리는 450m(9×50)니까
동생이 먼저 간 450m를 따라잡는 데는 3분이면 됩니다
(거리÷속력=시간, 450÷150=3).

마주 보고 달리기(반대 방향)

54km 떨어져 있는 정은이와 동욱이가 자전거를 타고 아침 8시
에 출발했다. 정은이는 시속 16km로, 동욱이는 시속 24km로 각
각 서로를 향해 달린다면 두 사람은 몇 시에 만나는가?

[방법 1]

직사각형 면적으로 생각하기

같은 것은? → 정은, 동욱이가 달린 시간

정은이가 간 거리＋동욱이가 간 거리＝54km

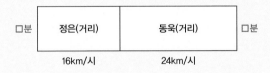

정은이와 동욱이가 달린 거리의 합이 54km니까 식을 쓰면

$$(16 \times \square) + (24 \times \square) = 54, \quad \square = 1\frac{7}{20}$$

여기까지 풀고도 답을 못내는 아이들이 있더군요.

$$1시간 = 60분 \rightarrow \frac{7}{20} = \frac{21}{60} = 21분$$

$$1\frac{7}{20}\,시간 = 1시간\ 21분$$

답 오전 9시 21분에 만남

[방법 2]

정은이가 1시간 동안 간 거리=16km

동욱이가 1시간 동안 간 거리=24km

정은이와 동욱이가 1시간 동안 간 거리=40km(16+24)

54km를 1시간에 40km 달리는 속력(시속 40km)으로 가면 걸리는 시간은?

시간=거리÷속력

$$\square=54\div40=1\frac{7}{20}$$

유형 3 두 지점 사이 거리 구하기

A지점과 B지점을 왕복하는 데 2시간 15분이 걸렸다. 갈 때는 시속 5km로 걷고 올 때는 시속 4km로 걸었다. AB 두 지점 사이의 거리를 구하라.

[방법 1]

직사각형 면적으로 생각하기

같은 것은 갈 때, 올 때 거리

A지점에서 B지점으로 갈 때 걸린 시간 → □

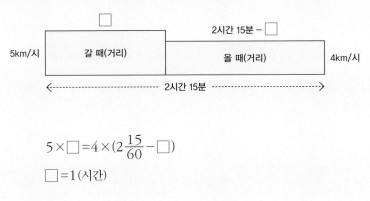

$$5 \times □ = 4 \times (2\frac{15}{60} - □)$$

$$□ = 1 \text{(시간)}$$

답 두 지점 사이의 거리는 5km(1시간 × 5km/시)

[방법 2]

갈 때 걸린 시간 + 올 때 걸린 시간 = 왕복시간(2시간 15분)

A지점에서 B지점까지의 거리 → □

$$시간 = 거리 ÷ 속력 = 거리/속력$$

$$\frac{□}{5} + \frac{□}{4} = 2\frac{15}{60}$$

$$□ = 5 \text{(km)}$$

미라와 진욱이는 둘레가 315m인 호수 주위를 달리기로 했다. 두 사람이 같은 지점에서 같은 방향으로 동시에 출발하여 미라는 초속 0.9m로 걷고, 진욱이는 초속 2.7m로 뛰었다. 두 사람이 처음 만나는 때는 동시에 출발하여 몇 분 몇 초 후인지 구하여라.

[방법 1]

같은 것은 운동한 시간(□), 둘이 만나는 것은 둘의 거리 차가 315m일 때입니다(속력이 빠른 진욱이가 1바퀴 더 도는 거죠).

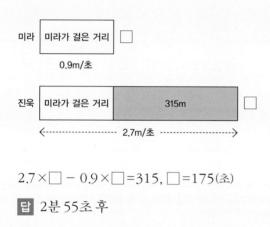

$$2.7 \times \square - 0.9 \times \square = 315, \square = 175(초)$$

답 2분 55초 후

[방법 2]

미라와 진욱이의 거리는 1초마다 1.8m가 차이가 납니다.
315m 차이가 나려면

$$315 \div 1.8 = 175(초)$$

속력② 기차가 통과할 때

기차가 나오는 속력 문제, 골치 아프다는 생각을 거의 해봤을 겁니다. 기차 문제가 어려운 이유는 첫째, '용어'의 이해가 따라주지 않고, 둘째, 기차 2대가 움직이니까 계속 헷갈리는 데다, 셋째, 기차의 길이까지 염두에 두어야 하기 때문이지요.

우선 기차 문제에 자주 나오는 용어가 무슨 뜻인지 알아보자고요 (빨간 점은 기관사입니다^^).

1. 추월한다

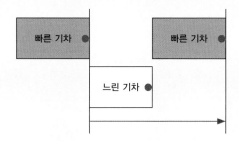

2. 만나서 떨어진다(스쳐 지나간다)

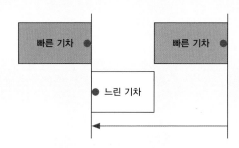

3. 통과한다(다리, 터널 등)

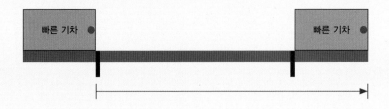

화살표로 표시한 부분이 대부분의 문제에서 구하는 거리가 되겠습니다. 간단하죠?

2대의 기차가 움직이는 문제는 차 1대는 정지해 있고, 하나만 움직인다고 생각하면 대부분 수월하게 풀립니다. 기차 길이까지 염두에 둔다는 말은 '기차 길이를 더한다'는 의미입니다. 이제 문제를 풀어보면서 위의 개념을 어떻게 적용하면 될지 알아봅시다.

유형 1 추월한다

A기차는 길이 150m, 초속 20m고, B기차는 길이 130m, 초속 15m다. A기차가 B기차를 완전히 추월하는 데 몇 초가 걸리겠는가?

기차 여행할 때를 상상해보세요. 빠른 기차가 앞지를 때 보면, 내가 탄 기차 속도보다 빠른 만큼만 달리잖아요. 고속도로에서 앞의 자동차가 시속 100km로 달릴 때 운전자가 시속 120km로 엑셀을 밟으면 어떻게 될까요? 시속 20km만큼 빨리 가니까 앞지를 수 있어요. 즉, 1시간에 20km만큼 더 빨리 달린다는 말입니다. 문제로 돌아와서… 이 문제는 '속력의 개념을 묻는 문제' 유형 1번과 같답니다.

> A기차의 속력＝20m/초
>
> B기차의 속력＝15m/초
>
> A기차와 B기차의 속력의 차이＝5m/초

즉 1초 동안 5m만큼 A기차가 빨리 간다는 것입니다. B기차는 서 있고, A기차는 초속 5m로 달린다는 상황으로 바꿔봐요. 추월한다는 것은 A기차(빠른 기차)의 앞부분이 B기차(느린 기차) 끝에 왔을 때부터 A기차 끝이 B기차 앞까지 왔을 때를 의미합니다.

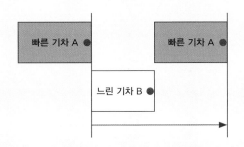

따라서 움직이는 거리는

> A기차의 길이＋B기차의 길이＝150＋130＝280

초속 5m의 속력으로 달리는 기차니까

시간=거리÷속력 → 280÷5＝56(초)

유형 2 **만나서 떨어진다(스쳐 지나간다)**

A기차는 길이 150m, 초속 20m고, B기차는 길이 130m, 초속 15m다. A, B 두 기차가 마주보고 달리고 있다. 두 기차가 서로 만나고 나서 떨어질 때까지 몇 초가 걸리겠는가?

이 문제가 '속력의 개념을 묻는 문제' 유형 2번과 같은 문제(마주보고 달리기)라는 것을 깨달으면 벌써 도가 튼 겁니다. 기차나 자동차가 서로 마주보고 달리는 순간을 상상해보세요. 무시무시한 속도로 달려오죠? 둘의 속도를 합한 만큼의 속도감이 느껴지기 때문이에요. 그래서 가만히 서 있는 차와 충돌한 것보다, 달리는 차끼리 충돌하는 게 더 피해가 큰 거고요.

A기차의 속력＝20m/초
B기차의 속력＝15m/초
A, B기차의 속력의 합＝35m/초

B기차는 가만히 있는데 A기차가 초속 35m로 달린다고 상상해보세요. 서로 만나고 나서 떨어질 때까지의 거리는 두 기차 길이의 합인 280m(150m＋130m)

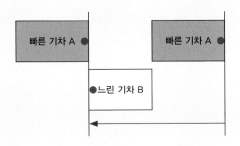

$$\text{시간}=\text{거리}\div\text{속력} \rightarrow 280\div35=8(\text{초})$$

유형 3 **통과한다**

기차가 400m의 다리를 통과하는 데는 40초, 600m의 터널을 통과하는 데는 50초 걸린다. 이 기차의 시속을 구하여라.

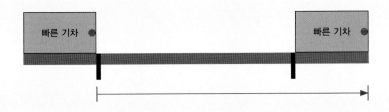

같은 것은? 다리와 터널을 통과할 때의 기차의 시속

다리를 통과하는 데 필요한 거리는? → 다리 길이＋기차 길이

터널을 통과하는 데 필요한 거리는? → 터널 길이＋기차 길이

기차의 길이? → 모른다＝x

다리를 통과할 때 기차의 속력 → $(400+x)÷40$

터널을 통과할 때 기차의 속력 → $(600+x)÷50$

기차의 속력은 늘 일정하다 → $\dfrac{(400+x)}{40}=\dfrac{(600+x)}{50}$

$x=400\,(\text{m})$

기차의 속력＝(다리 길이＋기차 길이)÷통과하는 데 걸린 시간

$(400+400)÷40=20\,(\text{m/초})$

$20\text{m/초}=72000\text{m/시}=72\text{km/시}$

속력③ 강물에서의 속력

속력문제가 나오면 안 그래도 머리가 아픈 아이들은 강물에서 움직이는 배의 속력문제는 이중, 삼중으로 어렵다는 느낌을 갖습니다. 이런 문제는 상식적으로 생각해봐야 해요. 흐르는 강물을 타고 내려올 때는 배 속력보다 빠를 것이고, 흐르는 강물을 거슬러 올라갈 때는 배 속력보다 느리다는 것도 상식 아니겠어요?

1. 강물의 흐름을 타고 내려올 때 배의 속력

　＝잔잔한 강물에서 배의 속력＋강물의 속력

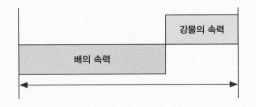

2. 강물의 흐름을 거슬러 올라갈 때 배의 속력

　＝잔잔한 강물에서 배의 속력－강물의 속력

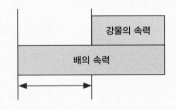

3. 강물의 속력

배가 강물을 내려올 때와 거슬러 올라갈 때 속력을 안다면 강물의 속력도 쉽게 구할 수 있어요. 강물을 내려올 때 속력(속력이 빠름)에서 거슬러 올라갈 때 배의 속력(속력이 느림)을 빼면 되지요.

> (내려올 때 속력) − (거슬러 올라갈 때 속력)
>
> = (배의 속력+강물의 속력) − (배의 속력−강물의 속력)
>
> = 강물의 속력×2

이 3가지만 잘 이해하고 있으면 강물의 속력은 뚝딱 쉽게 알 수 있습니다.

유형 1

잔잔한 물에서 시속 12km인 배가 있다. 강물이 흐르는 속력이 시속 3km라고 하면 강을 올라갈 때와 내려올 때의 속력은 각각 시속 얼마인가?

> 올라갈 때 : 12+3=15(km/시)
>
> 내려올 때 : 12-3=9(km/시)

유형 2

뚝섬에서 24km 거슬러 올라가는 데는 12시간이 걸린다. 또 올라
간 곳에서 다시 뚝섬으로 내려오는 데는 3시간이 걸린다. 배의 속
력과 강물의 속력은 각각 얼마인가?

> 거슬러 올라갈 때 속력 → $24 \div 12 = 2$(km/시)
>
> 내려올 때 속력 → $24 \div 3 = 8$(km/시)
>
> 내려올 때 속력-거슬러 올라갈 때 속력=강물의 속력$\times 2$
>
> $8 - 2 =$ 강물의 속력$\times 2$
>
> 따라서 강물의 속력은 3km/시
>
> 배의 속력은 (내려올 때 속력$-$강물의 속력)이므로 5km/시

유형 3

강의 상류 A지점과 하류 B지점 사이를 배가 왕복하고 있다. 내려
올 때의 속력은 올라갈 때 속력의 3배라고 합니다. 강물은 시속
3km로 흐르고, 이 배가 A, B 사이를 왕복하는 데 4시간이 걸렸다
면 A, B 사이의 거리는 몇 km인가?

> 내려올 때 속력 : 올라갈 때 속력=3 : 1
>
> 올라갈 때 속력을 x로 두면, 내려올 때 속력은 $3x$

강물의 속력＝(내려올 때 속력－올라갈 때 속력)÷2

$3 = (3x - x) \div 2$, $x = 3$

올라갈 때 속력＝3km

내려올 때 속력＝9km

A, B 사이의 거리를 s로 두면…

시간＝$\dfrac{거리}{속력}$ → $\dfrac{s}{3} + \dfrac{s}{9} = 4$(시간)

$s = 9$(km)

속력④ 일, 수돗물

일에 관한 문제도 많은 아이들이 골치 아프게 생각하는 문제입니다. 다른 수학문제는 곧잘 푸는 아이라도 일 문제는 의미를 확실히 이해하지 못하는 경우가 많습니다. 그러나 다른 방정식 문제처럼 이해가 되면 아주 쉽게 풀리는 것이 바로 일에 관한 문제입니다. 일에 관한 문제는 하루 동안 전체 일 중 얼마 정도를 할 수 있는가를 알아보는 거예요.

수돗물 문제 역시 1분 동안 얼마의 물이 흘러나오나(빠져나가는가)를 생각해 보는 것입니다. 속력문제에서 1시간 동안 얼마의 거리를 갈 수 있는가를 생각하는 것과 같습니다.

어떤가요? 일에 관한 문제, 수도꼭지 문제 모두 속력 문제와 비슷하지 않나요? 일, 수돗물 문제는 '전체 일(물)의 양=1'이라고 놓고, 생각해보면 이해가 쉽습니다.

유형 1 한 사람이 하는 일의 양

A는 어떤 일을 12일 만에 끝낼 수 있고, B는 4일 만에 끝낼 수 있다. 둘이 같이 일하면 며칠 만에 끝낼 수 있겠는가?

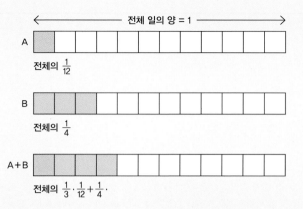

A가 하루에 하는 일의 양은 전체의 $\dfrac{1}{12}$

B가 하루에 하는 일의 양은 전체의 $\dfrac{1}{4}$

A, B가 같이 일하면 하루에 하는 일의 양은 전체의 $\dfrac{1}{3}$

따라서 A, B가 같이 일한다면 3일이면 일을 다 끝낼 수 있는 것이지요. 일에 관한 문제의 상당수는 요 개념만 알아도 다 풀립니다.^^

유형2 여러 사람이 하는 일의 양

통나무집을 짓는데 4명이 15일 동안 일을 해서 절반까지 일을 끝마쳤다. 일이 너무 늦어져서 6명을 더 추가해서 일한다면 며칠이나 더 걸릴까?

[방법 1]

1명이 하루 동안 전체 일 중 얼마를 하는가 생각해볼 수 있어요.

$$4명이 15일간 한 일 = 60 = 전체의 \frac{1}{2}$$

전체 일은 120

$$1명이 하루 동안 할 수 있는 일의 양 = \frac{1}{120}$$

$$10명이 하루 동안 할 수 있는 일의 양 = \frac{1}{120} \times 10 = \frac{1}{12}$$

10명이 일하면 12일이면 일을 끝낸다는 의미입니다.

절반만 일하면 되니까 6일

[방법 2]

1명이 하루에 하는 일을 1로 보면…

4명이 하루에 하는 일은 4

$$4명이 15일간 하는 일은 4 \times 15 = 60 = 전체의 \frac{1}{2}$$

남은 일은 1×60

10명이 남은 일을 하려면 6일

수돗물 문제

물탱크에 호스 A, B로 물을 받으려고 한다. 물을 가득 넣는 데 호스 A만 사용할 때는 15분, B호스만을 사용할 때는 20분이 걸린다. 물탱크에 가득 든 물을 빼는 데는 바닥에 있는 마개 C를 열면 30분이면 된다. (1) C를 막고 A, B만 열었다면 물이 차는 데 몇 분이 걸릴까? (2) 또, A, B, C 3개를 모두 열고 물을 넣는다면 몇 분 후에 물탱크에 물이 가득 찰까?

물탱크에 꽉 찬 물의 양을 1로 보았을 때

A물탱크에 물이 차는 데 걸리는 시간은 15분 → 1분에 물탱크 전체의 $\frac{1}{15}$ 만큼 찬다.

B물탱크에 물이 차는 데 걸리는 시간은 20분 → 1분에 물탱크 전체의 $\frac{1}{20}$ 만큼 찬다.

C마개로 물이 빠지는 데 걸리는 시간은 30분 → 1분에 물탱크 전체의 $\frac{1}{30}$ 만큼 빠진다.

(1) C 마개를 막고 A, B만 열었을 때 1분당 물이 차는 양은

$$\frac{1}{15} + \frac{1}{20} = \frac{7}{60}$$

물탱크 전체가 차는 시간은 '전체량(1)÷물이 차는 비율'

$$1 \div \frac{7}{60} = \frac{60}{7} = 8\frac{4}{7} \text{ (분)}$$

⑵ A, B, C를 동시에 열었을 때 1분당 물이 차는 양은

$$\frac{1}{15} + \frac{1}{20} - \frac{1}{30} = \frac{5}{60} = \frac{1}{12}$$

물탱크 전체가 차는 시간은 '전체량(1)÷물이 차는 비율'

$$1 \div \frac{1}{12} = 12(분)$$

속력⑤ 시침과 분침의 각도

시계의 시침과 분침의 각도를 묻는 문제는 중학교에서 방정식의
활용에 자주 나오는 문제입니다. 초등단계의 심화문제집에도 이
유형의 문제가 종종 보이지요. 초등단계에서 이런 문제가 사고력
문제(?)란 탈을 쓰고 나타나는 것은 조금만 생각을 더 해보면 미지
수를 사용하지 않고 충분히 풀 수 있기 때문입니다. 한 번 볼까요?

시침
1시간에 움직이는 각도=360°÷12시간=30°
1분에 움직이는 각도=30°÷60분=0.5°

분침
1시간에 움직이는 각도=360°
1분에 움직이는 각도=360°÷60분=6°

분침과 시침 중 누가 더 빠를까요? 네, 분침이 더 빨리 달려갑니
다. 1분간 분침은 6°만큼 가지만, 시침은 0.5°밖에 안 움직이니
까요. 두 바늘이 움직이는 각도의 차이는 1분간 5.5°만큼 차이가
나는 셈입니다. 요거만 알면 시계 문제는 다 풀려요. 속력의 기본
개념을 다루는 문제에서 〈따라잡기〉 유형 문제와 똑같은 개념입

니다. 분속 6m로 걷는 오빠를 분속 0.5m로 가는 동생이 뒤쫓아 가는 상황과 같은 거죠. 둘의 속력 차이는? 시계바늘처럼 1분당 5.5m가 차이 나는 셈입니다. 자, 문제 유형별로 살펴봅시다.

유형 1 시침과 분침이 180°일 때

밤 12시와 1시 사이에 짧은 바늘과 긴 바늘이 정반대가 되는 시 각을 구하시오.

짧은 바늘과 긴 바늘이 정반대 위치에 있다는 것은 둘의 각도가 180°가 된다는 것입니다. 1분에 5.5°만큼 벌어지니까 두 바늘의 각도가 180°가 되는 데 걸린 시간은 간단하게 계산할 수 있습니다.

$$180 \div 5.5 = 32\frac{8}{11}$$

답 12시 $32\frac{8}{11}$분

시침과 분침이 90°일 때

10시에서 11시 사이에, 시계의 긴 바늘과 짧은 바늘의 각도가 90°가 될 때는 몇 시 몇 분일까?

10시 정각인 시계 그림을 그려보세요. 정각 10시일 때 시침과 분침의 각도는 몇 도일까요? 네, 60°입니다. 이 문제의 함정은 10시 ~11시에 시침과 분침의 각도가 90°가 될 때가 2번 있다는 점입니다. 아래 그림처럼요.

(1) 처음 90° : 이미 60°가 벌어진 상태니까 90°가 되려면 30°만 더 벌어지면 되죠? 시침과 분침은 1분당 5.5°가 벌어지니까… 두 바늘의 각도가 90°가 되는 데 걸린 시간은

$$(90-60) \div 5.5 = 5\frac{5}{11}$$

(2) 두 번째 90° : 시침과 분침의 각도가 270°가 됐을 때입니다.

$$(270-60) \div 5.5 = 38 \frac{2}{11} \, 분$$

답 $10시 5 \frac{5}{11} \, 분, \, 10시 38 \frac{2}{11} \, 분$

유형 3 **시침과 분침이 일치할 때**

3시와 4시 사이에 시침과 분침이 일치할 때가 있습니다. 몇 시 몇 분 몇 초일까요?

1, 2번 유형은 모두 시침이 뒤에 있는 상태에서 분침이 움직이는 각도만 생각하면 됐습니다. 그런데 이 문제는 이미 시침이 3시, 즉 90° 만큼 앞에 온 상태라서 좀 혼동이 오지요?
속력의 기본개념 문제 중 〈따라잡기〉 문제로 바꿔 생각해 봅시다.

분당 6m를 달리는 형과 분당 0.5m를 달리는 동생이 있는데, 동생이 먼저 90m를 갔다. 형이 따라잡는 시각은?

1분에 5.5m 따라 잡을 수 있으니까 90m를 따라잡으려면 90÷5.5를 하면 되지요. 어때요, 이 문제와 시계 문제가 똑같지 않나요?

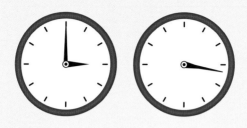

90° 먼저 간 시침(3시 자리)을 분침이 따라잡는 시각을 찾으면 된답니다.

$$90 \div 5.5 = 16\frac{4}{11}$$

답 3시 $16\frac{4}{11}$ 분

백분율 ① 소금물의 농도

중등수학에서 아이들이 제일 머리 아파하는 문제 중 하나가 소금물의 농도입니다. 6학년 2학기 비와 비율 단원에서는 소금물의 농도를 구하는 쉬운 수준이지만 중1, 중2 방정식의 활용에서는 좀 더 복잡한 형태로 나옵니다. 소금물의 농도 문제는 핵심만 파악하면 다 똑같은 문제입니다. '농도'가 무슨 말인지 정확히 이해할 수 있으면 문제의 반은 푼 겁니다. 소금물의 농도는 소금물 100g에 들어 있는 소금의 양을 퍼센트(%)로 표시한 것이에요.

$$소금물의 농도(\%) = \frac{소금의\ 양}{소금물의\ 양} \times 100$$

소금의 양 = 소금물의 양 × (소금물의 농도 ÷ 100)

10% 소금물 100g이라면 '소금물 100g 속에 소금 10g이 들어 있다'는 뜻이지요.

소금물 100g   소금 10g   물 90g

소금의 양을 직사각형의 면적이라고 생각해보세요. 농도 문제가 금방 이해됩니다.

10% 소금물 200g에 들어 있는 소금 양은 몇 g일까요? 가로에 소금물의 양, 세로에 '농도÷100'을 쓰면 쉽게 구할 수 있어요. 직사각형의 면적은 '가로×세로'니까 소금의 양은 가로, 세로를 곱한 '200×(10÷100)=20'이 되겠죠?

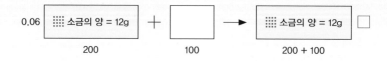

유형 1 물을 더 넣는다

6%의 소금물 200g이 있다. 여기에 물 100g을 넣으면 농도는 어떻게 될까?

[방법 1]

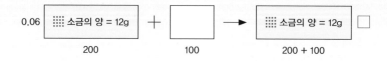

세로에 '농도÷100'인 0.06, 가로에 '소금물의 양'인 200을 쓰면 면적인 '소금의 양'은 12가 바로 나옵니다. 전체 소금물은 300g, 소금양은 그대로 12g이니 세로의 '□'는 0.04이고(300÷12), 농도는 4%가 됩니다(0.4×100).

[방법 2]

아래 표에 문제의 조건을 써보는 거예요.

	A	B	결과
소금	12g ①	–	12g ③
소금물/물	200g	물 100g	300g ②
농도	6%	–	□

① 6%의 소금물 200g에는 소금이 12g 있고

② 물 100g을 넣으면 전체 소금물은 300g

③ 소금양은 그대로인 12g입니다.

소금물과 물을 합친 농도는 $\dfrac{12}{300} \times 100 = 4$, 즉 4%입니다.

유형 2 **물을 덜어낸다**

20%의 소금물 300g이 있다. 30%의 소금물을 만들려면 몇g의 물을 증발시켜야 하는가?

[방법 1]

세로에 '농도÷100'인 0.2, 가로에 '소금물의 양'인 300을 쓰면
면적인 '소금의 양'은 60이 됩니다.

30% 소금물을 만들어야 하니까 세로는 '30÷100 = 0.3', 가로의
□는 '60÷0.3 = 200(g)'입니다(소금양은 동일).
소금물 300g에서 물 100g을 빼야 200g이 되니 '100g을 증발
시킨다'가 답입니다.

[방법 2]

	A	B	결과
소금	60g ①		60g ②
소금물/물	300g	물□	200g ③
농도	20%		30%

① 20% 소금물 300g에는 소금 60g이 있고

② 물은 증발시키면 소금은 60g으로 그대로인데

③ 30% 소금물을 만들려면 물은 200g이면 됩니다.

100g의 물을 증발시키면 되네요.

다른 농도의 소금물을 섞는다

3%의 소금물과 8%의 소금물을 2:3의 비율로 섞으면 몇 %의 소금물이 되는가?

[방법 1]

2 : 3의 비율만 알고 소금물 양은 모르니까 2×□과 3×□라고 써봐요.

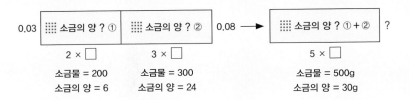

계산하기 좋게 □를 100g이라고 생각하면 위의 그림처럼 ①의 소금양은 6g, ②의 소금양은 24g입니다.

섞은 소금물이 500g, ①과 ②의 소금양을 합하면 30g이니 농도는 6% (30÷500×100)입니다.

[방법 2]

	A	B	결과
소금	6g ②	24g ②	30g ③
소금물/물	200g ①	300g ①	500g ③
농도	3%	8%	□

① 소금물이 2 : 3 비율이니, 계산하기 좋게 각각 200g, 300g이라고 해요.

② 소금의 양은 A가 6g, B는 24g이고

③ A, B를 합하면 소금물 500g, 소금 24g입니다.

전체 농도는 6% (100g당 6g 들어 있으니까).

유형 4 **소금을 더 넣는다**

6%의 소금물 400g이 있다. 여기에 200g의 물을 넣은 후에 몇 g의 소금을 더 넣으면 10%의 소금물이 되는지 구하여라.

[방법 1]

주어진 문제는 위의 그림처럼 그릴 수 있습니다. 더 넣어야 할 소금양은 '□'가 되겠죠?

6%의 소금물 400g에 든 소금의 양은 24g(400×0.06)

화살표 오른쪽 그림을 식으로 나타내면

$$24 + \square = (600 + \square) \times 0.1$$

$$\square = 40$$

더 넣어야 할 소금은 40g입니다.

[방법 2]

표로 만들어도 쉽게 이해할 수 있습니다.

	A	B	결과
소금	24g ①	$\square$	24g+$\square$ ③
소금물/물	400g	200g	600g+$\square$ ②
농도	6%		10%

① 6% 소금물 400g에 든 소금양은 24g

② 400g 소금물에 200g 물과 추가로 소금($\square$)을 더 넣는
다고 했으니 전체 소금물양은 $(600 + \square)$g

③ 섞은 소금물의 소금양은 $(24 + \square)$g

섞은 후 농도가 10%니까

'소금의 양=소금물의 양×(소금물의 농도÷100)'이니까

$$24 + \square = (600 + \square) \times \frac{10}{100}$$

$$\square = 40$$

더 넣어야 할 소금은 40g.

백분율② 원가와 정가, 학생수

'원가와 정가' 문제는 2가지를 알아야 문제를 풀 수 있습니다.
첫째, 비율과 백분율 개념을 알아야 합니다. 비율은 기준량을 1로
보고 비교하는 양을 나타낸 것이고, 백분율은 기준량을 100으로
보고 비교하는 양을 나타낸 것입니다.

(비율)=(비교하는 양)÷(기준량)

(백분율)=(비율)×100=(비교하는 양)÷(기준량)×100

백분율 개념을 알면 퍼센트를 숫자로 바꿀 수 있습니다. 비율에
100을 곱한 것이 백분율이니까 비율을 구하려면 100으로 나누
면 됩니다. 백분율 30%는 비율로 $\frac{30}{100}$, $\frac{3}{10}$, 0.3과 같아요. '30%
할인한다', '30% 이익이다' 모두 마찬가지입니다.

둘째로 원가, 정가의 의미를 알아야 합니다.

원가 : 원래 물건 가격

정가 : 주인이 정한 가격(원가+이익)

판매가 : 정가 또는 정가에서 할인한 가격

이익 : 판매가-원가

원가가 1000원인데 30% 이율을 붙이면, 정가는 1300원

$(1000+1000 \times 0.3 = 1300)$

정가에서 20% 할인하면, 판매가는 1040원

$(1300-1300 \times 0.2 = 1040 \text{ or } 1300 \times 0.8 = 1040)$

이익은 40원$(1040-1000 = 40)$

원가와 정가 문제는 문제를 풀기 전에 실례를 먼저 들어주면 이해가 쉽습니다. 마트 할인판매 광고전단을 보여주고 할인하면 얼마가 될지, 할인된 가격의 원래 가격은 얼마일지 생각해보도록 해주세요. 온라인 상점의 할인가도 비교해보면 좋습니다.

유형 1

어떤 상품의 원가에 30% 이익을 붙여 정가를 정한 뒤, 잘 팔리지 않아 600원 할인해서 팔았더니 1개당 5%의 이익을 얻었다. 이 상품의 정가를 구하라.

표를 그리면 쉽게 이해돼요.

원가	x
정가	$x+0.3 \times x$
판매가	$(x+0.3 \times x)-600$
이익	$x \times 0.05$

원가를 x로 두면 정가는 $(x+0.3x)$

정가에서 600원 할인해서 파니 판매가는 $(x+0.3x)-600$

1개당 5%의 이익을 얻었으니 이익은 $(x \times 0.05)$

판매가에서 원가를 빼면 이익이니

$(x+0.3x)-600-x=(x \times 0.05)$

$x=2400$(원가)

정가는 3120원$(2400+2400 \times 0.3)$

유형 2

원가가 8000원인 상품에 25%의 이익을 부여 정가를 정했다가 다시 정가의 x%를 할인해 파니 원가의 20% 이익이 생겼다. 이때 x의 값은?

원가	8000
정가	$8000+8000 \times \frac{25}{100}=10000$
판매가	$10000-10000 \times \frac{x}{100}$
이익	$8000 \times \frac{20}{100}=1600$

판매가는 '정가의 x%를 할인한 금액(①번)'이면서 원가에 '20% 이익을 더한 금액(8000+1600)'이기도 합니다. 둘 다 같은 금액이 므로

$$10000 - 10000 \times \frac{x}{100} = 9600$$
$$x = 4\,(\%)$$

학생수 증가 감소

A학교의 작년 전체 학생 수는 300명이었다. 올해는 작년에 비해 남학생 수는 5% 감소하고 여학생 수는 20명 증가하여 전체적으로 4% 증가하였다. A학교의 올해 남학생 수는?

이 문제도 본질적으로 원가와 정가 문제와 같습니다. 비와 비율, 백분율을 이해하면 쉽게 풀 수 있어요.

이 문제에서는 무엇을 x로 둘 것인가가 중요합니다. 문제에서 남학생 수를 구하라고 했고, 올해와 작년 남학생 수 중 기준치는 작년이니까 작년 남학생 수를 x로 두면 됩니다.

	전체 학생수	남학생	여학생
작년	300	x	$300 - x$
올해	$300 + 300 \times \frac{4}{100} = 312$	$x - \frac{5}{100} \times x$	$(300-x) + 20$

올해 남학생수+올해 여학생수=올해 전체 학생수
$$x - \frac{5}{100} \times x + 300 - x + 20 = 312$$
$$x = 160$$
올해 남학생 수는 152명 $(160 - \frac{5}{100} \times 160)$

초등 5, 6학년 수학교과서 연계도서
수학을 좋아하는 아이들을 위한 추천 수학책

수학

부록

초등 5, 6학년 수학교과서 연계도서

5-1-1 약수와 배수 --

JK6
나눌까 곱할까?
약수와 배수
(이치사이언스)

JK6
두근두근 수학섬의
비밀 (진선아이)

JK7
교과서 밖 기묘한
수학이야기
(주니어김영사)

JK7
로지아 논리 공주를
구출하라 (쿠폰북)

JK7
몬스터 마법수학 5:
루시퍼의 지구 침공
(경향에듀)

JK7
수학탐정 매키와
누팡의 대결 1: 수와
연산 (두리미디어)

JK7
수학에 푹 빠지다:
약수와 배수
(경문사)

JK7
천재들이 만든 수학
퍼즐 11: 페르마가
만든 약수와 배수
(자음과모음)

JK7
우리 수학놀이하자!
3: 수와 식
(주니어김영사)

JK8
수학자 납치 사건
(쿠폰북)

JK8
써프라이즈 오딧셈의
수학 대모험 1
(스콜라)

JK8
수학마법사
(웅진씽크하우스)

5-1-2 직육면체 --

JK6
양말을 꿀꺽 삼켜
버린 수학 2: 도형과
퍼즐 (생각을담는어
린이)

JK6
오일러, 오즈의
입체도형 마법사를
찾아라 (뭉치)

JK7
몬스터 마법수학
5: 루시퍼의 지구
침공(상) (경향에듀)

JK7
오각형 꽃, 삼각형
줄기, 육각형 눈
(그린북)

JK8
바빌로고스와
이각형의 비밀
(쿠폰북)

JK8
반원의 도형 나라
모험(창비)

5-1-3 약분과 통분 / 5-1-4 분수의 덧셈과 뺄셈 ----------------------

JK6
분수의 변신
(키다리)

JK6
깔깔마녀는
수학마법사 (부표)

JK7
분수, 넌 내 밥이야!
(북멘토)

JK7
분수의 계산
(다섯수레)

JK8
수학 유령
베이커리: 골고루
분수와 맛있는 소수
(살림어린이)

JK8
어린이를 위한
수학의 역사 2
(살림어린이)

5-1-5 다각형의 넓이 --

JK5
둘둘 섬의 비밀
(승산)

JK7
넓이와 부피
(다섯수레)

JK7
지금 하자! 개념
수학 3: 도형 (휴먼
어린이)

JK7
수학에 푹 빠지다:
선과 평면 (경문사)

JK8
피타고라스
구출작전
(주니어김영사)

JK8
밤하늘에 숨은
도형을 찾아라!
(자음과모음)

5-1-6 분수의 곱셈 --

JK7
5학년 수학이랑
악수해요
(웅진주니어)

JK8
분수와 소수이야기
(Gbrain)

5-2-1 소수의 곱셈 --

JK7
소수의 계산
(다섯수레)

JK7
수학에 푹 빠지다:
분수와 소수
(경문사)

JK7
이상야릇 수의 세계
(주니어김영사)

JK7
정수론의 역사
(살림어린이)

5-2-2 합동과 대칭 --

JK7
가르쳐주세요!
합동과 닮음에
대해서 (Gbrain)

JK7
사라진 수학거울을
찾아라 (쿠폰북)

JK7
수학에 번쩍 눈뜨게
한 비밀 친구들 1
(가나출판사)

JK7
원리를 잡아라!
수학왕이 보인다!
(뜨인돌어린이)

JK7
지금 하자! 개념
수학 4: 측정 · 함수
(휴먼어린이)

JK8
첫 번째 도형이야기
(Gbrain)

5-2-3 분수의 나눗셈 & 5-2-4 소수의 나눗셈 --------------------------------

JK7
분수, 넌 내 밥이야!
(북멘토)

JK7
분수의 계산
(다섯수레)

JK7
사라진 명화를
찾아라
(주니어김영사)

JK8
천재들이 만든
수학퍼즐 6:
이집트인들이 만든
분수 (자음과모음)

5-2-5 여러 가지 단위 --

JK7

속담 속에 숨은
수학: 단위와 측정
(봄나무)

JK7

수학으로 바뀌는
세계 (비룡소)

JK7

수학이 자꾸
수군수군: 4.측정
(주니어김영사)

JK8

단위와 비 이야기
(Gbrain)

JK8

잃어버린 단위로
크기를 구하라
(자음과모음)

JK9

어라! 수학이
이렇게
재미있었나? (홍)

5-2-6 자료의 표현과 해석 --------------------------------------

JK7

속담 속에 숨은
수학 2: 확률과 통계
(봄나무)

JK7

어린이를 위한
통계란 무엇인가
(주니어김영사)

JK8

천재들이 만든
수학퍼즐
27:오일러가 만든
그래프 (자음과모음)

6-1-1 각기둥과 각뿔 --------------------------------------

JK8
꼬물꼬물 수학
이야기 (뜨인돌)

JK8
도형, 놀이터로
나와! (북멘토)

JK8
상위 5%로 가는
수학교실 2 (스콜라)

JK8
원리로 양념하고
재미로 요리하는
수학파티 1 (휘슬러)

6-1-2 분수의 나눗셈 --------------------------------------

JK6
양말을 꿀꺽
삼켜버린 수학
1: 수와 연산
(생각을담는어린이)

JK8
천재들이 만든
수학퍼즐 6:
이집트인들이 만든
분수 (자음과모음)

JK8
매스 히어로와 분수
녀석들 (조선북스)

JK8
원리로 양념하고
재미로 요리하는
수학파티 2 (휘슬러)

6-1-3 소수의 나눗셈 --------------------------------------

JK7
몬스터 마법수학
6: 로봇 전투와
달 기지 폭파(상)
(경향에듀)

JK7
수학이 순식간에
(주니어김영사)

JK7
수학이 없는
나라는 없을까?
(주니어김영사)

6-1-4 비와 비율

JK5

피타고라스와 멋진
비율 (승산)

JK7

가르쳐주세요!
백분율에 대해서
(Gbrain)

JK8

비·비율 거기 섯!
(북멘토)

6-1-5 원의 넓이

JK7

수학에 번쩍 눈뜨게
한 비밀 친구들 2
(가나출판사)

JK7

수학이 또 수군수군
(주니어김영사)

JK8

두 번째 도형이야기
(Gbrain)

JK8

세상 밖으로 날아간
수학 (파란자전거)

JK8

탈출! 수학 나라
(창비)

JK8

마법의 수학 암호를
풀어라! (그린북)

6-1-6 직육면체의 겉넓이와 부피

JK7

5,6학년 눈높이
수학 학습동화
(대교출판)

JK7

지금 하자! 개념
수학 3: 도형
(휴먼어린이)

JK7

프랑스 원리 수학
2: 도형과 친해지기
(청년사)

JK8

과학 공화국 수학
법정 3 (자음과모음)

JK8

매스히어로와
다각형 파괴자
(조선북스)

JK8

y쌤의 신기한
스펀지 수학교실 4
(사랑과나무)

6-2-1 쌓기나무 --

JK5

알쏭달쏭, 왜
다르게 보일까?
(주니어RHK)

JK7

수학탐정 매키와
누팡의 대결
2: 도형과 측정
(두리미디어)

JK8

쌓기나무, 널
쓰러뜨리마!
(북멘토)

JK8

천재들이 만든
수학퍼즐 10:
피에트 하인이 만든
쌓기나무
(자음과모음)

6-2-2 비례식과 비례배분 --------------------------------------

JK7

매쓰톤의 위치
좌표를 찾아라
(쿠폰북)

JK8

과학 공화국 수학
법정 1 (자음과모음)

JK8

몬스터 마법수학
7: 화성 탈출
(경향에듀)

JK9

에우독소스가 들려
주는 비 이야기 |
김승태| 자음과모음)

6-2-3 원기둥, 원뿔, 구 ---

JK5

원뿔 속의
엑스캘리버 (승산)

JK6

수학, 과학,
자연에서 찾는 도형
1: 원 (비룡소)

JK8

10일간의 보물찾기
(창비)

JK8

반원의 도형 나라
모험 (창비)

JK8

y쌤의 신기한
스펀지 수학교실 3
(사랑과나무)

6-2-4 원기둥의 겉넓이와 부피 ---

JK7
수학 공식이
꼬물꼬물
(주니어김영사)

JK7
지금 하자! 개념
수학 4: 측정·함수
(휴먼어린이)

JK8
몬스터 마법수학 8:
지구 최후의 날(상)
(경향에듀)

6-2-5 다각형의 넓이 ---

JK7
원리를 찾아가는
이야기 수학 6:
넓이와 부피
(다섯수레)

JK7
수학탐정 매키와
누팡의 대결
2: 도형과 측정
(두리미디어)

JK7
지금 하자! 개념
수학 3: 도형
(휴먼어린이)

JK7
프랑스 원리 수학
2: 도형과 친해지기
(청년사)

JK8
과학 공화국 수학
법정 3 (자음과모음)

JK8
피타고라스
구출작전
(주니어김영사)

6-2-6 여러가지 문제 ---

JK7
수학대소동
(다산어린이)

JK8
동화로 읽는
마법의 수학 공식
(살림어린이)

JK8
명탐정 X의
명쾌통쾌
수학 수사대
(파란자전거)

JK8
수학박물관
(행성:B아이들)

JK8
수학의 원리를 사고
파는 수학상점
(예림당)

JK8
피리파라퐁퐁
수학 나라 대탐험
(파란자전거)

수학을 좋아하는 초등 5, 6학년을 위한 추천 수학책

수학심화

JK7

신기한 숫자 나라
넘버랜드 (푸른날개)

JK7

개념잡는 수학동화
모험편 시리즈
(5권/쿠폰북)

JK7

수뿍빠 시리즈
(3권/경문사)

JK8

수학 귀신 (비룡소)

JK8

명탐정 X의 명쾌통쾌
수학 수사대
(파란자전거)

JK8

스스로 생각하는 힘을
길러주는 수학책 (홍)

JK8

작다리나라로 간
수학 꼴찌, 튼튼성을
구하라! (파란자전거)

JK8

천재고양이 펜로즈의
수학개념 대탐험
(살림Math)

JK8

개념잡는 수학동화
탐정편 시리즈
(5권/쿠폰북)

JK9

재미있는 수학여행
시리즈 (4권/김영사)

JK9

세한도의 수수께끼
(창비)

JK9

셈도사 베레미즈의
모험 (경문사)

JK9

빙글빙글 수학
놀이공원 (경문사)

JK9

수학 스펙트럼 (경문사)

JK9

왓슨, 내가 이겼네!
(경문사)

JK9

이상한 나라의 사각형
(경문사)

JK9

주니언스: 별난
고양이 보르가르의
엉뚱한 수학 시리즈
(4권/사이언스북스)

JK9

수학자가 들려주는
수학 이야기 시리즈
(88권/자음과모음)

JK9

페렐만의 살아있는
수학 시리즈
(4권/씨네스드)

JK9

재밌어서 밤새읽는
수학 시리즈
(4권/더숲)

수학퍼즐, 퀴즈

JK7
돼지 삼총사 아슬아슬
수학 소풍 (다림)

JK7
수학여왕 제이든
구출작전 (일출봉)

JK7
수학 시험을 막아라!
(베틀북)

JK7
수학대소동
(다산어린이)

JK7
수학추리동화 시리즈
(4권/주니어김영사)

JK7
세상에서 제일
무시무시한 수학책
(종이책)

JK8
주니어김영사의
수학동화 시리즈
(6권/주니어김영사)

JK8
수학과 친해지는 책
시리즈 (4권/창비)

JK8
멘사 시리즈
(10권/보누스)

JK9
수학과 친구되자
(수학사랑)

JK9
천재들이 만든
수학퍼즐 시리즈
(40권/자음과모음)

JK9
수학 악마 (푸른숲)

JK9
재미있는 영재들의
수학퍼즐 시리즈
(2권/자음과모음)

JK9
수학파티 (Gbrain)

JK9
수학 퍼즐과 논리
패러독스 (뉴턴코리아)

중등수학 쉽게 이해하기

JK9
중학 수학 완성
시리즈 (2권/다산에듀)

JK9
스타쌤 중학수학을
잡아줘! (키즈조선)

JK9
중학수학 별거
아니야 시리즈
(3권/동아사이언스)

JK9
진절한 수학교과서/
도형교과서 시리즈
(각 3권/부키)

JK9
놀면서 혼자하는 수학
시리즈 (3권/글담)

초등 5,6학년을 위한

잠수네
국어/사회/과학
공부법

3

초등 5, 6 학년을 위한

잠수네
국어공부법

국어가
중요한 이유

왜 국어일까?

1. 국어 실력이 미래를 좌우한다

미래를 예측하기 어려운 시대입니다. 그러나 미래가 어떻게 변할지라도 사람들이 모여 사는 사회라는 것은 변함없습니다. 예전과 다른 점이라면 국가의 경계가 희미해지는 글로벌 사회에서 살아야 한다는 것, 다른 언어와 문화배경을 가진 사람들 간의 소통과 공감이 중요해진다는 것, 평생 직업이 사라지면서 언제든 새로운 직업을 찾을 수 있는 능력을 갖추어야 한다는 것 등입니다.

국어과목은 소통능력, 공감능력, 비판능력을 배우는 과목입니다. 다른 사람의 말과 글을 제대로 이해하고 나의 생각을 자유롭게 말과 글로 표현하기(소통능력), 다른 이의 감정을 이해하고 배려하기(공감능력), 글을 읽고 내 생각과 비교하기(비판능력)를 연습합니다. 미래를 살아가기 위한 기본능력을 배양하고 있는 셈입니다.

그러나 국어과목에서 배우는 기본 소통능력(듣기, 읽기, 말하기, 쓰기)을 갖추지 못한 사람들이 많은 것이 현실입니다. 사회가 돌아가는 것을 보면 잘 듣지 못해(또는 잘 듣지 않아) 불거지는 다툼이 많습니다. 글은 읽어도 내용을 정확하게 이해하지 못해 사오정 발언을 하거나 엉뚱한 행동을 하는 이들이 점점 늘어나고 있습니다. 상대방을 배려하지 않은 글을 써서 지탄을 받기도 합니다. 반대로 말과 글로 자기만의 독특한 생각을 잘 표현해서 많은 사람들에게 공감을 받으면 이전에 없던 새로운 기회가 만들어지기도 합니다.

국어교과서를 찬찬히 살펴보세요. 국어공부의 목표가 미래 사회에서 필요한 능력을 준비하는 과정이라는 것이 이해될 것입니다.

2. 다른 과목 공부의 밑거름

국어를 잘하면 다른 과목을 공부할 때 매우 유리합니다. 국어교과서에는 우리말을 정확하게 이해하고 표현하는 방법이 잘 나와 있습니다. 시, 동화, 수필 같은 문학작품부터 설명문, 논설문 같은 비문학작품을 제대로 읽는 방법을 공부합니다. 국어공부를 제대로 하면 사회, 과학 교과서의 글(주로 설명문)에서 핵심내용을 파악하고 정리하는 데 많은 도움이 됩니다(실제로 중학교 2학년 국어교과서에는 사회, 과학 과목 공부하는 방법이 들어 있습니다).

학년이 올라갈수록 교과서에 어려운 어휘가 많아지고 문장도 길어집니다. 국어능력이 부족하면 사회나 과학은 물론 수학공부에도 지장이 있습니다. 수학교과서의 개념이해, 길고 어려운 수학 문제를 이해하는 데도 국어능력이 뒷받침돼야 하니까요.

3. 중고등 수행평가는 국어실력이 좌우한다

초등 때도 수행평가가 있지만 관심을 갖는 부모들이 많지 않습니다. 그러나 중학생이 되면 달라집니다. 학교내신에서 수행평가 비중이 30~50% 정도입니다. 아무리 지필시험을 잘 봐도 수행평가 점수가 안 좋으면 내신 등수는 팍 깎이게 됩니다. 과목별로 쏟아지는 수행평가가 시험 준비기간과 겹치면 수행평가 준비하느라 시험공부를 제대로 못하는 경우도 비일비재합니다.

수행평가는 여러 유형으로 나옵니다. 그중 자료를 조사해서 발표하거나 글을 써야 하는 수행평가는 국어실력이 부족하면 애를 먹습니다. 주제에 맞는 자료를 찾아 읽고, 요약하고, 발표하는 것, 글을 쓰는 것 모두 국어능력입니다. 그러나 이 능력은 국어공부만 한다고 늘지 않습니다. 평소 꾸준히 읽고, 요약하고, 글을 쓰고 말하는 과정이 있어야 국어능력이 자라고 수행평가에서도 빛을 발할 수 있습니다.

4. 대학입시에서 국어의 위치가 크다

초등 때 국어공부를 하는 아이는 별로 많지 않습니다. 조금만 공부해도 점수가 잘 나오니까요. 그러나 중등 때는 국어공부를 제대로 안하면 점수가 안 나옵니다. 국어개념을 이해하고 외우지 않으면 좋은 점수를 받지 못합니다.

고등학교에 가면 상황이 또 달라집니다. 고등학교 국어, 특히 수능국어는 어휘가 어려운 데다 지문 길이도 매우 깁니다. 어휘력이 부족하면 읽어도 무슨 말인지 모르고, 독해력이 부족하면 요점을 파악해서 문제가 요구하는 답을 찾지 못합니다. 국어공부를 열심히 해봐야 제한시간 내에 긴 지문을 정확하게 이해하면서 읽어내지 못하면 헛수고입니다. 이 때문에 중학교 때처럼 국어공부만 해서는 한계에 부딪힙니다. 한글책을 읽으면서 습득한 어휘력, 독해력에 국어공부한 것까지 합쳐져야 고득점을 바라볼 수 있습니다.

수능영어 절대평가에 이어 수능 전 과목 절대평가가 되면 고등학교 내신의 비중이 커집니다. 수업시수가 많은 국어과목의 중요성이 커질 수밖에 없습니다.

평소에 하는
국어능력 키우기

초등 때 준비할 수 있는 것은?

1. 읽기

중고등 국어선생님들이 이구동성으로 하는 말이 '국어를 잘하고 싶다면 초등, 중등 때 재미있고 좋은 책을 아주 많이 읽으세요!'입니다. 초등 고학년만 돼도 책 읽을 시간이 안 나는데 너무 이상적인 이야기 같나요? 내가 알고 있는 상식과 실제 모습은 다를 때가 많습니다. 알게 모르게 중학교까지 꾸준히 책을 읽는 아이들이 있습니다. 초등, 중등 때는 겉으로 잘 드러나지 않습니다. 그러나 고등학생이 돼서 비교과 활동(논술대회, 독후감대회 등)을 하거나 국어 시험을 보면 이런 아이들이 낭중지추처럼 툭 튀어나옵니다.

사실 책을 많이 읽는다고 국어를 잘하게 되는 것은 아닙니다. 그러나 책을 읽지 않고 국어를 잘할 수는 없어요. 간혹 책을 안 읽는데도 고등학교 국어성적이 잘 나오는 아이도 있습니다. 언어재능이 매우 뛰어난 경우 학교공부(다른 과목 교과서)나 국어문제의 지문을 읽으면서 어휘력, 독해력을 키워가기도 해요. 또는 남들이 보기에는 책을 안 읽는 아이처럼 보여도 책 외에 TV, 신문, 잡지, 인터넷 글 등 잡다하게 읽는 것이 많은 아이도 있습니다. 2가지 모두 일반적인 경우가 아니고 내 아이가 이런 유형이라는 보장도 없습니다.

국어능력을 기르기 위해 부모가 도와줄 수 있는 첫 번째 방법은 아이가 책을 좋아하게 만들어주는 일입니다. 시험공부하다 머리 아프거나 스트레스 받을 때, 위로 받고 싶을 때 책과 친구가 되는 아이로 키우는 것이지요.

1) 창작책 읽기

시, 그림책, 동화, 소설 등 문학작품에는 풍부한 어휘, 다양한 표현이 들어 있어 아이들의 국어능력을 자연스럽게 키워줍니다. 낄낄거리며 웃으며 보는 책, 뭉클한 감동이 밀려오는 책, 결말이 어떻게 될지 궁금해서 끝까지 읽게 되는 추리물 등 다양한 책을 읽다보면 다른 사람의 살아가는 모습과 생각을 간접경험할 수 있습니다. 상대편 입장에서 생각해보는 공감능력이 저절로 커지게 됩니다.

그러나 유아기, 초등저학년까지 한글책 읽기에 신경을 썼어도 초등 5, 6학년이 되면 수학, 영어에 치중하느라 책 읽을 시간을 내지 못하는 집이 많습니다. 중학생이 되고나서야 초등 때 이런 좋은 책들을 안 읽고(또는 못 읽고) 온 것을 뒤늦게 후회하지요. 독서 능력이 좋아 어릴 때 초등 고학년 대상 한글책을 많이 읽었더라도 제 나이가 돼 읽는 감동은 또 다릅니다. '안 보면 멀어진다'는 말처럼 초등 저학년 때 책을 좋아했어도 공부하느라 책 읽을 시간이 줄어들면 한글책에 대한 관심도 멀어집니다. 초등 5, 6학년이 공감하고 재미있게 읽을 수 있는 창작책이 매우 많습니다. 재미있는 책 사냥을 지금이라도 시작해보세요.

책을 안 읽는 아이라면 지금이라도 아이 수준에 맞는 재미있는 창작책을 읽어주세요(3, 4학년 수준 책도 좋아요). 어린 아이도 아닌 다 큰 5, 6학년한테 책을 읽어주라니 이상하다고요? 책에 재미를 스스로 못 느끼니 처음에 좀 도와주자는 거지요. 6학년까지는 듣는 것이 스스로 읽는 것보다 훨씬 더 이해가 빨라요. 지식책만 읽고 창작책은 싫어하는 아이도 마찬가지로 읽어주세요. 자꾸 읽어주다 보면 창작책의 재미를 알게 되고 스스로 읽게 됩니다(잠수네에서는 중학생, 고등학생이 돼서도 아이에게 책이나 신문 등을 읽어주는 분들이 계세요. 아이가 들어주는 것만도 고맙다고 하면서요).

2) 지식책 읽기

사회, 역사, 과학, 수학 등 비문학 책을 골고루 잘 읽어두면 배경지식이 쌓입니다. 또한 사회, 과학 등 학교수업이 쉽게 이해됩니다.

학교수업도 결국은 지식습득이므로 배경지식에 따라 이해도가 달라지기 때문입니다. 중학교 사회, 과학 수행평가에도 도움이 됩니다. 아는 게 많으면 어디에서 무엇을 찾으면 될지 가닥을 잡는 것이 수월합니다. 내용 정리도 빠르게 할 수 있으니 좀 더 폭넓고 깊이 있는 결과물을 낼 가능성이 올라갑니다. 고등 국어에서 대부분의 아이들이 힘들어하는 것이 비문학영역 독해입니다. 지식책을 다양하게 읽어 아는 것이 많으면 비문학영역 지문 읽는 것이 그리 어렵지 않습니다.

배경지식은 계단 올라가기와 같습니다. 읽으려고 하는 지식책이 7층 수준인데 배경지식이 A는 1층, B는 6층 수준이라면 누가 더 쉽게 7층에 갈 수 있을까요? 당연히 A가 더 힘들고 B는 더 수월할 테지요. 그래서 배경지식이 적은 분야는 읽기 힘들고(재미없다), 배경지식이 많으면 읽기 수월하다(재미있다)고 하는 거예요. 어릴 때부터 과학책을 좋아했다면 계속 과학책만 보려고 하고, 역사책을 좋아했다면 역사책 위주로 읽는 것도 이 때문이고요. 만약 이야기 중심의 창작책을 주로 읽는 아이라면 배경지식이 없는 데다 건조한 설명문으로 된 지식책이 재미있을 리 만무합니다.

지식책을 잘 읽는 것도 배경지식, 흥미를 갖게 하는 것도 배경지식입니다. 잘 안 읽는 분야의 지식책은 연결고리(배경지식)를 엮어보세요. 사회영역의 지식책이라면 사회교과서에 나온 내용과 연계된 책, 아이가 가본 여행지와 관련된 책, 역사영화를 보고 관련된 역사책, 역사박물관을 가보고 흥미를 느낀 분야의 책으로 연결시켜보는 거죠. 돈을 좋아하는 아이라면 경제 관련 책을 재미있게 읽을 테고요. 과학책 역시 교과서 연계도서, 과학관 등 체험해 본 내용과 연결시키면 진입이 비교적 수월합니다.

3) 잡지 읽기

아무리 해도 지식책을 잘 안 보려고 하거나 시간이 너무 없다면 잡지를 읽는 것도 좋습니다. 초등학생 대상으로 여러 가지 짧은 글이 담긴 〈초등 독서평설〉을 봐도 좋고, 독서능력이 뛰어난 6학 년이라면 〈중등 독서평설〉을 읽어도 됩니다(〈초등 독서평설〉의 부 록 워크북은 아이가 좋아하지 않으면 안 해도 됩니다). 과학을 좋아하면 〈과학소년〉이나 〈어린이 과학동아〉를 봐도 되지만 저학년부터 보 는 잡지라 만화가 많고 내용이 가벼워서 싫다면 좀 더 어려운 내 용을 담은 〈과학동아〉를 읽어도 좋습니다.

2. 많이 써보기

글쓰기를 좋아하는 아이도 있지만 싫어하는 아이들이 대부분입니 다. 책을 많이 읽은 아이라고 다를 바 없습니다. 아이들이 글쓰기 를 싫어하는 이유는 글쓰기가 서툴러서, 쓸 내용이 없어서입니다. 매일 같은 일상이 반복되는데 특별히 기억나는 일이 있을 리 만무 합니다. 책을 읽더라도 희희덕거리는 흥미 위주의 가벼운 책만 읽 거나, 내용이 좋은 책이라도 주인공이나 등장인물의 입장이면 어 떨까 생각하지 않고 휘리릭 읽으면 기억에 남는 것이 없으니 쓸 거리도 없지요.

글은 많이 써야 늡니다. 글쓰기를 싫어하는데 어떻게 많이 쓸 수 있냐고요? 그래서 습관이 중요한 거예요. 글 쓰는 습관을 들이는 가장 좋은 도구가 일기입니다. 매일 일기 쓰는 습관만 잘 들여도 글쓰기는 크게 걱정하지 않아도 됩니다. 생각하는 것을 싫어하는 아이라면 같이 이야기를 나눠보세요. 오늘 무슨 일이 있었는지 주절주절 이야기하다 보면 일기 소재가 떠오릅니다. 읽은 책에 대해 이야기해달라고 해보세요. 주인공과 등장인물의 행동과 생각에 어떤 마음이 들었는지 대화를 해보는 것만으로도 훌륭한 독후감을 쓸 수 있습니다. 여행이나 체험학습을 가면 꼭 일기를 쓰도록 해주세요. 기행문 쓰는 방법을 자연스럽게 익힐 수 있습니다. 불만스러운 일이 있어 나의 주장을 근거를 들어 쓴다면 논설문 연습도 됩니다.

이렇게 꾸준히 하면 표현력, 사고력이 같이 자랍니다. 학원에 다니거나 누군가의 지도를 받을 필요가 없습니다. 중학교에 진학해서 수행평가로 자기소개서, 독후감, 보고서 등을 쓸 때 큰 도움이 되는 것은 당연하고요. 오늘 당장 할 수 있는 일기쓰기, 바로 실천해보세요.

3. 요약하기

아이가 책을 읽을 때 정독하지 않는다고 고민하는 분들이 많습니다. 모든 책을 정독하기란 어른도 힘듭니다. 정독할 필요가 없는 재미 위주의 가벼운 책도 많고요. 두꺼운 책을 정독한다는 것은 스스로 필요를 느껴야 가능한 일입니다. 억지로 강요할 수 없는 부분이에요.

대신 초등 5, 6학년이면 신문기사로 집에서 정독연습을 할 수 있습니다. 신문에서 아이가 흥미를 갖고 읽을 만한 내용을 가위로 오리세요. 오리는 기사는 아이 입장에서 재미있어야 합니다. 부모가 보기에 좋은 글은 소용없어요(특히 사설은 제외).

처음에는 중심문장에 밑줄긋기만 합니다. 중심문장을 소제목으로 뺀 글이라면 인터넷에서 찾아 소제목(중심문장)을 지우고 인쇄하세요(부모는 답을 알고 있으니 아이가 중심문장을 잘 찾는지 확인하기에 좋습니다). 처음에는 아무 문장에나 다 줄을 긋겠지만 몇 번 하다보면 중심문장을 찾는 것이 어렵지 않습니다.

다음에는 중심문장 찾은 것을 이어 요약해봅니다. 이때 중심문장을 고대로 쓰는 것은 요약이 아니에요. 나만의 글로 다시 쓰는 것이 진짜 요약입니다. 처음에는 익숙하지 않으니까 중심문장을 베껴쓰도록 해주세요. 차차 익숙해지면 새 글로 써보도록 하고요. 이렇게 요약한 것은 일기장에 붙여두세요. 그날 일기는 신문기사 요약인 거죠.

이렇게 일주일에 한 번씩이라도 꾸준히 신문기사 요약을 하면 설명문, 논설문 등 비문학 글의 핵심을 읽어내는 능력이 눈에 띄게 좋아집니다. 글을 쓸 때도 한 단락 안에 중심문장은 하나만 써야 한다는 것이 저절로 몸에 익습니다. 자료를 찾고 정리해서 글을 쓰는 것이나 PPT 만들기 등 수행평가 준비로도 그만입니다. 고등학생들이 힘들어하는 수능국어 비문학 지문 읽기 연습도 됩니다.

정독연습과 글쓰기를 한 번에 해결할 수 있으니 이보다 더 좋을 수 없지만 지속하는 것이 쉽지 않습니다. 꾸준히 하기 위한 제일 좋은 방법이 신문기사 요약하는 요일을 정하고 그날 일기는 신문기사 요약으로 대치하는 것이에요. 아이의 동의를 구해서 꼭 해보시기 바랍니다.

4. 조리 있게 말하기

꾸준히 말하는 연습을 하다 보면 조리 있게 말하는 능력이 자라게 됩니다. 앞에 나가 발표할 때도 자신 있게 말할 수 있습니다. 아이가 말할 때는 부모가 옆에서 잘 들어주세요. 중고등으로 올라갈수록 내 생각과 의견을 발표해야 하는 상황이 많아집니다. 사회에서는 말할 나위도 없고요. 다음은 집에서 해볼 수 있는 쉬운 방법입니다.

1 좋은 글 소리 내서 읽기

2 시험공부하면서 공부한 내용 설명해보기

3 읽은 책에 대해 자기 생각 이야기하기

4 학교에서 있었던 일 이야기해보기

5 자기주장이 있을 때 근거를 들어 말해보기

6 주1회 또는 월1회 가족 회의를 하며 다른 사람 의견 듣고 자기주장 말하기

5. 초등 때 수행평가 열심히 하기

초등 수행평가나 중등 수행평가나 크게 다르지 않습니다. '자료 조사 → 정리 → 나만의 시각으로 글쓰기'의 수순은 동일하기 때문입니다. 초등 때 수행평가를 열심히 해두세요. 나중에 중고등 수행평가가 수월해집니다.

초등 5, 6학년
국어교과서 핵심체크

초등 국어 공부하기

영어, 수학 하느라 바쁜데 국어까지 신경 쓰는 부모는 많지 않습니다. '초등 때는 수학, 영어만 잘해놓으면 돼!, 국어는 우리말이니까 공부할 것이 별로 없어~' 하면서요. 기껏해야 국어 단원평가 볼 때 국어문제집을 풀거나 국어교과서 수록도서를 읽히는 정도입니다. 초등 때는 국어를 어디까지 해두는 것이 좋을까요?

국어교과서의 구성

국어교과서의 각 단원은 크게 네 부분입니다. 단원 맨 앞의 단원 명과 〈단원의 학습목표〉(박스 안의 글)에서는 이 단원에서 무엇을 공부하는지 알려줍니다. 초록색 배경의 소제목은 학습목표에 맞춘 〈이해 학습의 목표〉입니다. 주황색 배경의 소제목은 이해한 내용을 활동해보는 〈적용 학습의 목표〉입니다. 단원 맨 끝에는 공부한 내용을 정리하고 있습니다.

단원의 학습목표를 화두로 잡고, 이해 학습의 목표와 적용 학습의 목표를 따라가면 이 단원에서 무엇을 배우는지 알 수 있습니다. 〈이해학습〉에 나오는 내용에는 외워야 할 주요개념들이 있습니다. 이 개념들은 완전히 이해하고 외워서 내 것으로 만들어야 합니다. 〈적용학습〉에서는 〈이해학습〉에서 알게 된 개념을 바탕으로 읽기, 듣기, 말하기, 쓰기를 직접 해보는 활동이 들어 있습니다. 〈적용학습〉에 나온 활동내용을 학교에서 다 못했다면 집에서라도 꼭 해보세요. 처음 보는 글을 정확하게 읽는 연습(정독)도 되고 수행평가 단골메뉴인 자료조사, 발표, 글쓰기 방법도 차근차근 익힐 수 있습니다.

국어교과서는 전체 목차와 함께 세부적으로도 꼼꼼하게 읽어야 숲과 나무를 함께 보며 큰 그림을 그릴 수 있습니다. 학기가 지났다고 교과서를 버리지 말고 잘 보관해두세요. 한 학기 교과서만 보면 교과서의 흐름이 잘 보이지 않지만 1, 2년 치 교과서를 죽 훑어보면 중요한 국어 개념과 공부해야 할 것들이 나선형을 그리며 점점 심도 깊게 반복된다는 것을 알 수 있습니다. 초등 때 배우는 내용이 중고등 국어로 연결되는 것은 물론이고요. 초등 5, 6학년 국어교과서에서는 무엇을 배우는지 살펴볼까요?

시, 이야기

1. 시 깊이 있게 이해하기

초등 5, 6학년 국어교과서에서는 시를 깊이 있게 느낄 수 있도록 여러 가지 방법을 알려줍니다. '경험을 떠올리며 시 읽기, 마음에 들거나 공감하는 부분 찾아보기, 반복되는 부분을 생각하며 시 낭송하기, 시를 읽고 떠오르는 장면이나 느낌 생각해보기' 등입니다. 또한 시에 나오는 비유적 표현을 찾아보고 말하는 이가 비유적 표현을 통해 말하고 싶은 것이 무엇인지 알아보기도 합니다. '좋아하는 시를 친구들에게 소개하는 글 써보기, 편지형식으로 시 소개하기, 말하는 이를 바꾸어 시 써보기, 시를 이야기로 다시 써보기'도 합니다. 모두 시를 더 잘 이해하기 위한 과정입니다(초등국어에서 '말하는 이'는 시의 '화자'를 쉽게 표현한 것입니다).

중고등 국어에서 시를 배울 때도 초등과정과 그리 다르지 않습니다. 말하는 이가 본 것, 말하는 이가 처해 있는 상황, 말하는 이가 본 것을 무엇에 비유해서 말하고 있는지를 공부합니다. 좀 더 나아가 처한 상황에 대해 말하려는 것은 무엇인지, 비유를 통해

전하려는 심정이 어떤지, 말하는 이가 바라는 것은 무엇인지 살펴보면서 시를 깊이 있게 이해하도록 합니다. 시를 이야기로 바꾸는 것은 시 이해의 핵심이기 때문에 중고등까지 계속 나오고요.

그러나 학년이 올라갈수록 시를 싫어하고 어려워하는 아이들이 많아집니다. 시를 이해 못해서입니다. 국어교과서에 나온 시의 요점 정리를 달달 외우는 방식은 중고등 내신은 통할지 몰라도 수능 국어에서는 고전을 면치 못하게 됩니다(수능국어시험에서는 처음 보는 시를 스스로 분석할 수 있어야 합니다).

우리가 문학작품을 읽는 이유는 재미와 감동을 느끼기 위해서입니다. 시를 읽으면서도 '참 좋다, 내 마음을 그대로 말해주는 것 같아, 이 표현 너무 재미있어!' 등의 여러 가지 느낌을 받습니다. 시를 읽으며 다양한 감정들을 느끼다 보면 팍팍한 우리의 삶이 좀 더 풍요로워집니다. 학교에서 시를 배울 때도 이런 감정을 느낄 수 있다면 좋겠지만 국어교과서에 있는 시만 읽어보았다면 시를 읽고 감동하거나 재미있어하기가 쉽지 않습니다. 시를 읽으며 감동을 느끼고 나중에 수능국어시험에서도 좋은 결과를 얻으려면 시가 재미있다고 느끼는 것이 첫걸음입니다. 시를 별로 좋아하지 않거나 싫어하는 아이라면 재미있는 시집을 찾아 읽어주는 것부터 시작해보세요.

2. 이야기 깊이 있게 이해하기

4학년에서는 이야기의 구성요소가 인물, 배경, 사건, 배경이라는 것에 대해 공부했습니다. 인물의 말이나 행동을 보면 인물의 성격을 파악할 수 있다는 것을 같이 배웠고요. 5, 6학년에서는 이야기의 구성요소에 따라 더 깊이 있게 이해하는 방법을 공부합니다.

5학년 1학기 1단원에서는 경험을 떠올려 인물의 성격을 짐작해보고, 인물의 말과 행동에서 인물의 생각을 알아봅니다. 12단원에서는 이야기의 말하는 이가 달라지면 이야기가 어떻게 바뀌는지를 알아봅니다. 5학년 2학기 7단원은 인물의 말과 행동에서 인물이 추구하는 삶이 어떤지 생각해봅니다. 5학년 2학기 10단원에서는 사건에 집중합니다. 이야기의 짜임은 발단, 전개, 절정, 결말의 구조로 돼 있다는 것을 배운 후, 이야기의 짜임에 따라 사건을 정리하고 요약하기를 공부합니다.

6학년은 좀 더 세밀해집니다. 1학기 7단원에서는 4, 5학년에 배운 '인물의 말과 행동을 보고 인물의 성격을 파악하기'는 물론, 인물의 성격과 배경(시간적 배경, 공간적 배경)이 사건의 전개에 어떤 영향을 미치는지도 같이 알아봅니다. 거꾸로 인물의 말과 행동, 사건의 전개를 보고 인물의 성격을 짐작해보기도 하고요. 이야기의 배경, 사건의 전개, 인물의 성격을 정리해서 뒷이야기 상상해서 써보기까지 합니다. 2학기 1단원은 '인물이 추구하는 삶 파악하기'가 나옵니다. 5학년에서 인물의 말과 행동에서 인물의 삶을 파악한데 이어 6학년에서는 인물이 처한 환경에서 어떤 행동과 말을 했는지를 보고 인물의 삶과 가치관을 파악합니다. 한 걸음 더 나아가 인물의 삶 자신의 삶을 비교해보고요. 2학기 5단원에서는 사건과 배경의 관계 파악하기, 인물의 성격과 배경 바꿔 이야기

다시 써보기를 합니다. 모두 이야기를 더 잘 이해하기 위한 과정입니다.

또한 6학년 1학기 12단원에서는 문학의 갈래인 시, 동화(이야기), 희곡의 특성을 알아보고 감상하는 방법을 배웁니다. 6학년 2학기 11단원은 말하는 이의 관점과 자신의 관점을 비교해서 글을 읽는 연습을 하고 갈래 바꾸어 쓰기(시를 이야기로, 이야기를 희곡으로 바꾸어 쓰기)를 해봅니다.

5, 6학년에서 공부한 '이야기의 구성요소'는 중학 국어에서는 '소설의 구성요소'로 말만 바뀐 채 같은 내용을 반복해서 공부하게 됩니다. 읽기능력(독해력)의 핵심은 요약입니다. 이야기에서 인물의 성격과 배경을 분석할 수 있고, 중요한 사건을 콕 집어 요약할 수 있다면 읽기능력이 뛰어나다는 의미입니다(이렇게 하는 것이 이야기를 정독하는 방법입니다).

5, 6학년 국어교과서에 쏙 빼낸 독후활동 노하우

1 사건을 중심으로 읽은 책의 줄거리를 써보기

2 등장인물들의 성격 정리해서 써보기

3 인물, 사건, 배경을 생각하며 뒷이야기를 상상해서 써보기

4 인물의 성격이나 배경을 바꿔 이야기 다시 써보기

5 재미있게 읽은 시를 이야기로 바꿔 써보기

설명하는 글, 주장하는 글(논설문)

1. 설명하는 글(설명문)의 특성 알기 → 요약하기 → 설명문 쓰기

설명문의 구조는 3학년부터 본격적으로 배웁니다. 3학년에서 '1개의 문단은 중심문장과 뒷받침문장으로 돼 있다'는 문단 짜임을 공부했고, 4학년에서 여러 문단의 중심내용을 바탕으로 글의 중심생각(주제)을 찾는 방법을 배웠습니다.

5학년 1학기 5단원에서는 대상의 특성에 따라 설명하는 방법(분석, 분류, 비교와 대조)을 알아보고, 여러 방식의 설명 방법을 적용해서 글쓰기를 하도록 합니다. 글을 직접 쓰다 보면 어떤 설명 방법이 필요한지, 어떤 설명 방법이 나은지 더 잘 알 수 있으니까요. 5학년 2학기 4단원에서는 설명하는 글의 짜임(비교와 대조, 나열, 문제와 해결, 순서 짜임)을 알아보고, 각 문단의 중심내용을 간추려서 글의 짜임에 따라 요약하기를 공부합니다.

2. 논설문의 특성 알기 → 요약하기 → 논설문 쓰기

논설문은 5, 6학년에서 본격적으로 공부합니다(5학년까지는 논설문을 '주장하는 글'이라고 합니다).

5학년 1학기 10단원은 '주장하는 글을 쓰는 과정'을 공부합니다. '처음에 글을 쓰는 까닭을 쓰고, 가운데는 주장을 내세운 근거를, 끝 부분에는 요약 및 강조하기'가 핵심이라는 것을 배운 후, 이

틀에 맞춰서 '주제 정하기 → 주제에 대하여 떠오르는 생각 정리하기 → 정리한 내용을 바탕으로 주장과 근거 적어보기'를 차근차근 연습한 후 '개요 짜기'를 합니다. 그 다음 개요에 맞춰 문단 구성하기(각 문단에 들어갈 중심문장과 뒷받침 문장 쓰기도 포함), 주장하는 글에 어울리는 제목을 쓰는 방법을 배웁니다. 글의 처음 부분을 쓸 때 '문제 상황과 관련한 질문을 하거나, 최근의 상황이나 문제 상황을 이야기할 수도 있고 격언이나 속담 또는 유명인사의 말을 인용해서' 시작하면 도움이 된다는 것도 알려주고요.

6학년 1학기 9단원에서는 논설문의 특성과 짜임을 알아봅니다. '논설문은 글쓴이의 주장과 이를 뒷받침하는 근거로 돼 있고 서론, 본론, 결론으로 짜여 있다. 서론에는 글을 쓰게 된 문제 상황이나 글쓴이의 주장이, 본론에는 주장에 대한 근거와 근거를 뒷받침하는 내용이 있고, 결론에서는 글의 내용을 요약하고 글쓴이의 주장을 다시 한 번 강조한다. 본론의 각 문단은 중심 생각을 담은 중심문장과 그 문장을 보조하는 뒷받침 문장으로 이루어져 있다'는 것을 배웁니다. 논설문 요약하기와 논설문 써보기도 하고요.

논설문 요약은 글쓴이가 글을 쓰기 전에 정리한 개요를 찾아내는 것입니다. 글을 서론, 본론, 결론으로 나누고 서론에서 제시하는 문제 상황이나 글쓴이의 주장, 본론에서 제시하는 근거, 결론에서 다시 강조하는 글쓴이의 주장을 찾아보는 거예요. 논설문을 쓸 때도 이 틀을 기준으로 개요를 작성해서 글을 쓰면 됩니다. 정리하자면 요약은 풀어 쓴 글에서 글쓴이의 생각 찾기이고 글쓰기는 나의 생각을 글로 풀어내기입니다. 요약하기가 생선살을 발라 뼈만 골라내기라면 글쓰기는 생선뼈에 살을 붙이는 과정인 셈입니다.

6학년 2학기 3단원에서는 한 발 더 나아가 주장에 대한 근거가 적절한지 판단하는 방법을 알아봅니다. 주장에 대한 근거가 적절한지 판단하려면 '주장과 근거가 서로 연결되는지, 근거가 주장을 뒷받침하는지, 근거가 사실과 다르거나 실천하기 어려운 내용인지 살펴보면 된다'를 배웁니다.

이어서 주장이 드러난 글도 써봅니다. 논설문 쓰기는 6학년 1학기 9단원에 배운 것과 과정은 동일하나, 논설문을 읽을 때 주장에 대한 근거가 적절한지 판단하는 것처럼 자신이 쓴 글을 살펴보는 과정이 추가됩니다. 논설문의 요지를 잡을 때는 '문제 상황을 여러 개 떠올리고 그중 하나를 골라 주장을 정한다, 주장을 뒷받침하는 적절한 근거를 생각해보고 근거가 주장과 관련되는지, 근거가 주장을 뒷받침하는지, 근거가 사실과 부합하고 실천할 수 있는지 살펴보고 보완한다'를 더 생각해보도록 하는 것이지요.

글의 종류에 따라 깊이 있게 읽기

1. 추론하며 읽기

5학년 1학기 9단원에서는 배경지식을 떠올리거나 글의 맥락을 생각해서 읽기를 알아봅니다. 어려운 낱말이나 문장의 의미가 이해가 되지 않을 때 전후 맥락을 살펴 의미를 추론해보기, 책을 고를 때 '책의 제목, 책 표지의 그림, 차례'를 보며 내용을 살펴서 어려운지 여부 추론해보기, 글에 직접 드러나지 않은 내용을 추론하면서 읽기를 배웁니다.

2. 글의 종류와 목적에 따른 읽기 방법

5학년 1학기 11단원에서는 글의 종류와 목적에 따른 읽기 방법을 공부합니다. 설명하는 글은 중심내용을 찾아 요약하고, '무엇을 설명하는가? 설명하려는 내용은? 새로 알게 된 내용은? 정확한 내용인가?'를 생각하도록 합니다. 주장하는 글은 글의 처음, 가운데 끝 부분으로 나누어 요약해보고, '글쓴이의 주장은? 주장에 대한 근거는? 주장과 근거가 적절한가? 내 생각과 다른 점은 무엇인가?'를 살펴봅니다. 자료를 찾기 위한 글은 '글의 제목을 통해 내용을 짐작해보기, 관심 있는 내용이 있는지 훑어보기, 필요한 부분은 꼼꼼하고 자세하게 읽기'를 하도록 합니다.

3. 글쓴이의 관점 파악하기

6학년 1학기 2단원에서는 글쓴이의 관점(글쓴이가 생각하는 태도나 방향)에 따라 글의 내용이 달라진다는 것을 공부합니다. 글쓴이의 관점을 파악하려면 다양한 측면(알려주려는 내용은? 글쓴이의 생각을 나타내는 표현은? 글의 제목을 그렇게 붙인 이유는?)을 살펴서 읽어야 한다는 것을 배우고요. 자신의 관점이 드러나도록 알맞은 까닭이나 근거를 들어 정리한 후, 한 편의 글로 완성하기도 합니다.

4. 글쓴이의 생각 파악하며 읽기

6학년 2학기 7단원은 글쓴이의 생각을 파악하며 읽는 방법을 공부합니다. 글쓴이의 생각을 파악하면 글의 내용을 좀 더 깊이 있게 이해할 수 있기 때문입니다. 단, '글쓴이가 대상을 어떻게 바라보느냐'에 따라 글을 쓴 의도가 달라지기 때문에 글을 읽을 때는 자신의 생각과 비교하며 읽어야 한다는 것도 함께 배웁니다. 글쓴이가 글을 쓴 의도나 목적을 파악해야 제대로 읽는다고 할 수 있으니까요.

> **주의 국어교과서를 넘어 설명문, 논설문 읽기**
>
> 설명문과 논설문 같은 글을 통틀어 비문학이라고 합니다(수능국어에서는 독서영역이라고 합니다). 고등학생들이 비문학 독해를 어려워하는 이유는 배경지식이 없는 낯선 영역의 글인 데다, 글의 핵심을 파악하지 못해서입니다.
>
> 배경지식을 쌓으려면 다양한 영역의 글을 많이 읽어야 합니다. 사회, 과학 지식책을 많이 읽으면 좋겠지만 지식책을 싫어하더라도 마음만 먹으면 얼마든지 설명문, 논설문을 접할 수 있습니다. 사회, 과학, 수학 교과서도 알고 보면 설명문이고 세탁기나 냉장고 사용설명서, 아파트 공지문도 모두 설명문입니다. 신문, 잡지도 다양한 설명문과 논설문을 접하기 좋은 매체입니다.

자료조사, 글쓰기와 발표

1. 자료조사와 발표하기

6학년 1학기 4단원에서는 '면담하기'를 알아봅니다. 면담 전 준비할 것과 절차, 면담 직접 해보기, 면담 결과를 여러 가지 형식으로 발표해보기까지 다룹니다. 6학년 1학기 8단원에서는 읽을거리를 스스로 찾는 방법과 조사한 내용을 발표하는 방법에 대해 배웁니다. 원하는 자료를 찾기 위해서 도서관 분류기호와 도서관에서 책을 찾는 방법도 함께 익히고요. 6학년 2학기 2단원에서도 자료를 활용한 발표방법을 배웁니다. 이때는 사진, 도표, 지도, 그림, 동영상, 실물 등 다양한 자료를 활용하는 방법과 5학년에서 배운 대상 설명하는 방법을 기초로 분석, 분류, 비교와 대조 같은 틀도 이용해서 발표 자료를 만드는 연습을 합니다. 갖고 온 자료는 출처를 꼭 밝혀야 한다는 것도 함께 배우고요.

2. 말하기

5학년 1학기 2단원에서는 '토의의 절차와 방법'을 배웁니다. 문제 상황이 생겼을 때 토의주제를 어떻게 잡으면 될지, 토의할 때 지켜야 할 예절이 자세히 나옵니다. 5학년 1학기 6단원에서는 말이 미치는 영향을 이해하고 듣는 이를 고려하여 신중하게 말하는 방법을 알아봅니다.

5학년 2학기 3단원에서는 '토론하는 방법'을 배웁니다. 토론은 어떤 문제에 대해 찬성과 반대로 의견이 나누어질 때 합리적인 해결방법을 찾기 위해 합니다. 국어교과서에서는 토론의 절차는 물론 토론주제, 주장의 근거와 근거자료, 예상되는 반론과 질문, 상대편 반론에 대한 반박, 상대편 주장에서 예상되는 근거, 상대편의 주장에 대한 반론과 질문 등 토론 준비표를 한 단계, 한 단계 아주 상세하게 알려줍니다. 토론할 때는 사회자의 안내와 토론 규칙을 잘 지켜야 한다는 것, 토론주제와 관련 없는 말은 피한다는 것도 함께요. 6학년 2학기 6단원에서는 '연설문'에 대해 배웁니다. 연설문을 듣고 주장의 타당성을 판단하고 연설문 쓰기까지 해봅니다.

3. 글쓰기

5학년 2학기 1단원에서는 독서감상문 쓰기를 배웁니다. '작품을 읽고 공감하는 부분에서 감동을 받을 수 있다, 작품을 읽으며 경험을 떠올리거나 상상을 하면 감동이 더 커진다, 자신의 생각과 경험에 따라 감동을 받는 까닭이 달라진다'는 것을 알아보고 독서감상문 쓰기를 진행합니다. 독서감상문을 쓸 때는 '등장인물, 줄거리, 작품에서 인상적이거나 감동 받은 부분, 작품에 대한 생각이나 느낌'을 쓴다는 것도 배우고요. 독후감을 쓸 때 교과서의 내용을 떠올려보거나 다시 읽어보면 좋겠죠?

6학년 1학기 10단원에서는 고쳐쓰기에 대해 알아봅니다. 자신이 쓴 글을 다시 읽고 고쳐쓰면 글의 내용과 표현이 더 좋아집니다. 그러나 글을 고치기 귀찮아하거나 어떻게 고쳐야할지 모른다면 이 단원에서 알려주는 내용들이 도움이 될 것입니다. 글을 고쳐쓸 때는 '읽는 이의 입장에서 글을 전체적으로 다시 읽어본다. 문단의 내용이 적절한지, 잘못 쓴 글자나 띄어쓰기를 잘못한 곳이 있는지 살펴본다'가 핵심입니다. 고쳐쓰기의 구체적인 수순도 나와 있습니다. '글 수준에서 고쳐쓰기, 문단 수준에서 글 고쳐쓰기, 한 문장 안에서 고쳐쓰기'로요. 고쳐쓸 때 활용할 수 있는 교정부호도 나옵니다.

글 고쳐쓰기에서 또 중요한 것은 '주어와 서술어의 호응'입니다 (문장성분 중 하나인 '주어, 서술어, 목적어'에 대해서는 5학년 1학기 8단원에서 배웁니다). 자기가 쓴 글을 다시 읽으며 고칠 때 주어와 서술어가 호응이 되는지 꼭 살펴보아야 한다고 알려줍니다(가운데 말을 다 빼고 '주어~서술어'만 읽었을 때 말이 되는지 살펴보면 됩니다). 주어와 서술어가 호응이 안 되면 주어를 고치든지, 서술어를 고치면 됩니다. 5, 6학년에서 배우는 다양한 글쓰기는 다음과 같습니다.

5학년 2학기	6학년 1학기	6학년 2학기
기록문, 견학기록문(2단원) 종이 인쇄물, 방송, 인터넷 글쓰기(9단원)	마음을 표현하는 글(3단원)	정보를 활용한 기사문쓰기(8단원)

4. 수행평가, 교내 대회에서 도움되는 글쓰기 활동

초등, 중등 수행평가에서 활용할 만한 국어교과서 내용을 추려보았습니다. 5, 6학년 국어교과서를 보관해두었다가 필요할 때 들춰보면서 활용해보세요. 중학교 가서 교내 토론대회에 나가고 싶어하면 5학년 2학기 토론하는 방법을 읽어보세요. 시중의 어떤 토론방법 책보다 구체적인 노하우를 찾을 수 있습니다. 논설문, 기행문 쓰기, 면담(인터뷰)이나 자료조사 등의 수행평가가 있을 때 해당 단원을 읽고 교과서 형식에 맞춰 글을 쓰도록 해보세요. 막연히 쓰는 것에 비해 훨씬 짜임새 있는 글을 쓸 수 있습니다.

5학년 1학기	5학년 2학기	6학년 1학기	6학년 2학기
• 문화재 소개하기 (5단원) • 광고 만들기 (6단원) • 주장하는 글쓰기 (10단원)	• 독서감상문 (1단원) • 기행문, 견학기록문 (2단원) • 토론하는 방법 (3단원) • 조사해서 발표하기 1 (9단원)	• 신문기사 읽고 토론하기 (2단원) • 면담하는 방법 (4단원) • 광고 만들기 (5단원) • 조사해서 발표하기 2 (8단원) • 논설문 쓰기 (9단원)	• 조사해서 발표하기 3 (2단원) • 연설문 쓰기 (6단원) • 기사문 쓰기 (8단원)

다양한 매체 읽기

국어교과서에는 핸드폰 사용 예절, 인터넷 공간의 매너에 대해서 이야기해보는 단원이 있습니다. 광고, 뉴스 등의 매체 읽기도 다루고 있고요. 의사소통의 수단으로 많이 사용되면서 문제도 많기 때문이겠지요. 비판적으로 다양한 매체 읽기도 국어교과서에 중요하게 다루어지고 있습니다.

5학년 2학기	6학년 1학기	6학년 2학기
• 매체로 소통해요 (5단원)	• 광고읽기 (5단원) • 뉴스의 관점 (11단원)	• 텔레비전 뉴스와 생활 (10단원)

국어 문법

국어 문법은 중학교에서 대부분 배우게 됩니다. 고등 국어 문법은 중학 문법과 대동소이하기 때문에 중학 국어 문법을 소홀히 하면 고등 때 국어 문법을 다시 공부하느라 시간을 많이 들여야 합니다. 초등학교 국어 문법은 중학교에서 배우는 분량에 비하면 많지는 않지만 중요한 내용이 꽤 있습니다. 초등국어에서 배우는 문법을 잘 공부해두세요. 중등 문법을 공부하기가 수월해집니다.

다음은 초등 5, 6학년 국어교과서에 나오는 주요 국어문법 내용입니다. 이외에도 국어활동의 각 단원에 있는 〈우리말 다지기〉에는 여러 가지 문법사항이 많습니다. 학교에서 진도 나갈 때 교과서와 함께 국어활동의 문법 내용도 꼭 챙기도록 해주세요.

5학년 1학기	5학년 2학기	6학년 1학기	6학년 2학기
• 다의어 (3단원) • 띄어쓰기 (5단원)	• 안/않다, 이/히, 되다 (6단원) • 은어, 유행어, 비속어, 동형어 (8단원)	• 직유법, 은유법 (1단원) • 고유어, 한자어, 외래어 (6단원) • 교정부호 (10단원)	• 관용어, 속담 (4단원) • 그래서, 그러나, 그리고 (9단원)

국어교과서 공부 &
국어시험 준비

국어교과서 공부하기

1. 〈학습목표〉를 숙지한다

국어 교과서에는 세 종류의 학습목표가 있습니다. 단원 맨 앞 장에 〈단원의 학습목표〉가 있고, 초록색 배경의 〈이해학습의 목표〉, 주황색 배경의 〈적용 학습의 목표〉가 있습니다. 학습목표는 그 단원의 뼈대입니다. 학습목표가 곧 시험문제라고 생각해도 됩니다. 〈학습목표〉를 질문이라고 생각하고 교과서 안에서 답을 찾으세요.

2. 교과서 구석구석을 꼼꼼하게 읽는다

학습목표에서 언급한 내용을 완전히 파악하려면 날개 질문(교과서 본문 옆에 있는 적갈색 작은 글씨), 염소 선생님의 풍선글, 학습활동의 예시, 아이들의 대화, 그림, 표, 모두 꼼꼼하게 다 봐야 합니다. 중요한 부분은 교과서에 밑줄을 긋거나 박스를 쳐두세요. 예를 들어 '설명하는 방법은 분석, 분류, 비교와 대조가 있다' 같은 단원의 핵심개념은 반드시 외워야 합니다.

3. 문단 나누기, 중심문장 찾기를 꼭 한다

국어교과서에 있는 설명하는 글, 주장하는 글은 문단을 나누고 중심내용 찾기까지 해보세요. 교과서 활동하기에서 이런 과정을 다 다루지 않기 때문에 각자 챙기는 것이 좋습니다. 근본적으로 정확하게 글 읽는 연습(정독연습)을 자연스럽게 할 수 있으니까요.

4. 모르는 낱말의 뜻을 꼭 알고 간다

5, 6학년부터는 국어교과서에 어려운 낱말이 많이 나옵니다. 교과서를 소리 내서 읽으면서 뜻을 정확하게 모르는 것은 꼭 메모하고 뜻을 찾아봅니다. 교과서에서 배운 것처럼 앞뒤의 문맥을 살펴 뜻을 짐작해봐도 좋고요. 이때 모르는 낱말의 뜻을 무작정 외우라고 하면 외워지지도 않고 스트레스만 받습니다. 모르는 낱말은 표시를 해두고 모르면 찾고, 또 모르면 찾는 방식이 좋아요. 반복하며

읽다 보면 어느새 아는 때가 옵니다.

5. 교과서의 질문에 혼자 답을 써본다

교과서에서 번호가 붙은 제목들은 모두 학습목표를 질문으로 만든 것입니다. '읽어봅시다, 물음에 답하여 봅시다, 찾아보고 까닭을 생각하여 봅시다, 친구들과 이야기하여 봅시다' 등을 시험문제라고 생각하고 모두 답을 써보게 하세요(국어교과서의 답은 국어활동에 있습니다). 실제로 서술형 문제는 활동하기에서 모두 나옵니다. 글로 쓰는 것이 싫으면 말로 해도 되지만 답을 못한다면 교과서를 다시 읽으며 찾아봐야 합니다. 그래도 모르면 국어활동의 답을 보고 이해한 후 숙지하도록 합니다.

국어시험 준비

국어교과서와 국어활동을 여러 번 읽으며 학습목표, 핵심 개념, 활동하기를 꼼꼼하게 읽었다면 문제집의 질문이 무엇을 묻는 것인지 환히 보입니다. 학습 목표를 묻는 문제, 핵심개념을 아는지 확인하는 문제, 활동하기에서 물어본 문제들이 주루룩 나오니까요. 틀린 문제는 해당 부분의 교과서를 읽고 확인한 후 놓친 개념을 다시 외우고 이해하도록 합니다.

1 국어교과서, 국어활동을 다시 한 번 꼼꼼하게 읽는다

2 〈학습목표〉를 숙지하고, 〈핵심개념〉은 암기한다

3 문제집을 풀어보고 틀린 문제는 국어교과서를 보고 확인한다

| 사례 | **제가 경험한 초중고 국어시험**

작성자 볼때기공주 글 쓸 당시 학년 초5

중등, 고등 국어 교사 입장에서 본 초중고 국어시험에 대한 생각입니다.

초등 국어시험

수업시간에 잘 듣기만 하면 시험공부 그리 많이 하지 않아도 점수가 대체로 잘나옵니다. 평소에 독서를 좋아하는 아이라면 더 그럴 거고요. 물론 반대의 경우도 많을 겁니다. 제가 그동안 겪어왔던 아이의 담임샘들도 같은 의견이셨고, 저희 아이 학교 문제도 몇 번 검토해본 바 사실 초등에서 80점 이상 점수 아이들 사이에서는 그리 큰 실력 차이가 존재하지는 않는다는 생각이 듭니다.

중등 국어시험

중학교 진학해서 첫 시험에서 꽤 많은 아이들이 이때 한 번 좌절합니다. 초등학교 때 공부했던 것처럼 줄거리 파악, 인물의 성격, 시의 분위기, 주제, 중심글감 정도 파악해서는 안 먹힙니다. 중학교 국어시험은 교과

서와 샘이 나누어주신 프린트를 샅샅이, 구석구석, 자세히 공부해야 잘 볼 수 있습니다. 수업시간에 아무리 잘 소화했다 하더라도 시험공부는 어느 정도 해야 하는 과목입니다. 물론 평소에 예복습도 해야 합니다.

이때쯤 되면 시험공부에 시간을 많이 들이지 않아도 국어가 효자과목인 친구와 다른 과목은 다 잘하는데, 심지어 국어시험공부를 제일 많이 하는데도 국어점수만 안 나오는 친구가 나오기 시작합니다. 그렇다고 독서를 많이 한 아이가 국어시험점수가 잘 나오느냐… 꼭 그렇지 않습니다. 제가 지켜본 경험상 중등에서 독서량과 국어점수는 큰 상관관계가 없습니다. '우리 애는 독서 진짜 좋아하고 글도 잘 쓰고 초등학교 때 국어점수도 좋았는데 중학교 들어와서 80점대'라고 한탄하시는 분들 꽤 많이 생깁니다. 반대로 독서량도 적은데, 국어과목도 싫어하는데, 성실한 수업태도와 시험 준비로 국어시험을 잘 보는 친구들도 여전히 존재합니다. 초등 때보다 큰 비율로 숫자가 줄어들긴 하지만요.

고등 국어시험

수업시간 집중, 교과서와 프린트 완벽소화, 꾸준히 예복습 등 공부방법은 중학교 때와 다르지 않습니다. 다만 교과서에 실린 텍스트의 수준이 껑충 한두 계단 뛰었다는 느낌을 아이가 받게 됩니다. 결과적으로 공부량도 많아지고 교재수준도 높아져 질이 달라지니 시간이 더 필요할 수 있습니다.

이때 가서야! 독서를 많이 한 친구들(고등 국어 교과서에 실린 글 수준의 독해력을 갖춘 아이들)이 빛을 발하기 시작합니다. 고등국어 텍스트가 쉽게 이해가 가니 수업시간에 수업내용이 소화가 잘 됩니다. 집에 와서 복습도 쉽게 빨리 끝낼 수 있습니다. 모의고사는 더 합니다. 교과서수준의 글이되 교과서에 실리지 않은 텍스트로 뒤덮인 문제들 사이에서 편하게, 즐겁게 시험을 보고 좋은 결과를 받습니다. 언어영역이 효자종목이 됩니다. 다른 한편 중학교 때까지는 국어시험 점수가 좋았는데 고등 모의고사에서 무너지는 아이들이 많이 등장합니다.

핵심은 초중고 국어시험은 그 자세함과 깊이 면에서 차이가 있다는 것, 중학국어 성적과 독서는 그다지 상관관계가 없다는 것, 독서능력이 빛을 발하는 건 고등 가서라는 것, 그러므로 고등진학 전까지 독서를 일정 수준까지는 올려놓아야 고등생활이 힘이 덜 들 수 있다는 것입니다.

| 사례 | **중학교 보내기 전 국어, 너무 걱정하지 마세요~^^**

작성자 참나무네 **글 쓴 당시 학년** 초5, 7세

저는 초5 남아 맥스를 큰아들로 두고 있는 중등 국어교사맘입니다. 제가 이렇게 직업을 밝히는 이유는 직업과 관련된 이야기를 하고 싶기 때문입니다. 보통 초등 어머니들께서 저에게 가장 많이 하시는 질문은 이 정도입니다.

1. 중학교에 가서 국어 내신 성적을 잘 받으려면 어떻게 해야 하나요? 수행평가의 비중은 얼마나 되나요?

중학교 국어내신은 다른 과목과 마찬가지로 중간고사, 기말고사, 수행평가가 합산돼 교과별로 성취평가제에 의해 성적이 산출됩니다. 즉, 중

등 내신에서 학기별 올A는 모든 과목의 성적이 90점 이상이었다는 뜻이지요. 다른 지역은 정확히 잘 모르나, 제가 근무하는 서울시 교육청에서는 수행평가와 서술논술형 평가를 합해 전체 국어 성적의 40% 이상을 부여하도록 돼 있습니다. 그래서 저희는 중간 30%, 기말 30%, 수행평가 40%로 나누고, 지필평가에서 서술논술형 평가를 일정 부분 더 내고 있어요. 대부분의 학교들이 수행평가 반영비율을 40%내외로 정하고 있다고 보시면 됩니다. 그러면 사실 중간고사, 기말고사와 비슷하거나 높은 비율인 거죠^^;;(예체능을 제외한 대부분의 교과들이 이와 비슷합니다).

그래서 우선, (넘 당연하지만) 평소 수업을 잘 들어야 합니다. 다른 어떤 교과보다 국어는 교사의 재량에 따라 수업 내용이 달라질 수 있습니다. 정말 다양한 개성을 가진 국어과 교사들이 정말 다양한 내용을 가지고 정말 다양한 방법으로 수업하십니다. 그러기에 저는 국어는 학원의 도움을 받을 필요가 전혀 없는 과목이라고 늘 주장합니다(적어도 중등까지는요). 저는 서울에서도 발령받는 지역에 따라, 아이들의 수준에 따라, 제 학년을 들어가는 파트너 선생님의 성향에 따라, 심지어 그해의 교육청 주요지침에 따라서도 다른 내용의 수업을 해왔습니다. 그러므로 평소 학생이 수업을 꼼꼼하게 듣고, 시험에 나올 내용과 부분, 자료를 잘 챙겨야 합니다. 교과서는 단지 하나의 텍스트일 뿐, 토론을 가르치기 위해, 소설의 시점을 가르치기 위해, 자음동화를 가르치기 위해, 시의 화자를 가르치기 위해 필요한 자료가 단 하나는 아니니까요. 그것이 예전 국정교과서에서 현재의 검정교과서로 바뀐 이유입니다(참고로 저희 지난 기말고사 내용은 60%만 교과서의 문법 및 비문학 제재, 나머지 40%는 외부 소설을 같이 읽고 토론한 후, 독서 퀴즈를 출제하였습니다).

'우리 아이가 과연 잘 챙길 수 있을까?' 염려되신다면 아이에게 이러한 국어과목의 특징을 잘 이해시키시고 모든 자료와 선생님의 주요 말씀을 다 필기하도록 일러주세요. 다른 건 몰라도 아이들이 과목별 학습지는 잘 챙길 수 있게 파일을 꼭 사주시구요.

두 번째로, 지필평가(중간기말고사)를 잘 봐야 합니다. 지필평가를 잘 보게 하기 위한 방법은 여러 훌륭한 중등 어머님들께서 체험수기를 많이 써 주셨습니다. 잠수네 중등교육 게시판에서 참조하세요.

세 번째로 수행평가는 제 날짜에 성실하게 해야 합니다. 수행평가 또한 학교마다, 교사마다 참 다양하게 징해집니다. 토론을 실제로 해서 점수를 매기기도 하고, 실제 3분 스피치를 하기도 합니다. 연극하기, 모둠별로 소설쓰기, 홍보 동영상 만들기, 시쓰기, 시화 만들기, 수필쓰기, 희곡쓰기, 독서 포트폴리오 만들기, 자서전쓰기, 신문 스크랩, 요약 포트폴리오 만들기 등등 그동안 해본 수행평가도 참 많은 종류가 있네요. 우리 아이들이 중학교에 가서 어떤 선생님을 만나 어떤 과제를 하게 될지는 몰라도 수행평가가 공고되면 반드시 마감 기한을 지키고 성실하게 임해야 합니다. 학교에서 직접 수행을 하는 것이라면 미리 충분히 준비를 했으면 좋겠습니다. 기준이 있다면 기준도 잘 숙지하고요.

글쓰기는 생활의 한 부분이라 성실함이 제일 중요하지만, 또 한편으로는 예술의 한 분야이기도 해서 시나 소설을 쓸 때 타고난 재능을 넘어서지 못할 수도 있습니다.^^;; 하지만 중학교 수준에서는 성실함과 미리 공고한 기준을 잘 만족하는 작품이라면 무난히 높은 점수를 받을 수 있습니다. 부모님들께서는 자녀와 성적에 대하여 대화할 때, 내 자녀가 다른 학생보다 잘했는지 못했는지 비교하기보다(석차 정보가 안 나오니 비교할 수가 없지요.^^;;;) 교과별 성취기준에 어느 정도 도달했는지를 파악하여 더욱 발전할 수 있도록 해야겠죠?

2. 중학교 대비 논술 과외를 시켜야 할까요?

제 생각을 한마디로 말하면 '아니오'입니다. 하지만 자신이 주장하는 글을 쓸 줄은 알아야 합니다. 사실 교과서의 논설문을 보면 논술의 짜임이 딱 나와 있습니다. 하지만 그 글의 상세히 해부하여 어휘공부, 문단별 주제, 전체 주제, 핵심어 찾기, 설명 방법, 전개 방법 찾기 등등을 달달달 외워 공부만 한다면 글의 전체 구조를 파악하지 못하죠.

논술쓰기는 국어 수행평가, 도덕 수행평가 등에서 '자신의 입장을 정하고 그 주장을 근거를 들어 논하시오'라는 문제로 제시됩니다. 물론 1년 동안 이러한 글쓰기를 한 번도 안 할 수도 있습니다.

학교마다 거의 있는 '논술 경시 대회'에 참여하여 수상하고자 한다면 기본적으로 논술쓰기의 기초는 알면 좋겠지요. 제가 있던 학교들은 방과 후 수업 등에 논술반은 늘 있었습니다. 방과 후 수업 정도만 들어도 기본 형식은 배울 수 있으리라 생각합니다.

평소 사회 문제나 현상에 대해 자녀와 많은 이야길 나눠보세요. 생각도 나눠보시고요. '내가 이렇게 생각하는 건 이런 이유 때문이다' 이렇게 말하는 습관이 바로 논술의 핵심입니다. 그리고 다양한 분야의 독서도 꼭 필요하겠죠?

3. 중등 입학 전 국어 문법 한번 쫙 훑어야 할까요?

이것도 역시… 제 생각은 '아니오'입니다. 보통 중등 입학 전 영어 문법 한번 훑으시죠?^^ 우리 잠수네 아이들은 그런 영어문법용어라도 개념을 명확히 숙지하도록 해주세요. 그래야 나중에 국어문법용어를 접할 때 뒤섞여 혼동이 오진 않을 테니까요. 수업을 하기 전 예습 삼아 그날 배울 문법 용어의 개념을 읽고, 집에 와서 반드시 복습하고, 시험공부를 철저히 하면 또 문법만큼 딱 떨어지는 게 없다고 흔히 '이과형'이라 불리는 남학생들이 제일 좋아하더라고요. 혹시 그래도 걱정이 되신다면 한 학기 전 방학 때 그 단원만 미리 조금 예습을 해두셔도 좋습니다. 한 학기당 문법은 한두 단원밖에 안 나오니까요. 결론적으로 문법은 용어의 개념을 정확히 암기하고 교과서 예시를 완벽히 이해하며 교과서 밖의 다른 예시들도 적응하기 위해 문제집의 문제도 좀 풀어볼 것을 권합니다.

4. 처음 보는 시, 소설… 아이가 이해할 수 있는 방법이 없을까요?

낯선 시나 소설, 주제를 찾는다든지 하는 문제를 보면 막막해하는 우리 아이들 당연합니다. 시나 소설 자체를 처음 제대로 문학으로서 배우는 셈이니까요. 초등학교 때 배우는 것도 많지만 시험을 보아야 하니 더욱 부담이 되겠죠.

먼저 문학은 문학용어에 대해 개념이해가 분명히 이루어져야 합니다. 문학의 갈래에 대한 이해부터 화자, 표현방식(비유, 상징, 심상 등), 운율, 소설의 갈등, 배경, 캐릭터, 시점, 서술자, 표현법, 단원별로 하나하나 개념을 배워나갈 때 복습을 단단히 해두세요. 예습은 선택이지만, 복습은 필수입니다. 교과서 안의 작품을 가지고 중등 3년간 문학의 기본 개념을 거의 다 배우고 나서야 새로운 시, 소설 등을 오롯이 자기만의 방식으로 이해하고 문제도 풀 수 있지 않을까 합니다. 다만 문제를 풀 때에는 반드시 수업을 해주신 선생님이 가르치신 해석과 분석을 존중해야 합니다. 독창적인 비평은 할 수 있지만 시험이란 것은 반드시 정답이 있습니다. 서술형의 경우에도요.

가장 중요한 것은 배경지식입니다. 폭넓은 독서경험을 통해 간접체험이 풍부한 아이들은 시를 읽고 화자를 파악하고, 화자의 상황을 잘 이해합니다. 그래서 작가가 그 시를 쓴 의도도 잘 파악하게 되고요. 시를 볼 때에는 가장 먼저 화자부터 찾으세요. 아이와 동시를 보고도 이 시를 쓴 아이는, 또는 말하는 이는 어떤 상황일까? 어떤 기분일까? 이런 대화를 나누시면 됩니다. 소설도 역시 관건은 배경지식이겠죠?^^

5. 글을 읽고 주제 파악을 잘하는 방법은요?

요약은 전체적인 짜임과 맥락 속에서 글을 분석하고 종합하여 글 전체의 내용을 아우르는 활동인데요. 내용을 요약하기 위해서는 이렇게 하면 돼요.

1 글 내용의 중요성을 판단하고
2 중심 내용과 세부 내용을 구분한 후
3 각 내용들 사이의 관계를 파악하고
4 중요한 내용으로 고른 문장들을 재조직

정말 요약하기는 쉬운 게 아니라 정말 많은 독해 기능들이 종합적으로 동원돼야 하지요. 즉, 요약하기는 한 문단 이상의 글에서 각 문단의 핵심어나 중심 내용을 찾아보고, 이를 관련되는 것끼리 묶어 가면서 중심 내용을 찾아 줄거리를 간추리는 활동이라고 정리할 수 있겠네요.

| 사례 | **중학교 국어 교사로서 학생들이 준비하고 왔으면 하는 점**

작성자 크림이엄마 글 쓸 당시 학년 초1

저는 중학교에서 국어를 가르치고 있습니다. 초6 학부모님들을 위해 학생들이 미리 중학교 진학 시 국어 과목 준비하고 왔으면 하는 점을 간단히 적어볼까 해요.

1. 우선 줄글을 읽는 것을 두려워하지 않아야 한다

중학교 교과서는 초등학교 교과서에 비해 상대적으로 많은 양, 다양한 종류의 글이 실려 있어요. 상당수의 학생들(특히 남학생들)은 긴 글을 읽는 것 자체에 대해 부담스러워합니다.

이를 위해서는 평소에 줄글 읽는 연습을 꾸준히 할 필요가 있고요. 독서를 시키되 만화를 제외한 양서를 많이 읽히기를 추천합니다. 상당수의 학생들이 독서를 한다면서 학습만화를 초저학년 때부터 읽어온 까닭에 조금만 딱딱한 글을 읽어도 힘들어합니다.

2. 지문을 분석하고 이해하며 추론하는 법을 알아야 한다

초등에서는 지문을 읽고 문제를 그냥 풀었다고 저희 학생들은 이야기를 합니다. 중등에서는 기본적으로 글의 종류와 갈래, 갈래의 특성을 지문 안에서 찾고 세부적인 내용을 파악하여 전체적인 주제를 파악할 줄 알아야 합니다.

이를 위해서는 글을 분석적으로 읽는 연습이 필요합니다. 짧은 글에서 문단을 나누고 문단마다 중심 문장을 찾아 밑줄을 그어보고 그것을 토대로 주제를 써보는 연습과 그 글의 종류를 추론해보고 그렇게 생각한 이유를 적어보면 도움이 됩니다. 간단한 신문 기사도 좋고 들어갈 중학교의 교과서를 미리 구해 연습해보는 것도 좋습니다.

3. 어휘력이 없다면 어휘를 공부하라

학생들 중 상당수가 겪는 문제는 어휘력이 부족해 단어의 뜻을 명확히 알지 못해 수업 내용을 명확히 이해하지 못하는 것입니다. 엄마나 친구, 선생님에게 묻고 애매하게 이해 후 넘어가고 그 다음에도 알지 못하는 경우가 많습니다.

이럴 때는 공부할 교과서 내용을 미리 쭉 보고 모르는 단어를 파악하여 사전에서 찾아 적어주는 연습이 필요합니다. 물론 독서력이 뒷받침돼 문맥상 이해할 수 있는 학생의 경우 이 부분은 생략해도 됩니다.

4. 중학교 서술형은 기준이 있고 기준에 맞게 작성해야 한다

대부분의 학생들은 자기 나름의 답안을 적고 다 맞았다고 하나 기준을 지키지 못하여 감점되는 경우가 대부분입니다. 중학교 서술형은 채점기준이 명확합니다. 두루뭉술하게 쓰면 낭패를 볼 수 있습니다. 학교에서 교과를 배운 후 문제집을 풀 때 서술형 부분에서 ①밑줄을 치고, ②배점을 고려하고, ③키워드를 넣어서 답안을 작성해보는 연습을 반드시 거쳐야 합니다. 시중 문제집의 답안은 학교 시험의 기준보다 느슨하게 해설된 경우가 많으므로 맞았다고 기뻐하지 말고 조건에 정확하게 부합하는 답안을 써보는 연습을 해야 합니다.

5. 시험은 모두 교과서에서 나온다.

집에 여벌 교과서를 구입하여 교과를 공부한 후 집에 와서 학습목표와 그에 관련해서 학교에서 배운 내용을 노트에 정리해봅니다. 학습 활동을 반드시 문제의 조건에 맞게 풀어봅니다.

6. 수행평가는 잊지 말고 성실히 할 것

각 영역의 수행 평기의 날짜와 기준을 학기 초에 파악하여 정해진 날 안에 과제를 해결해야 합니다. 이게 쉬운 거 같은데 덜렁이 남학생들이 이걸로 점수 깎아먹는 경우가 많더라고요. 쓰기 평가가 반드시 있으니 조금씩이라도 글을 써보는 연습도 하면 좋습니다. 앞에 언급한 2의 항목을 성실히 해보면 되겠지요.

독서를 많이 한 학생의 경우에도 이런 연습이 없으면 초등학교 때 만만하게 생각했던 국어 과목에서 놀라운(?) 점수를 받을 수 있습니다. 작은 도움이라도 됐으면 좋겠습니다.^^

저희 아이의 경우 다른 과목은 몰라도 국어만큼은 제가 봐도 우수(내신의 경우)하기 때문에 적어보려고 합니다.^^

배경

기준을 잡고 신뢰를 높이기 위해 국어 성적을 살펴보면, 이제 3학년 올라가고 학년수는 600명이 넘으며 문제는 어려운 편의 학교입니다. 1, 2학년 4번 모두 1등급이었고 그중 3번은 동점자 없는 전교 1등이었습니다.

과외 경험 없고 인강 경험조차 없습니다. 초등 때만 해도 책 읽을 시간이 많아 책을 많이 읽는 편이었고 중학교 들어와서는 책 읽을 시간이 많이 없어 필독도서나 성장도서를 제외하고 많은 책을 읽지는 못했습니다.

옆에서 지켜본 아이 내신공부입니다. 시험공부는 3주 전 정도에 시작하는데 수학, 영어는 평소에 해두는 것이 있어 제일 먼저 보는 것이 국어입니다.

준비

교과서, 공책, 학교프린트물 그리고 학기되면서 출판사가 같은 자습서, 참고서 2권을 준비합니다.

과정

1) 수업시간에 선생님 설명을 빠짐없이 듣고 책, 공책에 꼼꼼히 필기

제가 교과서를 보아도 아주 빠짐없이 필요하다 생각이 들면 선생님 설명을 적어두는 것 같았습니다. 그래서 언제나 시험 전에 공책, 프린트물을 빌려달라고 하는 친구들이 많아 복사해두고 그 복사물을 다시 복사해주는 경우가 많습니다. 돈은 들지만 워낙에 빌려주면 헤어지고 찢어져서 스트레스를 받아 이 방법을 사용합니다.

2) 시험공부 기간 처음 보는 것은 교과서와 노트

아주 정독을 합니다. 처음에 저는 너무 답답하고 시간을 많이 들여 공부해서 여러 번 보는 것이 좋지 않느냐고 다그치곤 했답니다. 그러나 몇 번 결과를 보고 이제는 아무 말도 하지 않습니다. 어떨 때는 처음에 한 번, 시험 전 1번, 이렇게 단 2번만 보고 시험을 칠 때도 있답니다. 하지만 아주 정독을 합니다. 시험범위가 3과이면 1과를 공부할 때마다 책, 공책, 프린트물 이렇게 세트로 공부합니다. 옆에서 지켜보면 교과서는 본문 옆에 나와 있는 어휘, 선생님 설명 내용은 처음 볼 때 깡그리 외워지나갑니다. 공책 역시 외우면서 공부하는데 모르는 부분은 자습서를 활용합니다. 역시 교과서 단원확인 부분 같은 것도 자습서를 활용합니다. 프린트물도 같은 방법입니다.

3) 자습서, 참고서 문제 풀이

단원마다 앞부분에 확인하기 서술형 문제가 있지요? 괄호 안에 주제 써넣는 것도 있고요. 아마 이 부분은 단원 핵심 요약이 될 텐데요. 이 부분

역시 아주 꼼꼼하게 하므로 이 부분에서 교과서 다음으로 한 번 더 확인하는 공부가 되지 않나 생각합니다. 그리고 문제를 빠짐없이 풉니다. 채점을 하고 오답은 다시 확인하며 왜 틀렸는지 교재들을 찾아가며 분석하고 본인이 이해되면 공부하고 넘어갑니다. 본인이 이해 안 되면 학년 국어 선생님께 질문합니다.

4) 다시 돌아가 교과서, 노트, 프린트 꼼꼼하게 공부

이 단계는 시험기간 동안 시간되면 반복이 되는데 2~3번 정도입니다. 그리고 시험 전 체크할 부분은 투명칼라 포스트잇을 작은 것으로 붙여두더군요. 시험 전에 보려고….

5) 학교 기출문제, 문법문제

어느 정도 공부가 되면 기출문제 뽑아 풀어봅니다. 중학교에서는 문법 등이 있는 생활국어도 있지요. 문법 같이 자신 없는 부분이 있으면 족보닷컴에서 해당 단원을 뽑아달라고 하더군요. 그래서 본인이 부탁하는 부분만 결제하고 뽑아줍니다.

6) 시험 전날

시험 전날에는 노트에 표시한 부분을 살펴보고 풀어본 문제 오답만 다시 풀어봅니다. 국어뿐만 아니라 다른 과목도 마찬가지네요.

아이들이 많이 틀렸다는 문제를 아이는 다소 잘 풀어내는 것을 보면 출제자의 의도 파악을 잘하지 않나 생각합니다. 그리고 무엇보다 공부할

때는 집중하고 열심히 합니다. 이렇게 적는 이유는 주변 아이들을 지켜본 결과 머리가 좋아서 점수가 잘 나오는 경우보다 정말 열심히 시간 들여 점수 잘 나오는 경우가 많다고 생각하기 때문이랍니다. 이상 국어만큼은 자신 있게 이야기할 수 있는 에코였습니다.

국어

부록

초등 5, 6학년 국어교과서 수록도서 | 국내창작 베스트 |
외국창작 베스트 | 고사성어, 속담, 어휘, 한자 | 동시, 진로

초등 5, 6학년 국어교과서 수록도서

국어 5-1

JK6
[1단원] 참 좋은 풍경
(청개구리)

JK6
[1단원] 도서관
길고양이 (푸른책들)

JK6
[1단원] 날 좀 내버려
둬 (푸른책들)

JK5
[4단원] 큰 바위
아저씨 (섬아이)

JK5
[4단원] 소똥 경단이
최고야 (창비)

JK6
[4단원] 예쁘다고 말해
줘 (문학동네)

JK4
[7단원] 꿈을 나르는
책 아주머니 (비룡소)

JK4
[7단원] 니 꿈은
뭐이가?: 비행사
권기옥 이야기
(웅진주니어)

JK7
[8단원] 갈매기에게
나는 법을 가르쳐준
고양이 (바다출판사)

JK7
[9단원] 우주대여행
(루덴스)

JK7
[9단원] 책과 노니는
집 (문학동네)

JK7
[9단원] 아름다운 부자
이야기 (현문미디어)

JK5
[11단원] 숭례문
(미래아이)

JK6
[12단원] 너 내가 그럴
줄 알았어 (창비)

JK3
[12단원] 늑대가
들려주는 아기돼지
삼형제 이야기 (보림)

JK7
[12단원] 빨강 연필
(비룡소)

국어활동 5-1

JK6
[2단원] 아름다운 가치
사전 (한울림)

JK4
[3단원]
조선에서 가장 재미난
이야기꾼 (비룡소)

JK6

[7단원] 꽃들에게
희망을 (시공주니어)

JK7

[8단원] 어린이를 위한
한국의 김치 이야기
(풀과바람)

JK8

[9단원] 선생님도 놀란
초등 과학 뒤집기
시리즈: 빛 (성우주니어)

JK3

[11단원] 한지돌이
(보림)

JK5

[12단원] 구방아,
목욕가자 (사계절)

JK7

[12단원] 뺑점 아빠
백점 엄마 (푸른책들)

국어 5-2

JK7

[1단원] 마당을 나온
암탉 (사계절)

JK7

[1단원] 빨강 연필
(비룡소)

JK7

[1단원] 책과 노니는
집 (문학동네어린이)

JK6

[1단원] 축구부에 들고
싶다 (창비)

JK7

[1단원] 마음을
열어주는 101가지
이야기 1 (인빅투스)

JK5

[1단원] 송아지가
뚫어 준 울타리 구멍
(웅진주니어)

JK4

[1단원] 마당을 나온
암탉 (사계절)

JK7

[2단원] 세상을 잘
알게 도와주는 기행문
(어린른이)

JK7

[3단원] 좋아? 나빠?
인터넷과 스마트폰
(과학동아북스(뭉치))

JK6

[4단원] 질문을
꿀꺽 삼킨 사회
교과서: 한국지리편
(주니어중앙)

JK7

[4단원] 교과서 속
생활 과학 이야기
(책빛)

JK7

[4단원] 지구와 달
(주니어김영사)

JK7

[5단원] 마지막 왕자
(푸른책들)

[7단원] 교양 아줌마
(창비)

[7단원] 곰돌이
워셔블의 여행
(노마드북스)

[9단원] 사진과
그림으로 보는
삼국유사 (바른사)

[10단원] 우리
옛이야기 백가지 1:
우리가 정말 알아야
할 (현암사)

[10단원] 사라, 버스를
타다 (사계절)

[11단원] 참, 엄마도 참
(문학과지성사)

[11단원] 엄마와 털실
뭉치 (문학과지성사)

[11단원] 장님 강아지
(우리교육)

[7단원] 양반전
외: 양반의 위선을
조롱하다 (휴이넘)

[9단원] 어린이
문화재 박물관 2:
무형문화재·민속자료
(사계절)

[9단원] 사금파리 한
조각 (서울문화사)

[9단원] 사자와 마녀와
옷장 (시공주니어)

[10단원] 엄마는 파업
중 (푸른책들)

[10단원] 사라, 버스를
타다 (사계절)

국어활동 5-2

[1단원] 금단현상
(푸른책들)

[1단원] 고양이가 내
뱃속에서 (사계절)

[2단원] 버럭 아빠와
지구 반 바퀴
(주니어김영사)

[3단원] 줄무늬가
생겼어요 (비룡소)

[3단원] 무탄트 메시지
(정신세계사)

JK5

[4단원] 세밀화로 그린
양서 파충류 도감
(보리)

JK7

[5단원] 무기 팔지
마세요! (청년사)

JK5

[6단원] 주시경
(비룡소)

국어 6-1

JK6

[1단원] 꽃 속에 묻힌
집: 어린이를 위한
시집 (창비)

JK6

[1단원] 가랑비
가랑가랑 가랑파
가랑가랑 (사계절)

JK9

[1단원] 말힘, 글힘을
살리는 고사성어
(고려원북스)

JK5

[1단원] 우주 호텔
(해와나무)

JK6

[1단원] 어쩌면 저기
저 나무에만 둥지를
틀었을까 (푸른책들)

JK9

[2단원] 느낌 있는
그림 이야기 (보림)

JK8

[2단원] 두 얼굴의
나라 미국 이야기
(아이세움)

JK7

[3단원] 장애를 넘어
인류애에 이른 헬렌
켈러 (창비)

JK5

[7단원] 원숭이 꽃신
(효리원)

JK5

[7단원] 온양이
(샘터사)

JK6

[7단원] 온 산에
참꽃이다!: 이호철
사계절 동화 · 봄
(고인돌)

JK8

[8단원] 간송 선생님이
다시 찾은 우리
문화유산 이야기
(샘터)

JK7

[12단원] 쌀뱅이를
아시나요
(파랑새어린이)

국어활동 6-1

JK5

[1단원] 실눈을 살짝
뜨고: 우리가락 동시집
(리젬)

JK6

[2단원] 행복한
청소부: 세상을
아름답게 만드는
(풀빛)

초등 5, 6학년을 위한 잠수네 국어/사회/과학공부법 **459**

JK6
[4단원] 호랑이 잡은
반쪽이 (창비)

JK7
[5단원] 광고의 비밀:
왜 자꾸 사고 싶을까?
(미래아이)

JK5
[8단원] 메아리
(길벗어린이)

JK6
[9단원] 시애틀 추장
(한마당)

JK6
[10단원] 대화가
즐거워! (해와나무)

JK6
[12단원] 벽이 (낮은산)

국어 6-2

JK7
[1단원] 마당을 나온
암탉 (사계절)

JK6
[1단원] 시가 말을
걸어요 (토토북)

JK8
[2단원] 주강현의 우리
문화 1: 도깨비에서
장승까지 (아이세움)

JK9
[3단원] 청소년을
위한 이기는 습관
(쌤앤파커스)

JK8
[5단원] 마사코의 질문
(푸른책들)

JK4
[5단원] 태국에서 온
수박돌이 (정인출판사)

JK3
[5단원] 알라딘의 마술
램프 (시공주니어)

JK9
[5단원] 흑설공주
이야기 (뜨인돌)

JK6
[7단원] 열두 사람의
아주 특별한 동화
(파랑새어린이)

JK6
[9단원] 강영우,
세상을 밝힌 한국
최초 맹인 박사
(스코프(Scope))

JK7
[9단원] 생각 깨우기
(푸른숲)

JK7
[11단원] 웃는 기와
(청개구리)

JK6
[11단원] 놀아요
선생님: 남호섭 동시집
(창비)

JK6

[11단원] 백번째 손님
(세상모든책)

국어활동 6-2

JK8

[1단원] 그 고래, 번개
(샘터)

JK8

[2단원] 둥글둥글 지구촌
인권 이야기
(풀빛)

JK6

[4단원] 유행어보다
재치 있는 우리 100대
속담 (삼성출판사)

JK7

[5단원] The Blue Day
Book: 누구에게나
우울한 날은 있다
(바다출판사)

JK8

[8단원] 나도 저작권이
있어요! (상수리)

JK8

[9단원] 개가 남긴 한
마디 (푸른숲주니어)

JK7

[11단원] 장끼전과
두껍전 (주니어김영사)

국내창작 베스트

책과 노니는 집
(문학동네어린이)

초정리 편지 (창비)

무기 팔지 마세요!
(청년사)

마당을 나온 암탉
(사계절)

몽실 언니 (창비)

시간 가게
(문학동네어린이)

스무고개 탐정 시리즈
(비룡소)

안내견 탄실이
(대교출판)

궁녀 학이
(문학동네어린이)

빨강 연필 (비룡소)

아주 특별한 우리 형
(대교출판)

지엠오 아이 (창비)

기호 3번 안석뽕
(창비)

쥐포 스타일 (비룡소)

북멘토 가치동화:
수상한 시리즈
(북멘토)

악플 전쟁 (별숲)

으랏차차 뚱보클럽
(비룡소)

플루토 비밀결사대
시리즈 (비룡소)

그 사람을 본
적이 있나요?
(문학동네어린이)

불량한 자전거 여행
(창비)

JK8

우리들의 일그러진
영웅 (다림)

JK8

노잣돈 갚기 프로젝트
(문학동네어린이)

JK8

거짓말 학교
(문학동네어린이)

JK8

블랙 아웃
(한겨레아이들)

JK8

분홍 문의 기적
(비룡소)

JK8

너도 하늘말나리야
(푸른책들)

JK8

귓속말 금지 구역
(살림어린이)

JK8

아홉살 인생 (청년사)

JK8

너는 나의 달콤한
□ □ (문학동네어린이)

JK8

로봇의 별 시리즈
(푸른숲주니어)

JK8

몬스터 바이러스 도시
(문학동네어린이)

JK8

꼰끌라베
(문학과지성사)

JK8

국경을 넘는 아이들
(살림어린이)

JK8

명혜 (창비)

JK8

문제아 (창비)

JK8

나는 진짜 나일까
(푸른책들)

JK8

괭이부리말 아이들
(창비)

JK8

창경궁 동무
(생각과느낌)

JK8

배꽃마을의 비밀
(스콜라)

JK8

하늘길 (다림)

완득이 (창비)

까칠한 재석이 시리즈
(애플북스)

우아한 거짓말 (창비)

유진과 유진
(푸른책들)

압록강은 흐른다
(다림)

스프링벅 (창비)

다이어트 학교
(자음과모음)

불량 가족 레시피
(문학동네)

모두 깜언 (창비)

소희의 방 (푸른책들)

철수는 철수다
(크레용하우스)

닌자 걸스 (비룡소)

싱커 (창비)

그 많던 싱아는 누가 다
먹었을까 (웅진주니어)

내 인생의 스프링
캠프 (비룡소)

내 이름은 망고 (창비)

판타스틱 걸 (비룡소)

오즈의 의류수거함
(자음과모음)

합체 (사계절)

꼴찌들이 떴다!
(비룡소)

외국창작 베스트

JK7 J7

해리포터 시리즈 (문학수첩)

Harry Potter 시리즈

JK7 J7

나니아 나라 이야기 시리즈
(시공주니어)

Chronicles of Narnia 시리즈

JK7 J7

사금파리 한 조각 시리즈
(서울문화사)

A Single Shard

JK7 J5

샬롯의 거미줄 (시공주니어)

Charlotte's Web

JK7 J6

클로디아의 비밀 (비룡소)

From the Mixed-up Files of
Mrs. Basil E. Frankweiler

JK7 J8

최후의 늑대 (푸른나무)

The Cry of the Wolf

JK7 J7

산적의 딸 로냐 (시공주니어)

Ronia, the Robber's Daughter

JK7 J6

내 친구 꼬마 거인 (시공주니어)

The BFG

JK7 J6

13개월 13주 13일 보름달이 뜨는
밤에 (책과콩나무)

The Stolen

JK7 J6

할머니는 도둑 (크레용하우스)

Gangsta Granny

JK7 J6

에밀과 탐정들 (시공주니어)

Emil and the Detectives

JK7 J6

성적표 (웅진주니어)

The Report Card

JK7 J6

뉴욕에 간 귀뚜라미 체스터
(시공주니어)

The Cricket in Times Square

JK7 J6

모든 집에는 비밀이 있어 시리즈
(개암나무)

Doll People 시리즈

JK7 J7

비밀의 숲 테라비시아 (사파리)

Bridge to Terabithia

JK7 JD5

날고양이들 (봄나무)

Catwings 시리즈

JK8 · J7

돼지가 한 마리도 죽지 않던 날
(사계절)

A Day No Pigs Would Die

JK8 · J6

내일은 도시를 하나 세울까 해
(뜨인돌)

The Girl Who Owned a City

JK8 · J6

레몬첼로 도서관 탈출 게임
(사파리)

Escape from Mr. Lemoncello's Library

JK8 · J6

고양이 전사들 시리즈
(주니어김영사)

Warriors 시리즈

JK8 · J6

트리갭의 샘물 (대교출판)

Tuck Everlasting

JK8 · J8

시간의 퍼즐 조각 (푸른숲주니어)

The Power of Un

JK8 · J6

엄마가 사라진 어느 날
(푸른숲주니어)

Belle Prater's Boy

JK8 · J7

끝없는 이야기 (비룡소)

The Neverending Story

JK8 · J6

아름다운 아이 시리즈
(책과콩나무)

Wonder 시리즈

JK8 · J7

어느 날 미란다에게 생긴 일
(찰리북)

When You Reach Me

JK8 · J7

별을 헤아리며 (양철북)

Number the Stars

JK8 · J7

후트 (그린북)

Hoot

JK8 · J5

아담 스토리와 위대한 지구 게임
(개암나무)

MVP: Magellan Voyage Project

JK8 · J7

하늘을 달리는 아이 (다른)

Maniac Magee

JK8 · J7

누가 내 치즈를 옮겼을까?
(진명출판사)

Who Moved My Cheese?

JK8 · J5

가족 연습 (개암나무)

One for the Murphys

모모 (비룡소)

Momo

트루먼 스쿨 악플 사건 (미래인)

The Truth about Truman
School

기억 전달자 (비룡소)

The Giver

손도끼 (사계절)

Hatchet

구덩이 (창비)

Holes

큰발 중국 아가씨 (달리)

Ties That Bind, Ties That Break

개를 훔치는 완벽한 방법 (놀)

How to Steal a Dog

리버 보이 (다산책방)

River Boy

전갈의 아이 (비룡소)

The House of the Scorpion

통조림을 열지 마시오 (미래인)

Canned

인도의 딸 (내인생의책)

Homeless Bird

드럼, 소녀 & 위험한 파이
(시공사)

Drums, Girls & Dangerous Pie

나의 산에서 (비룡소)

My Side of the Mountain

바람을 길들인 풍차소년
(서해문집)

The Boy Who Harnessed the
Wind: Creating Currents of
Electricity and Hope

메이즈 러너 시리즈 (문학수첩)

Maze Runner 시리즈

모리와 함께한 화요일
(살림출판사)

Tuesdays with Morrie

JK7
마지막 거인
(디자인하우스)

JK7
우리 누나 (웅진주니어)

JK7
깡통 소년 (아이세움)

JK7
499살 외계인, 지구에
오다 (비룡소)

JK7
불량 토끼 길들이기
대작전 (라임)

JK7
맑은 날엔 도서관에
가자 (책과콩나무)

JK8
열혈 수탉 분투기
(푸른숲주니어)

JK8
나는 선생님이 좋아요
(양철북)

JK8
핵 폭발 뒤 최후의
아이들 (보물창고)

JK8
완벽한 가족 (다림)

JK8
엘린 가족의 특별한
시작 (시공주니어)

JK8
내가 나인 것 (사계절)

JK8
우동 한 그릇 (청조사)

JK8
대장간 골목
(한겨레아이들)

JK8
나는 지구인
(챕터하우스)

JK9
얼굴 빨개지는 아이
(열린책들)

JK9
나미야 잡화점의 기적
(현대문학)

JK9
오이대왕 (사계절)

JK9
해바라기 카 짱
(뜨인돌)

JK9
열혈 돼지 전설
(푸른숲주니어)

고사성어, 속담, 어휘, 한자

고사성어

JK7
의기양양 고사성어
어휘력 일취월장 (다봄)

JK7-만화
맹꽁이 서당 고사성어
시리즈 (웅진주니어)

JK8
백발백중 다다익선
고사성어 (아이세움)

JK8
고사성어랑 일촌 맺기
(서해문집)

JK9
말힘, 글힘을 살리는
고사성어 (고려원북스)

속담

JK6
그래서 이런 말이
생겼대요 3: 속담
(길벗스쿨)

JK6
속담왕 시리즈
(뜨인돌어린이)

JK6
유행어보다 재치 있는
우리 100대 속담
(삼성출판사)

JK6
속담 파워
(웅진씽크하우스)

JK7
윤석중 할아버지와
함께하는 속담여행
시리즈 (아이북)

어휘

JK6
알듯 말듯 우리말
바루기 (뜨인돌어린이)

JK7
국어실력이 밥
먹여준다: 초등 낱말편
시리즈 (열린박물관)

JK7
훈민이와 정음이의
낱말 모아 국어 왕
(주니어김영사)

JK9
십대를 위한 재미있는
어휘 교과서 시리즈
(뜨인돌)

JK9
국어실력이 밥
먹여준다: 낱말편
시리즈 (유토피아)

한자

JK7
공부가 되는 초중등
교과서 한자어 시리즈
(일상이상)

JK7
생각이 뛰어노는 한자
(푸른숲)

JK8
세상에서 가장
쉬운 한자 공부법
(파라북스)

JK9
살아있는 한자 교과서
시리즈 (휴머니스트)

JK9
현직 선생님이 들려주는
한자를 알면 세계가 좁다
(중앙에듀북스)

동시, 진로

동시 --

JK7

누가 더 놀랐을까
(실천문학사)

JK7

내가 하늘로
떨어진다면 (비룡소)

JK7

빵점 아빠 백점 엄마
(푸른책들)

JK8

모래밭에 그리는 꿈
(우리교육)

JK9

청소년, 시와 대화하다
(사계절)

JK9

외계인에게 로션을
발라주다 (휴머니스트)

JK9

악어에게 물린 날
(푸른책들)

JK9

그래도 괜찮아
(푸른책들)

JK9

로그인하겠습니까 2
(아침이슬)

JK9

소크라테스가
가르쳐준 프러포즈
(휴머니스트)

진로 --

JK8

#진로스타그램
(내인생의책)

JK9

내 꿈을 열어 주는
진로 독서 (꿈결)

JK9

오늘 읽은 책이 바로
네 미래다 (북하우스)

JK9

진로를 디자인하라
(다산에듀)

JK9

영화로 진로를
디자인하라
(주니어김영사)

JK9

꿈 찾는 십대를 위한
직업 멘토 (꿈결)

JK9

묻고 답하는 청소년
진로 카페 (북멘토)

JK9

내 꿈을 현실로
만드는 진로 로드맵
(웅진윙스)

JK9

꿈을 디자인하라
(꿈결)

JK9

부키 전문직 리포트
시리즈 (부키)

초등 5, 6학년을 위한

잠수네
사회공부법

사회를
공부하기 전에

초등사회에서 눈여겨볼 부분

사회는 우리가 사는 사회를 잘 이해하고 그 속에서 어울려 살아가는 방법을 배우는 과목입니다. 중등사회도 초등 때와 핵심은 비슷합니다. 사회와 국사로 과목이 나누어지고 좀 더 자세하게, 깊이 있는 내용을 다루는 것이 달라질 뿐입니다. 하나 예외라면 초등 때 안 배우는 세계사를 중등사회에서 다룬다는 점입니다. 여기서 눈 여겨 볼 부분들이 몇 가지 있습니다.

1. 초등사회에서 배우는 것이 중등사회의 배경지식

초등 5, 6학년에서 공부하는 한국사는 중학교에서 별도 과목으로 배웁니다. 초등 때 사회교과서를 탄탄하게 공부해두면 중등 때 국사과목이 수월해지겠지요? 그렇다고 저 멀리 수능 한국사시험 대비를 한다고 초등 때 한국사시험까지 볼 필요는 없어요. 수능 한국사는 절대평가인 데다 고등학교 내신만 열심히 해도 충분할 정도로 쉽게 출제됩니다. 초등 때 한국사시험 준비한다고 아이들 힘들게 하지 마세요. 시간낭비, 노력낭비일 뿐이에요.

2. 배경지식을 쌓자

역사, 정치, 경제, 환경 등 관련 책을 꾸준히 읽으면 사회 배경지식도 쌓이고 세상을 보는 눈이 넓어집니다. 특히 초등 때 한국사와 세계사 관련 책을 잘 읽어두세요. 중학교 가서 국사를 배울 때, 초등 때 안 한 세계사를 배울 때 이해가 쉬워집니다. 방학이면 역사박물관, 생활사박물관에도 가보세요. 책에서 사진으로 보던 것들을 실물로 보면 좀 더 기억에 오래 남습니다. 박물관 유물을 떠올리면서 국사 수업의 이해도도 올라가고요.

신문이나 TV뉴스를 보며 세상 돌아가는 이야기를 아이들과 나눠보세요. 주말에 역사나 문화 등을 다룬 다큐멘터리를 보는 것도 좋습니다. 시사상식, 사회 배경지식, 사고력이 동시에 늘어납니다.

3. 관련책 읽기

사회 관련 책 읽는 것을 싫어한다고 포기하지 마세요. 지식책 읽기를 싫어하는 아이는 두 부류입니다. 창작책은 좋아하는데 지식책을 싫어하는 경우와 아예 책을 안 읽는 경우지요. 전자라면 역사 속의 인물 이야기, 이야기로 버무린 역사이야기로 접근해보세요. 경주여행을 간다면 신라시대 역사책을 읽어보고, 제주도에 간다면 제주항쟁 같은 근대사 책을 읽어보는 거죠. 후자라면 재미있는 역사 속 인물들의 이야기부터 읽어주세요. 아이가 재미있게 들어주기만 해도 감사하다는 마음을 가지고요.

초등 5, 6학년 사회교과서에서 배우는 것

5학년 1학기는 우리나라 지리와 경제, 사회를 공부합니다. 5학년 2학기는 고조선, 삼국시대, 고려, 조선 중기까지를 다룹니다. 6학년 1학기는 임진왜란과 병자호란 이후 조선부터 근대, 현대에 이르는 우리나라 역사를 배웁니다. 6학년 2학기는 정치, 문화 영역입니다. 우리나라의 민주정치를 배운 후 이웃나라의 모습/문화/교류, 세계 여러 나라의 모습/문화/관계를 공부합니다. 마지막 단원에서는 우리나라의 미래, 세계화와 우리의 역할, 지구촌 문제까지 폭넓게 영역을 넓혀갑니다.

아이들이 사회를 어려운 과목이라고 생각하는 것은 배경지식의 부족도 있지만 교과서의 흐름을 파악하지 않고 단편적인 지식만 외우려고 하기 때문입니다. 제일 먼저 살펴볼 것은 교과서의 목차입니다. 매 학기에 무엇을 배우는지 생각해보고 각 단원의 세부 목차를 살펴보는 것이 수순입니다.

다들 관심을 가지는 우리나라 역사 부분만 살펴볼까요? 우선 각 단원의 제목부터 눈여겨봐야 합니다. 5학년 2학기 1단원 제목은 '우리 역사의 시작과 발전'입니다. 선사시대, 고조선, 고구려/백제/신라의 건국과 발전, 삼국통일과 발해의 건국에 대해 알아보지요. 2단원은 '세계와 활발하게 교류한 고려'로 후삼국 통일, 고려의 발전, 북방 민족의 침입과 극복, 고려문화의 발전이 나옵니다. 3단원은 '유교 문화가 발달한 조선'입니다. 조선의 건국, 문화와 과학의 발전, 유교의 전통과 생활, 임진왜란과 병자호란순으로 배웁니다.

6학년 1학기 1단원은 '조선 사회의 새로운 움직임'으로 전쟁 이후 사회의 변화를 살펴봅니다. 전란의 극복, 새로운 문물을 받아들인 조선, 서민 문화의 발달, 조선 시대 여성의 삶, 농민 봉기의 수순으로요. 2단원에서는 '근대 국가 수립을 위한 노력과 민족운동'을 화두로 개항, 자주독립 국가의 선포, 나라를 지키고 되찾기 위한 노력에 대해 공부합니다. 3단원은 '대한민국의 발전과 오늘의 우리'를 다룹니다. 8·15 광복과 대한민국 수립, 6·25 전쟁, 그리고 현대에 이르기까지 사회 변화와 발전을 살핍니다. 이처럼 목차만 살펴봐도 사회교과서에서 배우는 한국사의 흐름이 보입니다.

사회교과서 공부 &
사회시험 준비

사회교과서 공부하기

사회공부는 수업에 집중하기와 교과서 꼼꼼히 살피기가 핵심입니다.

1. 목차와 단원명, 학습목표부터 읽는다

사회교과서를 공부할 때 맨 앞장은 건너뛰고 바로 본문 읽기부터 시작하는 아이들이 많습니다. 이렇게 공부하면 사회가 공부할 분량이 많고 어려운 과목이 됩니다. 단원의 목차를 보면서 흐름을 숙지하고, 소단원의 학습목표를 머리에 담게 하세요. 그래야 감자 캐듯 목차 하나만 생각해도 줄줄이 관련 지식을 연결할 수 있습니다. 그다음 학습목표를 질문이라고 생각하고 본문을 읽습니다. 단원 맨 뒤의 〈정리콕콕〉은 그야말로 단원의 핵심내용을 추린 것입니다. 목차가 등뼈, 학습목표가 머리뼈라면 〈정리콕콕〉은 갈비뼈와 팔다리뼈가 되는 셈입니다.

본문에서 중요한 부분은 밑줄을 긋거나 번호를 매기고 색연필로 표시해두세요. 읽으면서 정리도 되고 교과서를 다시 읽을 때도 내용이 한눈에 들어옵니다(아이가 할 의지가 있다면 수업이 끝난 후 생각나는 중요한 개념을 공책에 적고 수업한 내용을 정리해두는 방법도 좋습니다).

이때 요점 정리가 잘 돼 있다고 문제집이나 자습서의 요점정리를 외우지 마세요. 암기한 것은 금방 잊어버립니다. 교과서를 읽으면서 단원의 흐름과 여러 가지 자료를 보고 이해한 후 암기해야 오래 기억할 수 있고 읽기능력도 길러집니다(사회교과서 읽기는 고등 국어에서 어려워하는 설명문 독해력을 키우는 연습입니다. 교과서 읽기를 소홀히 하지 마세요).

2. 기본 개념, 모르는 어휘를 확실하게 다진다

5, 6학년 사회교과서에서는 많은 개념들이 나옵니다. 한자 용어들도 많고 글밥도 길어집니다. 5학년 1학기 1단원의 첫 장을 들추면 대륙, 해양, 물자, 반도 같은 한자용어부터 방위, 경도, 본초 자오

선, 위선, 경선 같은 낯선 개념들이 줄줄이 나옵니다. 모르는 개념과 어휘는 사전이나 자습서에서 뜻을 찾아 따로 표시해두고 교과서를 읽을 때마다 의미를 되새겨서 기억하도록 해야 합니다.

3. 그림, 사진, 도표, 지도, 그래프에 익숙해진다

사회교과서의 글만 읽는 공부는 반쪽짜리입니다. 교과서에 나오는 모든 그림, 사진, 도표, 지도, 그래프는 해당 단원의 주제를 설명하기 위해 들어간 중요한 자료입니다. 자료를 볼 때는 단원명, 주제, 학습목표와 연결해서 어떤 의미인지 이해하도록 해주세요. '이 그림은 왜 들어갔지? 이 지도에서 알아야 할 것은?' 하고요. 특히 사회과 부도는 중요한 부교재입니다. 교과서에서 사회과 부도를 참고하라는 문구가 나오면 함께 보도록 해주세요.

4. 배운 내용을 경험과 연결시킨다

앞서 초등사회에서 배운 것이 중등사회의 배경지식이 된다고 했습니다. 배경지식이 될 만큼 기억에 오래 남으려면 우리 뇌의 구조상 무언가와 연결돼야 합니다. 제일 좋은 것은 직접 경험입니다. 여행한 곳, 체험한 것을 떠올리며 교과서를 읽어보세요. 책, 기사, TV에서 본 것 등 간접적으로 경험한 것과 연결하는 방법도 좋습니다. 특히 역사는 원인과 결과, 그에 따른 변화를 스토리로 엮으면 이해도 잘 되고 기억에도 오래 남습니다.

사회시험 준비

단원 평가 등 학교 시험이 있으면 시험 전에 사회교과서를 집에 갖고 와서 공부하도록 해주세요.

1 교과서의 목차, 학습목표부터 읽으면서 모르는 개념, 어휘가 없는지 확인합니다.

2 교과서의 질문에 답할 수 있도록 합니다(교과서의 질문이 서술형 문제로 나옵니다. 질문에 답을 하기 어려우면 자습서나 전과를 찾아보세요).

3 필요한 주요개념과 내용을 암기합니다.

4 마지막으로 문제집을 풉니다(틀린 문제는 답지를 보지 말고 교과서에서 답을 찾아봅니다. 그래야 교과서의 어떤 내용이 문제로 나오는지 알 수 있고 기억에 오래 남습니다. 다음에 공부할 때 어떤 부분이 중요하고 눈여겨봐야 할지 알 수도 있고요).

| 사례 | **사회시험 잘 치는 방법은 가장 단순합니다**

작성자 민찌맘 **글 쓸 당시 학년** 초5, 초2

바로 '교과서' 읽기!!! 사회 상식이 풍부하면 교과서 읽는 게 훨씬 수월해지겠지요. 결국 누가 교과서를 읽고 잘 이해하느냐가 중요하니, 사회 관련 상식이 풍부할수록 교과서를 훨씬 이해하며 읽을 수가 있겠지요.

책읽기가 안 된 아이에게는 국어, 사회, (나중에 고등 가서) 한국사 교과서를 읽히는 것은 너무도 힘이 듭니다.

학교 교과서도 처음부터 정독에 요약하려고 들지 말구요. 처음에는 교과서를 쭉 읽습니다(그냥 읽습니다). 다음에 읽을 때는 줄치거나 표시한 내용에 집중하면서 읽습니다(모르는 단어의 뜻도 알고 갑니다). 세 번째 읽을 때는 이해가 어렵거나 중요한 내용은 요약을 하는 게 좋습니다. 교과서의 탐구활동 문제들은 노트에 문제와 답을 직접 적어보게 합니다(서술형 평가를 대비하기 위해서입니다). 그 뒤 문제집을 풀어봅니다(너무 많은 문제는 초등에서 필요 없어요).

문제집 관련해서요. 혹시 중학생 자녀를 두신 분은 해당 교과서의 출판사와 똑같은 출판사의 문제집이나 자습서를 사시라고 꼭 말씀드립니다. 그리고 꼭 문제를 풀어보게 해야 합니다. 그래서 중등 문제에 대한 적응을 좀 시켜야 합니다.

저는 최소 3번 읽기를 시키는 편입니다. 작년까지는 제가 요약을 해주고 서술형 문제가 나올만 한 것은 적어놓았다가 질문을 합니다. 민찌가 답하는 문제는 넘어가고, 제대로 답하지 못한 문제는 적도록 합니다(초등 사회 문제는 가끔 너무 억지인 것도 많아 보입니다. 그래도 어쩌나요. 교과서에서 나온 대로 다 적어야 하지요).

모든 단원을 정리하는 게 시간 낭비일 수도 있어요. 그걸 스스로 판단하는 게 제일 중요하지요. 저는 책을 술술 읽어서 이해되는 부분까지 요약을 하는 건 초등에서는 시간 아깝다 생각합니다(그 시간에 영, 수 하는 게 ^^;;;). 그러나 어렵고 이해 안 되는 내용은 적어보는 게 좋습니다. 마인드맵 형식도 좋고요.

또 비교가 필요한 단원은 표로 정리하는 게 좋다 생각됩니다. 시간의 흐름을 파악하면서(세로) 같은 시대에 고구려, 백제, 신라를 서로 비교(가로)하기 위해서는 표로 요약해보는 게 중요하지요.

| 사례 | **초등 때 한국사 제대로 하면 중등 때 큰 도움이 됩니다**

작성자 진** 글 쓸 당시 학년 중2

저희는 사교육이 별로 없는 집이라서 초6까지 대부분을 엄마표로 진행했는데 지금 생각해도 '잘했어~'라고 말해주고 싶은 것은 '한국사 공부'였습니다.

먼저 일정 기간을 정하여 계획표에 따라 '한국사 통사' 관련 책을 읽힙니다. 같은 기간 엄마는 일반 단행본을 읽어 아이 책에 없는 부분, 혹은 부족한 부분이 무엇인지 체크합니다. 제가 책을 읽으니까 아이에게 다음에 어떤 책을 주어야 할지 계획을 세울 수 있었어요. 재미도 있었고요.

통사 읽기 1/3 정도의 시기가 됐을 때부터, 해당 시기별 좀 더 디테일한 내용을 담은 재미있는 관련 책을 읽힙니다. 인물 중심도 좋고요. 왕실 이야기도 좋아요. 민속, 풍습 관련, 우리나라 과학 관련도 좋아요.

처음 읽기를 시작할 때부터 연표를 자주 접하게 하며, 읽고 있는 부분이 어디인지 콕콕 알려줍니다. 마찬가지로 지도를 가까이 하며 고조선, 삼한, 삼국 등의 위치를 확인시켜줍니다(저와 관련 대화를 할 때마다 일깨워 주었어요).

통사 한 시리즈가 끝나면, 좀 더 수준을 높인 통사를 들어가든지 동일한 책을 반복하면서 시대별 다양한 역사관련 책을 골라줍니다. 이 시기에 답사를 계획적으로 진행했습니다. 가족여행을 답사 일정과 맞추기도 하구요. 저는 5대 궁궐과 종묘 그리고 근대역사를 알려줄 환구단부터 시작하여 정동 코스를 하루 한 곳씩, 디테일하게 그리고 아이가 머리에 수용가능하게 진행했어요(궁궐도 1일 1곳, 한 번에 약 3, 4시간씩 들였어요. 그러기 위해 독서는 기본이고 제가 워크시트도 만들었어요).

그다음에 불교 정치이념을 이해시킬 수 있게 하기 위해 경상도지역(신라계)의 경주의 불국사, 석굴암, 남산 일대와 부석사, 해인사 등등 관련 말사까지 전라, 충청도지역(백제계)의 마애삼존불, 선암사, 보림사, 기타 절터 등등을 방문했어요. 유교 정치이념을 이해시킬 수 있게 하기 위해 안동 일대의 서원(도산서원, 병산서원, 녹우당과 소쇄원 등) 답사를 했습니다. 이때는 한국건축관련 책을 읽으면 많은 도움이 됩니다. 짬짬이 암사동과 백제의 시작인 서울 지역도 다녔어요.

그리고 중요하게 다닌 답사코스는 박물관입니다. 국립중앙박물관(시대별로 나누어 여러 번 다녔어요. 하루에 다 가는 것은 정말 비추고요), 부여/공주박물관, 경주/김해박물관, 청주고인쇄박물관, 농업박물관 등을 다녔습니다.

다니는 곳마다 문화해설사 있으면 적극 활용하시구요. 저희는 일단 문화해설사에서 '우리 시간 많~아요'라고 말씀드려 상세 설명을 들을 수 있었고 책 들고 그 내용들 확인해가면서 다시 답사 시작해 2년을 다녔어요. 방학 때 다닌 곳들은 체험학습보고서를 작성하여 제본해주었어요. 한 쪽씩 자료 붙이고 사진 붙이면서 쓰면 방학마다 약 30~40쪽이 됐어요. 시간 많이 걸렸고, 내가 이 짓을 계속하는 게 도움이 될까 싶었는데 복잡한 역사 과목이 들어가는 이 시점에 만족합니다!

사회

부록

초등 5, 6학년 사회교과서 연계도서

5-1-1 살기 좋은 우리 국토 --------------------------------------

JK6
따라 그려 봐:
우리나라 지도
(뜨인돌어린이)

JK6
롤루랄라
사회과부도
(청년사)

JK6
뚝! 소리 나는 지리
(웅진씽크하우스)

JK6
일곱 빛깔 독도
이야기 (조선북스)

JK7
꼬불꼬불나라의
지리이야기
(풀빛미디어)

JK7
안녕!
DMZ(파란하늘)

JK7
독도를 지키는
사람들(사계절)

JK7
땅과 사람을 담은
우리 옛 지도
(사계절)

JK7
사회 공부가
즐거워지는 문화재
지도 (소울키즈)

JK7
손으로 그려 봐야
우리 땅을 잘 알지
(토토북)

JK7
희망의 단지 DMZ
(조선북스)

JK7
손에 잡히는 사회
교과서 11: 기후와
생활 (길벗스쿨)

JK7
손에 잡히는 사회
교과서 3: 교통
통신과 정보
(길벗스쿨)

JK7
지도를 알면 지리가
쉽다: 우리 지리
(애플비)

JK7
한 권으로 보는
그림 한국지리 백과
(진선아이)

JK8
종이 한 장의 마법
지도 (길벗어린이)

JK8
지도로 보는 우리
바다의 역사
(살림어린이)

JK9
동에 번쩍 서에
번쩍 우리나라 지리
이야기 (사계절)

5-1-2 환경과 조화를 이루는 국토 ----------------------------------

JK6
야생 동물이
지나가고 있어요
(한림출판사)

JK6
어린이가 꼭 알아야
할 환경이야기
(영교)

JK6
지구가 큰일났어요!
(뜨인돌)

JK6
지구를 살리는
어린이 시리즈
(스콜라)

JK6
우리를 잊지 마세요
(우리교육)

JK7
어, 기후가 왜
이래요? (토토북)

JK7
꼬불꼬불나라의
환경이야기
(풀빛미디어)

JK7
에너지가 뭐예요?
(상수리)

JK7
손에 잡히는 사회
교과서 1: 우리
생활과 환경
(길벗스쿨)

JK7
재미있는
환경 이야기
(가나출판사)

JK7
최열 아저씨의
지구촌 환경 이야기
시리즈 (청년사)

JK7
지구환경 탐구생활
(다산기획)

JK7
원자력이 궁금해요
(상수리)

JK7
알고 싶어요
미래에너지
(상수리)

JK7
어린이 시사마당
5: 지구와 환경
(주니어RHK)

JK8
환경 논쟁 (풀빛)

JK9
우리가 지구를 착한
별로 만들 거야
(명진출판)

5-1-3 우리경제의 성장과 발전 --------------------------------

JK6
그래서 이런
경제가 생겼대요
(길벗스쿨)

JK6
똑똑한 돈 이야기
(조선북스)

JK6
쉿! 경제 사냥꾼을
조심해 (한솔수북)

JK6
어린이를 위한
무역의 모든 것
(풀과바람)

JK6
유대인들은 왜
부자가 되었나
(문공사)

JK6
짤랑짤랑! 화폐
속에서 대탈출
(휴이넘)

JK6
착한 소비가
뭐예요? (상상의집)

JK6
공정 무역, 행복한
카카오 농장
이야기(사계절)

JK7
어린이 시사마당
3: 경제와 기업
(주니어RHK)

JK7
어린이 지식 e
2: 경제의 이해
(지식채널)

JK7
경제탐정,
위기에 빠진
경제를 살려라!
(주니어김영사)

JK7
꼬물꼬물 경제
이야기 (뜨인돌)

JK7
세상을 움직이는 돈
(녹색지팡이)

JK7
열두 살에 부자가
된 키라 (을파소)

JK7
재미있는
경제 이야기
(가나출판사)

JK7
야호! 돈이다
(청어람주니어)

JK7
어린이 경제원론
(명진출판)

JK8
초등 경제 콘서트
(상수리)

5-1-4 우리 사회의 과제와 문화의 발전 ----------------------------------

JK6

내가 이상합네까?
(효리원)

JK6

만렙과 슈렉과
스마트폰 (스푼북)

JK6

스마트폰이 먹어
치운 하루 (팜파스)

JK7

좋아? 나빠?
인터넷과 스마트폰
(과학동아북스)

JK7

한 민족, 두 나라
여기는 한반도
(과학동아북스)

JK7

나쁜 회사에는
우리 우유를
팔지 않겠습니다
(책속물고기)

JK7

나상실, 정신 좀
차리지! (꿈소담이)

JK7

넌 네가 얼마나
행복한 아이인지
아니?: 북한 아이들
이야기 (국민출판사)

JK7

두 개의 독일 (리젬)

JK7

비정규 씨,
출근하세요?
(사계절)

JK7

스마트폰 말고
스케이트보드
(별숲)

JK7

경제 속에 숨은
광고 이야기
(초록개구리)

JK7

이렇게 될
줄 몰랐어
(책과콩나무)

JK7

잘사는 나라 못사는
나라 (다섯수레)

JK7

지구를 구하는
경제책 (봄나무)

JK7

통일이 되면
어떻게 달라질까?
(한림출판사)

JK7

우리 민주주의가
신났어! (아이세움)

JK8

색깔 전쟁 (시소)

5-2-1 우리 역사의 시작과 발전 ----------------------------------

JK5
하늘이 내린
시조 임금님들
(주니어중앙)

JK6
고구려 사람들은 왜
벽화를 그렸나요?
(다섯수레)

JK6
백제를 왜 잃어버린
왕국이라고
하나요? (다섯수레)

JK6
신라를 왜 황금의
나라라고 했나요?
(다섯수레)

JK6
가야의 여전사:
철의 나라 철의
여인들 (한솔수북)

JK6
고구려 (우리교육)

JK6
고구려 평양성의
막강 삼총사
(사계절)

JK6
고조선을 왜 비파형
동검의 나라라고
하나요? (다섯수레)

JK6
사랑해요 삼국시대
(주니어김영사)

JK7
고구려 벽화에는
어떤 비밀이 담겨
있을까 (채우리)

JK7
마지막 왕자
(푸른책들)

JK7
신라에서 온 아이
(와이즈아이)

JK7
아, 발해 (우리교육)

JK8
부처를 만난
고구려 왕자
(푸른숲주니어)

JK8
나는 비단길로 간다
(푸른숲주니어)

5-2-2 세계와 활발하게 교류한 고려 --------------------------------

JK6
고려 건국신화
(한겨레아이들)

JK6
고려 역사 속
숨은 영웅들
(뜨인돌어린이)

JK6
고려가 고마워요
(주니어김영사)

JK6
마법의 두루마리 2:
고려의 시장에서
만난 아라비아 상인
(비룡소)

JK6
궁예와 후고구려:
못다 이룬 새
세상의 꿈
(한솔수북)

JK6
어린이 고려사
시리즈
(주니어김영사)

JK6
사람을 품어 나라를
세우다 (스푼북)

JK6
이름 없는 백성이
주인인 나라,
꼬레아: 고려 백성
이야기 (한솔수북)

JK6
최무선과 진포대첩:
고려의 무기 과학자
(한솔수북)

JK6
직지심체요절,
금속 활자로 찍은
가장 오래된 책
(주니어김영사)

JK7
고려 이야기 시리즈
(창비)

JK7
벽란도의 비밀 청자
(문학동네어린이)

JK7
역사를 담은 도자기
(한겨레아이들)

JK7
고려사 이야기
시리즈
(주니어김영사)

JK7
하늘에 새긴
이름 하나
(문학과지성사)

5-2-3 유교 문화가 발달한 조선 ------------------------------------

JK6
난중일기
(서울문화사)

JK6
이순신과 명량대첩:
조선 수군의 찬란한
등불 (한솔수북)

JK6
조선시대 궁궐에
가다 (가나출판사)

JK6
조선 시대 왕
이야기 시리즈
(한솔수북)

JK6
조선왕조실록: 오백
년 역사의 빛과
그림자 (한솔수북)

JK6
어린 임금의 눈물
(주니어파랑새)

JK6
충무공 이순신
(창비)

JK6
어린이 조선왕조실
록 시리즈 (주니어
김영사)

JK6
정조대왕 이산 (대
교출판)

JK6
조선사 이야기 시리
즈 (주니어김영사)

JK7
난중일기
(청솔출판사)

JK7
쏭내관의 재미있는
궁궐 기행 시리즈
(지식프레임)

JK7
이성계
(파랑새어린이)

JK9
설민석의
조선왕조실록
(세계사)

6-1-1 조선사회의 새로운 움직임 --------------------------------------

JK7
백성이 잘사는
나라를 꿈꾼
실학자: 정약용
(해와나무)

JK7
나는 당당하게
살리라 (푸른나무)

JK7
동학농민운동
가까이(어린른이)

JK7
숨쉬는 책,
무익조(문학동네)

JK7
노빈손 이순신의
거북선을 수호하라
(뜨인돌)

JK7
정약용
(파랑새어린이)

JK7
책과 노니는 집
(문학동네어린이)

JK8
우리 아이 첫
수원화성 여행
(삼성당)

JK8
정약용이 들려주는
경학 이야기
(자음과모음)

JK8
새로운 세상을 꿈꾼
조선의 실학자들
(한겨레출판)

JK8
징비록 시리즈
(알마)

JK8
열두 가지 색깔 통
(아이앤북)

JK8
양반전 외: 양반의
위선을 조롱하다
(휴이넘)

JK8
열하일기
(꿈소담이)

JK9
왜 흥선대원군은
쇄국 정책을
펼쳤을까?
(자음과모음)

JK9
남한산성의 눈물
(알마)

6-1-2 근대 국가 수립을 위한 노력과 민족 운동 ----------------------------

JK7

다큐동화로
만나는 한국
근현대사 시리즈
(주니어김영사)

JK7

진실동 만행 박물관
(크레용하우스)

JK7

댕기머리
탐정 김영서
(뜨인돌어린이)

JK7

큰작가 조정래의
인물 이야기 2:
안중근 (문학동네)

JK7

역사학자 33인이
선정한 인물로 보는
한국사: 유관순
(파랑새어린이)

JK7

전봉준: 백성을
역사의 주인공으로
세운 혁명가
(아이세움)

JK8

김구: 아름다운
나라를 꿈꾸다
(한겨레아이들)

JK8

헤이그로 간
비밀편지 (스푼북)

JK8

특종! 20세기
한국사
시리즈(한솔수북)

JK8

이야기
동학농민전쟁
(창비)

JK8

마사코의 질문
(푸른책들)

JK8

안응칠,
이토히로부미를
쏘다! (푸른나무)

JK9

갑신년의 세 친구
(창비)

JK9

안중근 재판정
참관기 (서해문집)

JK9

왜 갑신정변은
삼일천하로
끝났을까?
(자음과모음)

JK9

왜 3.1 운동이
일어났을까?
(자음과모음)

6-1-3 대한민국의 발전과 오늘의 우리 --------------------------------

JK5
오늘은 5월 18일
(보림)

JK5
울보 엄마
(노란돼지)

JK6
못다 핀 무궁화
(진선출판사)

JK6
부엌새 아저씨
(처음주니어)

JK7
한 민족, 두 나라
여기는 한반도
(과학동아북스)

JK7
못자국 (계수나무)

JK7
손바닥에 쓴 글씨
(창비)

JK7
자전거 (북멘토)

JK7
아버지의 눈물
(푸른나무)

JK8
특종! 20세기
한국사 5: 민주화와
통일로 (한솔수북)

JK8
인권 변호사 조영래
(사계절)

JK8
야시골 미륵이
(사계절)

JK8
노근리, 그 해 여름
(사계절)

JK8
점득이네 (창비)

JK8
4.19 혁명 가까이
(어린른이)

JK9
4.19 혁명
(한겨레틴틴)

JK9
왜 6.25 전쟁이
일어났을까?
(자음과모음)

JK7

방과 후 사회
교과서: 똑똑한
정치 이야기
(대교출판)

JK7

어린이 시사마당 1:
정치 (주니어RHK)

JK7

우리 민주주의가
신났어! (아이세움)

JK7

피노키오에게도
인권이 있을까?
(플러스예감)

JK8

더불어 사는
행복한 정치
(청어람주니어)

JK8

둥글둥글 지구촌
인권 이야기 (풀빛)

JK8

법은 왜
필요할까요?:
법이야기
(나무생각)

JK8

세계역사를 바꾸는
정치 이야기
(상수리)

JK8

아빠,
법이 뭐예요?
(창비)

JK8

인권 변호사 조영래
(사계절)

JK8

재미있는 선거와
정치 이야기(가나출
판사)

JK8

좋은 정치란
어떤 것일까요?
(나무생각)

JK8

좌충우돌 선거운동
(한림출판사)

JK8

권리야, 고마워!
(웃는 돌고래)

JK8

민주시민을 키우는
어린이 정치 (리젬)

JK8

반갑다 사회야
시리즈 (사계절)

JK8

반장 선거 해 보면
정치·법이 쉽다
(애플비)

JK8

켈젠이 들려주는
법 이야기
(자음과모음)

6-2-2 이웃 나라의 환경과 생활 모습

JK7
빨리빨리군
만만디씨
스미마생양의
별난 문화이야기
(계림북스)

JK7
노빈손의
으랏차차 중국
대장정(뜨인돌)

JK7
노빈손의 시끌벅적
일본 원정기
(뜨인돌)

JK7
노빈손의 위풍당당
러시아 행진곡
(뜨인돌)

JK7
도쿄타워를 향해
달려라: 일본
(주니어김영사)

JK7
선생님이 들려주는
분쟁이야기 1
(생각하는책상)

JK7
초등 세계 문화
100배 즐기기:
아시아&아프리카
편 (주니어RHK)

JK8
일본사 편지
(책과함께어린이)

JK8
중국사 편지
(책과함께어린이)

JK8
세 나라는 늘
싸우기만 했을까
(책과함께어린이)

JK8
어린이 외교관
일본에 가다
(뜨인돌어린이)

JK8
어린이 외교관
중국에 가다
(뜨인돌어린이)

JK8
유네스코 세계
문화유산: 아시아
(시공주니어)

JK8
대륙을 바라보는
섬나라 일본 이야기
(아이세움)

JK8
천하의 중심을 꿈꾼
나라 중국 이야기
(아이세움)

JK8
광활한 땅과 예술의
나라 러시아 이야기
(아이세움)

JK8
사진과 지도로
만나는 세계최고
문화유산 4 (채우리)

JK8
21세기 먼나라
이웃나라 시리즈
(주니어김영사)

6-2-3 세계 여러 지역의 자연과 문화

JK6

지구본 세계 여행
(책읽는곰)

JK7

술술~ 읽는
세계지리 소설책
시리즈 (부즈펌)

JK7

세계 학교급식 여행
(내인생의책)

JK7

질문을 꿀꺽 삼킨
사회 교과서:
세계지리편
(주니어중앙)

JK7

지구촌 문화여행
(거인)

JK7

추리와 탐험이
만나는
세계여행 시리즈
(주니어김영사)

JK7

꼬들꼬들 마법의
세계 음식책
(조선북스)

JK8

와글와글 할 말
많은 세계사 시리즈
(아이세움)

JK8

땅이 가족의
황당 지리여행
(살림출판사)

JK8

좌충우돌
세계지리 탐사대
(주니어김영사)

JK8

똑똑한 지리책
시리즈
(휴먼어린이)

JK8

세계가 궁금할 때
펼치는 나의 지도책
(와이즈아이)

JK8

지도 없이 떠나는
101일간의 음식의
세계사 (영교)

JK8

한입에 꿀꺽!
맛있는 세계 지리
(토토북)

JK8

잘 먹고 잘 사는
식량 이야기
(아이세움)

JK8

음식을 바꾼 문화
세계를 바꾼 음식
(아이세움)

JK8

21세기 먼나라
이웃나라 시리즈
(주니어김영사)

JK9

세계지리를 보다
시리즈 (리베르)

6-2-4 변화하는 세계 속의 우리

JK7
미래과학의
세계로 떠나 보자
(두산동아)

JK7
세계의 빈곤,
남반구와 북반구의
비밀 (사계절)

JK7
날씨 전쟁 (사파리)

JK7
하늘로 우주로
네 꿈을 쏴라!
(한겨레아이들)

JK7
어린이 NGO,
빌라알 이야기
(명진출판)

JK7
통일 나라 북한
여행 (아이세움)

JK8
나는 통일이 좋아요
(대교출판)

JK8
우리 앞의 세계화
이야기 (아이세움)

JK9
빨간 양털
조끼의 세계여행
(웅진주니어)

한국사 시리즈책 한눈에 보기

역사 지식책을 싫어하는 아이를 위해 -

JK6
용선생의 시끌벅적
한국사 시리즈
(사회평론)

JK6
역사스페셜
작가들이 쓴 이야기
한국사 시리즈
(한솔수북)

JK6
역사 일기 시리즈
(사계절)

JK7
판타지로
만나는 한국사
명장면 시리즈
(웅진씽크하우스)

JK7
한국사를 이끈 리더
시리즈 (아르볼)

한국사를 본격적으로 알고 싶을 때 -

JK7
전국역사교사모임
선생님이 쓴 제대로
한국사 시리즈
(휴먼어린이)

JK7
술술 넘어가는
우리 역사 시리즈
(해와나무)

JK7
재미있다! 한국사
시리즈 (창비)

JK7
한국사 뛰어넘기
시리즈 (열다)

JK7
한국사 편지 시리즈
(책과함께어린이)

JK8
아! 그렇구나
우리 역사 시리즈
(여유당)

역사를 좋아하는 아이를 위한 깊이 있는 한국사 -

JK7
마주 보는 한국사
교실 시리즈
(웅진주니어)

JK8
이야기 한국역사
시리즈 (풀빛)

JK9
장콩 선생님과 함께
묻고 답하는 한국사
카페 시리즈
(북멘토)

JK9
역사공화국 한국사
법정 시리즈
(자음과모음)

JK9
큰별쌤 최태성의 한
눈에 사로잡는 한국
사 시리즈 (들녘)

초등 5, 6학년을 위한 세계사 베스트

JK7

엄마의 역사 편지
(책과함께어린이)

JK7

처음 세계사 시리즈
(주니어RHK)

JK7

아하! 세계역사 시리즈
(주니어김영사)

JK7

앗, 이렇게 생생한
역사가! 시리즈
(주니어김영사)

JK7

세계사와 놀자! (창비)

JK7

세계사 사건 파일
시리즈 (아르볼)

JK7

공부가 되는 나라
이야기 시리즈
(아름다운사람들)

JK7

신문이 보이고 뉴스가
들리는: 재미있는
세계사 이야기 시리즈
(가나출판사)

JK8

교양있는 우리아이를
위한 세계 역사
이야기 시리즈
(꼬마이실)

JK8

마주 보는 세계사
교실 시리즈
(웅진주니어)

JK8

잔혹한 세계사
(문학동네)

JK8

실크로드로 배우는
세계역사 시리즈
(아카넷주니어)

JK8

처음 읽는 이웃
나라 역사 시리즈
(책과함께어린이)

JK8

놀이공원에서 즐기는
세계사 (다림)

JK8

와글와글 할 말
많은 세계사 시리즈
(아이세움)

JK8

통통 세계사 시리즈
(휴이넘)

JK8

공부가 되는
세계사 시리즈
(아름다운사람들)

JK8

유물과 유적으로 보는
세계사 이야기 시리즈
(웅진씽크하우스)

JK8

다시 쓰는 이야기
세계사 시리즈
(소담주니어)

JK8

반 룬의 세계사 여행
(지양사)

JK8

사진과 그림으로
보는 생생한 세계사
따라잡기 (바른사)

JK9

의식주의 세계사
시리즈 (창비)

JK9

국사 시간에 세계사
공부하기 (웅진주니어)

JK9

말랑하고 쫀득한
세계사 이야기 시리즈
(푸른숲)

JK9

역사공화국
세계사법정 시리즈
(자음과모음)

JK9

세계사를 보다 시리즈
(리베르)

JK9

빵빵 터지는 20세기
세계사+한국사
(사계절)

JK9

끄덕끄덕
세계사시리즈
(아카넷주니어)

JK9

곰브리치 세계사
(비룡소)

JK9

인류 이야기 시리즈
(아이필드)

세계사 (만화) -------------------------------------

JK8

21세기 먼나라
이웃나라 시리즈
(주니어김영사)

JK8

초등학생을 위한
맨처음 세계사 시리즈
(휴먼어린이)

JK8

외우지 않고 통으로
이해하는 만화
통세계사 시리즈
(다산에듀)

JK8

반문의 인류이야기
시리즈 (을파소)

JK10

세상에서 가장
재미있는 세계사
시리즈 (궁리)

한국사 (만화) -------------------------------------

JK4

신나는 역사만화 교실
맹꽁이 서당 시리즈
(웅진주니어)

JK7

초등학생을 위한
맨처음 한국사 시리즈
(휴먼어린이)

JK7

이현세 만화 한국사
바로보기 시리즈
(녹색지팡이)

JK7

이두호의 만화
한국사 수업 시리즈
(월드김영사)

JK9

박시백의
조선왕조실록 시리즈
(휴머니스트)

초등 5, 6학년을 위한 사회 베스트

JK7

인성의 기초를
잡아주는 처음
인문학동화 시리즈
(주니어김영사)

JK7

닭답게 살 권리 소송
사건 (길벗어린이)

JK7

장바구니는 왜 엄마를
울렸을까? (풀빛)

JK7

어린이를 위한
정의란 무엇인가
(주니어김영사)

JK7

넌 네가 얼마나
행복한 아이인지
아니? (국민출판사)

JK7

레모네이드 전쟁
(개암나무)

JK7

광고의 비밀: 왜
자꾸 사고 싶을까?
(미래아이)

JK7

세계를 움직이는
국제기구
(꿈꾸는꼬리연)

JK7

어린이 로스쿨 시리즈
(아울북)

JK7

외교관 아빠가
들려주는 외교 이야기
(토토북)

JK7

초등 과학동아 토론왕
시리즈 (과학동아북스)

JK7

100만 가지 소원
(두레아이들)

JK7

장애, 너는 누구니?
(산하)

JK7

꼬불꼬불나라의
정치이야기
(풀빛미디어)

JK7

수다로 푸는 유쾌한
사회 (책과함께어린이)

JK7

재미있는 법 이야기
(가나출판사)

JK7

꼬불꼬불나라의
경제이야기
(풀빛미디어)

JK7

세계를 바꾸는 착한
기술 이야기 (북멘토)

JK7

신나는 법 공부!
(팜파스)

JK7

조선 갑부 흥보의
흥보은행 설립기
(파란자전거)

JK8

커피우유와 소보로빵
(푸른숲주니어)

JK8

노빈손과 천하무적
변호사 사무소 (뜨인돌)

JK8

행복지수 1위
덴마크의 비밀
(사계절)

JK8

주식회사 6학년 2반
(다섯수레)

JK8

검은 눈물 석유
(미래아이)

JK8

좋은 돈, 나쁜 돈,
이상한 돈 (창비)

JK8

세더잘 시리즈
(내인생의책)

JK8

위기의 밥상, 농업
(미래아이)

JK8

우리가 박물관을
바꿨어요!
(초록개구리)

JK8

강직한의 파란만장
시장 도전기 (사계절)

JK8

반장 선거 해 보면
정치 · 법이 쉽다
(애플비)

JK8

재미있는 선거와 정치
이야기 (가나출판사)

JK8

착한 설탕 사 오너라
(학고재)

JK8

철학을 담은 잔소리
통조림 (보물창고)

JK8

어린이 이슬람 바로
알기 (청솔출판사)

JK8

펠릭스는 돈을 사랑해
(비룡소)

JK8

세상에서 가장 쉬운
철학책 (비룡소)

JK8

귀에 쏙쏙 들어오는
국제 분쟁 이야기
(사계절)

JK8

열세 살 키라 (을파소)

JK8

세계를 바꾸는 착한
초콜릿 이야기
(북멘토)

JK9

고릴라는 핸드폰을
미워해 (북센스)

JK9

10대를 위한 정의란
무엇인가 (아이세움)

JK9

청소년을 위한 경제의
역사 (비룡소)

JK9

세상에서 가장
재미있는 세계지도
(북스토리)

JK9

너머학교 열린교실
시리즈 (너머학교)

JK9

그림으로 읽는 생생
심리학 (그리고책)

JK9

경제 교과서, 세상에
딴지 걸다 (푸른숲)

JK9

누가 내 머릿속에
브랜드를 넣었지?
(뜨인돌)

JK9

말랑하고 쫀득한 세계
지리 이야기 (푸른숲)

JK9

철학 통조림 시리즈
(주니어김영사)

JK9

가자에 띄운 편지
(바람의아이들)

JK9

김치도 꽁치도 아닌
정치 (다른)

JK9

사막에 숲이 있다
(서해문집)

JK9

맛있는 햄버거의
무서운 이야기 (모멘토)

JK9

왜 식량이 문제일까?
(반니)

JK9

소녀들의 심리학
(양철북)

JK9

주니어 대학 시리즈
(비룡소)

JK9

10대를 위한 재미있는
경제동화 (명진출판)

JK9

교과서에 나오지
않는 발칙한 생각들
(우리학교)

JK9

살아 있는 심리학
이야기 (글담)

초등 **5, 6** 학년을 위한

잠수네
과학공부법

과학을
공부하기 전에

과학을 배우는 이유

과학을 배우는 이유는 우리 주변의 자연 현상에 대해 호기심을 갖고 탐구하는 자세를 갖기 위해서입니다. 과학 지식 습득도 중요하지만 과학적 사고를 통해 문제해결력을 키우는 것이 주목적입니다. 과학의 역사를 봐도 수많은 과학자들이 호기심을 갖고 궁금증을 해결하려고 노력한 결과가 현재의 과학지식을 쌓아올린 것을 알 수 있습니다. 과학을 공부할 때도 왜 그런지 호기심을 갖고 접근할 때 재미를 느끼고 즐겁게 공부할 수 있는 것이지요.

어릴 때부터 호기심이 많아 주변의 사물에 관심을 갖고 궁금한 것을 찾아본 아이들은 과학이 재미있습니다. 과학에 대한 호기심을 불러일으킬 만한 다양한 경험(과학관, 자연사 박물관, 과학전시회, 과학캠프, 과학 다큐멘터리)을 많이 해봤다면 과학을 좋아할 가능성이 높아집니다. 한글책을 읽을 때 과학책부터 먼저 집어들고 책에 든 지식을 스펀지처럼 쭉쭉 빨아들이는 아이라면 나이에 상관없이 다양한 과학지식을 갖추기도 합니다. 과학잡지를 즐겨 보는 아이도 마찬가지고요(단, 과학 학습만화를 보여주면 과학에 재미를 붙일 수 있다는 말은 귀담아듣지 마세요. 과학을 좋아하고 다방면의 책을 잘 읽는 아이라면 만화를 보며 과학지식까지 흡수하겠지만, 대부분은 만화만 재미있게 볼 뿐 과학지식을 담은 글은 건너뛰기 일쑤입니다).

과학실험을 해보는 것이 과학에 재미를 붙이는 계기가 되기도 합니다. 집이나 과학관, 학원 등에서 과학실험을 해본 아이라면 과학이 재미있고 흥미로운 영역이라고 여깁니다. 아쉬운 점이라면 과학실험을 해도 호기심 천국으로 끝나는 경우가 많고 부모나 선생님이 원리를 알려 줘도 소수를 제외하면 머리에 오래 남지 않는 경우가 대부분이라는 것입니다. 스스로 원리를 파헤치며 알아보는 아이들은 아주 드물고요. 그래도 과학실험이 의미가 있는 것은 과학에 호기심을 갖는 기회가 된다는 점입니다.

이처럼 직접 해봤거나 경험한 것, 책이나 매체로 간접 경험을 한 것이 많으면 과학을 재미있게 여깁니다. 과학 교과서도 쉽게 이해할 수 있습니다. 사회과목과 비슷한 면이지요. 반면에 다른 점도 있습니다. 사회가 이해와 암기가 병행돼야 하는 과목이라면, 과학은 실험을 통해 개념과 이론을 이해하고 탐구하는 과목입니다.

교과서에 나오는 실험과 결과를 따로 외우려고 한다면 과학이 어렵고 외울 것이 많은 골칫거리로 전락하고 맙니다. 과학은 암기과목처럼 공부해서는 안 된다는 점을 꼭 유념해주세요.

초등 5, 6학년 과학교과서에서 배우는 것

과학교과서는 주교재인 과학교과서와 부교재인 실험관찰교과서로 돼 있습니다. 과학교과서는 맨 앞에 통합 탐구 활동 익히기(또는 재미있는 나의 탐구)가 있고 그다음 네 단원씩 구성돼 있습니다.

1. 통합 탐구 활동 익히기

탐구 문제(주제)를 정하고 계획을 세워 실험하고 결과를 정리, 해석한 후 보고서를 쓰는 과정을 알려주는 부분입니다. 실험과 탐구를 직접 해보면서 과학 이론이 일반화된 과정을 생각해보도록 합니다. 매 단원은 '실험이나 탐구해보기 → 실험과 탐구의 결과 해석하기 → 생활 속의 과학이야기 → 단원에서 배운 지식 정리 → 과학 글쓰기'의 수순으로 구성돼 있습니다.

2. 단원 구성

한 학기 과학교과서에는 물리, 화학, 생물, 지학 영역이 골고루 돌아가며 나옵니다. 5학년 1학기에는 '온도와 열, 태양계와 별, 식물의 구조와 기능, 용해와 용액'을 공부합니다. 2학기에는 '날씨와 우리 생활, 산과 염기, 물체의 빠르기, 우리 몸의 구조와 기능'을 배우고요. 6학년 1학기는 '지구와 달의 운동, 생물과 환경, 렌즈의 이용, 여러 가지 기체'를, 2학기는 '생물과 우리 생활, 전기의 작용, 계절의 변화, 연소와 소화'를 다룹니다.

과학교과서 공부 &
과학시험 준비

/

과학교과서 공부하기

1. 학습목표를 기준으로 교과서를 읽는다

과학교과서는 실험부터 나오기 때문에 어떻게 공부해야 할지 처음에는 막막합니다. 단원 안에서 '~할까요? 볼까? 될까요?'같이 큰 제목으로 된 부분이 학습목표입니다(단원 맨 앞의 〈과학탐구〉 안에도 단원의 학습목표들이 정리돼 있습니다). 단원의 학습목표가 뼈대라고 생각하고 읽어야 합니다.

　5학년 1학기 '온도와 열'의 첫 번째 학습목표는 '차갑거나 따뜻

한 정도를 어떻게 표현할까요?'입니다. 교과서에서는 탐구활동으로 알코올 온도계로 온도를 측정한 후, 온도계의 구조와 사용법을 알려주고 온도계를 사용하면 좋은 점을 질문합니다. 단원 맨 마지막에 정리한 내용이 다시 나오고요.

이 단원을 공부한다면 탐구활동인 온도계로 측정하는 이유가 무엇일까 학습목표를 생각하며 읽어야 합니다. 탐구활동에서 '무엇이 필요할까요? 어떻게 할까요? 생각해볼까요?'도 건너뛰지 말고 답을 생각해보거나 자료를 찾아보도록 해주세요. 교과서에 설명돼 있는 과학지식 역시 학습목표, 탐구활동과 연계해서 이해해야 합니다. 그림, 사진, 표도 학습목표와 연계해서 꼼꼼하게 살펴보고요.

2. 교과서의 핵심내용을 꼼꼼하게 본다

교과서를 읽으면서 중요한 내용은 밑줄이나 번호, 색깔을 칠해두세요. 실험의 원리와 결과도 확실하게 알아두어야 합니다. 암기는 그다음입니다.

3. 과학 용어, 어려운 단어를 꼭 익힌다

과학교과서에는 평소 잘 사용하지 않는 과학용어들이 많이 나옵니다. 어려운 과학 용어나 표현이 나오면 뜻을 확실하게 알아야 합니다. 어려운 단어는 따로 표시해두고 사전에서 정확한 뜻을 찾아보세요.

4. 실험관찰책의 질문에 답을 해본다

과학교과서도 중요하지만 실험관찰책도 중요합니다. 처음에는 과학교과서의 탐구활동을 보며 실험관찰책의 질문에 답해보세요. 실험관찰책에 스스로 적을 수 있다면 과학공부를 충실히 한 셈입니다. 이때 질문에 답을 못 쓴다고 전과(자습서)를 찾아보는 것은 피하세요. 과학교과서를 읽고 정리해서 쓰는 과정이 바로 공부입니다. 전과는 아이가 쓴 답을 비교하는 용도로 사용해야 합니다. 비슷한 답이면 더 정확한 답을 생각해보게 하고, 틀린 답이면 어떤 부분을 잘못 알고 있는지 다시 찾아보는 정도로요.

5. 교과서 내용과 관련 있는 과학책을 읽는다

단원과 연결되는 과학책을 찾아 읽게 해주세요. 교과서에서 잘 이해가 안 되는 부분을 자세하게 알 수 있는 기회가 되기도 하고 과학책을 잘 안 읽는 아이라도 학교에서 배운 것과 관련된 책이라 친숙하게 느낄 수 있습니다. 교과와 관련된 과학책을 꾸준히 읽어두면 과학에 대한 흥미가 생길 뿐 아니라 더 많은 과학지식을 알게 됩니다. 나중에 중학교 과학도 수월하게 접근할 수 있습니다.

과학시험 준비

시험 전에는 과학교과서와 실험관찰책을 집에 갖고와서 공부하는 습관을 들여주세요.

1 교과서의 학습목표를 읽으면서 주요 개념, 어휘를 확인합니다.
2 과학교과서와 실험관찰책의 질문이 모두 문제로 나온다고 생각하고 공부합니다.
3 과학교과서와 실험관찰 교과서에서 주요 내용을 암기합니다.
4 문제를 풀고 틀린 부분은 교과서에서 다시 확인합니다(문제를 풀 때 틀렸다고 바로 답을 보게 하지 마세요. 먼저 교과서에서 해당 부분을 찾아보고 그래도 모르면 전과나 자습서를 찾아보는 것이 좋습니다. 그래야 몰랐던 것을 오래 기억할 수 있으니까요).

| 사례 | **중학교 과학공부는 배경지식이 중요해요**

작성자 현하늘 **글 쓸 당시 학년** 중3, 초6

초등학교 때의 과학은 단순 암기과목이었지요? 외우면 거의 100을 받는 과목이었을 거예요. 중학교에서는 배경지식과 용어의 정확한 이해가 필요합니다.

먼저 교과서에 나오는 용어의 정리가 필요합니다. 예를 들면 '끓는점'이라고 하는 용어가 있다면 '액체가 기체로 상태 변화할 때의 온도'가 정의가 되겠지요. 이런 식으로 교과서 귀퉁이에 작게 용어에 대해 한자나 영어 뜻을 같이 써두면 이해하는 데 도움이 많이 돼요.

둘째, 흐름에 맞춰서 정리를 해두면 좋아요. 예를 들면 '저기압 중심으로 공기가 모여든다 → 상승한다 → 부피가 팽창하면서 온도가 하강한다 → 이슬점에 도달 → 수증기가 응결 → 구름 형성' 이런 식으로 원인과 결과를 쭉 나열하면서 정리하면 이해하기도 암기하기도 쉽지요. 남자아이들이 노트 정리를 하는 경우는 드물기 때문에 교과서의 단어에 형광펜으로 표시하여 입으로 달달 표현할 수 있도록 공부해야 합니다.

세 번째로 교과서와 참고 도서를 많이 읽어야 합니다. 가장 중요한 것은 교과서에요. 교과서는 3번 이상 읽어야 합니다. 그리고 평상시에 틈틈이 참고도서를 읽어둡니다.

〈완소〉 시리즈의 경우 책 가격이 높지 않으니 구비해두셔도 좋고요. 나머지는 도서관에 구비되어 있을 테니 그때그때 필요한 부분을 찾아서 읽히시면 됩니다.

대니의 과학 시험 팁

시험공부를 하기 전에 관련책을 몇 종류 읽어 봅니다. 중요한 것은 책을 전 권 다 읽으라면 거품 물고 엉덩이를 빼기 때문에 중요 부분만 발췌해서 읽힙니다. 이것이 선작업입니다. 안 해도 되고, 하면 쉽게 이해해서 고생 덜 하는 과정이지요. 정식적으로 시험공부를 시작할 때는 이렇게 합니다.

먼저, 과학 교과서를 아주 꼼꼼히 나름 중요하다는 부분에 연필로 줄을 그어가며 읽습니다. 교과서 속 실험, 사진, 표, 그래프 빠짐없이 봐야 합니다(대니는 사진 속의 꽃이 몇 개인지 세기도 했어요). 그다음 2~3일 뒤 과학 교과서를 다시 읽습니다. 이때는 중요 키워드에 형광펜과 색깔펜으로 그어가며 읽습니다. 읽으면서 1차 암기를 합니다. 최소한의 용어 정리는 이때 끝마칩니다. 이때쯤이면 책이 아름답게 알록달록해집니다.

그다음 1, 2과정을 한 주말에 오투, 완자, 평가문제집을 공부합니다. 대니네 학교의 경우 교학사 교과서인데 평가문제집이 무슨 90년대 수준이라 구입하고 후회하고 있습니다. 그냥 책장에 처박아뒀습니다(〈완자〉가 자습용으로 더 나은 것 같아요). 실험활동에 대해 왜 이 실험을 했는지(무엇을 알기 위해 이 실험을 했는지), 필요한 도구와 원리는 무엇인지(시약, 실험 도구 아주 자세히 봅니다. 심지어 연습장에 그려보라고도 합니다), 실험 과정은 어떠한지, 주의할 점은 무엇인지, 실험 결과는 어떠한지, 이것이 의미하는 것은 무엇인지에 대해 공부합니다. 수학적으로 해석해서 답을 도출해야 하거나, 그래프를 분석하는 것도 이때 연습합니다.

그러고나서 평일에 틈틈이 문제를 풀어봅니다. 위의 과정을 충실히 했다면 적어도 70퍼센트의 정답률이 나옵니다(30분 남짓 하면 됩니다). 하지만 70%에서 만족할 수 없기에 4~7일 이내에 가볍게 교과서를 한 번 더 보라고 합니다. '아주 가볍게'입니다. 왜냐하면 이미 공부했던 부분이라 기억을 많이 하고 있기 때문입니다. 그 후 저희는 〈내공의 힘〉 또는 학교 내신 교재인 〈알찬〉 같은 문제를 풀어보게 합니다. 며칠 놀았는데 까먹었을까요? 희한하게 정답률이 올라가 있습니다(찍을 때 감이 발동할 수 있거든요).

다음 주말, 아직은 퍼펙트가 아니기에 〈오투〉를 들고 암기를 시작합니다. 소화 과정이 시험 범위면 입에서 똥꼬까지 모든 과정이 줄줄줄 입에 붙어야 합니다. 혼합물의 분리를 한다고 하면 어떤 성질을 이용해서 분리하는지 대표적인 예가 무엇인지 나와야 하며 일과 에너지라면 지레, 도르레, 빗면의 수학적 이해가 동반되어야 합니다.

그 다음 주 이제 공부를 안 한 척 학교 선생님께서 주신 프린트물을 들고 눈에 익히기를 합니다. 모르는 것을 교무실에 가서 다시 설명듣기도 해야 하는 시기이고요. 기출문제, 전에 틀렸던 문제를 왜 틀렸는지 확인하고 서술형의 경우 답안지를 보고 색깔펜으로 적어봅니다. 이유는 세련되게 서술한 답을 보고 모방하기 위해서이지요.

시험 전날에는 미련하게 새로운 문제를 풀지 않습니다. 그동안 자기가 한 문제집과 알록달록해진 교과서를 뿌듯하게 집에 와서 한 번, 자기 전에 한번 훑어보기만 합니다.

가끔 저에게 문의하시는 분들의 베스트 질문이 과학 만화책도 많이 읽고(아마도 〈Why〉 같은 책일 거라 추정합니다만), 상식도 많은데 왜 과학 성적이 안 나오는지 속상하다고 하십니다. 답은 '과학 공부를 안 해서'이지요. 교과 과학은 교과목답게 과학공부를 해야 성적이 나옵니다. 벼락치기 노노, 교과서 무시 노노입니다.

과학

부록

초등 5, 6학년 과학교과서 연계도서
초등 5, 6학년을 위한 과학 베스트

초등 5, 6학년 과학교과서 연계도서

5-1-1 온도와 열

JK6
오르락내리락
온도를 바꾸는 열
(웅진주니어)

JK6
초등학생이 꼭
알아야 할 열과
온도 이야기 33가지
(을파소)

JK8
재미있는 화학
(해나무)

JK8
켈빈이 들려주는
온도 이야기
(자음과 모음)

5-1-2 태양계와 별

JK6
수·금·지·화·
목·토·천·해 태
양계 (이치사이언
스)

JK6
우주가 궁금할 때
호킹에게 물어봐
(아이세움)

JK6
우주 여행 (대교출
판)

JK6
별 길 따라 우리 별
자리 여행 (대교출
판)

JK7
과학이 재미있어지는
우주 이야기 (밝은미
래)

JK7
별가족 블랙홀에 빠
지다 (토토북)

JK7
재미있는 별자리와
우주 이야기
(가나출판사)

JK7
풀코스 별자리 여행
(현암사)

JK8
별자리 대백과
(주니어RHK)

JK8
상위 5%로 가는
지구과학교실 3
(스콜라)

JK8
재미있는 우주
(해나무)

JK8
칼 세이건이
들려주는 태양계
이야기 (자음과
모음)

5-1-3 식물의 구조와 기능 --------------------------------------

JK6
이렇게나 똑똑한
식물이라니!
(토토북)

JK7
알면서도 모르는
나무 이야기
(사계절)

JK7
열려라! 꽃나라
(지성사)

JK7
신비한 식물 이야기
(애플비)

JK8
식물의 힘
(푸른나무)

5-1-4 용해와 용액 --------------------------------------

JK5
뜨거운 것과 차가운
것 (승산)

JK7
행복한 과학
초등학교 2: 화학
(휴먼어린이)

JK7
디스커버리
에듀케이션
맛있는 과학2:
고체 액체 기체
(주니어김영사)

JK8
손에 잡히는 과학
교과서 20: 기체와
액체 (길벗스쿨)

JK8
손에 잡히는 과학
교과서 13: 물
(길벗스쿨)

5-2-1 날씨와 우리 생활 ----------------------------------

JK4
구름을 뚫고 나간
돼지: 날씨와
기후변화 (내인생의
책)

JK4
깜짝! 과학이
이렇게 쉬웠어?:
9. 날씨 편
(주니어RHK)

JK4
우르릉 쾅 날씨
실험실 (비룡소)

JK5
구름 만드는 아줌마
(을파소)

JK5
날씨야, 진실을
말해 줘 (나는별)

JK5
내 이름은 태풍
(웅진주니어)

JK5
날씨와 태풍
(비룡소)

JK5
생활 속 과학 날씨
(시공주니어)

JK5
신기한 바람의 힘
(비룡소)

JK5
해시계랑 측우기랑
빛나는 우리 발명품
(해와나무)

JK6
우르릉쾅
날씨 실험실
(주니어김영사)

JK6
날씨를 바꾸는
요술쟁이 바람
(풀빛)

JK6
기상청
(주니어김영사)

JK6
날씨의 비밀 기후
(주니어김영사)

JK6
기후야, 괜찮아?
(풀과바람(영교))

JK7
여행 상품 기획가
기상 천문 연구원
(주니어김영사)

JK8
날씨에 관한 모든
것 (내인생의책)

JK8
날씨: 구름에서
엘니뇨까지
(웅진주니어)

5-2-2 산과 염기 --

JK4
마술 부리는
돼지: 산과 염기
(내인생의책)

JK5
WHAT? 초등과학편
14: 물질의 혼합과
산과 염기 (왓스쿨)

JK6
초등학생이 꼭
알아야 할 산과
염기 이야기 33가지
(을파소)

JK7
디스커버리
에듀케이션
맛있는 과학 8:
산, 염기, 지시약
(주니어김영사)

JK8
루이스가 들려주는
산, 염기 이야기
(자음과모음)

JK8
손에 잡히는
과학 교과서 11:
여러 가지 물질
(길벗스쿨)

5-2-3 물체의 빠르기 --

JK4
빛 속으로 날아간
돼지 : 빛과 소리
(내인생의 책)

JK4
아슬아슬 힘 실험실
(비룡소)

JK5
WHAT? 초등과학편
13: 빛과 소리
(왓스쿨)

JK6
세상을 움직이는 힘
에너지 (토토북)

JK6
Go! Go!
과학특공대 11:
달려라 달려 속력
(이치사이언스)

JK7
힘과 속력이 뭐야?
(여우오줌)

JK7
디스커버리
에듀케이션
맛있는 과학 10:
속력과 교통수단
(주니어김영사)

JK8
손에 잡히는 과학
교과서 9: 힘
(길벗스쿨)

JK8
속도로 우주의
거리를 구하라!
(자음과모음)

JK8
자전거에 숨은 과학
(봄나무)

5-2-4 우리 몸의 구조와 기능

JK4
뇌 속에 못 들어간
돼지: 뇌의 구조와
기능 (내인생의 책)

JK4
뼈 속까지 들여다
본 돼지: 뼈의
구조와 기능
(내인생의 책)

JK5
떡볶이 따라 몸 속
구경 (대교출판)

JK5
인포그래픽
학습백과: 인체
(길벗스쿨)

JK5
초등학생이 꼭
알아야 할 뇌
이야기 33가지
(을파소)

JK6
기억이 뇌
속에 있다고?
(주니어김영사)

JK6
심장은 왜 뛸까?
(비룡소)

JK6
우리 몸 탐험
(토다섯수레)

JK6
인체야, 말해 줘!
(한겨레아이들)

JK6
움직이는 근육과 뼈
(대교출판)

JK7
별똥별 아줌마가
들려주는 우리 몸
이야기 (미래아이)

JK7
아주 특별한 몸속
여행 (토토북)

JK7
구석구석 인체 탐험
(주니어김영사)

JK7
놀라운 우리 몸
(대교출판)

JK7
블러드 선생님의
과학 교실 인체
수업 (푸른숲)

JK8
우리 몸은 작은
우주야 (해와나무)

6-1-1 지구와 달의 운동

JK5
마귀할멈
감자행성에 가다
(채우리)

JK5
지구는 가장
빠른 우주선
(주니어RHK)

JK7
우주를 누벼라
(샤파리)

JK7
디스커버리
에듀케이션 맛있는
과학 36: 지구와 달
(주니어김영사)

JK8
밤하늘에 숨은
도형을 찾아라!
(자음과모음)

6-1-2 생물과 환경

JK5
그런데요, 생태계가
뭐예요? (토토북)

JK5
사라지는 동물의
역사: 멸종의
카운트다운!
(문학동네)

JK6
꼬물꼬물 세균대왕
미생물이 지구를
지켜요 (풀빛)

JK6
생태계를 지키는
아이들을 위한
안내서 (풀과바람)

JK6
초등학생이 가장
궁금해하는 새로운
환경 이야기 30
(하늘을나는교실)

JK7
디스커버리
에듀케이션 맛있는
과학 22: 생태계
(주니어김영사)

JK7
신기한 동물에게
배우는 생태계
(논장)

JK7
실험과 함께 읽는
어린이 생태학 2
(현암사)

JK7
즐거운 생태학 교실
(사계절)

JK7
최열 아저씨의
지구촌 환경 이야기
시리즈 (청년사)

JK8
손에 잡히는 과학
교과서 14: 자연
환경과 생태계
(길벗스쿨)

JK8
푸른 별의
환경파수꾼
(푸른나무)

6-1-3 렌즈의 이용 --

JK8
손에 잡히는 과학
교과서 18: 거울과
렌즈 (길벗스쿨)

6-1-4 여러 가지 기체 --

JK4
이산화탄소,
탈것으로 알아
보아요 (사계절)

JK6
보글보글 기체
(이치사이언스)

JK7
쉿! 북극곰도
모르는 이상기후의
비밀 (휴이넘)

JK7
디스커버리
에듀케이션
맛있는 과학 2:
고체 액체 기체
(주니어김영사)

JK7
못 말리는 과학
방송국 2: 기체
발견의 역사
(살림어린이)

JK8
손에 잡히는 과학
교과서 20: 기체와
액체 (길벗스쿨)

JK8
보일이 들려주는
기체 이야기
(자음과모음)

JK8
프리스틀리가
들려주는 산소와
이산화탄소 이야기
(자음과모음)

6-2-1 생물과 우리 생활

JK4

똥장군 토룡이
실종 사건
(와이즈만북스)

JK5

미생물 탐정과
곰팡이 도난 사건
(스콜라)

JK5

몬스터 과학 5:
세균, 보이지 않는
세계를 부탁해!
(웅진주니어)

JK5

세균이 궁금해!
(크레용하우스)

JK5

집요한 과학씨:
모든 버섯의
정체를 밝히다
(웅진주니어)

JK5

집요한 과학씨:
청소부 곰팡이와
여행하다
(웅진주니어)

JK5

노벨상 수상자가
들려주는 미생물
이야기 (톡)

JK6

꼬물꼬물 세균대왕
미생물이 지구를
지켜요 (풀빛)

JK6

미생물의 정체를
밝혀라! (비룡소)

JK6

생명, 40억 년의
비밀이야기
(지호어린이)

JK6

이이화 역사
할아버지가
들려주는
발효 이야기
(파랑새어린이)

JK6

파스퇴르와
세균 대소동
(살림출판사)

JK7

미생물은 힘이 세다
(토토북)

JK7

미생물이 미끌미끌
(주니어김영사)

JK7

인간의 오랜 친구
미생물 이야기
(웅진주니어)

JK7

질병이 지끈지끈
(주니어김영사)

JK8

노빈손과 위험한
기생충 연구소
(뜨인돌)

JK8

파스퇴르가
들려주는
저온살균 이야기
(자음과모음)

6-2-2 전기의 작용 --

JK5
불을 끄면 별이
떠요 (상상의집)

JK6
덩키호테 박사의
종횡무진 과학모험
2 (웅진씽크하우스)

JK6
세상을 움직이는 힘
에너지 (토토북)

JK6
자석과 전자석,
춘천가는 기차를
타다 (북멘토)

JK6
전기야, 네가
필요해!
(풀과바람(영교))

JK6
빨간 내복의
초능력자 1: 전기
인간 탄생하다!
(와이즈만북스)

JK6
지구를 지키는
101가지 방법 (거인)

JK6
움직이는 과학
유령의 집
(살림어린이)

JK7
디스커버리
에듀케이션 맛있는
과학 12: 전기
(주니어김영사)

JK7
전기가 찌릿찌릿
(주니어김영사)

JK8
전기와 자기
(길벗스쿨)

JK8
맥스웰이 들려주는
전기자기 이야기
(자음과모음)

JK8
패러데이가
들려주는 전자석과
전동기 이야기
(자음과모음)

6-2-3 계절의 변화 ---

JK4
지구의 봄 여름
가을 겨울
(아이세움)

JK5
집요한 과학씨:
지구로 해시계를
만들다
(웅진주니어)

JK5
열두 달 태양
이야기 (풀빛)

JK6
몹시도 수상쩍은
과학 교실 2
(와이만북스)

JK6
태양계야, 진실을
말해 줘! (나는별)

6-2-4 연소와 소화 ---

JK5
후끈후끈 연료 지글
지글 열: 편리한
에너지 (주니어김영
사)

JK6
화르르 뜨겁게
타오르는 불
(웅진주니어)

JK7
행복한 과학
초등학교 2: 화학
(휴먼어린이)

JK8
과학 공화국 화학
법정 4 (자음과모음)

JK8
자신만만 과학책:
물리 (봄나무)

초등 5, 6학년을 위한 과학 베스트

JK7
돼지 삼총사 와글와글
물리 캠프 (다림)

JK7
앗, 이렇게 재미있는
과학이! 시리즈
(주니어김영사)

JK7
별똥별 아줌마가
들려주는 과학 이야기
시리즈 (창비)

JK7
로봇 박사 데니스
홍의 꿈 설계도
(샘터사)

JK7
시튼 동물기 시리즈
(논장)

JK7
과학의 기초를
잡아주는 처음
과학동화 시리즈
(주니어김영사)

JK7
화학 원소 아파트
(아이세움)

JK7
조지의 우주 시리즈
(랜덤하우스코리아)

JK7
한자만 좀 알면
과학도 참 쉬워
시리즈 (길벗어린이)

JK7
과학자와 놀자! (창비)

JK7
엉뚱하고 우습고
황당하고 짜릿한
과학이야기 (비룡소)

JK7
속담 속에 숨은 과학
시리즈 (봄나무)

JK7
써프라이즈 싸이의
과학 대모험 시리즈
(스콜라)

JK7
과학은 공식이
아니라 이야기란다!
(휴먼어린이)

JK7
술술~ 읽는 물리
소설책 시리즈
(부즈펌)

JK7
세상에서 젤 시리즈
(웅진씽크하우스)

JK7
우주에서 가장 똑똑한
고양이 아스트로캣
시리즈 (길벗어린이)

JK7
초등 과학동아 토론왕
시리즈 (과학동아북스)

JK7
히리히라의 세포 여행
(봄나무)

JK7
디스커버리
에듀케이션 맛있는
과학 시리즈
(주니어김영사)

JK8

과학 공화국 물리/
화학/생물/지구 법정
시리즈 (자음과모음)

JK8

64의 비밀
(바람의아이들)

JK8

도구와 기계의 원리
Now (크래들)

JK8

쇠막대가 머리를 뚫고
간 사나이 (논장)

JK8

과학의 배꼽
(아이세움)

JK8

상위 5%로 가는
물리/화학/생물/
지구과학교실 시리즈
(스콜라)

JK8

신나는 노빈손
타임머신 어드벤처
시리즈 (뜨인돌)

JK8

우리 몸은 작은
우주야 (해와나무)

JK8

손에 잡히는 과학
교과서 시리즈
(길벗스쿨)

JK8

자전거에 숨은 과학
(봄나무)

JK8

과학의 원리를 사고
파는 과학상점 시리즈
(예림당)

JK8

과학자처럼 생각하기
시리즈 (양철북)

JK8

한국 과학사
이야기 시리즈
(책과함께어린이)

JK8

달의 뒤편으로 간 사람
(비룡소)

JK8

천재와 괴짜들의
이야기 과학사
(아이세움)

JK8

조선과학왕조실록
물리편 시리즈 (이치)

JK8

자신만만 과학책
시리즈 (봄나무)

JK8

재미있는 과학시리즈
(해나무)

JK8

원더랜드 시리즈
(주니어랜덤)

JK8

딱 한마디 과학사
(천개의바람)

JK9

위험한 과학책
(시공사)

JK9

있다면? 없다면!
(푸른숲)

JK9

정재승의 과학 콘서트
(어크로스)

JK9

하리하라의 과학 24시
(비룡소)

JK9

파인만 씨, 농담도
잘하시네 시리즈
(사이언스북스)

JK9

하리하라의
과학블로그
(살림Friends)

JK9

재있어서 밤새읽는
과학 시리즈 (더숲)

JK9

세상을 살린 10명의
용기 있는 과학자들
(다른)

JK9

청소년을 위한 뇌
과학 (비룡소)

JK9

과학 교과서, 영화에
딴지 걸다 (푸른숲)

JK9

과학자가 들려주는
과학 이야기 시리즈
(자음과모음)

JK9

세상의 모든 원소 118
(영림카디널)

JK9

신기한 과학 쇼
(보누스)

JK9

생명이 있는 것은 다
아름답다 (효형출판)

JK9

과학, 일시정지
(양철북)

JK9

개구리에게 최면걸기
(지호)

JK9

오늘의 지구를
말씀드리겠습니다
(양철북)

JK9

광물, 역사를 바꾸다
(예경)

JK9

스토리 사이언스
시리즈 (바다출판사)

JK9

미스터 퐁 과학에
빠지다 (부키)

잠수네
초등 5,6학년
공부법

1판 1쇄 발행 2017년 10월 24일
1판 6쇄 발행 2023년 6월 8일

지은이 이신애

발행인 양원석 **편집장** 김건희
디자인 강소정, 김미선 **영업마케팅** 조아라, 이지원

펴낸 곳 ㈜알에이치코리아
주소 서울시 금천구 가산디지털2로 53, 20층(가산동, 한라시그마밸리)
편집문의 02-6443-8902 **도서문의** 02-6443-8800
홈페이지 http://rhk.co.kr
등록 2004년 1월 15일 제2-3726호

ⓒ이신애, 2017, Printed in Seoul, Korea

ISBN 978-89-255-6253-7 (04370)